Oman

L'ORIENT PLURIEL

Il est des secrets bien gardés. Des noms aux consonances légendaires comme surgis du tracé d'un calligraphe : Oman. Terre native de Sinbad le marin. Creuset d'histoire veillé par des forts en sentinelles, des châteaux pétris dans la terre, des oasis chargées de murmures... Où que les pas portent, le passé émane, comme s'écoule l'eau dans les aflaj, ce système d'irrigation ancestral. Au sultanat, depuis l'âge d'or du pétrole, la politique de développement s'exerce dans un respect farouche des traditions, de l'environnement et de la culture locale. On bénéficie d'infrastructures modernes mais on porte le costume national. On fréquente les restos à la mode mais on perpétue la coutume de l'accueil autour du café...

Hospitaliers et pacifiques, les Omanais reçoivent le voyageur dans un esprit de tolérance et d'ouverture. L'immersion est facile, la curiosité en éveil. Car à l'aune de son patrimoine culturel, le sultanat multiplie les paysages : fjords, montagnes, canyons, grottes, oasis, palmeraies, dunes, plages, wadis, villages perchés... Le relief intérieur varié permet toutes les aventures (trekking, canyoning, escalade, méharée...) ; le littoral infini se prête aux plaisirs balnéaires (farniente, plongée, croisière en boutre, observation des dauphins et tortues...). C'est ici un hommage à cet Orient de nos fantasmes : une Arabie plurielle, écologique et inattendue, loin du tourisme de masse et des destinations habituelles. Un secret qui ne le restera pas longtemps... A vos valises !

Retrouvez cette offre en page 40

SOMMAIRE

6 INSPIRER

Les bonnes raisons d'y aller, des idées de séjours, des circuits clef en main en toute indépendance, des fiches pratiques pour appréhender la destination.

41 DÉCOUVRIR

L'encens comme une signature olfactive, des dromadaires et des tortues, une biodiversité protégée, un patrimoine culturel préservé, la rencontre d'un peuple

95 MASCATE ET SA RÉGION

Entre mer et montagnes, traditions et modernité, la belle capitale blanche distille son art de vivre doux et paisible comme une introduction au reste du pays

167 LA BATINAH

Côté littoral : des plages, des plantations, les îles Damaniyat, sanctuaire marin ; à l'intérieur, des citadelles perchées veillant sur l'entrée de wadis XXL.

© KATIEKK - SHUTTESTOCK.COM

© RICHARD YOSHIDA - SHUTTERSTOCK.COM

IRAN
KHASAB
KHOR NAJD
PLATEAU DE SAYH
MUSANDAM
Golfe
Arabique
Golfe
d'Oman
RUSTAQ
ÎLES DAMANIYAT
AL BATINAH
BARKA
AL-HAZM
SIFAH
WADI BANI HAUF
NAKHAL
MASCATE
JEBEL SHAMS
MISFAH
JEBEL AKHDAR ET LE PLATEAU DE SAIQ
IBRI
AL-HAMRA
FINS
BIRKAT AL-MAWZ
NIZWA
SHAB
TIWI
AD DHAHIRAH
IBRA
MANAH
SUR
BAHLA
WADI BANI
KHALID
RAS-AL-HADD
JABRIN
RAS AL-JINZ
AL-AYJA
AL
ÉMIRATS
ARABES UNIS
BURAYMI
ARABIE-
ACH-CHARQIYA

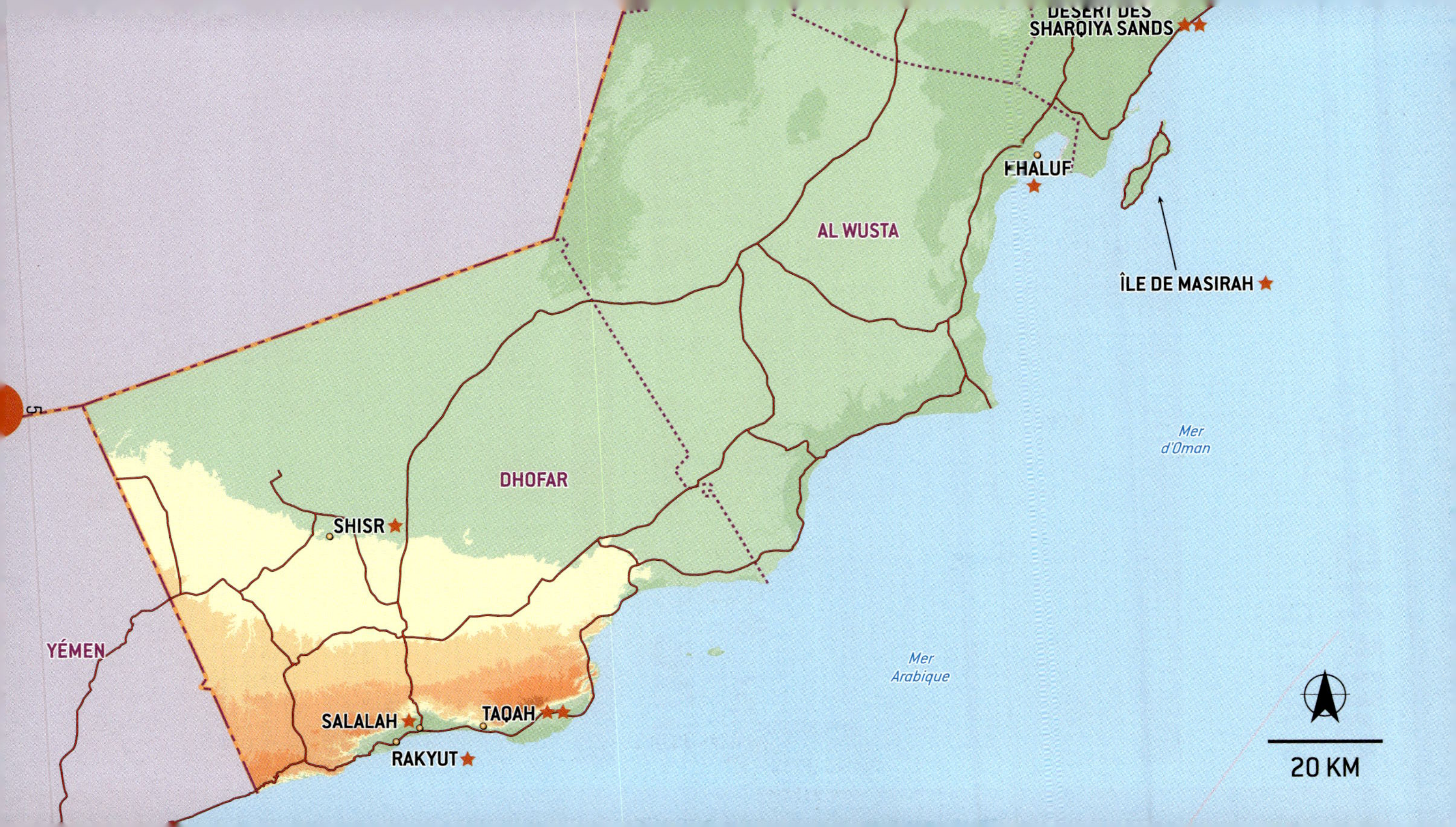

DÉSERT DES SHARQIYA SANDS
HALUF
ÎLE DE MASIRAH
AL WUSTA
Mer d'Oman
DHOFAR
SHISR
YÉMEN
Mer Arabique
SALALAH
TAQAH
RAKYUT
20 KM

QUAND Y ALLER

JANVIER

17° / 25°

MARATHON DE MASCATE
Le circuit traverse la ville et regroupe plus de 8 000 coureurs sur 6 tracés de 42 km à 1 km.

FESTIVAL DE MASCATE
Pendant 1 mois, lectures, danses folkloriques, concerts, villages d'artisans, feux d'artifice…

FÉVRIER

17° / 28°

TOUR CYCLISTE D'OMAN
Parcours de 800 km en 6 étapes dans tout le pays réunissant les plus grands coureurs internationaux.

W'OMAN AVENTURA CUP
Dans les déserts du Sultanat, rallye en 4 x 4 100% féminin au départ de Mascate.

MARS

20° / 29°

JUILLET

29° / 38°

KHAREEF - FESTIVAL DE SALALAH
Pendant 6 semaines, on célèbre la mousson : danses, chants, théâtre traditionnel, concours.

23 JUILLET
Jour de la Renaissance en commémoration de l'ascension au pouvoir de feu le Sultan Qaboos.

AOÛT

28° / 36°

SEPTEMBRE

26° / 35°

SAISON AU ROYAL OPERA HOUSE
L'Opéra dévoile sa nouvelle programmation, soit une quarantaine de présentations de septembre à mai.

On a tendance à penser que la seule période valable pour visiter le Sultanat court d'octobre à avril. C'est effectivement la saison belle et douce, propice aux visites et activités dans tout le pays. Les montagnes du Hajar bénéficient toutefois de températures agréables en été ; c'est l'occasion de s'offrir un séjour de luxe à prix bas, à coupler avec Masirah pour le kitesurf ou avec la région du Dhofar où les températures sont clémentes (privilégier plutôt septembre que juillet-août)

AVRIL

24° / 34°

$$$

MAI

28° / 39°

$$

JUIN

30° / 40°

$

OCTOBRE

24° / 35°

$$$

NOVEMBRE

20° / 30°

MARATHON DU DÉSERT
Plusieurs courses en auto-suffisance de 21 à 215 kilomètres dans le désert des Sharqiyah Sands.

FÊTE NATIONALE D'OMAN
Des drapeaux sont dressés partout en ville. Elle donne lieu à plusieurs célébrations officielles.

$$$

DÉCEMBRE

18° / 27°

$$$

LES BONNES RAISONS D'Y ALLER

© LOUIELEA - SHUTTERSTOCK.COM

DES PAYSAGES ET BIOTOPES VARIÉS

Montagnes, canyons, fjords, wadis, dunes, oasis, palmeraies, îles, plages infinies…

L'HOSPITALITÉ OMANAISE

D'un naturel doux et tolérant, les Omanais perpétuent une culture de l'accueil ancestrale.

© KATIEKK2 - ISTOCKPHOTO.COM

© ZANETA CICHAWA - SHUTTERSTOCK.COM

MODERNITÉ ET TRADITIONS

Peu touristique, le pays préserve ses traditions mais offre des infrastructures modernes.

© SARO17 - ISTOCKPHOTO.COM

UN PAYS POUR TOUS LES TOURISMES

Balnéaire, culturel, sportif, grandeur nature… en couple, en famille, entre amis.

© HAMDAN YOSHIDA - SHUTTERSTOCK.COM

CITADELLES, CHÂTEAUX ET AFLAJ

Omniprésents. A voir absolument : Bahla, Jabrin, Nizwa, Al Hazm, Mutrah…

© TRABANTOS - SHUTTERSTOCK.COM

DOUCEUR DE VIVRE À MASCATE

Une capitale nature et culture : plages, dauphins, montagnes, musées, cafés, opéra…

© SELIMBT - SHUTTERSTOCK.COM

LE DÉSERT

Silencieux, fascinant, il occupe les ¾ du territoire et compose d'inoubliables échappées.

LES BONNES RAISONS D'Y ALLER

MUSANDAM ET SALALAH

2 extensions de séjour : au nord, fjords, boutres et dauphins ; au sud, plages et cocotiers.

© TRAVEL FAERY - SHUTTERSTOCK.COM

© MARTCHAN - SHUTTERSTOCK.COM

DAUPHINS ET TORTUES

Ils abondent dans les eaux omanaises, surtout à Ras al Jinz et Masirah pour les tortues.

© ASHRAF HAMDAN - SHUTTERSTOCK.COM

L'AVENTURE AVEC UN GRAND A

Récente, la destination offre encore de vastes espaces inexplorés…

LES 12 MOTS-CLÉS

#AMOUAGE

En 1983, le sultan Qaboos décida de faire appel à un nez français, Guy Robert, pour créer une ligne de fragrances luxueuses. C'est en mélangeant plus de 120 ingrédients, dont l'encens et la rose, que naît Gold, le premier parfum de la marque Amouage. A ce jour, c'est l'un des effluves les plus chers du monde. Elle est produite artisanalement.

#BOUTRE OU DHOW

Symbole de la puissance omanaise, ce voilier traditionnel en bois fait la fierté du sultanat. En partie remplacés par des cargos à moteur, les boutres sont encore omniprésents à Oman où ils sont utilisés pour la pêche, le transport plaisancier et le transport marchand. La ville de Sur, à l'ouest, en perpétue la tradition de construction séculaire.

© ROBERT HAANDRIKMAN - SHUTTERSTOCK.COM

#CAFÉ À LA CARDAMOME

Tout simplement LA boisson nationale : un café noir au goût unique, sans sucre, aromatisé à la cardamome et servi avec des dattes pour en atténuer l'amertume. Symbole d'hospitalité, le kawa est proposé à chaque rencontre et se déguste dans de toutes petites tasses, partout, tout le temps, chez l'habitant comme dans les lieux touristiques.

© FOOTAGELAB - SHUTTERSTOCK.COM

#DATTES

Fruit qu'on offre avec le café à la cardamome en signe de bienvenue. Produit du palmier dattier, arbre omniprésent à Oman et dont la culture rythme la vie de nombreuses tribus bédouines. Le sultanat compterait plusieurs dizaines de variétés différentes surtout récoltées aux mois chauds. Un seul palmier pourrait produire jusqu'à 100 kg de dattes.

#DÉSERTS ET MONTAGNES

Plus des deux tiers du pays sont occupés par le désert : sables de Sharqiyah à l'est, étendues arides du Rub Al Khali aux frontières de l'Arabie Saoudite et du Yémen. Ailleurs les montagnes prennent le relais, culminant jusqu'à 3 020 mètres pour la plus haute d'entre elles, le jebel al-Akhdar, dans le massif du Hajar, l'épine dorsale du pays.

#DROMADAIRES

Et non chameaux car ils n'ont qu'une bosse ! Omniprésents et intimement liés à la culture traditionnelle locale, ils vaquent en quasi-liberté, parcourant le désert à la recherche de verdure. On distingue les dromadaires de bât à usage domestique, des dromadaires de monte ou de course dont la valeur peut dépasser celle des meilleurs pur-sang arabes.

© FABIAN JUNGE - SHUTTERSTOCK.COM

#ENCENS

Gomme aromatique que l'on extrait en pratiquant une incise dans un arbre de type *Boswellia*. C'est à son commerce que le pays dut sa prospérité bien avant l'ère chrétienne. Dans le Dhofar, pousse le *Boswellia sacra* qui produit l'encens le plus pur du monde ou *hojari*, une particularité qui a permis de classer La Route de l'Encens à l'Unesco.

LES 12
MOTS-CLÉS

#FALAJ [AFLAJ]

Système d'irrigation ancestral consistant à capter une source d'eau et à l'acheminer par des galeries souterraines ou un canal de surface jusqu'aux villages [ablution, toilette, usage ménager] et plantations. Présent sur tout le territoire et représentatif du sultanat traditionnel, le réseau des aflaj est classé au patrimoine mondial de l'Unesco.

#FORTS ET CHÂTEAUX

Le sultanat en compterait plus de 500, témoins majestueux d'un passé belliqueux. Si les forts et citadelles étaient destinés à un usage guerrier et protecteur, les châteaux servaient surtout de résidences et centres administratifs. De nos jours, ces joyaux du patrimoine font l'objet d'un vaste plan de sauvegarde et sont rénovés pour le tourisme.

#HALWA

Dessert national et traditionnel omanais, composé d'eau de rose, de sucre roux, de farine, de graines de sésame et d'épices que l'on cuit pendant des heures dans une grande marmite en cuivre. Prisé des locaux et parfumé de multiples façons selon les régions [cardamome, safran, noix, amandes...], le halwa se déguste froid, généralement avec un café.

#KANDJAR

C'est l'emblème du pays : un poignard à lame recourbée que les Omanais portent lors des grandes occasions ou cérémonies officielles. Sculpté, en argent, bois ou corne, il se glisse dans une ceinture qui resserre la dishdasha [tunique traditionnelle] à la taille. Accessoire essentiel du costume, il dénote le statut social de celui qui le porte.

#KUMMA

Le kumma est le chapeau traditionnel porté par les hommes du sultanat. C'est un petit couvre-chef rond en coton, brodé de motifs divers [notamment floraux] et piqué de petits trous pour l'aération. De coloris variables, les kummas s'assortissent aux tonalités des dishdashas. Les jeunes le portent de multiples façons, aplati, pincé ou gonflé.

VOUS ÊTES D'ICI, SI...

- Vous parlez posément et demeurez toujours calme et courtois. Vous ne montrez aucune forme d'affection en public et restez modéré dans vos propos comme dans votre allure.
- Vous portez des vêtements longs et couvrants en respect de la culture et religion locales. Qui sont toujours propres et impeccablement repassés. Vous avez l'air le moins négligé possible.
- Vous partez à deux voitures dans le désert et vérifiez qu'aucun orage n'est prévu avant de vous engager dans un wadi. Vous adorez la nature et la vie au grand air.
- Vous buvez du café à la cardamome en l'accompagnant de dattes pour en réduire l'amertume. Vous tenez votre tasse de la main droite et secouez légèrement celle-ci en l'inclinant de droite à gauche pour indiquer à votre hôte que vous ne souhaitez pas être resservi.
- Vous vous déchaussez en entrant dans une mosquée bien sûr, mais aussi dans une maison pour ne pas marcher sur les tapis avec vos chaussures.

Wadi Shab.

DISTANCES

TEMPS DE TRAJET

	MASCATE	SOHAR	RUSTAQ	NIZWA	SUR
MASCATE		206 KM 🚗 2h15	125 KM 🚗 1h30 🚌 3h30	153 KM 🚗 2h	204 KM 🚗 2h30 🚌 4h30
SOHAR	206 KM 🚗 2h15		155 KM 🚗 1h30	349 KM 🚗 3h30	412 KM 🚗 4h30
RUSTAQ	125 KM 🚗 1h30 🚌 3h30	155 KM 🚗 1h30		231 KM 🚗 3h	322 KM 🚗 3h30 🚌 6h30
NIZWA	153 KM 🚗 2h	349 KM 🚗 3h30	231 KM 🚗 3h		358 KM 🚗 3h45
SUR	204 KM 🚗 2h30 🚌 4h30	412 KM 🚗 4h30	322 KM 🚗 3h30 🚌 6h30	358 KM 🚗 3h45	
MINTARIB BIDIYYAH	197 KM 🚗 2h30 🚌 4h15	392 KM 🚗 4h	275 KM 🚗 3h30 🚌 5h	186 KM 🚗 2h15	166 KM 🚗 3h45 🚌 2h
IBRA	147 KM 🚗 1h45 🚌 3h	342 KM 🚗 3h30	225 KM 🚗 2h45 🚌 3h45	149 KM 🚗 2h	161 KM 🚗 3h30 🚌 3h30
DUQM	541 KM 🚗 5h45	710 KM 🚗 7h15	619 KM 🚗 6h45	463 KM 🚗 4h45	511 KM 🚗 6h
MASIRAH	480 KM 🚗 6h15	649 KM 🚗 7h45	558 KM 🚗 7h15	402 KM 🚗 5h15	326 KM 🚗 5h15
SALALAH	1015 KM 🚗 9h45 🚌 17h30	1107 KM 🚗 11h30	1093 KM 🚗 10h45 🚌 17h	876 KM 🚗 8h	1219 KM 🚗 11h45 🚌 1j4h
TAQAH	1038 KM 🚗 10h	1130 KM 🚗 11h45	1116 KM 🚗 11h	899 KM 🚗 8h30	1242 KM 🚗 12h
KHASAB	501 KM 🚗 6h15	300 KM 🚗 4h	446 KM 🚗 5h30	584 KM 🚗 6h45	733 KM 🚗 8h30

Pour voir du pays, inutile de parcourir de longues distances. A condition d'utiliser le réseau routier tout neuf du sultanat (et non ses pistes, sauf à vouloir partir à l'aventure...), rejoindre les principales régions et sites d'intérêt à partir de Mascate est rapide. Seule l'exclave du Mussandam est lointaine, tout comme le Sud dont l'accès suppose de traverser de vaste étendues partiellement désertiques. Mais, là encore, les routes sont excellentes.

MINTARIB BIDIYYAH	IBRA	DUQM	MASIRAH	SALALAH	TAQAH	KHASAB
197 KM 2h30 4h15	147 KM 1h45 3h	541 KM 5h45	480 KM 6h15	1015 KM 9h45 17h30	1038 KM 10h	501 KM 6h15
392 KM 4h	342 KM 3h30	710 KM 7h15	649 KM 7h45	1107 KM 11h30	1130 KM 11h45	300 KM 4h
275 KM 3h30 5h	225 KM 2h45 3h45	619 KM 6h45	558 KM 7h15	1093 KM 10h45 17h	1116 KM 11h	446 KM 5h30
186 KM 2h15	149 KM 2h	463 KM 4h45	402 KM 5h15	876 KM 8h	899 KM 8h30	584 KM 6h45
166 KM 3h45 2h	161 KM 3h30 3h30	511 KM 6h	326 KM 5h15	1219 KM 11h45 1j4h	1242 KM 12h	733 KM 8h30
	52 KM 45mn 1h45	427 KM 5h	366 KM 5h30	1005 KM 9h45 1j2h	1028 KM 10h	688 KM 8h
52 KM 45mn 1h45		412 KM 4h45	351 KM 5h15	970 KM 9h30 1j1h	993 KM 9h45	638 KM 7h15
427 KM 5h	412 KM 4h45		284 KM 4h	673 KM 6h30	696 KM 6h45	1041 KM 11h
366 KM 5h30	351 KM 5h15	284 KM 4h		944 KM 10h15	966 KM 10h30	975 KM 11h45
1005 KM 9h45 1j2h	970 KM 9h30 1j1h	673 KM 6h30	944 KM 10h15		34 KM 30mn	1147 KM 14h45
1028 KM 10h	993 KM 9h45	696 KM 6h45	966 KM 10h30	34 KM 30mn		1469 KM 15h
688 KM 8h	638 KM 7h15	1041 KM 11h	975 KM 11h45	1147 KM 14h45	1469 KM 15h	

IDÉES DE SÉJOUR

Plusieurs thématiques s'offrent à qui veut visiter le Sultanat. Tout dépend de la durée du séjour, des centres d'intérêt de chacun et du budget. En version courte, on pourra opter pour un long week-end à Mascate – plage et culture, modernité et traditions. En mode plus long, 2 ou 3 jours dans la capitale pourront être suivis d'une échappée dans une autre section du sultanat (montagnes, désert...). A moins d'opter pour le circuit le plus classique, qui, en 1 000 km environ, part de Mascate, passe par les montagnes, le désert, les wadis, pour revenir par le littoral et la côte des tortues - circuit à ponctuer d'incursions culturelles (aflaj, forts, musées vivants...) et/ou d'activités sportives (trekking, canyoning..). 3 jours de plus, et voilà le grand sud tropical ou les fjords du Mussandam au nord. Les aventuriers, eux, trouveront dans cette destination encore récente un immense terrain de jeux où abreuver leur soif de découvertes.

UN LONG WEEK-END À MASCATE

A seulement 7h de Paris, Mascate (p.97) est une destination idéale pour 4 jours en famille, en amoureux ou entre amis – décalage horaire mineur, soleil quasi toute l'année, dépaysement immédiat. Blanche et partiellement enchâssée dans les montagnes, cette belle capitale à taille humaine offre un séjour en tempo doux, au bord de la mer, loin de la frénésie de bien des grandes villes du monde. C'est une cité tranquille, véhiculant un art de vivre mi-oriental mi-occidental, et permettant de profiter du soleil et de la plage, de faire de la plongée ou du golf (pas moins de 5 parcours 18 trous), des croisières pour voir des dauphins, du shopping dans les malls, de sortir le soir dans un endroit branché ou très local, d'explorer les aspects culturels de ce beau pays chargé d'histoire...

Ceux qui le souhaitent pourront même changer complètement d'atmosphère sans aller bien loin. Dans un rayon de moins de 150 km de la capitale (= excursion à la journée), on peut déjà explorer des wadis, marcher dans les sables du désert, escalader des montagnes, se livrer à la pratique de sports de plein air tel que le canyoning, le trekking, l'escalade etc..., visiter des forts traditionnels, des villages perchés, des oasis, comprendre le système du falaj, explorer des fjords en boutre ou en kayak etc.

› Jour 1

On arrive tôt le matin donc on profite de l'hôtel, de la piscine, de la plage ou du spa pour décompresser. En milieu d'après-midi, en route pour le quartier de Mutrah : grimpette en haut du fort pour la photo, flânerie dans les ruelles du souk, un lemon mint ou un jus de fruits frais en terrasse, une balade sur la corniche dans le soleil couchant et un dîner oriental local dans la superbe « maison de l'encens » Bait Al Luban (à Mutrah toujours) ou au plus populaire Kargeen (quartier de Madinat As Sultan Qaboos).

› Jour 2

Visite des grandes œuvres de feu le Sultan Qaboos : la Grande Mosquée (sauf le vendredi ; tenue couvrante), puis le Royal Opera House (p.118) et sa House of Musical Arts attenante, ainsi que la chiquissime Opera Galleria. Petite séance shopping chez Tamrah (dattes omanaises haut de gamme), puis déjeuner dans un resto chic du secteur (Fauchon ou Al Angham) ou à l'une des terrasses du bord de mer de cet agréable et central quartier de Qurm. L'après midi, excursion en bateau à partir de la marina Bandar Al Rowda pour voir les dauphins ou pour aller jusqu'au cœur des fjords de Mascate (p.107) – plage, snorkelling, kayak de mer... Dîner dans l'un des restos élégants des beaux hôtels de Mascate (comme le Chedi, le W, l'Al Bustan, le Shangri-La, le Kempinsky, l'Hormuz Grand etc.) ou au contraire d'un poisson frais et pas cher chez les turcs (Turkish House, Turkish Diwan, Twins Turkish).

› Jour 3

Visite du vieux Mascate (p.97) : la cité royale (de l'extérieur seulement : les deux forts Al Mirani et Al Jibali, le palais du sultan), le musée Bait Al Zubair et éventuellement le Musée de la Porte de Mascate pour le point de vue. Déjeuner à Bait Al Luban (l'autre, pas celui de Mutrah, celui attenant au Musée, cadre différent et seul vrai resto du secteur). Pendant l'heure la plus chaude, consacrer au moins 2h au Musée National, superbe ensemble didactique et esthétique. Ensuite, place au *tea time* dans l'extraordinaire atrium du palace Al Bustan (tenue correcte exigée, pas de tongs ni de vêtements courts). En soirée, dîner fin avec vue au superbe The Edge de l'hôtel Crowne Plaza. En *after*, drink de fin de soirée dans l'un des bars branchés de la capitale : au nord ceux du Kempisky dans le nouveau quartier d'Al Mouj ou du sublime hôtel The Chedi à Seeb ; au centre, dans le quartier de Qurm, à Caramel ou dans les bars du nouvel hôtel W comme le fabuleux Siddharta

Lounge by Buddha Bar ; au sud, au beach bar du Muscat Hills Resort ou au B.A.B. Lounge de l'hôtel Shangri-La.

› Jour 4

Avant de partir pour l'aéroport en fin de matinée, petit détour et visite de curiosité à l'usine Amouage, façon de ramener une senteur d'Orient en Occident.

› Jour 5

Une journée de plus permettra de partir en excursion à la journée en dehors de Mascate (p.96) : dans la région de la Batinah toute proche pour visiter les forts de **Nakhal** ★ (p.179), Al Hazm et/ou **Rustaq** ★ (p.184), la demeure Bait Na'Man à **Barka** ★ (p.177) ou pour plonger aux îles Damaniyat (réserve naturelle classée) ; à **Nizwa** ★★ (p.193) et ses environs pour visiter forts et châteaux, souks et marchés traditionnels, villages et oasis de montagnes... ; le long du littoral en direction du sud pour aller marcher et se baigner dans les célèbres wadis **Shab** ★★★ (p.224) et **Tiwi** ★★ (p.225).

2 ou 3 jours de plus permettront de quitter la ville pour s'immerger dans le sultanat authentique et grandeur nature, celui des plages infinies et sauvages, des wadis, des tortues, du désert et des sables, des montagnes, citadelles et villages perchés.

DÉCOUVERTE CÔTIÈRE

Séjour de trois jours sur la côte à partir de **Mascate** ★★ (p.97), la capitale, avant de prendre la route pour découvrir d'autres destinations côtières.

› Jour 1

Se rendre à la marina Bandar Al Rowdha, et embarquer pour une matinée en mer dans les environs de la capitale (croisière d'observation des dauphins, balade le long des côtes et arrêt baignade dans les criques de **Bandar Kheiran** (p.164)). Après la sortie bateau, prendre la voiture et continuer vers le sud jusqu'à **Sifah** ★ (p.165) par une route impressionnante entre mer et montagnes, offrant de superbes points de vue sur le littoral. Déjeuner sur la plage (pique-nique ou restaurant de la marina comme The Bank Beach Club) et après-midi farniente. Nuitée au Sifawy Boutique Hotel.

› Jour 2

Petit-déjeuner copieux avant de prendre la route 17 en direction de Quriyat. Randonnée dans le wadi **Shab** ★★★ (p.224) avec baignade et nage jusqu'à une grotte aquatique cachée au fond du wadi. Pique-nique les pieds dans l'eau. Incursion dans le wadi **Tiwi** ★★ (p.225) (s'il reste un peu de temps) puis route le long du littoral jusqu'à la Réserve de Ras al-Jinz pour une soirée d'observation des tortues : sortie nocturne avec un guide pour assister au spectacle de la ponte et nuitée sur place au **Ras al-Jinz Turtle Reserve** (p.234), au Turtle Beach Resort ou au Sama Ras al-Jinz.

› Jour 3

Au réveil, plage et baignade à Ras al-Hadd ou Ras al-Jinz, puis retour vers la capitale avec plusieurs pauses en route : à **Sur** ★ (p.227) pour visiter les ateliers de fabrication des boutres, sur la plage de sable blanc de **Fins** ★ (p.224) pour un arrêt baignade, au trou d'eau de **Bimmah** (ou Bimmah Sink Hole) pour la curiosité. Nuitée à **Mascate** (p.97) : vaste palette d'hôtels dans toutes les fourchettes de prix.

INCURSION BÉDOUINE

Durant cette excursion de trois jours, partez à la découverte des déserts du sultanat. Devant vous, les dunes à perte de vue. Une expérience inoubliable, comme coupée du monde.

› Jour 1

Prendre la nouvelle express way qui en 2h de temps conduit jusqu'aux portes du désert des Sharqiya Sands. Se rendre en 4x4 (soi-même si l'on sait conduire dans le sable ou avec un chauffeur guide et/ou une assistance) jusqu'au campement que, sauf à être en autonomie avec son propre matériel, on aura pris soin de réserver. Installation au camp, balade à pied dans les dunes environnantes.

› Jour 2

Au petit matin, départ pour une balade à dos de dromadaire et/ou ski sur sable. Farniente pendant les heures les plus chaudes et, en fin d'après-midi, randonnée pédestre dans les dunes ou balade en quad ou en 4x4 (activité appelée *Dune Bashing*). Soirée au coin d'un feu au milieu des sables, seconde nuit sur place.

› Jour 3

Réveil au lever du jour pour s'imprégner de l'atmosphère particulière du désert au tout petit matin. Dernière balade puis visite d'un camp traditionnel bédouin. Retour à **Mascate** (p.97) avec détour éventuel par le **Wadi Bani Khalid** ★★ (p.248) pour se baigner dans des vasques d'eau émeraude.

SUR LA ROUTE DES OASIS DE MONTAGNE

Ce séjour a pour but de vous faire découvrir les montagnes d'Oman. On part ainsi sur des petites routes, traversant des villages isolés et découvrant des paysages fabuleux. De sommets en sommets, on fera des escales dans des palmeraies, oasis pour voyageurs fatigués.

IDÉES DE SÉJOUR

› Jour 1

A partir de **Mascate** (p.97), prendre la route 1, jusque Muladdah, puis la route 11 jusque Al Hazm. Visite du **fort** (p.185) (avec audioguide). Poursuivre jusqu'à **Rustaq** ★ (p.184) (visite éventuelle du fort et de la source chaude d'Ayn Al Kasfah) puis sur la route 13 en direction d'Al Awabi. 3 km environ avant le village, pénétrer la gorge du splendide **Wadi Bani Awf**. Traverser la première portion du wadi par une piste qui longe d'abord le lit de la rivière asséchée puis part à l'assaut des montagnes. Passage par de nombreux hameaux comme encastrés dans la roche, avant d'arriver à Bilad Sayt. Visite de la palmeraie et du village. Nuitée dans la guesthouse très simple mais nickel de Bait Bimah au cœur du Wadi Bani Awf.

› Jour 2

Traversée de la deuxième portion du wadi en suivant la piste qui conduit au sommet de Birkat al-Sharaf, col culminant au-dessus de la chaîne de montagnes du djebel Akhdar. Diaporama à couper le souffle. Puis redescente vers le village de **Misfah** ★★ (p.207) al Abreyeen et découverte de sa palmeraie. Pause déjeuner à Misfah Hospitality Inn. L'après-midi, visite du petit musée de Misfah, de la maison du miel, balade le long des aflaj au milieu des plantations en terrasses, découverte du vieux village, petite randonnée fléchée au flanc d'un petit canyon… Ou alors activité sportive (canyoning, VTT, trekking, etc.) ou visite guidée de l'oasis pour tout comprendre du système ancestral du falaj avec Canyon Adventure Tours. Nuitée sur place dans l'une des jolies guesthouses comme Misfah Hospitality Inn ou Misfah Old House.

› Jour 3

Départ au petit matin pour une belle journée de curiosité ponctuée de multiples visites, au choix : soit s'arrêter dans chaque site, sans y passer trop de temps, pour avoir un aperçu global des beautés de ce secteur, soit en choisir 2 ou 3 en fonction de ses préférences. Dans l'ordre, entre **Misfah** ★★ (p.207) et **Nizwa** ★★ (p.193) : Al Hamra et son musée vivant de Bait Al Safah ; **Al Hoota Cave** (p.202), caverne impressionnante (visite guidée) ; le fort (p.204) de **Balha**, citadelle magistrale classée à l'Unesco (mais pas d'aménagement intérieur) ; le château de **Jabrin** ★★★ (p.206), le plus délicat du Sultanat (pièces décorées ornées de mobilier, audioguide instructif) ; la ville-oasis de **Nizwa** ★★ (p.193), son fort, ses souks… Puis retour à **Mascate** (p.97) ou nuitée sur place dans les guesthouses de la vieille ville.

EXTENSION DE SÉJOUR DANS LA PÉNINSULE DE MUSANDAM

Isolée du reste du pays, Musandam est une exclave (et non une enclave) omanaise située à la pointe septentrionale des Emirats, au niveau du très stratégique détroit d'Ormuz. Très différente du reste du sultanat, la région, reculée et calme, est connue pour sa côte rocheuse découpée en fjords abrupts que sillonnent des 4x4 et randonneurs dans les hauteurs, et des boutres et kayaks au cœur des fjords. Sauvage, c'est une extension atypique, que l'on pourra vivre au fil de l'eau si on le souhaite en optant pour des séjours en boutre avec bivouac sur le pont ou sur la rive. En version luxe, le superbe yacht en forme de boutre traditionnel de la compagnie Musandam Sea Adventure Travel & Tourism est un must et offre plusieurs packages de une à plusieurs nuits avec activités quotidiennes ; privatisation possible. Sublime !

Un vol intérieur d'Oman Air relie **Mascate** (p.97) à **Khasab** ★★ (p.302) dans les deux sens tous les jours en matinée et plusieurs hôtels accueillent les voyageurs dont l'Atana Musandam qui a notre préférence. En 2 jours-2 nuits sur place, on pourra consacrer la première après-midi à un safari dans les montagnes et à la visite du **fort** (p.304) de Khasab. Le lendemain : journée complète en boutre dans les fjords. Avec une journée de plus, on prendra le temps de se rendre jusqu'à Kumzar, village de bout du monde situé à la pointe la plus septentrionale de la région accessible uniquement en bateau.

› Jour 1

Arrivée à **Khasab** ★★ (p.302) dans la matinée et visite du **fort** (p.304). Déjeuner puis safari en 4x4 dans les montagnes pour découvrir cet écosytème atypique : baies, blocs de roches, plateaux, fossiles, gravures rupestres… Nuitée à Khasab.

› Jour 2

Journée complète et nuitée en boutre pour s'enfoncer dans les **fjords** et voir des **dauphins**, nombreux dans la région. Le soir, balade en kayak le long des côtes découpées, pêche à la ligne ou à la traîne. Bivouac, sauf à opter pour le superbe Rubba et ses cabines de luxe.

› Jour 3

Deuxième journée en boutre dans les fjords, plongée avec masque et tuba, baignade… Ou retour à **Khasab** ★★ (p.302) et départ en bateau à moteur pour Kumzar. Nuitée à Khasab et retour à **Mascate** (p.97) le lendemain matin.

EXTENSION DE SÉJOUR DANS LE DHOFAR

Le Dhofar est au sud ce que le Musandam est au nord : une région en retrait, séparée de la capitale et du cœur vivant et actif du pays par des centaines de kilomètres – ici de désert. C'est une extension lointaine, qui se prévoit davantage qu'elle ne s'improvise, et pour laquelle il faut au moins 2 jours, idéalement 3 ou 4, voire une semaine en cas de séjour long.

Si le Musandam est fait d'eau et de roches et offre une beauté minérale, le Dhofar, à l'inverse, en particulier la ville de **Salalah** ★★ (p.273) et ses environs immédiats, est l'extension tropicale du pays. Quand le désert est aux portes, les immenses plages de sable blanc n'en sont pas moins ombrées de cocotiers, eux-mêmes frangés de vastes plantations de bananiers. En dehors des mois d'été, rendus frais et humides par un phénomène de mousson, la région se prête particulièrement aux plaisirs et loisirs balnéaires, tout en offrant une intéressante palette de sites culturels.

Un vol intérieur d'Oman Air relie **Mascate** (p.97) à Salalah plusieurs fois par jour dans les deux sens, matin et après-midi.

› Jour 1

Visite des sites culturels de la ville de **Salalah** ★★ (p.273) et de ses environs proches : la Chamelle sacrée, cité archéologique d'**Al Balid** et son Musée de l'Encens, **tombe de Nabi Imran** (p.279), tombe de Nabi Ayoub (Job). Plage et loisirs balnéaires l'après-midi. Petit saut au **souk** (p.197) en fin de journée. Nuit à Salalah ou à la marina de **Taqah** ★★ (p.288).

› Jour 2

Visite de la côte est de **Salalah** ★★ (p.273) : **Taqah** ★★ (p.288) et ses deux forts, site archéologique de **Khor Rori**/Sumhuran, **wadi Darbat** (p.288) éventuellement (coin de verdure où viennent nicher de nombreux oiseaux mais rien d'incontournable). Plage l'après-midi. Pause détente au spa de l'Anantara en fin de journée (réservation nécessaire). Nuit à Salalah ou Taqah.

› Jour 3

Visite de la côte ouest jusqu'à la frontière yéménite : de Mughsayl (belle plage, falaises, jets d'eau naturels) à **Rakyut** ★ (p.287) via la « route infernale » - canyons, route en épingles très raide, panoramas à couper le souffle et superbe plage à l'arrivée ; pique-nique et baignade. Ou excursion dans le désert du **Rub Al-Khali** (p.296). Nuit à **Salalah** ★★ (p.273) ou à **Taqah** ★★ (p.288) ou retour à **Mascate** (p.97) avec l'avion du soir.

L'ESSENTIEL D'OMAN EN UNE SEMAINE

Cet itinéraire est intense, mais il a l'avantage de donner un large aperçu des paysages et curiosités culturelles que peut offrir le sultanat. C'est un grand classique, le plus vendu par les agences et tour-opérateurs, presque un immanquable. Facile, il permet sur une distance globalement assez courte (environ 1 000 km de routes neuves ou récentes) de parcourir des lieux, sites et paysages extrêmement variés. Il peut se faire en compagnie d'un chauffeur-guide ; en autotour (c'est-à-dire en autonomie sans chauffeur, avec un carnet de bord fourni par l'agence qui aura aussi pris soin de réserver tous les hébergements) ; ou en autonomie, très facilement, à condition, sauf à camper, d'avoir réservé à l'avance par internet les hôtels et guesthouses d'étape qui peuvent vite se révéler complets en période de vacances scolaires. Attention toutefois ! Pour la sortie dans le désert, il est nécessaire de s'assurer les services d'un spécialiste ou d'avoir un 4x4 (et les compétences requises pour conduire en milieu sablonneux). Si l'on a loué une voiture et qu'on a choisi de faire son circuit en indépendant, on laissera son véhicule dans un endroit prévu à l'avance par le campement et on s'allouera les services du camp pour le transfert. Idem si l'on a prévu de monter jusqu'au Djebel Al Akhdar. Même si la route est goudronnée jusqu'en haut, un 4x4 est obligatoire en raison de l'importante déclivité – présence d'un checkpoint pour empêcher toute berline de passer.

Le circuit est bien sûr modulable et pourra facilement être rallongé d'un à plusieurs jours pour qui souhaite prendre tout son temps et découvrir chaque section tranquillement, ou simplement rester plus longtemps à **Mascate** (p.97) – repos de quelques jours à l'arrivée à Oman avant le circuit, ou alors après celui-ci, ou les deux. Noter que le trajet peut se faire dans un sens comme dans l'autre puisque c'est une boucle. Conseil Futé : essayer de faire en sorte d'être à **Nizwa** ★★ (p.193) le jeudi soir pour assister au fameux marché aux bestiaux du vendredi matin qui commence de bonne heure – vers 11h, tout est plié. Eviter parallèlement de se trouver à Mascate un vendredi, car bien des établissements sont fermés toute la journée ou une partie de celle-ci comme la Grande Mosquée (ou alors ce jour-là prévoir des activités nature ou sportives, plage golf, dauphins…).

› Jour 1 : Mascate

Arrivée dans la capitale omanaise et installation à l'hôtel. Bain de mer éventuel. Dans l'après-midi, visite du **vieux Mascate** (p.97) : la cité royale (les deux forts Al Mirani et Al Jibali, le palais du sultan), le **Musée National**, éventuellement le musée Bait Al Zubair. Puis direction le quartier tout proche de Mutrah : balade sur la corniche, déambulation dans le souk et devant les vieilles maisons aux balcons ouvragés construites par les Lawatiya. Nuitée dans la capitale : vaste palette d'hébergements dans toutes les gammes de prix, faire son choix dans la rubrique dédiée.

IDÉES DE SÉJOUR

› Jour 2 : Mascate - Nizwa

Au petit matin, visite du marché aux poissons de Mutrah, puis direction le nord de la capitale et visite de la Grande Mosquée du Sultan Qaboos. Ensuite, route jusque Nizwa ★★ (p.193) (environ 160 km). Visite du fort (p.196) et des souks. Nota bene : si ce jour tombe un vendredi, filer directement à Nizwa au tout petit matin. Nuitée dans les nouvelles guesthouses du vieux Nizwa ou à l'hôtel.

› Jour 3 : Nizwa - Djebel Shams ou Akhdar

Lever tôt, car grosse journée. A une trentaine de kilomètres de Nizwa ★★ (p.193), visite du village de potiers de Balah et de sa citadelle classée au Patrimoine mondial de l'Unesco. Puis, à 5 km, visite du château de Jabrin ★★★ (p.206). Prendre la direction de Al Hamra et monter jusqu'au village perché de Misfah ★★ (p.207) (ses ruelles, ses aflaj, sa palmeraie) pour visite et déjeuner. Ensuite, dans la section ancienne d'Al Hamra, visiter le musée vivant de Bait Al Safah. En fin de journée, monter dans les hauteurs (environ 1 heure 30 de trajet en épingles), soit jusqu'à Djebel Shams (nuitée dans un campement de tentes et bungalows) ou Djebel Akhdar (nuitée dans un boutique-hôtel ou un hôtel de luxe comme l'Anantara ou l'Alila, tous deux splendides).

› Jour 4 : Djebel Shams ou Akhdar - Désert des Sharqiya

Lever à l'aube pour faire une belle randonnée en montagne : paysages rudes et abrupts à Djebel Shams (roches saillantes, canyons, village de pierres abandonnés), plus riants dans le djebel Akhdar (hameaux accrochés aux montagnes, plantations en terrasses de roses et d'arbres fruitiers, aflaj...). Puis route de 2h30 à 3 heures jusqu'aux portes du désert des Sharqiya. En 4x4, accès jusqu'au camp réservé. Au soleil couchant, balade à pied ou à dromadaire dans les dunes. Nuitée dans l'un des nombreux campements du désert.

› Jour 5 : Sharqiya - Ras al-Jinz

Au petit matin, balade à pied, en quad ou à dos de dromadaire dans le désert. Puis route vers Sur ★ (p.227) avec pause baignade (+ éventuelle balade) dans le Wadi Bani Khalid ★★ (p.248). A quelques kilomètres au sud de Sur, installation à Ras al-Jinz (si possible directement dans les chambres ou tentes aménagées de la Réserve pour être sur place). La nuit, sous la houlette d'un guide, découverte d'un des plus beaux sites mondiaux de reproduction des tortues vertes (ponte, éclosion de bébés...). Nuitée sur place ou à proximité immédiate.

› Jour 6 : Sur - Mascate

Lever de bonne heure car longue journée ponctuée de visites. A Sur ★ (p.227), pause à la fabrique traditionnelle de boutres. Puis direction les wadis Tiwi ★★ (p.225) et Shab ★★★ (p.224), séparés l'un de l'autre de quelques kilomètres et principaux attraits de la journée ; passer quelques heures dans l'un ou l'autre de ces wadis : marche le long du lit de la rivière partiellement en eau, baignade dans des bassins naturels, pique-nique sur place. Ensuite, sur la route vers Mascate (p.97), faire une pause baignade ou photo à la White Beach (p.224) de Fins ★ (p.224), puis au Bimmah Sink Hole, gouffre naturel. Nuitée à Mascate.

› Jour 7 : Mascate

Farniente sur la plage, baignade, balade en bateau le long de la côte pour voir les dauphins, shopping... Ou alors, arrivée à Mascate (p.97) directement le jour 7 pour reprendre son avion et passer une nuit de plus dans l'un des sites présentés ci-avant : par exemple à Nizwa ★★ (p.193) pour un rythme plus cool le jour 3, ou dans les montagnes avec randonnée à la journée, ou une nuit dans le djebel Shams et une autre dans le djebel Akdhar aux paysages complètement différents, ou encore une nuit de plus dans le désert....

OMAN EN DEUX SEMAINES

Pour cet itinéraire surtout axé sur la nature et partiellement hors de sentiers battus, nous conseillons une location de voiture à partir du troisième jour. Préférer un véhicule tout-terrain, principalement pour la partie qui va de Ras Al Jinz ★ (p.233) à Salalah ★★ (p.273) - mélange de pistes, plages et routes goudronnées et prévoir 1 à 2 nuits en bivouac, sauf à séjourner dans des resthouses pratiques mais sans charme ou de faire un stop à Duqm (p.262) où l'hôtellerie est de bon niveau... Privilégier les services d'un chauffeur-guide si vos finances le permettent. Laisser le véhicule à Salalah et retourner à Mascate (p.97) en avion - vol intérieur quotidien avec Oman Air. Puis louer de nouveau un 4x4 à Mascate en fin de séjour pour l'extension désert et/ou montagnes.

› Jour 1 : Mascate

Arrivée à Mascate (p.97). Repos, baignade en mer. En milieu d'après-midi, visite du vieux Mascate : la cité royale (forts et palais du sultan) et le superbe Musée National. En fin d'après-midi direction le souk et la corniche de Mutrah. Nuit à Mascate.

› Jour 2 : Mascate

Visite de la Grande Mosquée du Sultan Qaboos le matin (sauf si c'est un vendredi), puis du Royal Opera House (p.118). L'après-midi : baignade, plongée sous-marine, balade en bateau ou en kayak le long de la côte, croisière d'observation des dauphins... Nuit à Mascate (p.97).

› Jour 3 : Mascate – Bimmah - wadi Tiwi

Départ pour la côte des tortues. En route, petite pause et baignade éventuelle au trou d'eau de Bimmah, gouffre naturel. Puis, 4x4, marche et baignade dans le wadi **Tiwi** ★★ (p.225), situé à environ 1h30 de Mascate (p.97) (4x4 nécessaire si l'on souhaite s'enfoncer et visiter un maximum de villages ; routes parfois étroites). Nuitée sous la tente sur la plage de sable blanc de **Fins** ★ (p.224) (bivouac) ou au Sama Wadi Shah ★★★ (p.224) Resort.

› Jour 4 : Wadi Shab - Ras al Jinz

Balade dans le wadi Shab ★★★ (p.224) jusqu'aux bassins débouchant sur une grotte aquatique (à rejoindre en nageant par un passage étroit : impressionnant !) ; pique-nique, baignade. L'après-midi, route jusque **Ras al Jinz** ★ (p.233), avec arrêts à **Qalhat** (p.227) pour prendre une photo du tombeau de Bibi Maryam (site fermé pour une période indéterminée) puis à Sur pour visiter la fabrique de boutres traditionnels. A Ras al-Jinz, la nuit, sous la houlette d'un guide, découverte d'un des plus grands sites mondiaux de reproduction des tortues vertes. Nuitée sur place ou dans les environs immédiats.

› Jour 5 : Ras Al Jinz - Ras Al Khabbah - Al Ashkharah - Filim - Khaluf

Départ de **Ras Al Jinz** ★ (p.233) et premier stop à **Ras Al Khabbah** ; juste avant le panneau indiquant l'entrée du village, prendre une piste sur la gauche jusqu'à atteindre le bord des falaise, le point de vue est très beau : admirer ces parois crayeuses et vertigineuses, et la plage en contrebas. On repart pour **Al Ashkharah** où oscille au large une myriade de boutres traditionnels. Puis continuer la route côtière en direction du sud via Qurum, Ar Ruways, jusqu'à Filim. A condition d'être accompagné d'un guide, traverser l'étendue brunâtre des lagunes. Planter sa tente à **Khaluf** ★ (p.262) au milieu de superbes dunes de sable blanc.

› Jour 6 : Khaluf – Duqum – Ras Madraqah

Profiter de la superbe plage de **Khaluf** ★ (p.262) le matin et des centaines d'oiseaux de mer qui forment des nuées très photogéniques, puis reprendre la route en direction de **Duqm** (p.262), la future zone portuaire stratégique du sultanat, actuellement un gigantesque chantier. Au passage, visiter le curieux Rock Garden puis poursuivre jusque **Ras Madraqah**, autre spot idéal pour bivouaquer. Passer la grande plage publique et planter la tente dans l'une des baies de sable blanc protégées de montagnes sombres et bordées d'une eau turquoise cristalline.

› Jour 7 : Ras Mafraqah – Pink Lagoon – As Shuwaymiya – Salalah

Départ pour Salalah ★★ (p.273) en faisant un premier stop à **Pink Lagoon** pour admirer les lagunes de couleur rose et les nombreux oiseaux. Puis continuer jusqu'au magnifique wadi de Shuwaymiya où l'on prendra le temps de se baigner avant de filer vers **Salalah**... Les derniers kilomètres avant de retourner à la civilisation regorgent de trésors paysagers. Plus l'on s'approche du grand Sud, plus la route côtière gagne en beauté. Nuit à Salalah ou dans la marina d'Hawana à **Taqah** ★★ (p.288) (immense pôle hôtelier et de loisirs).

› Jour 8 : Salalah

Plage et farniente le matin. Visite de la ville et de ses environs immédiats l'après-midi: site archéologique d'Al Balid et **musée de l'encens**, **tombe de Nabi Imran** (p.279), tombe de Nabi Ayoub, **souk** (p.279)... Nuit à **Salalah** ★★ (p.273) ou à **Taqah** ★★ (p.288).

› Jour 9 : Salalah – côte Est

Visite de la côte est de **Salalah** ★★ (p.273) : **Taqah** ★★ (p.288) et ses deux forts, site archéologique de Khor Rori/Sumhuran, **wadi Darbat** (p.288) (coin de verdure où viennent nicher de nombreux oiseaux)... Nuit à Salalah ou à Taqah.

› Jour 10 : Salalah – côte Ouest

Visite de la côte ouest jusqu'à la frontière yéménite : de Mughsayl (belle plage, falaises, jets d'eau naturels) à **Rakyut** ★ (p.287) via la « route infernale » (canyons, route en épingles très raide, panoramas à couper le souffle et superbe plage à l'arrivée). Nuit à **Salalah** ★★ (p.273) ou à **Taqah** ★★ (p.288) ou retour à **Mascate** (p.97) en avion.

› Jour 11 : Mascate

Retour à **Mascate** (p.97) en avion. Plage, golf, plongée...parcours de la ville en **Big Bus** (p.112) (bus à impériale) ou visite de sites et musées plus confidentiels comme le Musée Bait Adam, le Musée franco-omanais Bait Faransa, le Musée Bait Al Baranda etc... Ou journée complètes dans les fjords de **Bandar Kheiran** (p.164) jusqu'à la plage aménagée de Jassa Beach. Ou excursion culturelle ou aventure/adrénaline avec **Twenty3 Extreme** (p.112) etc.

› Jours 12/13/14 : itinéraire de 3 jours montagnes ou désert

Se reporter aux circuits intitulés : *Incursion bédouine* ou *Sur la route des oasis de montagne*.

› Jour 15 : vol retour

En matinée, départ pour l'aéroport avec une éventuelle dernière visite sur la route d'un lieu important du patrimoine omanais : l'usine de parfums Amouage.

SE REPÉRER / SE DÉPLACER

DE L'AÉROPORT AU CENTRE-VILLE

Deux aéroports accueillent les vols internationaux : Mascate et Salalah. Plusieurs autres aéroports régionaux (notamment à Khasab, Sohar, Duqm) sont desservis par la compagnie nationale Oman Air. Salam Air vole également à l'intérieur du pays, de Mascate à Sohar ou Salalah.

Pour rejoindre le centre-ville de Mascate depuis l'aéroport, on peut emprunter, pour quelques euros selon la distance à parcourir, l'un des bus rouge et blanc de la compagnie Mwasalat. L'arrêt se trouve à l'extérieur, à côté du parking, et la ligne en direction du centre de Mascate dessert les quartiers de Al Azaiba, Al Gubrah, Al Khuwair, Al Sarooj, Al Wataiyah, Wadi Adei, Al Nahda, Al Hamiryah et enfin Ruwi toutes les 30 minutes. Voir les détails sur http://mwasalat.om/en-us/Bus-routes/Time-Table. Sinon, le taxi est une autre bonne option vu qu'il n'existe pas de véritables navettes publiques comme en Europe, seulement un service de transferts proposé par certains établissements hôteliers et à réserver bien à l'avance. De jour, compter 3 OMR pour la prise en charge, puis environ 400 bz par kilomètre. De nuit, les tarifs augmentent un peu : 3,60 OMR et 450 bz.
On peut aussi louer une voiture à l'un des comptoirs du hall d'arrivée, sachant que les marques locales et les franchises internationales (Avis, Budget, Europcar, Hertz, Sixt, etc.) sont bien représentées. Dans ce dernier cas, savoir qu'on peut bénéficier d'intéressants discounts pour une réservation en ligne effectuée avant le voyage.

De l'aéroport de Salalah jusqu'au centre-ville ou à la marina de Taqah, même topo qu'à Mascate : taxi, bus, location de voiture ou navette d'hôtel.

ARRIVÉE EN TRAIN

Pas de chemin de fer à Oman pour le moment, projet en cours.

ARRIVÉE EN BATEAU

Pas d'arrivée depuis un port international en bateau, sauf en bateau privé ou en paquebot de croisière – mais dans ce dernier cas il s'agit d'une étape dans le cadre d'un voyage et non un moyen de transport à proprement parler. La Compagnie Nationale Maritime d'Oman (NFC) couvre toutefois plusieurs lignes intérieures depuis les ports de Khasab, Shinas, Lima, Dibba, l'île de Masirah et Shannah (www.nfc.com).

TRANSPORTS EN COMMUN

La Compagnie Nationale de Transport Omanaise, Mwasalat, relie les principaux quartiers de la capitale entre eux. Elle assure également la liaison entre les principales villes du pays : Nizwa, Sur, Sohar, Ibri, Rustaq, Shinas, Khasab, Duqm, Salalah… et traverse même les frontières jusqu'aux Emirats voisins (www.mwasalat.com).

© TRABANTOS - SHUTTERSTOCK.COM

Pas d'autres transports en commun que les bus rouge et blanc de Mwasalat, sauf à emprunter, à titre touristique et pour se rendre au cours d'une même journée jusqu'aux principales curiosités de la capitale, les bus à impériale de la compagnie Big Bus (www.bigbustours.com).

VÉLO, TROTTINETTE & CO

En dehors des bikers locaux, souvent regroupés en clubs et qui ne tarissent pas d'éloges sur les somptueuses routes neuves, peu fréquentées et grandeur nature du sultanat, on ne compte quasi pas de transport à deux roues dans le pays : pas de mobylette et encore moins de scooter, même en ville, très peu de motos, aucune trottinette ou segway, quasi aucun vélo. Bienvenue au royaume du 4x4 et de la voiture !

AVEC UN CHAUFFEUR

Quand on ne dispose pas d'une voiture de location, le taxi reste définitivement le meilleur moyen de se déplacer, surtout intra-city car, pour relier une ville à l'autre, une course privée pourra vite se révéler très chère.
Pour les grandes distances, il faut se rendre aux stations de taxis généralement situées à la sortie des villes. Celles de Mascate se trouvent au rond-point de Nizwa, à Mutrah, à côté du marché aux poissons ou à l'aéroport. Dans tous les cas bien demander au chauffeur d'utiliser son taximètre (ce qu'il ne fera pas de lui-même) et, le cas échéant, fixer avec lui à l'avance le prix de la course.
Il existe plusieurs compagnies de taxis à Oman. La compagnie nationale de bus Mwasalat propose notamment ce service depuis 2018. Ses voitures sont reconnaissables à leurs couleurs (blanc et rouge) comme celles des bus (www.mwasalat.com). L'autre compagnie importante est Muscat Taxi dont les taxis sont orange et blanc (www.muscat-taxi.com).
Il est possible de payer la course en espèces ou en carte de crédit. Les taxis circulent de jour comme de nuit. Comme partout ailleurs, les tarifs diffèrent selon l'heure du trajet.

EN VOITURE

L'arrivée en voiture peut se faire éventuellement depuis les Emirats arabes unis mais, attention, peu de loueurs de véhicules acceptent que les clients étrangers passent les frontières, il faut généralement une assurance spéciale pour cela. Sinon 450 kilomètres relient Dubaï à Mascate, il faut compter environ 4h30 dépendant du temps passé à la frontière.

© CATHYLINE DAIRIN

Le 4x4 est le moyen de transport le plus utilisé par les touristes.

La voiture est le mode de transport privilégié pour visiter le pays, même à Mascate où les trottoirs sont peu nombreux et les distances entre les différents quartiers souvent importantes. Louer un véhicule coûte toutefois assez cher (à partir de 20 par jour, généralement plus, et beaucoup plus pour un 4x4), même si le prix de l'essence, lui, rétablit un peu l'équilibre : 0,2 bz soit 0,47 euro le litre ! Un permis de conduire français en cours de validité est reconnu par les autorités omanaises et permet de conduire un véhicule pendant un court séjour, à condition d'être âgé de 21 ans. Bon point : on roule à droite et le réseau routier est excellent et globalement peu fréquenté.
La signalisation routière est en anglais et en arabe, et pourra parfois paraître insuffisante. Demander un GPS à la location ou télécharger au préalable des applications telles que maps.me ou HERE WeGo très fiables et très précises pour se déplacer sans se perdre ni s'énerver. Certaines agences proposent des voitures avec chauffeur ou des carnets de route très détaillés dans le cadre d'un auto-tour – cas où l'on se déplace soi-même de lieu en lieu, et d'hôtel en hôtel, selon un tracé élaboré au préalable avec l'agence qui s'occupe aussi de la logistique globale et notamment de la réservation des hébergements.

Globalement, les distances entre les principales villes du pays ne sont pas très importantes sauf à se rendre dans le grand sud. Les principaux lieux touristiques sont situés au maximum à 3 heures de route de Mascate ou des uns des autres. Côté vitesse, la plupart des grands axes sont limités à 50 km/h en ville et 120 km/h ailleurs. Attention les contrôles sont fréquents et les radars nombreux, la police ne plaisante pas avec les excès de vitesse et les infractions, donc mieux vaut être prudent ! En cas d'accident, ne surtout pas bouger et attendre sagement l'arrivée de la police qui se chargera de votre sort.

Il faut savoir que certains endroits ne sont accessibles qu'en 4x4 (dunes dans le désert, wadis, montagnes…). Pour la conduite hors piste, sauf à l'avoir déjà pratiquée, mieux vaut laisser le volant à une personne avertie, notamment dans le désert. A ce sujet, quelques conseils peuvent être utiles : bien dégonfler ses pneus, ne jamais s'arrêter en pleine montée, éviter de rouler de nuit, toujours vérifier ce qu'il y a derrière une dune et suivre au maximum les traces déjà faites. Ne pas hésiter à demander conseil à une agence de voyage ou de location locale, ou engager un chauffeur si vous n'êtes pas sûr de vous.

LES PHRASES CLÉS

Bonjour, comment puis-je me rendre à…
مرحبا، كيف يمكنني الذهاب إلى...

Est-ce loin à pied ? Y a-t-il le métro ou un bus… pour y aller ?
هل المكان بعيد سيرا على الأقدام؟ هل توجد محطة مترو أو حافلة للذهاب إلى هناك؟

Pouvez-vous me montrer cet endroit sur la carte s'il vous plait ?
هل يمكنك تحديد هذا المكان على الخريطة من فضلك؟

Où puis-je acheter les tickets de transport ? Est-ce que je peux payer en carte de crédit ?
أين يمكنني شراء تذاكر سفر؟ هل يمكنني الدفع باستخدام بطاقة الائتمان؟

Où est la sortie ? A gauche, à droite ou tout droit ?
أين المخرج؟ - يساري أو أيمني أو مباشرة أمامي؟

Je suis perdu et je suis en retard, s'il vous plait, aidez-moi ! Merci beaucoup !
من فضلك انا تائه وتأخرت عن موعدي، هل يمكنك مساعدتي؟ شكرا جزيلا!

HORAIRES

À Mascate la plupart des grands **musées** sont ouverts de 10h à 17h ou 18h tous les jours sauf le vendredi matin. En revanche, pour les petits musées du pays, les horaires sont variables et mieux vaut vérifier avant de s'y présenter. En ce qui concerne **les forts et châteaux**, tout dépend de leur importance : les plus grands comme ceux de Nizwa, Jabrin, Bahla… sont ouverts de 9h à 16h tous les jours (parfois même plus tard, 20h pour le fort de Nizwa par exemple) sauf le vendredi pendant l'heure de la prière. Les plus petits sont généralement ouverts le matin et ferment en fonction de l'affluence ou du bon vouloir du gardien.

A RÉSERVER

Plaisir de grand voyageur, il n'est pas nécessaire de réserver à l'avance, car la destination n'en est qu'à ses prémisses et ne touche pas encore le tourisme de masse. À ce jour, les queues à l'entrée des forts ou des musées sont inexistantes.

BUDGET / BONS PLANS

Afin que le patrimoine omanais soit accessible au plus grand nombre, les tarifs d'entrée sont souvent dérisoires : 500 bz ou 1 OMR pour la grande majorité des forts et châteaux, quelques OMR pour les musées, 5 OMR maxi pour les plus importants d'entre eux. Depuis 2020, il semblerait que seule la carte bleue soit acceptée, ce qui est curieux pour des sommes aussi minimes…

LES ÉVÉNEMENTS

Quelques rares festivals se déroulent chaque année. Parmi les principaux, notons, au cœur de « l'hiver » en janvier-février le Festival de Muscat, le principal de la capitale et, au cœur de l'été (saison contradictoirement la plus fraîche dans le sud) le Festival de Salalah ou Khareef, fête de la mousson.

VISITES GUIDÉES

Les visites guidées ne sont pas fréquentes ni systématiques, sauf exception comme au Royal Opera House, à la fabrique Amouage ou encore au musée vivant de Al Hamra. On assiste toutefois, dans les principaux forts, au développement des audio-guides en plusieurs langues, dont le français, effort d'autant plus appréciable que les explications sont passionnantes.

FUMEURS

Il est interdit de fumer dans les lieux publics.

Musée national d'Oman à Mascate.

C'EST TRÈS LOCAL

Dès lors que l'on sort de la sphère « privée » de l'hôtel pour partir en visite, porter une tenue couvrante : jambes et épaules couvertes. Pour visiter une mosquée, notamment la Grande Mosquée du Sultan Qaboos, seule « facilement » accessible et organisée pour accueillir les voyageurs, couvrir en plus ses bras et ses cheveux.

LES PHRASES CLÉS

Bonjour, puis-je avoir deux entrées adultes et un enfant s'il vous plait ?
مرحبا، هل يمكنني الحصول على تذكرتين للبالغين وتذكرتين لطفلين من فضلك؟

Le tarif enfant est jusqu'à quel âge ? Et pour les seniors, est-ce qu'il y a une réduction ?
ما الحد العمري لتذكرة الاطفال؟ هل يوجد خصم للمسنين على المعاش؟

Est-ce qu'il y a des visites guidées en français ou un audioguide ?
هل توجد جولة إرشادية باللغة الفرنسية او دليل صوتي؟

Combien de temps faut-il pour faire la visite ?
كم تبلغ مدة الزيارة؟

J'ai du mal à monter les escaliers, avez-vous un ascenseur ?
لا أستطيع صعود السلالم، هل يوجد مصعد من فضلك؟

Excusez-moi, pouvez-vous me dire où sont les toilettes ? Merci beaucoup.
لو سمحت، هل يمكنك إخباري أين توجد دورة المياه؟ شكراً جزيلاً.

SE RÉGALER

HORAIRES

À Oman, on prend généralement un petit déjeuner vers 9-10h, puis un déjeuner vers 13h et un dîner aux alentours de 19-20h. Comme les coffee shops sont ouverts en continu tôt le matin à tard le soir, il est facile de se sustenter à toute heure du jour et de la soirée. Les restaurants, eux, obéissent à des horaires plus classiques, généralement plus tardifs le week-end. Ces jours-là l'affluence augmente, notamment pour le fameux brunch du vendredi servi jusque 14h/15h.

BUDGET / BONS PLANS

On peut manger pas cher, à toute heure, dans les coffee shops, disséminés partout dans le pays y compris dans les zones les plus reculées – dans ce cas ils se tiennent au niveau des stations-service. Les règles d'hygiène à Oman étant très strictes, les restaurants et coffee shops font l'objet de contrôles fréquents. Dès lors qu'une infraction aux règles est constatée, l'établissement est obligé de fermer. Il n'y a donc aucune contre-indication à se nourrir dans des petits établissements qui ne paient pas de mine de kebabs, wraps, salades, frites, brochettes, plats arabes, etc. et de délicieux jus de fruits fraîchement pressés. Ailleurs, les tarifs varient en fonction du standing de l'établissement : autour de 8 euros pour un restaurant omanais typique et à partir de 50 euros pour un dîner fin dans un restaurant gastronomique ou à la mode.

EN SUPPLÉMENT

À ce jour, même si cette pratique est en train de changer, les taxes ne sont généralement pas comprises dans les prix affichés. Cette indication figure au bas des cartes et précise le pourcentage à additionner à la note finale, souvent 9 % de taxes de gouvernement et 8 % de taxes de service.

Le pourboire n'est pas systématique et au libre choix de chacun. Quand on passe une commande à un coffee shop à partir de sa voiture (pratique très courante sur place), il est de bon aloi de laisser quelques baizas au serveur qui fait l'aller-retour pour apporter la carte puis les mets à emporter.

C'EST TRÈS LOCAL

Il n'existe pas de tradition culinaire omanaise à proprement parler. La cuisine du sultanat a surtout bénéficié de l'influence des pays voisins, comme l'Iran, le Yémen et surtout le Liban. L'influence indienne est aussi manifeste à travers quelques plats concoctés à la mode tandoori, massala, tikka... Les mets les plus typiques sont le « shuwa » (du mouton cuit pendant plusieurs jours dans une feuille de bananier), le « shawarma » (un pain pita rempli de viande grillée à la broche et/ou de légumes relevés de sauce) et bien sûr les multiples plats à base de poissons fraîchement pêchés dans les eaux du Golfe.

© GLEN BERLIN - SHUTTERSTOCK.COM

Le shuwa, plat typique du pays.

Plus globalement, figurent à toutes les cartes des restos locaux le houmous accompagné de pain arabe, les mezze (entrées chaudes ou froides servies en petites portions), le kebab (pièce de viande ou de poisson grillée à la broche), le kefta (brochette d'agneau émincé grillé et épicé), etc.

Le dessert national est le halwa, une douceur sucrée à base d'eau de rose, de sucre, de graines de sésame et d'épices que l'on cuit pendant des heures dans une grande marmite en cuivre.

En guise d'en-cas, les Omanais grignotent toute la journée des dattes accompagnées de café à la cardamome. C'est généralement ce qu'ils servent à leurs invités en signe d'hospitalité.

Les jus de fruits frais sont monnaie courante, à des tarifs dérisoires. Le Lemon Mint Juice est une boisson très prisée des locaux… et des voyageurs qui prennent vite le pli. Ultra rafraîchissante, les deux ingrédients de base en sont le citron et la menthe fraîche, servis avec beaucoup de glace pilée. Un délice !

ENFANTS

La notion de famille au sens large du terme est très importante à Oman où les enfants sont bienvenus dans la grande majorité des restaurants.

FUMEURS

Il est interdit de fumer dans les restaurants, sauf en terrasse.

LES PHRASES CLÉS

Bonjour, je voudrais réserver une table pour deux personnes pour ce midi ou ce soir.
مرحبا، اود حجز طاولة لشخصين اليوم وقت الغذاء او في المساء.

Avez-vous un menu en français ou en anglais ?
هل توجد قائمة طعام باللغة الفرنسية او الإنجليزية؟

Je suis végétarien, y a t-il des plats sans viande ?
أنا نباتي، هل لديكم أي وجبات لا تحتوي على اللحوم؟

Je n'ai vraiment plus faim mais avez-vous une carte des desserts ?
لقد شبعت الان، ولكن هل يمكنني الاطلاع على قائمة التحلية، تحسبا؟

Puis-je avoir l'addition s'il vous plait ? Je peux payer par carte ou en espèces ?
هل يمكنك إحضار الفاتورة لو سمحت؟ هل يمكنني الدفع بالبطاقة الائتمانية او تريد الدفع نقدا؟

C'était très bon, nous reviendrons. Merci et à bientôt.
كان الطعام شهيا، سنكرر الزيارة مرة اخرى. شكرا جزيلا، اراك قريبا.

PRATIQUE

FAIRE UNE PAUSE

HORAIRES

Les fameux coffee shops qui émaillent le pays sont généralement ouverts toute la journée, de tôt le matin à tard le soir. Cafés et salons de thé adoptent des horaires plus internationaux et sont uniquement présents dans les grandes villes. Ceux qui sont ouverts en soirée ferment plus tard le jeudi (veille du week-end) et les vendredis et samedis.

C'EST TRÈS LOCAL

Les Omanais aiment flâner, discuter, jouer aux cartes, fumer la shisha tout en buvant un café ou en sirotant un jus de fruits frais. Les terrasses de la corniche de Qurm à Mascate, par exemple, ne désemplissent pas de la journée et partout dans le pays vous verrez des hommes (surtout) faire la pause en grignotant quelques dattes.

ENFANTS

Il est interdit de fumer dans les lieux publics, sauf en terrasse.

LES PHRASES CLÉS

Bonjour, quelle est la spécialité de la maison ? Nous voulons découvrir.
مرحبا، ما هي الوجبة المميزة هنا؟ دون تجربتها.

Avez-vous de la place en terrasse ?
هل توجد لديك غرفة مطلة على الشرفة؟

Quel est votre nom ? Je m'appelle… Ravi de vous rencontrer !
ما اسمك؟ اسمي... سعدت بلقائك!

A votre santé ! Zut, j'ai renversé mon verre… pouvez-vous m'aider ?
نخبك! اوه ال، لدق انسكب مشروبي... هل يمكنك مساعدتي؟

C'était très bon. Nous allons reprendre la même chose s'il vous plait.
طعمه لذيذ. سناخذ نفس الطلب مرة اخرى لو سمحت.

PRATIQUE

(SE) FAIRE PLAISIR

HORAIRES

Les magasins d'alimentation, supermarchés, centres commerciaux sont pour la plupart ouverts de 10h à 22h toute la semaine sauf parfois le vendredi matin dans les petites villes. Les souks quant à eux, sont ouverts le matin et en fin d'après midi à partir de 17h ; l'animation y est à son comble les week-ends.

C'EST TRÈS LOCAL

Peu de boutiques s'alignent dans les rues comme c'est le cas en Europe. Les Omanais font essentiellement leurs achats dans les galeries marchandes, les malls, les supermarchés ou les souks. Si le marchandage ne se pratique pas dans les boutiques, il est en revanche courant voire institutionnel dans les souks.

Plusieurs grands classiques sont à rapporter d'un séjour à Oman comme des dattes, de l'encens et son encensoir, un parfum d'une marque locale, une shisha, une canne de chamelier, des bijoux bédouins, un kandjar, un kumma, des produits en poils de dromadaire etc. Pour de bonnes idées de souvenirs, consulter notre dossier « Que rapporter de son voyage ».

LES ATTRAPE-TOURISTES

Bien comparer et négocier vos achats dans les souks où la variation des prix est importante et les contrefaçons possibles comme partout ailleurs (mais en nombre bien plus restreint que dans les pays du Maghreb par exemple). Idéalement, demander à un local le tarif moyen du produit souhaité avant d'entamer la négociation.

LES PHRASES CLÉS

Bonjour, c'est superbe, mais combien ça coûte ?
مرحبا، هذا مذهل، ولكن كم السعر؟

Vous auriez ma taille ? Où se trouvent les cabines d'essayage ?
هل يوجد لديك مقاسي؟ أين غرفة تبديل الملابس؟

Est ce que je pourrai vous le rapporter et l'échanger si ça ne va pas ?
هل يمكنني استبداله إذا لم تكن مناسبة لمقاسي؟

J'ai trop dépensé aujourd'hui, pouvez-vous me faire une réduction sympa ?
لقد أنفقت الكثير من الأموال اليوم، هل يوجد أي خصم؟

Je prendrai celui-ci. Pouvez-vous me faire un paquet cadeau ?
سأشتري هذه القطعة. هل يمكنك تغليفها مثل الهدية من فضلك؟

Vous prenez la carte de crédit ? Où puis-je trouver un distributeur de billets ?
هل تقبل الدفع ببطاقة الائتمان؟ أين يمكنني العثور على ماكينة صراف آلي؟

BUDGET / BONS PLANS

Pour s'offrir un grand bol d'air sans débourser un sou (sauf à vouloir absolument un guide), vive la randonnée et le trekking qui sont 2 disciplines largement pratiquées à Oman où d'innombrables sentiers ont été balisés. Pour les autres activités, généralement encadrées, les budgets diffèrent en fonction des prestations. Le niveau de vie étant toutefois relativement élevé au sultanat, les loisirs sportifs y sont assez chers, d'autant qu'ils impliquent souvent du matériel et que les centres bénéficiant d'instructeurs expérimentés formés aux normes internationales sont rares, surtout pour les sports de montagne. Toutes les entreprises recensées dans ce guide sont agréées. En revanche, évitez les annonces des guides *free lance* locaux, notamment pour l'escalade ou le canyoning. Ils sont certainement très bons, mais aucun d'entre eux n'a d'assurance.

C'EST TRÈS LOCAL

Avec son immense littoral, ses plages innombrables, ses montagnes, déserts, wadis, parois abruptes, cavernes… Oman offre un terrain de jeux exceptionnel pour les sports et loisirs de plein air, qu'ils soient nautiques ou terrestres. Canyoning, descentes en rappel, escalade, via ferrata, spéléologie, randonnées, VTT, plongée sous-marine, snorkeling, pêche au gros, voile, golf, excursions à dos de dromadaires, quad, kitesurfing… la liste est longue et non exhaustive.

Plongée avec ou sans bouteille - Les fonds marins d'Oman sont réputés pour leur beauté et leur diversité. Les eaux territoriales sont en effet très riches en plancton, ce qui, au-delà des problèmes ponctuels de visibilité, est favorable à une faune abondante. Raies, requins, barracudas, murènes, poissons de récif en tous genres…évoluent à proximité des côtes, à seulement 10 à 30 minutes de bateau du littoral. Plusieurs compagnies sérieuses sont implantées sur place www.eurodivers.com, www.global-scuba.com, www.extradivers.com, etc.

Sports de montagne - **Canyoning, spéléologie, escalade**… Les possibilités dans ce domaine sont nombreuses et encore peu exploitées, offrant aux amateurs comme aux passionnées un terrain de jeu quasi vierge. Une entreprise sérieuse s'est spécialisée dans les sports extrêmes avec des instructeurs professionnels formés en secourisme, cas encore trop rare à Oman pour être souligné : Twenty3 Extreme - www.twenty3extreme.com. Sinon, la **randonnée et le trek** se pratiquent partout sur des sentiers balisés, et les montagnes se prêtent admirablement à la pratique du **VTT**.

© TOMAS KOUBA - ISTOCKPHOTO.COM

Randonnée dans Jebel Shams.

Kitesurf - L'île de Masirah, à environ 450 km de Mascate, concentre les meilleurs spots. Elle bénéficie d'un microclimat sous influence tropicale, avec l'arrivée de queues de mousson accompagnées de vents entre mai et septembre, période du windsurf et du kite au sultanat. En pleine saison, ceux-ci soufflent sans discontinuer entre 20 et 40 nœuds, de quoi rendre jaloux les meilleurs spots de la planète. Kiteboarding Oman (www.kiteboarding-oman.com) est le spécialiste en la matière.

Golf - Avec 5 golfs 18-trous, Mascate est une destination qui peut satisfaire les golfeurs souhaitant allier la pratique de ce sport au dépaysement et loisirs balnéaires.

Excursion à dos de dromadaires - Cela fait partie des incontournables pour qui souhaite rapporter des clichés un peu exotiques de son aventure orientale ! Cette activité est généralement proposée par les camps établis dans le désert des Sharqiya Sands et reste un must pour s'imprégner du silence et découvrir l'environnement bédouin. Les dunes se prêtent aussi à la pratique du **surf, du 4x4, du quad,** etc.

Pêche au gros - Les Omanais aiment pêcher et l'abondance en poissons des eaux omanaises ne peut que renforcer cet attrait. La pêche au gros est possible partout via plusieurs bons prestataires comme www.alsansool.com à Mascate, www.arabianflysportfishing.com à Salalah ou encore www.msaoman.com à Khasab.

A RÉSERVER

Pour les parcours de golf, les excursions, les soins en spa, la réservation est nécessaire. Il en va de même pour les activités encadrées telles que la spéléologie, le canyoning, la plongée sous-marine… surtout en haute saison, le week-end et pendant les vacances scolaires.

LES ÉVÉNEMENTS

Les événements sportifs se déroulent généralement en hiver, moment où la météo est la plus clémente et permet les activités de plein air. En janvier et février, sont organisés des régates de voiles internationales, le Tour cycliste d'Oman, la Transhajar Mountain Bike Race (course de VTT), le Marathon de Mascate… En novembre on peut participer ou assister au Marathon du Désert.

LES PHRASES CLÉS

Bonjour, comment puis-je me rendre à… ? Est-ce loin ?
مرحبا، كيف يمكنني الذهاب إلى...؟ - هل المكان بعيد؟

J'aimerais aller courir. Il y a un coin sympa pour cela dans la ville ?
أود الذهاب للجري. هل يوجد مكان مناسب للجري حول المدينة؟

J'adore cuisiner. Savez-vous où je peux trouver des cours de cuisine ?
أنا أحب الطهي. هل تعرف أين يمكنني التسجيل في دورة تعليم الطهي؟

Vous pourriez m'indiquer une salle de sport pas très loin ?
هل يمكنك إبلاغي أين توجد أقرب صالة رياضية؟

Quel est le sport national ?
ما هي الرياضة الشعبية هنا؟

Pensez-vous que nous pourrions voir cela ou même participer ?
هل تعتقد أنه يمكننا مشاهدتها في مكان قريب، أو حتى تجربة ممارستها؟

PRATIQUE

SORTIR

HORAIRES

Pour tout ce qui est cinéma, bowling, laser game, etc., les horaires varient beaucoup selon le type d'établissement.
Les arts de la scène sont surtout l'apanage du Royal Opera – se reporter à la programmation en ligne.
Les bars branchés, encore peu nombreux, sont, sauf rares exceptions, surtout situés dans les hôtels internationaux et quasi exclusivement à Mascate (et dans une moindre mesure à Salalah). Ils sont ouverts jusque tard la nuit, surtout le jeudi (veille du week-end) et le vendredi. La plupart des cafés et lounges à shishas sont ouverts tous les jours, jusque 22h-minuit.

A RÉSERVER

Certaines sorties culturelles comme les spectacles de l'Opéra sont à réserver en amont.

TRANSPORTS NOCTURNES

Attention ! Le sultanat applique une tolérance zéro pour l'alcool au volant. Utiliser impérativement les services d'un taxi si vous faites un repas ou une soirée arrosés, même si vous prenez juste une bière ou un cocktail en fin de journée ou un verre de vin au déjeuner.

C'EST TRÈS LOCAL

Seuls les établissements qui possèdent une licence d'alcool sont autorisés à en servir, soit : les grands hôtels (même si l'accord de la licence n'est pas systématique et peut être soumis, en plus des autorités, à la décision du propriétaire omanais) et quelques rares restos-bars indépendants de Mascate appartenant généralement à des chaînes internationales.
Certains bars d'hôtels, surtout établis à Mascate (Siddharta Lounge by Buddha Bar, Muscat Hills Beach Club…) reçoivent des DJ internationaux. Se renseigner sur la programmation dans la presse locale et sur les réseaux sociaux.

LES PHRASES CLÉS

Bonsoir, comment puis-je me rendre à…
مساء الخير، كيف يمكنني الذهاب إلى...

Est ce que cet endroit est tranquille ? Il n'y a pas de problème de sécurité ?
هل هو مكان هادئ؟ هل توجد مشاكل متعلقة بالأمان؟

J'aimerais voir un spectacle typique ! Qu'est-ce qu'il y a en ce moment ?
أود مشاهدة عرض فني شعبي! ما هو المعروض حاليا؟

Je ne comprends pas… pouvez-vous répéter s'il vous plait ? Merci.
لم أفهم، هل يمكنك إعادة ما قلته من فضلك؟ شكرا جزيلاً.

Est-ce que je peux vous offrir un verre ? Quel est le meilleur cocktail de la maison ?
هل أستطيع دعوتك لمشروب؟ ما هو أفضل مكان يقدم كوكتيلات؟

J'ai la gueule de bois, auriez-vous quelque chose pour que j'aille mieux ?
أعاني من آثار ما بعد الشرب، هل يوجد لديك أي شيء يمكنه تخفيف الألم؟

SE LOGER

BUDGET / BONS PLANS

Curiosité spécifique au pays, la politique en matière de tourisme tend vers un positionnement haut de gamme tout en tolérant le camping sauvage à grande échelle. Même si le gouvernement prône plutôt l'ouverture d'établissements de luxe et accorde rarement des licences aux guesthouses, on peut toutefois voyager et se loger pour tous les prix au sultanat. Toutes les régions touristiques comptent de petits hôtels locaux qui, certes, ne sont pas forcément folichons en termes de déco (ah, les goûts et les couleurs…), mais généralement confortables et toujours très propres, l'hygiène étant une donnée avec laquelle on ne plaisante pas dans cette partie du monde. Rien cependant, ou alors c'est très rare et suppose de partager un appartement dans une résidence hôtelière, à moins de 20 OMR pour une chambre double, soit 48 € tout de même. Ces apparts-hôtels, aux unités généralement confortables et spacieuses, constituent une bonne option pour limiter les frais puisqu'ils permettent de partager les coûts et d'économiser des dépenses de restauration, qui rappelons-le au passage, n'en sont pas vraiment puisqu'on peut se nourrir pour quelques euros dans les coffee shops, omniprésents.

En l'absence de guesthouse ou de résidence hôtelière locale, on peut toujours planter sa tente, pratique acceptée absolument partout à condition, bien sûr, de ne pas déranger les habitants et de respecter leur périmètre de vie. Cette forme de camping sauvage globalisé est parfois même la seule façon de pouvoir découvrir les zones les plus reculées et les plus secrètes du pays.

A RÉSERVER

Comme dans la plupart des pays orientaux voisins qui affichent des températures estivales élevées (souvent supérieures à 40 °C), le tourisme à Oman est essentiellement saisonnier et court globalement d'octobre à avril. Cette réalité en masque une autre à savoir que le sultanat dispose de hautes montagnes où le thermomètre dépasse rarement les 30 degrés, même au plus fort de l'été, permettant un tourisme estival à prix plus bas. L'été est également la meilleure saison pour le kitesurf sur la côte est et celle de la ponte pour les tortues. À cette période, les reptiles arrivent en masses sur les plages omanaises alors que le tourisme est à son taux le plus bas. Les conditions sont donc exceptionnelles pour l'observation. Par ailleurs, Oman jouit d'une particularité unique : celle de capter une queue de mousson dans sa partie australe, au niveau de la ville de Salalah et de ses environs, dans la région du Dhofar. Là, alors que le reste du pays et les contrées voisines suffoquent, la nature dégouline de vert et les températures affichent un petit 20-25 °C brumeux et pluvieux qui fait déborder les cascades et verdir les prés ! Si l'on ne conseille pas forcément de venir en juillet-août, au cœur de la mousson (sauf à vouloir vivre cette expérience

particulière), en revanche septembre peut être une bonne option : températures plus chaudes, mer moins houleuse, nature luxuriante.
Sinon, de façon globale, la haute saison touristique est limitée à environ 7 mois d'octobre à avril. À cette période, les hôtels affichent très vite complets surtout pendant les vacances scolaires des Européens auprès de qui la destination a le vent en poupe. Le jeudi soir, veille du marché aux bestiaux à Nizwa, il est par exemple quasiment impossible de trouver une chambre, sauf à avoir effectué une réservation plusieurs mois à l'avance. La capacité hôtelière étant à ce jour insuffisante, le prix des hôtels assez élevé et l'offre dans certaines catégories assez limitée, nous ne saurions que trop vous conseiller de réserver longtemps à l'avance pour bénéficier du plus grand choix possible et de tarifs intéressants. Les réservations peuvent se faire via les agences de voyage européennes (de plus en plus nombreuses à vendre la destination), les réceptifs locaux (souvent très pros et dont certains possèdent des équipes francophones) ou directement en ligne.

C'EST TRÈS LOCAL

Dès le début de son développement touristique, Oman s'est orienté plutôt vers une **hôtellerie de luxe**. Le pays abrite donc plusieurs chaînes internationales 5 étoiles, à Mascate surtout, mais aussi dans les secteurs les plus touristiques. Parmi les fleurons de l'hôtellerie omanaise, plusieurs établissements se distinguent par leur excellence comme le Ritz Carlton Al Bustan (palace de réputation mondiale), l'Al Husn (un vrai 6 étoiles par le groupe Shangri-La), The Chedi (le plus contemporain, aux lignes sublimes) tous trois à Mascate ; l'Alila Jabal Akhdar implanté à flanc de canyon sur l'un des sites les plus magistraux du sultanat ; les 2 hôtels de la chaîne thaïlandaise Anantara, l'un dans les montagnes du Djebel Akhdar (site vertigineux à la lisière d'un ravin), l'autre sur la route de l'encens à Salalah ; et le hameau de villas écologiques du Six Senses Zighy Bay dans la péninsule de Musandam. Les hôtels de luxe continuant à pousser (un W tout neuf, un Kempiski aussi récent, plusieurs chantiers par la chaîne de luxe Jumeirah, etc.), vous n'aurez aucune difficulté, si vos moyens le permettent, de vous faire plaisir dans cette catégorie aux prestations et infrastructures de haut niveau.

En revanche, les hôtels 3 ou 4 étoiles n'ont, en général, pas de charme particulier sauf ceux appartenant aux deux grandes chaînes locales d'établissements de moyenne taille dont la politique accorde une place importante à la mise en avant de l'architecture traditionnelle omanaise : Sama Resorts et OMRAN – sachant que ce dernier groupe n'est pas une chaîne à part entière, mais le grand développeur de l'industrie touristique omanaise, gestionnaire notamment des hôtels du groupe Atana. Si l'on compte de bons hôtels de chaîne internationale dans cette catégorie (Ibis, Mercure, Park Inn, Millenium, Golden Tulip…), on regrette la quasi-absence de vrais boutiques-hôtels. Mais les choses bougent et changent...

On salue notamment le développement récent de **maisons d'hôtes dans des villages anciens rénovés** comme c'est le cas à Misfah (Misfah Old House, Misfah Hospitaly Inn etc.), à Al Hamra (Bait Aljabal Hospitality Inn), à Nizwa (Nizwa Heritage Inn, Antique Inn…), à Wakan pas très loin de Nakhal dans la région de la Batinah (Sama Heritage Wakan) et bien d'autres à venir... Tout cela reste assez simple en termes de confort et de déco, mais, au moins, la démarche de rénover et conserver ces lieux authentiques et pleins de charme est engagée. Et puisque le sultanat regorge de forts, châteaux, vieux villages en pisé, on espère voir de ravissants boutiques-hôtels se développer dans les années à venir.

Hôtels pour les petits budgets : semblables à des motels (aux chambres plus spacieuses), parfois appelés *guesthouses* ou *resthouses*, ils émaillent le sultanat. Le meilleur plan est celui des **apparts-hôtels** qui permettent de partager les coûts. Concernant cette dernière catégorie, savoir qu'il en existe de tout standing y compris haut de gamme. Oman compte également quelques **très rares auberges de jeunesse** où les dortoirs ne sont pas mixtes.

Le camping est un mode d'hébergement très usité au sultanat. Là aussi, comme pour les hôtels, tous les standings sont à l'offre : du campement de très grand luxe (équivalant à des lodges africains) offrant des tentes climatisées avec salon et salle de bains, aux simples tentes igloos avec matelas à même le sol, en passant par des campements de style bédouin aux larges tentes en laine tissée agrémentées de vrais lits. Ces camps de luxe sont soit fixes, c'est-à-dire aménagés à l'année dans un endroit donné (hautes montagnes ou déserts), soit mobiles (tentes utilisées par les réceptifs locaux pour leurs circuits).

Le camping sauvage et gratuit est également autorisé partout dans le pays, mis à part quelques zones réglementées et à condition de respecter l'environnement et la tranquillité des habitants. On peut s'équiper sur place dans les supermarchés de Mascate et magasins spécialisés.
Autre option tout confort idéale au sultanat : **les camping cars** d'Oman Motorhomes.

POUR LES GOURMANDS

Le tarif d'une chambre double inclut souvent un petit déjeuner qui est servi sous forme de buffet à volonté dans les hôtels de grande taille. De quoi faire un véritable festin dès le matin. En revanche, dans les chambres d'hôtes, l'encas du matin est un petit déjeuner arabe traditionnel très simple avec du pain local, des dattes et du café omanais. Tous les hôtels disposent au moins d'un restaurant. Plus le nombre d'etoiles augmente, plus la qualité des tables se distingue.

FUMEURS

Fumer dans des lieux publics à Oman est très mal vu et souvent interdit, sauf pour la shisha dans les espaces dédiés.

LES PHRASES CLÉS

Bonjour, avez-vous de la disponibilité pour une chambre double pour ce soir ou demain soir ?
مرحبا، هل توجد لديك غرفة مزدوجة متاحة الليلة أو غدا؟

Avez-vous un code wifi… les enfants ne tiendront pas sans !
هل يوجد لديك رمز شبكة واي فاي... وإلا سيشعر الأطفال بالإحباط الشديد؟

C'est bruyant, est ce que je peux changer de chambre ?
توجد ضوضاء كثيرة، هل أستطيع الانتقال إلى غرفة أخرى؟

Jusqu'à quelle heure est-ce que nous pouvons aller à la salle de sport et à la piscine ?
ما هي مواعيد إغلاق حمام السباحة وصالة الألعاب الرياضية؟

Est-ce que je peux laisser mon bagage et revenir plus tard le récupérer ?
هل أستطيع ترك حقائبي وانا العودة لاحقا لأخذها؟

Est-ce que vous pouvez nous appeler un taxi ? Merci beaucoup.
هل يمكنك طلب سيارة اجرة لنا؟ شكرا جزيلا.

ALLO ?

Pour appeler de France à Oman, composer 00 + 968 (code pays) + numéro de téléphone local à 8 chiffres (ex : téléphoner à Mascate : 00 + 968 + 2411 1111)

Pour appeler d'Oman en France, composer 00 + 33 (code pays) + indicatif régional sans le 0 + les 8 chiffres du numéro local (ex : téléphoner à Lyon : 00 + 33 + 4 + 11 11 11 11)

Pour téléphoner d'une région à l'autre à Oman, il n'y a pas d'indicatif régional. Se contenter de composer les 8 chiffres du numéro local.

À savoir : les numéros de portable commencent par le chiffre 9 suivi d'une numérotation à 7 chiffres ; les numéros de fixe commencent par le chiffre 2 suivi d'une numérotation à 7 chiffres.

Omantel et Oredoo sont les 2 principaux opérateurs téléphoniques du pays. Ils vendent des puces prépayées qui permettent d'obtenir un numéro de téléphone local – cartes de 1 à 10 OMR selon le forfait choisi. Celles-ci sont vendues dans les agences des opérateurs téléphoniques, présentes dès le hall d'arrivée à l'aéroport, et aussi dans les stations-service. Penser à avoir son passeport sur soi. La sim est immédiatement activée au moment de l'achat et se recharge ensuite avec des cartes de 1 à 10 OMR en vente un peu partout dans le pays – stations-service, caisses des supermarchés, librairies…

Les applications téléphoniques gratuites comme WhatsApp ou Messenger sont difficiles à utiliser au sultanat – on peut écrire, mais pas passer de coups de fil. Imo est celle qui fonctionne le mieux.

Le wifi est disponible et gratuit presque partout : dans les hôtels, certains restaurants ou coffee shops, les malls, les grands musées et principaux lieux touristiques, etc.

ACCESSIBILITÉ

Seuls les hôtels de luxe bénéficient d'aménagements pour les personnes à mobilité réduite. C'est le cas aussi des plus grands centres commerciaux et de certaines cliniques privées. Mais dès que l'on s'écarte de Mascate, il devient difficile de visiter le pays avec une personne handicapée.

SANTÉ

Aucun vaccin n'est obligatoire pour se rendre au sultanat.

Sur place, pas de problème d'hygiène même si l'eau du robinet n'est pas considérée comme potable. Les cuisines des restaurants locaux sont bien tenues et l'on ne court quasiment aucun risque à déjeuner sur le pouce, pour une poignée de rials, dans les coffee shops ou les gargotes des stations-service. Les contrôles d'hygiène sont fréquents et très stricts.

Il existe beaucoup d'hôpitaux bien équipés et de bonnes cliniques privées où les prestations et les équipements sont supérieurs à ceux des hôpitaux publics. Aux dires des expatriés, la meilleure clinique serait Muscat Private Hospital – www.muscat privatehospital.com.

© SARO17 - ISTOCKPHOTO.COM

Les pharmacies sont présentes partout en ville et disposent de médicaments pour les soins courants. Elles ouvrent généralement de 8h à 13h et de 16h à 20h, sauf le vendredi où elles ne sont généralement ouvertes que quelques heures en soirée. Dans les plus grandes villes, il existe des pharmacies de garde opérationnelles 24h/24, 7j/7. La plus grande chaîne de pharmacies du sultanat est Muscat Pharmacy avec pas moins de 65 antennes sur tout le territoire – www.muscatpharmacy.om

URGENCES SUR PLACE

Le numéro d'urgence national est le 9999. Le niveau de qualité de la médecine est élevé. Néanmoins, plus on s'éloigne des villes, moins les services d'urgences sont fiables. Le sultanat ne possède par exemple aucun service de secours en montagne : gare aux mauvaises chutes ! En cas d'urgence médicale, vous pouvez contacter le consulat de France www.om.ambafrance.org/Medecins-conseil-et-avocat-conseil ou appeler le 7152 1157.

SÉCURITÉ

Oman est l'un des pays les plus sûrs du monde, le troisième après la Finlande et l'Islande selon le rapport 2019 du World Economic Forum. La délinquance y est quasi inexistante, les vols et encore plus les crimes sont rarissimes. Tous sont réprimés trop sévèrement pour que qui que ce soit n'ose s'y frotter, sans compter que, culturellement parlant, les Omanais sont un peuple calme et pacifique, tenu par un système monarchique gouvernant par la conciliation et la redistribution des richesses plutôt que par la force. Signe qui ne trompe pas : on peut planter sa tente partout dans le pays, même à l'orée des villes, à condition bien sûr de respecter les règles de bonne conduite à l'égard des populations en place.
Le danger peut venir en revanche des aléas climatiques. Les orages sont rares, mais violents, surtout en montagne où ils emportent tout sur leur passage, les sols généralement secs n'ayant pas le temps d'absorber l'eau. De graves accidents ont déjà eu lieu dans les wadis ou les gorges, et aucune équipe de secourisme ne s'est révélée assez performante pour répondre à l'urgence. Ne jamais s'aventurer dans un wadi par temps orageux. Pour la même raison, toujours planter sa tente en hauteur et jamais au fond d'un lit de rivière asséché.
Par ailleurs certains reptiles et insectes sont venimeux, prendre les précautions d'usage.

LGBTQ

Comme dans la grande majorité des pays musulmans, ne jamais afficher ses sentiments en public, spécialement si l'on n'est pas marié, et encore plus si on est lesbienne ou gay. L'homosexualité est interdite au sultanat et réprimée par la loi. Même s'il paraît techniquement possible de voyager discrètement en couple et de louer une chambre d'hôtel sans problème, mieux vaut rester discret sur la nature réelle de ses relations.

AMBASSADE ET CONSULATS

L'Ambassade et Consulat de France à Oman est située à Mascate dans le quartier d'Al Khuwair, rue Jami'at Al-Dowal Al Arabiya. Le numéro de permanence consulaire à contacter en cas d'extrême urgence en dehors des heures normales d'ouverture est le 7152 1157. Sinon, composer le 2468 1800 ou le 2468 1844. Les horaires d'accueil sont de 8h30 à 12h30 du dimanche au jeudi, exclusivement sur rendez-vous – consulat.mascate-amba@diplomatie.gouv.fr ou contact@ambafrance-om.org.
www.om.ambafrance.org

POSTE

La plupart des bureaux de poste sont ouverts du dimanche au jeudi de 8h à 14h. Certains bureaux sont également ouverts le samedi. C'est là qu'on peut acheter des timbres. Le site www.omanpost.om donne les adresses et numéros de téléphone de chaque poste.
On trouve des boîtes aux lettres un peu partout. Elles sont généralement grosses et bleues donc facilement reconnaissables.

MÉDIAS LOCAUX

À Oman, la presse est strictement contrôlée et les journaux étrangers difficiles à trouver. Deux quotidiens « papier » se disputent un tout petit marché, qui se réduit chaque jour un peu plus, dévoré par les médias en ligne. Mention spéciale à l'équipe innovante de Y-pulse of the New Generation, l'hebdo et web qui creusent un peu plus sous le vernis.
Destination Oman : www.destinationoman.com est un site en anglais très complet d'un point de vue pratique. Tout ce qu'il faut savoir sur place, où aller et comment.
HI FM 95.9 : www.hifmradio.com, c'est la radio de tous, consensuelle et mix-culture.

MERGE 104.8 : www.radiomerge.fm, matinale tonique, chroniques, conseils et, côté musique, des playlists audacieuses ; radio sans doute favorite des cadres et Occidentaux.

nizwa.net : www.nizwa.net, site en anglais donnant un certain nombre d'informations sur cette ville et section très touristique du sultanat.

Oman Daily Observer : www.omanobserver.om, le concurrent du Times, moins 2.0 et tout aussi dans la ligne officielle. Petit plus côté infos économiques.

Oman studies center : www.oman.org, centre d'études visant à regrouper un maximum d'informations sur le pays avec des liens, tous en anglais.

The Week : www.theweek.co.om, le gratuit tiré à plus de 50 000 exemplaires, se présentant comme un hebdo indépendant. Beaucoup plus d'infos pratiques concernant les loisirs, les sorties, les cinés, les concerts et la vie quotidienne que dans les journaux classiques. En prime sur le web, le Muscat Daily et le Business Today, réactualisés en flux.

Times of Oman : www.timesofoman.com, Plus qu'un journal, le compagnon d'information du pays depuis 1975. Pour 200 baisas, on fait le tour de l'essentiel sur le plan mondial. Très contrôlé évidemment. À suivre aussi en version web.

Y-Pulse of the New generation : www.y-oman.com, tous les jeudis, les Omanais le cueillent dans les restos et les malls. C'est le canard des digital natives, de ceux qui sont concernés par l'avenir, bref de beaucoup de gens très silencieux. Ne vous attendez pas à Technikart, mais on peut parfois être surpris par l'audace de certains angles. À télécharger en free.

Radio : plusieurs radios telles que Merge FM (104.8), Virgin Radio Oman (100.9) ou encore Hi FM (95.9) diffusent des musiques contemporaines et internationales. D'autres ont une programmation plus traditionnelle comme Muscat FM (105.3). Le site https://mytuner-radio.com/fr/radio/pays/oman-stations propose 16 stations de radio omanaises en ligne.

Télévision : Oman TV est la chaîne nationale publique créée en 1974. D'autres chaînes privées existent telles que Majan TV.

LES PHRASES CLÉS

Bonjour, mon téléphone ne fonctionne pas, pouvez-vous m'aider s'il vous plait ?
مرحبا، هاتفي ال يعمل، هل يمكنك مساعدتي من فضلك؟

Je ne me sens pas bien, pouvez-vous m'amener à l'hôpital le plus proche ?
أشعر أنني لست بخير، هل يمكنك اصطحابي إلى أقرب مستشفى؟

Est-ce que vous avez un médecin qui parle français ?
هل يوجد طبيب يتحدث الفرنسية؟

Je viens de me faire voler mes papiers, où est le poste de Police le plus proche ?
لقد سرق جواز سفري للتو، أين يوجد أقرب مركز شرطة؟

Est-ce un quartier dangereux ou je peux y aller sans crainte ?
هل هذه المنطقة خطرة أو هل أستطيع التجول فيها بدون قلق؟

Avez-vous des timbres pour une carte postale à envoyer en France ? C'est combien ?
هل لديك أي أختام طابع بريدي لفرنسا؟ كم سعره؟

DÉCOUVRIR

Bienvenue dans l'Orient pluriel : celui d'une grande civilisation de marins et de conquérants, d'un pays au carrefour des grandes voies marchandes historiques, et qui fit jadis négoce de l'encens avec les nations les plus prestigieuses et aujourd'hui commerce de l'or noir avec d'autres puissances. Une terre de rocs, de sable et d'eau, pétrie de brassage et de passages, au passé riche et tourmenté, aux folklores et traditions préservés. C'est la rencontre avec un peuple, sage et paisible : sa religion, ses valeurs, ses différents patrimoines – architecturaux, musicaux, culinaires. Une immersion dans une nature diverse et protégée, où les questions environnementales font partie des priorités, et que l'on parcourt de biotope en biotope, aimanté par tant d'espaces encore vierges – désert, montagnes, wadis, fjords, dunes, plages…

La découverte, fascinante, d'un pays en plein devenir : aspiré par son futur, retenu pas son passé.

LES TORTUES MARINES

Véritable pouponnière à tortues, le sultanat offre toute l'année un ballet lent et somptueux. À Ras al-Jinz, sur les îles Daymaniyat ou sur l'île de Masirah, les reptiles font parade, reproduisant leur trek millénaire de la ponte. Cinq des sept espèces marines, toutes menacées d'extinction, fréquentent les sables omanais : la tortue verte (*Chelonia mydas*), la caouanne (*Caretta*), la tortue imbriquée (*Eretmochelys imbricata*), la tortue de Kemp (*Lepidochelys kempii*) et la tortue olivâtre (*Lepidochelys olivacea*). Pour toutes les espèces de cet ordre reptilien, le grand ancêtre est un petit lézard aux côtes larges, l'Eunotosaure, qui vivait au Permien il y a 250 millions d'années. Aux yeux des tortues, après une longue navigation transocéanique calée sur les champs magnétiques, les plages omanaises sont d'excellentes maternités. Très encadrée, l'observation demande un peu de patience sous les étoiles. C'est une garantie d'émotion.

Menacées à grande échelle

Mercure inventa une lyre d'écaille de tortue, les Chinois décoraient des boîtes et des cannes dès le VIIIe siècle, les Japonais ouvrirent un atelier à Nagasaki fin XVIe siècle, époque à laquelle Ferdinand Cortez faisait découvrir cette matière en Europe. Quant à Henri IV, son berceau était façonné dans une carapace entière, exposée au Musée national du château de Pau. Viendront le maître-ébéniste Charles André Boulle, les écaillistes, les lunettiers et les savants fabricants de peignes sculptés pour les mantilles. Depuis bien des siècles, partout dans le monde, l'homme est un redoutable prédateur pour les tortues marines. Bien que signataire de toutes les conventions internationales, le Japon poursuit l'importation de centaines de milliers de carapaces chaque année. Parallèlement, des centaines de milliers de tortues meurent tous les ans, piégées dans les filets droits, les palangres, les filets dérivants ou les chaluts utilisés pour pêcher la crevette. Respirant grâce à des poumons, les reptiles se noient quand ils ne peuvent pas remonter à la surface pour prendre de l'air. Autre danger, plus sournois encore, le réchauffement climatique qui pourrait favoriser, avec des eaux et sables toujours plus chauds, la naissance de trop de femelles, sachant que c'est la température d'incubation qui détermine le sexe de ces reptiles – 28° et ce seront des mâles, entre 28° et 29° une portée mixte, au-dessus de 29° des femelles. N'oublions pas non plus qu'ils sont chassés dans certaines parties du globe pour leur saveur particulière. Ainsi des préparations à base de calipee, cette graisse cartilagineuse recouvrant les os du plastron dont on fait une soupe…

Protégées à Oman

Protégées selon les meilleurs standards internationaux, observées avec sagacité et respect, les Ninja sultaniennes ont au moins la certitude, sur place, de ne pas finir dans un fond de casserole. En mer, sur la plage, de nuit et parfois même de jour, le ballet naturel venu du fond des âges est donné chaque année en Oman par plus de 20 000 tortues.

Avec son centre de recherches et son hôtel, Ras al-Jinz est l'endroit de ponte le plus réputé et le plus facile d'accès. Les non-résidents inscrits à l'excursion doivent se présenter sur place à 4h30 ou à 20h30, occasion de visiter le petit musée exposant les différentes espèces ainsi que les explorations archéologiques entreprises dans la région depuis 1982. On peut également observer des tortues en plongée à « Turtle City » (des imbriquées surtout), un récif de trois jardins de coraux du parc marin des îles Daymaniyat au large de Barka (côte nord-orientale) ; et aussi sur l'île de Masirah connue comme un hot spot mondial des caouannes, ainsi que dans la région du Dhofar au sud du sultanat. Le spectacle de la ponte et/ou de l'éclosion est également à découvrir à Barr Al Jissah, l'un des quartiers éloignés de Mascate, sur la plage de l'hôtel Shangri-La. Administré par le resort, ce site de ponte des vertes et des imbriquées est accessible aux résidents.

Globalement, les reptiles sont présents toute l'année, mais la meilleure période pour les observer court de juin à septembre (avec des pics de fréquentation au plus fort de l'été en juillet-août), saison pendant laquelle ils se rassemblent sur les plages par centaines.

Le processus de ponte et la naissance

La tortue verte, celle qu'il est le plus facile d'observer à Oman, atteint sa maturité sexuelle à l'âge de 49 ans et pond principalement la nuit. Elle utilise ses pattes avant et arrière pour creuser ce qui lui servira de nid : une cuvette un peu plus large que son corps. Une fois les œufs pondus, une centaine en moyenne, elle rebouche le nid. Puis, à l'aide de ses nageoires, elle couvre

© SERAPHP. - SHUTTERSTOCK.COM

Tortue imbriquée dans les fonds-marins d'Oman.

ses traces de sable afin de protéger le nid des prédateurs. Au bout d'une cinquantaine de jours, des bébés de 5 cm éclosent et émergent dans un effort groupé qui leur demande 3 à 5 jours de labeur. À la faveur de la nuit, ils brisent la coquille grâce à leur bec pour mettre fin à un séjour de près de deux mois sous le sable. Sur le principe de l'ascenseur, ils font tomber le sable des parois du nid vers le fond, le faisant progressivement remonter vers la surface. Première goulée d'air libre. Par petits groupes, encore malhabiles, ils se dirigent droit vers la mer salvatrice – une scène craquante à laquelle il est fréquent d'assister sur la plage de Ras al Jinz. Les bébés ne reverront pas leur mère et nageront sans s'arrêter vers les eaux profondes pendant 24 ou 48h, puisant pour s'alimenter dans les réserves de leur sac vitellin. Sur un millier, le seul qui survivra aura échappé aux crabes de la plage, aux oiseaux en piqué, aux poissons voraces.

Le code Tortue

Afin de ne pas nuire au processus de ponte, l'observation de ce cycle ancestral obéit à un code strict, que ce soit sur les plages sauvages désertes ou dans la réserve privée de Raz Al-Jinz où les reptiles sont soumis à une présence humaine importante. Pour ne pas entraîner un retour prématuré des tortues à la mer, il est très fortement conseillé d'appliquer quelques règles simples : ne pas utiliser de source lumineuse autre que des lampes à infrarouges, car cela effraie les adultes et désoriente les petits (ni torche ni flash) ; ne pas former un cercle autour de l'animal, car c'est une situation très stressante, préférer se placer derrière et à distance ; penser à se reculer immédiatement lorsque la tortue a fini de pondre de façon à ne pas l'oppresser en barrant son accès à la mer ; ne pas parler, ne pas s'agiter, s'asseoir et rester calme ; ne pas toucher les reptiles ou monter sur eux ; ne pas manipuler les œufs, creuser le sable, enfouir des corps étrangers dans les nids, car cela introduirait des bactéries et endommagerait les œufs ; ne pas prendre les bébés tortues dans les mains ni les aider à rejoindre la mer ; ne pas effacer ou modifier les traces laissées sur le sable par les tortues, les chercheurs les utilisant pour identifier le type de l'animal, ainsi que pour localiser et marquer son nid ; ne pas jeter ses poubelles dans la nature, les tortues confondent le plastique avec de la nourriture, et s'intoxiquent ou s'étouffent en l'avalant.

Les espèces observables à Oman

La grande verte

Avec son museau court et arrondi, sa tête non rétractable, ses pattes en forme de nageoire, la plus grande des tortues de mer à carapace rigide peut mesurer jusqu'à 1,4 mètre, peser plus de 200 kg, nager à 35 km/h et vivre 150 ans. Omnivore avant l'âge adulte, elle devient ensuite strictement herbivore – ce qui verdit sa graisse – et s'alimente principalement d'algues. La tortue verte, dont la dossière est plutôt bleu sombre, remonte régulièrement à la surface pour respirer à l'air libre. Elle est en âge de se reproduire vers 18 ans et peut montrer une grande agressivité envers les mâles qui se montrent trop entreprenants, allant jusqu'à les blesser au cou par des morsures. Grâce à sa spermathèque, la tortue verte peut féconder ses œufs toute une saison à la suite d'un seul et unique rapport.

© MIRIAM PARI - SHUTTERSTOCK.COM

Bébé tortue rejoignant la mer.

La caouanne 'grosse tête'

Cou trapu et « grosse tête » comme l'appellent les Calédoniens, la caouanne vit dans toutes les mers du globe, tempérées et tropicales entre le 40° parallèle sud et le 60° parallèle nord. Sa taille moyenne est de 92 cm pour un poids moyen de 100 kg. Sa carapace est décrite comme étant en forme de cœur, son dos est brun orangé, peu bombé. Elle possède une grosse tête large à bec corné (jusqu'à 25 cm) entièrement recouverte de fines écailles cernées de jaune pâle, au bout d'un cou partiellement rétractile. Les pattes avant servent de propulseurs, les pattes arrière de gouvernail et de stabilisateur : cela lui permet la nage en haute mer. Comme la tortue imbriquée, ses pattes sont chacune armées de deux grosses griffes. Gourmande carnivore, elle mange les méduses, les poissons et les crustacés. Contrairement aux autres tortues, elle ne pond pas forcément exactement sur la plage où elle est née, la localisation pouvant varier jusqu'à 300 km. Il faut attendre l'âge adulte pour distinguer le mâle de la femelle, celle-ci ayant une queue et des griffes plus courtes. Grâce à ses glandes lacrymales situées derrière l'œil, la caouanne élimine les excès de sel liés à l'absorption d'eau de mer. Si vous avez la chance de l'observer sur le sable, vous la croirez triste, elle ne fait que pleurer du chlorure de sodium.

La belle imbriquée

Seule tortue à avoir une carapace en dents de scie sur la partie terminale, elle possède un bec pointu et mesure environ 100 cm pour 70 kg. Ses écailles, de couleur brun sombre et jaunâtre, sont particulièrement belles et se chevauchent à la manière des tuiles d'un toit. Omnivore pendant sa jeunesse, l'imbriquée se spécialise dans la consommation d'éponges et de mollusques en grandissant. Elle est fidèle à sa zone géographique de naissance, celle-ci devenant ensuite sa zone de ponte. L'accouplement se fait en pleine eau, le mâle chevauchant la femelle en s'agrippant à elle du mieux qu'il peut. Une tortue femelle revient souvent pondre, presque toujours au même endroit et systématiquement la nuit, 15 jours environ après une première séance de ponte. Comme chez les oiseaux migrateurs, la navigation sur de grandes distances se fait par la perception des champs magnétiques. Pour déterminer les secteurs de ponte avec précision, « l'odorat » intervient : l'eau de mer n'ayant pas le même goût partout, sans doute les tortues arrivent-elles à percevoir avec précision, grâce à une mémoire des goûts, quel est leur secteur d'origine. Pour son malheur, l'imbriquée amoureuse des récifs coralliens a les plus belles écailles et son destin s'est souvent terminé en boîte à bijoux ou en fume-cigarette. Elle est « en danger critique d'extinction » selon l'UICN.

Les petites Kemp et Olivâtre

Identifiée par le Floridien Kemp, la « bâtarde » comme on l'appelle aussi, est légère et courte, 40 kg pour 60 cm, dossière vert-gris moins bossue que l'olivâtre, bec corné souvent finalement denticulé. Adulte, elle sait briser la carapace des crustacés pour les dévorer, sans exclure le poisson et les coquillages. Comme pour les autres tortues, le sexe des futurs petits dépend de la température à un certain niveau de maturation : à moins de 29,5°, ce seront des mâles, à plus des femelles. La Kemp se distingue des autres espèces par son goût pour la ponte de jour.

L'olivâtre à dossière bombée, quant à elle, est la plus petite des tortues marines, avec une moyenne de 36 kg pour 70 cm. Sa peau jaunâtre et sa carapace beige grisâtre ne l'aident pas à passer les sélections de Miss Ninja. Sexuellement mature dès 7 ans, elle est la seule espèce à aimer pondre toute seule dans son coin.

L'ENCENS

Depuis plus de 6 000 ans, les hommes suivent ses colonnes de fumée purificatrice comme un chemin de contemplation. Dans l'Égypte ancienne, en Chine, à Rome et à Versailles, elles brûlent, et c'est au fin fond des églises des premiers chrétiens qu'elles s'élèvent en mémoire des présents apportés à l'Enfant par les mages. À Oman, vous êtes à la source la plus pure de cette résine exsudée par le *Boswellia sacra*, comme une occasion unique de vous initier à ce parfum venu de la nuit des temps et dont les effluves seront la mémoire olfactive du voyage. Entre l'arbre scarifié aux portes du désert et le flacon griffé Armani, Yves Saint Laurent ou Amouage, on chemine de mythes en légendes sur le tracé des anciennes routes caravanières. Inscrit au Patrimoine mondial par l'Unesco, l'encens du Dhofar est bien plus qu'un parfum enivrant ou qu'une fumigation purificatrice : voici l'essence même d'Oman, sa signature culturelle.

Une histoire très ancienne

En « odeur de sainteté », le mouvement hypnotique de l'encensoir ou le rituel du brûle-parfum ouvrent la voie d'une histoire d'abord mésopotamienne puis pharaonique, qui passe par Ras Al-Jinz, à la pointe la plus orientale du sultanat dans la région de la Sharqiya. Là, des fouilles ont mis en évidence l'usage de l'encens au IIIe millénaire av. J.-C. Quelque 500 siècles plus tard, les chercheurs de l'Institut de chimie de Nice ont réussi à caractériser les substances odorantes de l'oléo-gomme en isolant un échantillon purifié par une série de distillations. À l'aide de la résonnance magnétique nucléaire, Nicolas Baldovini, chercheur spécialisé dans les parfums, a pu déterminer la structure moléculaire de cette odeur « vieille église ». Ce coup de génie pour l'industrie des fragrances a permis et catalysé la création de magnifiques essences orientales. Un voyage en terre d'Oman permet de découvrir l'arbre originel, son habitat rugueux et d'approcher la note naturelle qui n'est jamais la même selon la saison.

L'encens blanc du Dhofar

Bien enraciné dans le calcaire du lit alluvial du Wadi Dawkah, cuit par le soleil aux marges désertiques du Rub al-Khali, le géniteur fait partie de la famille des Burséracées. C'est un petit arbre tortueux à feuilles caduques haut de trois mètres, idéalement scarifié en été pour verser ses dix kilos de larmes de 2 cm chacune à l'automne. Quand c'est un mâle et qu'il atteint les dix ans, son écorce est incisée en lambeaux étroits, puis vigoureusement raclée. Deux à trois semaines plus tard, la saignée produit des concrétions de gomme-résine que l'on fait tomber dans un récipient. Voici l'encens du Nedjd, blanc automnal – le plus précieux – et roux printanier, celui qui était historiquement acheminé par caravanes nomades de l'intérieur des terres via l'oasis de Shisr (ou Ubar) vers les ports de la région de Salalah. À partir de là, la précieuse gomme se trouvait embarquée à destination de la mer Rouge, de la Méditerranée et des Indes. En échange, accostaient des navires chargés de produits en provenance d'Asie. Les vestiges des deux principaux ports antiques, tous deux sous label Unesco, se visitent : la cité fortifiée de Sumhuram fondée au IIIe siècle av. J.-C. au bord du Khor Rori ; et la cité d'Al-Balid, identifiée par Marco Polo et visitée par Ibn Battuta, site actuel de l'incontournable Musée de l'Encens où se dévoilent bien des secrets comme ceux de l'exceptionnelle résine Royal Hojari.

Entre rite de passage et vertus médicales

Grand voyageur, l'encens a pris au fil des pérégrinations commerciales des appellations différentes : il est donc *frankincence* en anglais, le vrai, celui que les Croisés Francs rapportaient en Europe ; il est l'oliban, de l'arabe *al-Luban*, la résine blanche laiteuse ; il est encens, du latin *incensum* : matière brûlée en sacrifice, pour parfumer – *per fumum* = par la fumée en latin.

© JFFOTOGRAFIE - SHUTTERSTOCK.COM

Arbre à encens.

DÉCOUVRIR

© SIMON KADULA - SHUTTERSTOCK.COM

Dans l'histoire comme dans les mythes, l'oléo-gomme traverse les temps immémoriaux : pour parfumer le palais souterrain du temple Chan Gan à Nankin ; pour composer le kyphi des Égyptiens (parfum sacré à base d'encens qu'ils faisaient brûler en l'honneur du Dieu Râ) tel que reproduit par le nez Sandrine Videault avec les laboratoires L'Oréal ; pour servir de lien entre les vivants et les morts chez les Bouddhistes… Ainsi, également, de ces boules d'encens et de myrrhe conservées au monastère Saint-Paul du Mont Athos, reliquaire des présents offerts par les mages à l'Enfant Jésus. Partout sur les marchés du sultanat, les pépites déclinées en couleurs douces s'offrent en référence à ces temps sacrés et anciens. Plus concrètement, elles déclinent aussi bien des vertus. Distillée par entraînement à la vapeur d'eau à basse pression, l'huile essentielle d'oliban est très utilisée en aromathérapie. Réputée cicatrisante cutanée, anti-catarrhale et expectorante, soutien des défenses immunitaires naturelles, elle entre dans des compositions « bien-être » contre les états dépressifs et les angoisses, et accompagne des patients en soins palliatifs. Son odeur chaude offre une note de fond idéale aux eaux parfumées, en association avec les huiles de camphre, de géranium, de basilic, de pin, de santal et de poivre noir. Sous forme d'exsudat résineux, l'encens est connu en fumigation comme purifiant atmosphérique et des voies respiratoires. Également solubles dans l'alcool à 90°, les cristaux opaques, du jaune vert clair au jaune marron, apaisent le stress.

Les plus grands parfums à base d'encens

L'encens entre aussi dans la composition de nombreux parfums prestigieux ou atypiques. À tout seigneur tout honneur : *Gold* de chez Amouage, la plus grande marque de parfums omanais, présente la garantie d'un encens 100 % local et la signature d'un des plus grands nez du XXe siècle, le français Guy Robert. Essence fondatrice de la marque, grandiloquente et magnifique, *Gold* est considéré par les professionnels comme l'une des plus belles variations sur le thème du « floral-aldéhydé », l'un des seuls parfums peut être, disent les nez, capable de faire concurrence en termes de rayonnement aux bouquets floraux cinglants du célèbre *No.5* de Chanel. Avec *Avignon* (oliban, élémi, myrrhe, vanille, ambre, cèdre très fumé, patchouli), la marque Comme des garçons et le nez Bertrand Duchaufour adressent un clin d'œil à la basilique des Papes. Chez James Heeley, l'Anglais de Paris, *Cardinal* démarre par la baie rose, s'épice d'oliban, s'habille de labdanum (résine de feuilles de ciste dont les notes sont proches de l'encens), dans un accord évoquant du lin blanc.

Voici encore *Bois d'encens* d'Armani Privé, essence profonde et ensorcelante que Giorgio lui-même porte au quotidien. Chez Yves Saint Laurent, *Nu* de Jacques Cavallier joue la pureté et la sensualité de la cardamome, du jasmin et du cèdre sur une vanille aérienne, androgyne et pourtant féminine. *M7* d'Alberto Morillas, gorgé d'oud et d'encens, est un accord fumé et mystique, frais en tête, résineux en fond. Et voici encore : le théâtral *Rouge Hermès* d'Akiko Kamei, le *Passage d'enfer* d'Olivia Giacobetti chez l'Artisan Parfumeur, cathédrale de lys et de musc, sans oublier Bois d'argent de François Demachy pour Dior, édénique odyssée sur une absolue d'iris.

DROMADAIRE, FICHE D'IDENTITÉ

À ne pas confondre avec son cousin le chameau, qui, lui, possède DEUX bosses ! Emblématique des contrées sèches et chaudes, le dromadaire (*camelus dromedarius*) est un peu la « mascotte » des pays d'Afrique du Nord et du Moyen-Orient où l'espèce génère spontanément des images de palmiers-dattiers, de caravanes nomades et de dunes rougeoyantes... fantasmatique largement véhiculée à Oman où l'on croise l'animal dès la sortie des villes. Traditionnellement, le destin du dromadaire est lié à celui du Bédouin, qui, plus de 4 000 ans en arrière domestiqua le camélidé et apprit à en exploiter toutes les parties du corps : sa peau pour faire du cuir, sa fourrure pour fabriquer des tentes, sa jeune chair et son lait pour se nourrir, ses excréments comme combustible, etc. C'est donc là une histoire de symbiose homme-animal qui perdure encore aujourd'hui en mode plus sédentaire (élevage plutôt que méharée) ou plus ludique (balade et courses).

Une affaire de bosse et de thermorégulation

D'allure lymphatique un tantinet hautaine, le dromadaire peut peser jusqu'à une tonne selon les races (plus généralement 300 à 550 kg pour les femelles et 400 à 600 kg pour le mâle) et atteindre 2,5 mètres au garrot. A contrario des chameaux (cha-meau = 2 syllabes = 2 bosses) qui s'ébattent dans les régions à fortes variations climatiques de l'Asie où il vaut mieux être doublement paré pour survivre, il ne possède qu'une seule bosse dont le volume varie en fonction de son état nutritionnel. Contrairement aux idées reçues, celle-ci, une grosse boule de chair que ne soutient aucun os, ne sert pas à stocker de l'eau, mais de la graisse, afin de limiter la sudation qui est la principale cause de déshydratation en milieu sec. Ainsi localisés, les amas graisseux ne se disséminent pas dans le reste du corps. Moins gras, l'animal se refroidit mieux. Le métabolisme particulier du camélidé fait le reste et se charge de transformer cette graisse en eau et en énergie. Véritable réserve ambulante, la bosse permet au dromadaire de parcourir jusqu'à 60 kilomètres par jour et de survivre jusqu'à quinze jours de suite sans boire ni manger. Cette faculté est renforcée par d'autres atouts qui limitent la transpiration : un pelage clair et épais qui réfléchit les rayons du soleil, des glandes sudoripares en nombre limité, une aptitude assez extraordinaire à thermoréguler la température interne du corps en fonction de la température extérieure. Alors qu'un tel niveau de variation serait mortel chez bien d'autres animaux, le dromadaire peut abaisser sa température corporelle jusqu'à 34° durant les heures fraîches de la nuit et l'augmenter jusqu'à 42° aux heures les plus chaudes du jour, économisant de la sorte des litres d'eau précieuse. Le dromadaire peut aussi supporter une perte hydrique supérieure à 30 % qui serait fatale chez les autres mammifères. En parallèle, il est capable de se réhydrater à grande vitesse et d'ingurgiter l'équivalent d'un tiers de son poids (largement plus de 100 litres d'eau) en 15 minutes !

Une morphologie taillée pour les environnements arides

La physiologie globale du dromadaire est elle aussi particulièrement adaptée aux zones sèches comme le désert. Un os crânien large et volumineux situé au-dessus de chaque œil fait office de visière tandis qu'une double rangée de cils très longs et bien fournis empêche le sable de toucher les yeux ; pour parfaire le tout, une troisième rangée de cils joue le rôle d'un petit « balai » afin d'essuyer la surface oculaire de gauche à droite.

© AFZAL KHAN MAHEEN - SHUTTERSTOCK.COM

© KATIEKK - SHUTTERSTOCK.COM

Course de dromadaires.

Les narines, quant à elles, peuvent se fermer complètement pour empêcher le sable de pénétrer à l'intérieur évitant ainsi l'assèchement de la muqueuse nasale. Elles sont séparées par une petite gouttière qui permet de diriger l'humidité rejetée par les naseaux directement vers la bouche. Haut sur pattes, le dromadaire tient son corps éloigné de la chaleur du sol. Ses pieds larges et souples, dépourvus de sabots, mais dotés de coussinets élastiques prolongés de deux ongles cornés (ou soles plantaires) facilitent la marche sur des terrains mous et sablonneux à la façon d'un pneumatique. Des cals protègent les genoux et toutes les parties du corps susceptibles d'entrer en contact avec le sable brûlant (en cas de position allongée, par exemple). En matière d'alimentation, le dromadaire se distingue aussi des autres ruminants domestiques. Ses lèvres épaisses optimisent la préhension des plantes les plus grossières tandis que son système de digestion lui permet de se contenter de fourrages nutritionnellement assez pauvres. Son régime alimentaire est diversifié et comprend même des plantes à forte teneur en sel rejetées par tous les autres herbivores. En cas de pénurie extrême, le dromadaire peut aussi aller jusqu'à se nourrir de poisson, de viande, d'os ou de peau. Sacré vaisseau des sables !

Les dromadaires du Sultanat

Mais où croiser des dromadaires à Oman ? Globalement partout, dès lors que l'on s'éloigne des villes et que la nature reprend ses droits – y penser quand on conduit soi-même et qu'on traverse des espaces désertiques. Absents des montagnes, les camélidés s'épanouissent dans les plaines sableuses, en bord de mer (notamment dans la région du Dhofar) et surtout, bien sûr, dans les déserts qui occupent la majeure partie du territoire. Contrairement à ce que l'on pourrait penser, très peu de ces camélidés sont sauvages même quand ils semblent vaquer librement dans des espaces vides et isolés. Ils appartiennent à des fermiers ou éleveurs qui vivent soit aux abords du désert, soit à temps partiel entre le désert et la ville. Autrefois utilisés pour le transport de marchandises à travers les sables, désormais remplacés par des véhicules tout-terrain puissants, les dromadaires à l'instar de leurs propriétaires, ont tendance à se sédentariser et à être surtout utilisés comme animaux d'élevage pour leur viande, leur fourrure, leur peau, etc. Comme partout ailleurs, on distingue plusieurs races à Oman dont certaines peuvent valoir des fortunes. C'est le cas des dromadaires de monte ou de course particulièrement prisés des notables du pays et notamment des hauts dignitaires qui, en plus de chevaux d'exception (l'autre grande passion locale), possède des « haras » de dromadaires.

Des coursiers hors pair

Partie intégrante de la culture traditionnelle locale, les courses, c'est une spécificité du monde arabe, sont un véritable sport national. Elles sont très prisées des Omanais, et contribuent à la fois au folklore et au tissu social. Elles se déroulent pendant la saison douce, de septembre à mars, plutôt les week-ends et jours fériés, et se tiennent dans des camélodromes aménagés dans des espaces ouverts à l'extérieur des villes. Chaque année a ainsi lieu un National Camel Race Festival – voir le site www.omanobserver.om pour les dates. Les camélidés peuvent y atteindre de grandes vitesses, jusqu'à 65 km/h pour les meilleurs d'entre eux (comparativement, un cheval peut courir jusqu'à 88 km/h en course). En plus de faire le lien avec les traditions identitaires, les courses sont un business à part entière avec des fermes d'élevage, des pistes d'entraînement, un corps professionnel spécifiquement dédié à cette discipline (éleveurs, dresseurs, acheteurs, vétos…).

GÉOGRAPHIE

Le Sultanat d'Oman est un État du Moyen-Orient. Traversé par le tropique du Cancer, il s'étend entre les degrés 16°40 et 26°20 de latitude nord, et 51°50 et 59°40 de longitude est, et se trouve à TU + 4h. D'une superficie de 309 500 km², il se situe dans la partie sud-orientale de la péninsule arabique, dont il est le troisième plus vaste pays après l'Arabie saoudite et le Yémen. Il est frontalier avec cette dernière nation au sud, l'Arabie saoudite à l'ouest et les Émirats arabes unis au nord. L'une de ses particularités consiste en la péninsule de Musandam, à l'extrême nord sur le détroit d'Ormuz, province à la position stratégique séparée du reste du territoire omanais par les Émirats arabes unis. Côté mer, le sultanat possède plus de 2 000 km de côtes et se trouve bordé par la mer d'Arabie et le golfe d'Oman : une position privilégiée qui a permis au pays de contrôler la route maritime la plus ancienne et la plus importante du monde.

Division du territoire

Grand comme la Pologne ou l'Italie, et deux fois la Grèce, le Sultanat d'Oman est divisé en onze gouvernorats ou *mouhafaza* : Mascate, Dhofar, Musandam, Ad-Dākhilīyah, Al-Buraimi, Al-Wusta, Adh-Dhahira, Al-Batina du Nord, Al-Batina du Sud, Ach-Sharqiya du Sud, Ach-Sharqiya du Nord. Il est intéressant de noter que les toponymes arabes en usage présentent des connotations géographiques ou anatomiques. Dhofar signifie « le sud », Musandam « le nord », Mascate « la tête », Batinah « le ventre », Dhahirah « le dos », Dhakhiliya « l'intérieur », Wusta « le centre », Sharqiya « l'est ». Deux portions de territoire sont des exclaves en terre émirienne, la petite Madha et l'immense Musandam, gardienne du détroit d'Ormuz, à 45 km des côtes iraniennes et à la pointe nord-est de la péninsule Arabique.

© CHARLES F. GIBSON

La chaîne montagneuse du Hajar.

Géologie

Des quelque 150 paysages du monde façonnés par l'obduction, soit le chevauchement de la croûte terrestre par le « fond de la mer », Oman apparaît comme le plus spectaculaire. Pendant 20 millions d'années, les roches océaniques ont été charriées à l'air libre, créant ces massifs stratifiés et volontiers traversés de motifs serpentins que l'on voit à Mascate et loin dans l'intérieur. Ainsi nous marchons souvent ici sur la lithosphère marine exhumée il y a 90 millions d'années, un affleurement considéré comme le mieux conservé et le plus long de la planète. Caractéristiques de ces couches accidentées, les ophiolites comptent des roches métamorphiques comme la serpentinite, la lizardite ou le chrysotile.

Un relief montagneux au nord et au sud

Le sultanat offre un paysage contrasté, composé de côtes déchiquetées ou sablonneuses, de montagnes, de plaines, de wadis et de dunes. Environ 80 % du territoire est occupé par un désert de sable et de plateaux rocheux, 17 % par des montagnes et seulement 3 % par des plaines fertiles. Si le nord du pays est aride, le sud, qui bénéficie des moussons de juin à septembre, est beaucoup plus luxuriant.

La principale chaîne montagneuse omanaise, le Hajar, part de la pointe nord du Musandam pour s'étendre jusqu'à la pointe la plus orientale du territoire, à Ras al-Hadd. On parle du Hajar occidental jusqu'à la trouée de Sumail à l'ouest de Mascate, et du Hajar oriental côté mer. Le Hajar occidental forme l'épine dorsale du pays et culmine à 3 020 m (djebel Akhdar). C'est lui qui engendre les pluies orographiques qui donnent naissance aux oasis et aux wadis. Dans cette partie du territoire, le relief est extrêmement escarpé et abrupt, la pierre généralement de couleur sombre, voire noire. À l'extrême nord, la région du Musandam est formée de gigantesques fjords qui plongent dans la mer. Ce secteur n'est

L'île de Masirah offre des paysages somptueux.

quasiment praticable qu'à pied ou en bateau, tandis que la partie du Hajar qui longe la région de la Batinah est aménagée de quelques pistes permettant d'accéder aux sommets. La chaîne est aussi entrecoupée d'oueds plus ou moins luxuriants qui font l'objet de nombreuses excursions, à l'instar des wadis Bani Awf, Bani Khalid, Tiwi et Shab, embellis de gorges profondes, de villages accrochés à flanc de parois, de bassins naturels propices à la baignade.

Au sud d'Oman, près de la frontière avec le Yémen, la topographie est de nouveau marquée par un relief montagneux, beaucoup moins aride puisque, de juin à septembre, la région est arrosée par des pluies de mousson livrées par les vents du sud-ouest. Le djebel Dhofar y forme une ceinture continue qui n'excède jamais 23 km de large, mais s'étale sur 400 km de long, et englobe le Djebel Samhan à l'est (point culminant à 1 812 mètres) et le Djebel Qamar à l'ouest.

Le désert

Entre les deux, le désert occupe 80 % du territoire et s'étend de la côte est jusqu'à la frontière de l'Arabie saoudite, offrant des variations formelles et chromatiques. À 190 km par une nouvelle route express de Mascate, les Sharqiya Sands offrent l'enivrante perspective d'un défilé de mamelons, un désert de sable ocre, jaune, blanc et brun dont les dunes atteignent parfois une centaine de mètres de haut. Formé au quaternaire, il est le produit des vents contraires du Shamal (l'alizé du nord-est) et de ceux de la mousson du sud-ouest, et se trouve délimité par les systèmes fluviaux des wadis Andam et Batha. La région est ainsi jalonnée de méga-dunes orientées nord-sud, soufflées par la mousson et enchâssées là dès après la dernière glaciation régionale. Plus au sud, le sable laisse parfois place à des étendues de pierres et de cailloux qui confèrent une atmosphère hostile à certaines parties du désert des déserts, le Rub al-Khali. Ce légendaire « Quart Vide » fait courir ses barkhanes rougeâtres géantes, qu'entrecoupent des plaines de gypse et de graviers, dans le coin sud de la frontière yéméno-saoudienne.

De la frontière des Émirats arabes unis jusqu'à la capitale Mascate, s'étend une longue plaine côtière assez fertile. Puis, le Hajar reprend le terrain jusqu'à Sur et borde la côte de pans rocheux et de falaises entrecoupés de criques. Le désert, de nouveau, vient ensuite mourir dans la mer à Ghalat le long des sables sudistes de Sharqiya, pour laisser place à d'immenses plages et des cuvettes salines jusqu'à la frontière du Yémen. Autour de Salalah, cocotiers et bananiers apportent une touche délicieusement tropicale aux marges de la « Terre de l'encens ».

Et des îles

Au Dhofar, les Khuriya Muriya, rétrocédées par les Britanniques en 1967, sont un groupe de cinq îles signalées dans l'Antiquité comme les Zenobii. La principale, Hallaniyah et ses 56 km², compte moins d'une centaine de résidents. Dans la région de la Batinah (côté littoral), au large de Barka et Sawadi, l'archipel de Damaniyat est composé de 9 îles plates serties dans des eaux translucides et bordées de récifs coralliens, formant une réserve naturelle propice à la plongée et à l'observation des tortues. Voici encore la grande Masirah à une vingtaine de kilomètres des côtes se trouvant à la lisière de la Sharqiya et de la Wusta, 12 000 habitants sur 650 km², ses plages divines de Ras Al Ya sur la côte orientale, la plus forte densité mondiale de tortues caouannes, une poignée d'hôtels agréables pour trouver des draps blancs après le kitesurf, le tout dans un cadre lunaire sculpté par les ophiolites gris-vert.

GÉOLOGIE

COMPOSÉ DE ROCHES TRÈS ANCIENNES, OMAN EST UN MUSÉE GÉOLOGIQUE À CIEL OUVERT

Des trésors géologiques omniprésents

Le Sultanat d'Oman recèle des trésors géologiques majeurs. C'est en effet le seul pays au monde dont la surface est en grande partie constituée de roches provenant du plancher océanique, venues s'échouer là il y a environ 90 millions d'années. Ses ophiolites et autres témoignages des grands processus géologiques qui ont façonné notre planète composent aujourd'hui un merveilleux musée à ciel ouvert pour les géologues. Partout, des traces témoignent du chaos qui s'est déroulé ici lorsque l'épaisse plaque de la croûte océanique a commencé à se frayer un chemin jusqu'au bord du littoral nord d'Oman, poussant pendant près de 20 millions d'années les roches venant du fond de l'océan à des centaines de kilomètres à l'intérieur des terres. Ces traces sont : les pliages et failles que l'on observe à certains endroits de la chaîne de montagnes du Hajar ; l'immense empilement de lave en coussins du Wadi Al-Jizzi ; les fossiles de créatures marines dans les roches de la montagne ; les traces d'imposantes forêts aujourd'hui disparues au beau milieu d'arides déserts. Etc.

L'application Géo Tours

En 2012, le ministère omanais du Tourisme a développé une application GéoTours pour Smartphones qui donne des informations géologiques et touristiques sur 30 sites géologiques de Mascate et sa région. Ils peuvent faire l'objet d'un itinéraire complet ou d'une visite distincte grâce aux codes-barres disponibles sur la signalétique installée sur chaque site. Une carte est également disponible. Grâce à cette application GéoTours, il est facilement possible de visiter les différents sites d'héritage géologique sans forcément s'allouer les services d'un guide. Chaque fois que la topographie le permet, des panneaux indicatifs sont disponibles conférant d'intéressantes informations illustrées. L'application permet également de guider tout un chacun jusqu'aux différents sites d'héritage géologique tout en dispensant en chemin des informations multimédias utiles en plusieurs langues, grâce au système de navigation GPS.

Certains sites de Géo Tours

Le quartzite Al Awabi (Batinah sud)

Ce quartzite Crétacé est daté de l'époque des dinosaures, soit aux environs de 90 millions d'années. À l'origine, le quartzite était du grès. La structure de ce grès fut changée (par le processus de la métamorphose) quand il fut soumis à la forte pression du glissement du fond de l'océan sur la plaque arabique. Les cristaux de quartz du grès furent soumis à une telle chaleur que leur structure changea pour donner naissance à une nouvelle roche : le quartzite. Les différentes teintes de rouge du quartzite sont dues à différentes proportions d'oxyde de fer (Fe2O3), les couleurs jaune et orange indiquent que la roche contient d'autres minéraux.

Le sentier de randonnée de Mutrah n° 13

Au départ de Riyam, ce sentier de randonnée vous convie à un étonnant voyage géologique à la découverte de ce qui fut jadis le fond de l'océan et permet de découvrir des affleurements de roches volcaniques appelés « ophiolites ». Les ophiolites se sont développées à partir de la roche fondue dans des volcans sous-marins. On trouve ici les ophiolites les mieux conservées et les mieux exposées du monde. Elles présentent un intérêt géologique, mais aussi économique. Lors des mouvements tectoniques qui se sont succédé pendant des millions d'années, cette roche fut charriée du fond de l'océan sur le territoire de l'Oman actuel. Il s'agit d'un processus appelé l'obduction.

L'éclogite d'As Sifah

Cet affleurement immense de roche verte contient de l'éclogite, un type particulier de roche métamorphique, c'est-à-dire de la roche modifiée en raison de fortes pressions et/ou de fortes chaleurs. Cette roche très particulière a parcouru un très long voyage. Elle puise son origine il y a 300 millions d'années. À cette époque, cette roche d'origine magmatique s'est retrouvée exposée à la surface de la croûte terrestre. Ensuite, lors du Crétacé tardif (entre 90 et 70 millions d'années), elle s'est enfoncée sous la plaque océanique à une profondeur d'environ 70 km où, sous l'effet de la chaleur (500 à 580 °C), sa couleur, sa structure, et même sa teneur en minéraux furent modifiées. C'est pour cette raison qu'elle peut être classifiée en tant qu'éclogite. Lors du Crétacé tardif, elle s'est retrouvée repoussée à la surface et c'est ainsi que l'on peut l'observer aujourd'hui. Les affleurements d'éclogite sont rares, c'est pourquoi celui-ci est d'importance internationale.

Sources : omantourism.gov.om

NATURE

Oman est le pays du Golfe précurseur en matière d'environnement et reconnu comme tel par l'Unesco et les pays européens. En 1979 était créé un Conseil de Conservation de l'Environnement, transformé en ministère en 1984 – le premier du genre dans les pays arabes. Dès son accession au pouvoir, le sultan Qaboos s'est montré soucieux d'engager son pays sur la voie d'un développement industriel en harmonie avec la nature et a encouragé les actions visant à préserver l'équilibre écologique du sultanat. Mascate est d'ailleurs réputée pour être l'une des capitales les moins polluées au monde. Des directives ont été données pour préserver la faune et la flore locales, et réintroduire certaines espèces disparues, le projet concernant l'oryx blanc étant le plus ambitieux. Sur terre comme dans la mer, le sultanat a conservé une faune variée, dont certaines espèces rares. Malgré un environnement aride, la flore est elle aussi riche et diverse.

Conserver la biodiversité : une priorité gouvernementale

De nombreux projets de conservation et plans de tutelle sont en place depuis des décennies : projets pour la multiplication des mangroves, la croissance des arbres sauvages, les gazelles, la gestion des espaces côtiers, etc. Et puisque développement et environnement vont de pair, les entreprises sont soumises à la norme internationale pour l'environnement ISO 14 000 qui vise à la connaissance et la maîtrise des impacts d'une société sur son site naturel d'implantation. En tant que producteur de pétrole, le gouvernement a aussi élaboré un plan d'urgence contre les déversements pétroliers. Régulièrement, des exercices de prévention sont effectués en collaboration avec Petroleum Development Oman, la Police royale et le ministère de la Défense. Deux autres projets sont à mentionner : la gestion des récifs coralliens par le contrôle de l'impact de l'activité humaine sur ces derniers ; et un programme d'antidésertification échafaudé en collaboration avec l'Institut technologique du Massachusetts. Le but de ce dernier plan est d'évaluer et d'établir des procédures d'antidésertification (replantation des arbres, etc.) et d'identifier les facteurs qui affectent la stabilité des climats humides du Dhofar. Parallèlement, en 1992, suite au Sommet de l'environnement à Rio, Oman a signé la convention sur la biodiversité. Dans la foulée du sommet de Johannesburg de 2002, le pays a entrepris les démarches globales nécessaires à un développement durable.

Une faune et une flore variées et protégées

Les dattiers dans les palmeraies, l'arbre à encens dans le Dhofar, la réserve d'oryx dans le désert, les dromadaires, les oiseaux migrateurs et la faune marine (notamment les tortues et les dauphins) font partie de la biodiversité du sultanat. Ils sont localisés en fonction du climat et de la topographie des différentes régions.

La faune

Malgré un environnement souvent inhospitalier (beaucoup de terres arides et rocailleuses), le sultanat compte une grande variété d'animaux, dont certains sont en voie de disparition. Pour cette raison, toutes les espèces sauvages sont protégées par un décret royal. La chasse est interdite sur terre comme dans la mer et le braconnage est sévèrement puni. Le gouvernement a également créé des parcs marins pour protéger les fonds et des réserves naturelles pour sauvegarder des mammifères comme le léopard d'Arabie, l'oryx, le tahr, l'ibex de Nubie, etc.

▶ **Mammifères.** Même s'ils sont difficiles à observer, plusieurs variétés de mammifères s'épanouissent au sultanat : antilopes (plusieurs espèces), tahr d'Arabie (chèvres sauvages), ibex (sorte de bouquetin de montagne surtout présent dans le Hajar oriental), damas (ou lapin des roches), mouflon, lièvre, plusieurs espèces de porcs-épics… Parmi les carnivores : léopard d'Arabie, guépard (très très rare), chat sauvage, hyène, lynx du désert, renard roux d'Arabie, chacal, caracal… La gazelle la plus remarquable est l'oryx : l'antilope du désert par excellence, la plus grande du monde arabe, pourvue de cornes longues et effilées pouvant mesurer jusqu'à 90 cm de long. Une réserve entière, ouverte au grand public, lui est consacrée dans la région d'Al Wusta, au sud du pays. Plus banal, mais d'une grande importance, le dromadaire sillonne le territoire.

▶ **Oiseaux.** Plus de 500 espèces différentes ont été identifiées, sur lesquelles une centaine resterait en permanence sur le territoire, les autres étant de passage. Le pays est en effet situé sur les routes migratoires entre l'Europe, l'Afrique et l'Asie, et attire temporairement de multiples variétés qu'il est surtout possible d'observer de novembre à mars.

Du fait de ses 3 000 km de côtes, Oman abrite autant d'oiseaux de rivages que de terres. Près de la capitale, deux sites d'observation sont idéaux : la réserve naturelle du parc de Qurm et le lagon d'Al-Ansab à côté du quartier de Ghala (hirondelles, hérons, sucriers, guêpiers, canards ferrugineux, etc.). À 50 km au nord de Mascate, près d'Al-Sawadi, un lagon d'eau salé est aussi le refuge de hérons, goélands, hirondelles de mer, etc. On rencontre aussi des martinets, des alouettes, des pipits, des fauvettes, etc. Alors que le Nord du pays accueille des oiseaux venant d'Europe ou d'Asie, le Sud héberge ceux d'Afrique. Gobe-mouches, flamants, aigrettes, ibis, foulques, sternes, etc. sont visibles dans la région du Dhofar qui est la plus riche du sultanat en termes d'avifaune. Les îles d'Al-Hallaniyat sont réputées pour leurs variétés de fous de Bassan. L'île de Masirah est surtout peuplée de flamants roses, sternes, pluviers, mouettes et cormorans. Le pays abrite aussi de nombreux rapaces : hiboux de plus d'un mètre d'envergure, balbuzards, faucons, vautours, aigles des steppes, mouchetés, dorés ou impériaux, etc. Plusieurs espèces font l'objet d'une protection comme l'outarde houbara, un oiseau omnivore adapté aux milieux semi-désertiques et dont l'envergure peut atteindre 1,5 mètre. Une *Oman Bird List* est remise à jour régulièrement à l'attention des ornithologues amateurs et/ou professionnels.

Reptiles. Les étendues sableuses et rocailleuses abritent de nombreux reptiles notamment des lacertiliens comme les varans du désert et plusieurs espèces de geckos, des scinques (famille de lézards rassemblant de multiples espèces) et des serpents dont certains sont très venimeux (cobra noir du désert, vipère à cornes...). En mer, les tortues sont reines (voir ci-dessous).

© VLADISLAV T. JIROUSEK - SHUTTERSTOCK.COM

Oryx dans la réserve d'Al Wusta.

Animaux marins. Plus de 3 000 km de côtes recèlent bien des richesses, à commencer par une très importante population de tortues marines, dont 5 des 7 espèces connues traversent les eaux territoriales omanaises et/ou se reproduisent sur les rives du sultanat. Les plages les plus prisées pour observer les reptiles sont celles de la région de la Sharqiyah (notamment la Réserve de Ras Al-Jinz près de Sur) et celles de l'île de Masirah à l'Est et des îles de Hallaniyat au Sud-Est. Au large des côtes, il est fréquent aussi de croiser des dauphins, plus particulièrement dans les secteurs de Mascate, du Musandam au Nord et du Dhofar au Sud, où de nombreuses agences proposent des sorties en mer à la rencontre des cétacés. En vérité, ces derniers s'épanouissent dans quasi toutes les eaux du sultanat et forment un bataillon d'espèces variées : dauphin à long bec, dauphin à bosse, dauphin souffleur, dauphin à bec étroit, etc. Des baleines à bosse passeraient également au large dans les régions de l'Al-Wusta et du Dhofar...

Les fonds marins sont eux réputés pour leur richesse en plancton qui attire une grande diversité de poissons que de nombreux clubs de plongées permettent d'approcher. Il est notamment possible d'apercevoir, entre autres, des chirurgiens, papillons, anges, mérous, sergents-majors, raies, murènes, requins, etc. Plus classiquement, sont également présents des thons, barracudas, rougets et sardines (pas dizaines de milliers), généralement exportés sur les marchés étrangers pour y être consommés. La plongée de nuit est communément pratiquée à Oman afin de permettre l'observation de langoustes et étoiles de mer bioluminescentes. C'est aussi l'occasion d'approcher de plus près certaines espèces à moitié « endormies » et d'apprécier la vitalité de quelques autres à la tombée du jour. Les fonds du sultanat sont également réputés pour leurs nombreuses caves et tunnels propices à une faune marine spécifique et pour leurs coraux, moins abondants peut-être que dans d'autres parties du globe, mais dignes d'intérêt.

La flore

Contrairement aux idées reçues, les déserts comme les espaces très rocailleux ne sont pas des zones mortes, mais abritent une végétation spécifique adaptée à des conditions inhospitalières. En parallèle Oman déroule des terres fertiles et possède quelques zones où la flore se révèle assez dense. C'est le cas du Dhofar, région sud à la frontière du Yémen, qui, particularité spécifique à cette partie du monde, bénéficie d'une mousson de juillet à septembre. La végétation y est luxuriante : forêt d'arbres

La réserve Ras Al-jinz où les tortues viennent pondre leurs oeufs.

© ILYAS KALIMULLIN - SHUTTERSTOCK.COM

à feuilles semi-caduques, cocotiers à foison, grande variété d'espèces dont un grand nombre de plantes succulentes, des arbres à myrrhe et surtout le fameux arbre à encens (*boswellia sacra*), à l'origine d'une partie de la richesse et de la notoriété du sultanat depuis la nuit des temps. Autre zone bénéficiant d'une flore abondante au cœur de l'hiver cette fois-ci : le djebel Akhdar, secteur suffisamment humide pour que des arbres et arbustes puissent s'y épanouir. Le plateau de Sayq en particulier est connu pour ses vergers d'arbres fruitiers et pour ses plantations de roses à partir desquelles on fabrique une eau florale. Odorante et comestible, celle-ci est utilisée dans les préparations culinaires ou comme parfum d'ambiance. La montagne verte (traduction littérale de « djebel Akhdar ») dont les sommets culminent à plus de 3 000 mètres, compte également plusieurs types de végétations répartis par altitude : beaucoup d'acacias dans les zones basses, des jujubiers, ficus, euphorbes, caralluma, oliviers (à toutes petites olives) en zone moyenne, et des genévriers au-dessus de 2 300 mètres.

Les parcs nationaux et réserves naturelles

Dans le souci de conserver les richesses de son patrimoine naturel, le sultanat a décrété zones protégées plusieurs espaces marins ou terrestres. C'est le cas des **Îles Daymaniyat** (près de Mascate), un archipel regroupant une dizaine d'îlots et plusieurs rochers submergés. Ces derniers offrent une douzaine de sites de plongées et forment de splendides jardins de coraux peuplés de grands poissons pélagiques, tortues, raies, requins-léopard, etc. Ce sanctuaire sert également de site de reproduction à un grand nombre de tortues à écailles ainsi qu'à une importante population d'oiseaux. En ville, au cœur de Mascate, la Réserve naturelle du **Qurm Park** est le lieu de prédilection des oiseaux migrateurs et des mangroves (*Qurm* signifie « mangrove » en arabe). Le long du littoral côtier reliant la capitale à la région du Dhofar au Sud, plusieurs zones sont également protégées. À quelques kilomètres d'Al Kamil, le Parc naturel d'**Al Saleel** offre sur 220 km² un écosystème favorable aux gazelles arabes et, en nombre très limité, à quelques loups, chats sauvages, renards roux et aigles d'Égypte. À 65 km à l'est de Sur, la **Réserve de Ras Al-Jinz**, d'une surface totale de 120 km² dont 45 km de littoral côtier, est l'un des plus grands sites mondiaux de ponte des tortues vertes (centre scientifique sur place et visites organisées). Bien plus au sud, dans la région du Dhofar, la **Khawr Nature Reserve** concerne un ensemble de huit lagunes des environs de Salalah dont la végétation et la fraîcheur de l'eau favorisent la subsistance de certains poissons et attirent une grande population de volatiles. Pas moins de 200 variétés, dont certaines migratrices, auraient été repérées. Côté terre cette fois-ci, toujours dans le Dhofar, la **Jabal Samhan Nature Reserve**, d'une surface totale de 4 500 km², est l'un des derniers refuges du léopard d'Arabie et abrite aussi la gazelle d'Arabie, le bouquetin de Nubie, le lièvre du Cap, le porc-épic à crête d'Inde, le hérisson du désert et plusieurs espèces d'oiseaux. D'autres prédateurs comme le caracal, la hyène rayée et le loup d'Arabie sont également présents. Enfin, au milieu de nulle part, dans la région désertique et rocailleuse d'Al-Wusta au centre-sud du pays, la réserve sultanienne **Jiddat-al-Harasis**, ouverte au public, a servi d'habitat pour la réintroduction de l'oryx d'Arabie.

CLIMAT

Il y a deux saisons à Oman : l'été, d'avril à octobre, chaud et humide, avec des températures oscillant entre 30 et 40 °C et l'hiver, de novembre à février, assez doux et ensoleillé, avec une moyenne de 25 °C. La période la plus agréable pour venir visiter le pays court de mi-octobre à mi-avril, et c'est en ces début et fin de saison touristique que les plongeurs trouveront les plus belles eaux. Début décembre, quelques très rares cyclones font parfois un passage remarqué. Quelle que soit la saison, les nuits sont assez fraîches en altitude, ainsi que dans le désert. La température de la mer reste toujours agréable, avec une moyenne de 25 °C en été et de 21 °C en hiver. En vérité, quatre paysages climatiques déterminent les activités et la garde-robe : méditerranéen aride pour les côtes nord et est, radicalement désertique dans les dunes, sud-alpin avec gelées hivernales pour les montagnes, tropical coco-banane dans le Dhofar.

Mascate et la côte

Entre le souffle du désert et la brise du golfe d'Oman, Mascate jouit d'un bien beau climat avec ses moyennes de 23 °C en janvier un peu pluvieux et de 34 °C en mai cuisant. De juin à septembre, c'est un réveil à 30 °C et des pointes à 40 °C sous des ultras plus violents que violets. Un four qui rend l'accès aux extérieurs assez périlleux, pousse à des siestes dans la clim et des visites interminables de galeries marchandes. Idéalement, on visera mi-octobre à mi-décembre et mars-avril pour la baignade à 25 °C/27 °C et l'air à 26 °C/30 °C, ou janvier-février plus tempéré pour ceux qui préfèrent.

Désert

Aux Sharqiya Sands, le climat est désertique avec des nuits qui descendent à 12° en février et culminent à 28° en août, quand les maximas vont de 27° en février à 44° en juillet. Effet lointain de la mousson, des bancs de nuages s'installent parfois en été, sinon c'est grand bleu tout le reste de l'année. Notre idéal serait en novembre et décembre, avec du 20°/35°. Particularité locale : contrairement au Sahara ou au Kalahari, le désert omanais refroidit peu, évitant les petits matins glacés du Hoggar et présentant une amplitude thermique modérée.

Monts Hajar

Si vous prévoyez de randonner autour du Djebel Shams, l'été (20°/30°) vient avec quelques pluies. On privilégiera donc la période qui va de septembre (17°/28°) à mai (14°/24°) en prenant note d'un réveil à 6° en janvier et février, pour un relevé à 2 000 m d'altitude. L'hiver a néanmoins ses charmes, avec une grosse polaire pour admirer les sommets occasionnellement enneigés.

Dhofar

Le petit paradis tropical omanais, ses cocoteraies, ses plages, ses coquillages et crustacés vous offrira une météo en paréo une bonne partie de l'année. Mais pas TOUTE l'année, et vous êtes invités à bien lire ces lignes. Nous ne sommes plus ici sur le très clément golfe d'Oman, mais devant la vaste mer, celle qui roule jusqu'à Zanzibar et Bombay. C'est du profond, de l'océanique. Puisqu'on fait généralement le voyage jusqu'à Salalah dans l'idée d'une trempette édénique, noix de coco à la main, mieux vaut caler son calendrier sur Dame nature, sans forcément écouter le voyagiste qui aurait tendance à vendre la Rép-Dom orientale 365 j/365. Ainsi, entre juillet et mi-septembre, quand on cuit sous le soleil à Mascate, la mousson s'installe au Sud, avec une pluviométrie équivalente à la moitié de celle du mois le moins mouillé de Paris, mais lentement brumisée durant des semaines sous un ciel plombé. Pas idéal pour la bronzette. Cette saison du Khareef est un must régional, et de tout le Golfe on vient en famille, dans des hôtels réservés plusieurs mois à l'avance, s'offrir la bruine providentielle, le brouillard enveloppant, ce coin d'Irlande tiède si exotique aux yeux des Omanais et des Émiratis, bien moins à ceux des Européens. Pour profiter idéalement de la plage, visez donc octobre à avril-mai, avec des maximas à 30°, peu ou pas de pluie et une eau de mer qui fête Noël à 28° pour glisser ensuite vers les 26°.

ENVIRONNEMENT

Situé à l'embouchure du golfe Persique, zone stratégique s'il en est, le Sultanat d'Oman tient également une position singulière en matière d'environnement. Sa biogéographie et son histoire lui ont conféré une biodiversité époustouflante, avec des milieux d'une grande variété tels que mangroves, massifs coralliens, déserts et montagnes. L'agriculture irriguée plusieurs fois millénaire a aussi contribué à forger des paysages remarquables. La politique mise en œuvre par le sultan Qaboos ibn Saïd (décédé en janvier 2020) a permis de déployer des actions fortes : premier ministère de l'Environnement en 1984, gestion des zones côtières, création de réserves naturelles. En 1996 l'Union internationale de conservation de la nature (IUCN) citait Oman comme l'un des pays les plus avancés en matière d'environnement. Cela ne doit pas faire oublier les défis auxquels doit faire face le pays, notamment celui de sa consommation d'énergie et sa gestion des déchets.

Une politique environnementale forte

La préservation de l'environnement est en grande partie le fruit d'une politique instituée par l'ancien sultan, Qaboos ibn Saïd qui régna de 1970 à 2020. Dès 1974 est promulguée la première législation environnementale. En 1984 est créé un ministère de l'Environnement, le premier des pays arabes. Les projets réalisés concernent à la fois la préservation des milieux (restauration des mangroves par replantation des palétuviers), la création de réserves naturelles avec l'interdiction de la chasse, la lutte contre le braconnage et la réintroduction d'espèces. Afin de limiter les impacts liés à une urbanisation croissante, le pays a déployé un projet de gestion de la zone côtière en 1990. La protection des milieux passe aussi par un plan d'actions pour la gestion des massifs coralliens, initié en 1997. Les projets sont généralement mis en œuvres avec des bailleurs de fonds internationaux, dont le Programme des Nations unies pour le développement (PNUD). Par exemple Oman a intégré la Campagne pour des océans propres, développé par l'ONU, en organisant notamment des nettoyages de plages. C'est aussi le premier pays de la région à décerner un prix pour la préservation de l'environnement, connu sous le nom de Prix du Sultan Qaboos.

Espaces protégés

Le pays possède des réserves naturelles, réglementées, qui visent à préserver les habitats et les espèces menacées telles que la gazelle d'Arabie, le varan du désert, l'outarde houbara ou encore la biodiversité marine et l'avifaune.

▶ **La Réserve naturelle des îles Daymaniyat :** situé dans la région de Mascate, cet archipel de 9 îles est un sanctuaire pour les oiseaux et la biodiversité marine. Des sites de plongées vous permettront de découvrir plus de 110 espèces de coraux, mais aussi des tortues, raies, requins-léopards, baleines et autres espèces marines dont certaines endémiques.

▶ **La Réserve de tortues de Ras Al Jinz (Ras Al-Jinz Turtle Reserve) :** elle protège les sites de ponte de tortues de mer. Il est notamment possible d'observer ce moment très particulier – et émouvant – où les tortues quittent la plage et s'élancent dans la mer.

▶ **La Terre de l'Encens** (dans la région du Dhofar) : la route de l'encens fut un important itinéraire marchand pendant l'Antiquité et le Moyen Âge. L'UNESCO a classé au Patrimoine mondial 4 sites emblématiques de la production et du négoce de l'encens : les arbres d'encens de l'Ouadi Dawkah, l'oasis de Shisr/Wubar, et les ports stratégiques de Khor Rori et d'Al-Balid. L'ensemble est aussi protégé par un décret royal.

▶ **La Réserve naturelle d'Al-Wusta :** elle permet d'observer une importante faune sauvage : plus de 130 espèces d'oiseaux (dont certaines endémiques), l'oryx d'Arabie, antilope réintroduite en 1982, mais aussi des renards sables, gazelles et loups d'Arabie.

Réserve naturelle d'Al-Wusta.

Djebel Samhan.

- **La Réserve naturelle du Qurm Park** située à proximité de Mascate, protège l'écosystème de mangrove et a fait l'objet de replantations de palétuviers. Considérée comme un poumon vert, les habitants de la capitale aiment s'y promener. Le visiteur épris de nature pourra y découvrir de nombreux oiseaux et toute une biodiversité liée aux zones humides. La réserve est d'ailleurs classée site RAMSAR (zone humide remarquable) depuis 2013.
- **Al Saleel National Park :** cet espace protégé est situé dans la région de Sharqiyah. Il est composé de différents milieux naturels : plaine alluviale, vallées et montagnes. Il abrite une grande biodiversité avec notamment des acacias, des gazelles d'Arabie, mais aussi des tortues et une importante avifaune.
- **La Réserve naturelle de Djebel Samhan :** située dans le Dhofar, elle est notamment réputée pour protéger l'habitat d'une des dernières populations de léopard d'Arabie.
- **Les Khawrs de la Réserve côtière Salalah :** il s'agit d'un ensemble de 8 réserves naturelles, situées dans le Dhofar. Elles conservent les écosystèmes de lagons, mais également des vestiges archéologiques comme ceux des ports de Khor Rori et d'Al-Balid de la Terre de l'encens (voir supra).
- **Jardin botanique d'Oman** à Mascate. Encore en chantier, ce grand jardin botanique exposera sur ses 420 hectares la flore locale et endémique. La construction de cette espace intègrera des exigences environnementales (gestion de l'énergie notamment).
- Emblématique : c'est les cas de la **Réserve sultanienne des oryx d'Arabie**. La réserve naturelle avait été créée pour protéger des populations d'oryx d'Arabie, réintroduites en 1982 après l'extinction de l'espèce en milieu sauvage, suite à des années de braconnage excessif. Le site avait été classé au Patrimoine mondial de l'Unesco en 1994. Des forages pétroliers ont conduit à la réduction de 90 % de sa surface, réduisant et mettant en danger les populations d'oryx et leur viabilité. L'Unesco procéda au déclassement du site en 2007.

Une économie fondée sur le pétrole

Le pays a une forte dépendance au pétrole. L'or noir est majoritairement importé pour couvrir les besoins énergétiques du pays. Les forages conduits à partir des années 1950 n'ont pas libéré le sultanat de cette dépendance (stock faible). Depuis 2005 le pays s'est lancé dans l'extraction du gaz.

Une agriculture durable ?

Le pays, en lien avec la FAO (Food and Agricultural Organisation), souhaite mettre en place une agriculture dite durable, dont l'objectif est l'autonomie alimentaire via la réduction des importations de fruits et légumes et le développement d'emplois dans le secteur agricole. La pêche reste traditionnelle et dans un souci de cohérence environnementale le chalutage de fond est interdit.

Des points de progrès

La diversification de l'économie est passée aussi par la construction d'une usine d'aluminium à Solar dont le processus est extrêmement polluant et énergivore. Des efforts restent à poursuivre en matière de prévention des pollutions de l'air, de l'eau et en matière de gestion des déchets. Le pays a mis en place des systèmes de mesures des émissions de polluants atmosphériques dans la capitale. La question de la réduction des gaz à effet de serre est aussi un sujet de préoccupation qui commence à entrer en compte dans les projets. Enfin la réduction des déchets et leur recyclage, tout comme les dispositifs d'assainissement d'eau restent des questions prégnantes.

HISTOIRE

L'intérêt que le pays porte à son histoire est récent. Les fouilles archéologiques de ces dernières années ont établi l'existence de communautés organisées dès le IIIe millénaire av. J.-C. Au carrefour de l'Asie et de l'Afrique, le territoire omanais attise les convoitises et son histoire est marquée par les invasions et occupations successives comme celle des Perses à plusieurs reprises ou des Portugais de 1507 à 1624. Sous l'impulsion de grands chefs arabes et grâce à la puissance de sa flotte, Oman devient aux XVIIIe et XIXe siècles un vaste empire colonial dont l'influence s'étend du Balouchistan à Zanzibar, avant de décliner et d'être placé sous protectorat britannique en 1891. L'accession au pouvoir du sultan Qabous bin Said en 1970 permet de rétablir l'ordre et de propulser la nation vers le XXIe siècle, ambition poursuivie par le Sultan Haïtam bin Tariq depuis janvier 2020. Retour sur plusieurs millénaires d'une histoire tourmentée.

3000 AVANT JC

Le pays de Magan

Dès le troisième millénaire av. J.-C., des populations anciennes vivent sur le territoire omanais du commerce des minerais, plus particulièrement de celui du cuivre qu'elles exportent vers tous les pays du Golfe. Les plus importantes mines de cuivre se trouvent alors près de Sohar, au nord, et dans la région de la Sharqiyah. Le cuivre est extrait puis transformé en lingots de quelques centimètres, pour être ensuite acheminé soit par voie terrestre, à dos de dromadaire, vers Umm al-Naar (Abu Dhabi) et Dilum (Bahreïn), soit par voie maritime vers Sumer (Irak), ainsi qu'en Mésopotamie et dans la vallée de l'Indus (Inde). On échange le minerai contre de l'orge et des tissus. Les marins omanais sont d'excellents navigateurs, parmi les premiers à utiliser les étoiles pour calculer leur position et à se servir du vent et des courants générés par les moussons pour optimiser leur navigation. Leurs bateaux sont faits en faisceaux de roseaux, calfeutrés au bitume. La lecture de tablettes sumériennes révèle l'existence d'un État appelé Magan, « la montagne de cuivre », qui correspondrait à l'émirat d'Abu Dhabi et au Sultanat d'Oman. Cette période de l'histoire est aussi marquée par le commerce de l'encens qui est à cette époque une denrée prisée de toutes les civilisations. Sumériens, Égyptiens, Grecs et Romains l'utilisent en grandes quantités pour leurs rituels religieux et comme maquillage, parfum ou remède thérapeutique. Le *boswellia sacra*, arbre dont est extrait l'encens le plus précieux du monde, pousse, comme c'est le cas encore aujourd'hui, dans la région du Dhofar au sud du Sultanat. À l'époque ancienne, la résine est chargée dans les ports de Sumhuram et Taqah, et transportée vers Tarim (au Yémen) et le reste du monde. En parallèle le pays commerce également avec l'Inde et pratique essentiellement l'échange de chevaux et d'épices.

DE 536 AVANT JC AU MILIEU DU VIIE SIÈCLE APRÈS JC

La domination perse

Victime de son développement et de sa position stratégique au carrefour de l'Afrique et de l'Asie, Oman attire plus d'un conquérant. Le fondateur de la dynastie perse achéménide, Cyrus le Grand, se saisit du pays en 536 av. J.-C. Il occupe tout d'abord Sohar et baptise Oman du nom de « Mazoon ». Les Arabes d'Oman se réfugient alors à l'intérieur du pays et sur la côte située au sud de Mascate. Au milieu du Ve siècle apr. J.-C., la tribu arabe des Azd, menée par Malik ibn-Fahm, arrive par le sud et s'installe dans la région de Sharqiyah, prenant Qalhat pour capitale. Puis elle s'empare de Sohar et expulse les Perses du pays en 640. La domination perse laisse néanmoins ses empreintes sur le territoire : elle influence considérablement l'art local et apporte un précieux savoir-faire en matière d'agriculture.

640

L'arrivée de l'Islam

L'impulsion est donnée par Amer Ibn al Aas, qui arrive à Oman en 630 apr. J.-C., porteur d'une lettre du Prophète destinée à Abed et Jaifar, les deux fils de Julanda bin al Mustakbir qui régnent ensemble sur le pays. Oman est ainsi l'une des premières nations de la péninsule à embrasser l'islam, et ce du vivant de Mahomet. À la mort de celui-ci en 632, suite au schisme entre sunnites et chiites, Oman est l'un des rares pays à emprunter la voie médiane du kharidjisme (mouvement dissident qui ne souhaitait rejoindre aucun des deux camps) et plus particulièrement sa branche la plus pacifique : l'ibadisme. Le premier imamat d'Oman naît de cette volonté de créer un État musulman pur et parfait. Le tout premier imam ibadite, Julanda bin Massoud, est élu à Nizwa en 751 apr. J.-C., mais trouve la mort dans un combat. Ce n'est qu'en 801 que Warith bin Kaab est élu à son tour. Durant cette période, le commerce prospère et l'économie connait un essor sans précédent, notamment sous l'influence d'Abu Ubaida bin Abdullah qui ouvre, en 750 apr. J.-C., la première route vers la Chine. Encens, cuivre, chevaux, dattes et épices circulent par les ports de la région de la Batinah et du Dhofar. Les marins arabes mettent en place une série de comptoirs qui s'étendent de l'actuelle Afrique du Sud jusqu'à l'Érythrée. C'est à cette époque que le port de Sohar connaît sa plus grande activité, en devenant un incontournable carrefour maritime où se ravitailler en eau et nourriture.

DE 971 AU XVIe SIÈCLE

La période des invasions puis de la domination Nabhânide

La prospérité de Sohar dure jusqu'en 971, année où les Perses envahissent la ville et la détruisent. La période qui suit est marquée par une succession d'invasions et de domination étrangère jusqu'à la suprématie de la dynastie omanaise des Nabhânides, au pouvoir de 1154 à 1570. Durant cette période, Oman s'établit comme une nation prospère, d'où des dhows partent en permanence du grand port de Sohar (reconstruit et de nouveau très actif) pour commercer avec les négociants voisins : une manne pour les marins ! À cette époque, Sohar est probablement l'une des villes les plus importantes du monde arabe…

A PARTIR DE 1507

La mainmise portugaise

Au début du XVIe siècle, après la découverte du Cap de Bonne-Espérance par Vasco de Gama et ses marins en route pour les Indes, les Portugais accostent à Oman. Dès 1507, ils occupent les ports et les sites stratégiques du pays. En 1514, Alfonso de Alburquerque (Gouverneur des Indes portugaises de 1509 à 1515, et aussi militaire et explorateur de renom) s'empare du détroit d'Ormuz pour en faire une base militaire. Mascate est plus difficile à prendre, car plusieurs nations (comme les Perses, les Turcs et d'autres Européens) convoitent cet emplacement stratégique. Les Portugais parviennent néanmoins à la soumettre en 1515 et s'assurent le contrôle d'une vaste partie des côtes omanaises, sans toutefois prendre possession de l'intérieur des terres où sévit une forte résistance nationale. Pendant cette occupation, ils fortifient tous les ports afin de se prémunir des rébellions internes et de la menace turque, dominante dans la région.

La libération du joug portugais

1624

Oman doit sa libération à l'imam de Rustaq, Nasser bin Murshid, qui marque le début de l'ère Yaruba en prenant le pouvoir en 1624. Celui-ci comprend que le pays doit s'unir pour chasser l'occupant et entreprend plusieurs voyages à travers le territoire pour fédérer les différentes populations sous son autorité unique. Il constitue une flotte puissante et libère le port de Sohar en 1643, ainsi que quelques villes côtières. Mascate et Mutrah résistent jusqu'après sa mort et sont finalement reprises en 1649 par son successeur, le Sultan bin Saif qui met un point final à 150 années d'occupation portugaise. Ce dernier, de la dynastie des Yaruba comme son prédécesseur, continue le travail d'unification du pays initié par Nasser bin Murshid.

Les années de prospérité sous la dynastie Ya'aruba

DE 1650 AU DÉBUT DU XVIIIE SIÈCLE

S'ensuit une période de prospérité et de développement outre-mer, vers l'Afrique (Mogadiscio, Mombassa, Zanzibar) et l'Inde, que favorisent la performance et la qualité de la flotte omanaise. Du statut de dominés, les Omanais passent à celui de colonisateurs, et établissent des comptoirs d'épices et d'esclaves de l'est de l'Afrique (Zanzibar surtout) jusqu'au Bahreïn et Pakistan. C'est au cours de cette même période que sont bâtis la plupart des forts, tels ceux de Nizwa, Jabrin, Rustaq et Al-Hazm.

L'occupation perse

DE 1737 À 1744

En 1718, la mort de Sultan bin Saif II, le sultan de l'époque, met cependant fin à cette ère de croissance. Avec le problème de la succession, des guerres civiles éclatent un peu partout dans le pays et les Perses réinvestissent une grande partie du territoire à partir de Sohar dès 1737. Ils l'occupent jusqu'en 1744, année de l'accession au pouvoir d'Ahmed bin Said dont la première action marquante consiste à chasser définitivement l'ennemi perse du sol omanais.

La dynastie des Bu Said

DE 1744 À 1806

Élu imam de Rustaq, Ahmed bin Said, ancien gouverneur de Sohar connu pour sa sagesse et sa valeur, redonne au territoire sa force et son unité, et s'élève au rang d'imam d'Oman en 1747. Il fonde la dynastie des Bu Said, actuellement toujours au pouvoir, établit sa capitale à Mascate qui devient une ville puissante, et règne jusqu'à sa mort en 1783, date à laquelle son fils le Sultan Bin Ahmad lui succède. En 1789 (1798 ?), Oman signe un traité de commerce et de navigation avec l'Angleterre, désireuse de contrôler cette partie du globe et notamment la route des Indes et d'y stopper toute initiative étrangère. Ce privilège fait plus d'un envieux et, en 1800, des pirates envahissent le nord du pays avec des wahhabites, membres d'une secte islamique d'Arabie centrale.

DE 1806 À 1856

Le règne prospère de Said Bin Sultan

C'est alors que se révèle une grande figure de l'histoire d'Oman, Said bin Sultan, fils de Said Badr bin Saif qui a trouvé la mort dans la bataille. Said bin Sultan met fin à l'invasion et prend le pouvoir en 1806. Son règne, qui dure jusqu'en 1856, est synonyme de croissance et d'expansion. Oman devient l'épicentre d'un vaste empire colonial qui s'étend de la Perse jusqu'à la côte est africaine et accorde une place toute particulière à l'île de Zanzibar qui devient la deuxième capitale d'Oman de 1831 à 1856. Carrefour commercial entre l'Afrique, l'Asie et le Golfe, Zanzibar booste l'économie omanaise grâce aux négoces de pierres précieuses et d'épices des Indes, soieries, porcelaines et laque de Chine, or et ivoire d'Afrique australe, verreries, armures, tissus, parfums, encens, chevaux et perles du Moyen-Orient, sans oublier un important trafic d'esclaves. De nombreux traités sont signés avec des nations étrangères, telles que le Japon et la Chine, et des ambassadeurs sont envoyés en visite officielle auprès des grandes puissances européennes et des États-Unis.

MI XIXe SIÈCLE

Le début du déclin et la mise en place du protectorat britannique

À la mort de Said bin Sultan, le pays est divisé entre ses deux fils : l'un se voit attribuer le royaume de Zanzibar, l'autre celui de Mascate-et-Oman. Ce partage inégal provoque l'intervention de la communauté internationale et se solde par l'accès à l'indépendance du sultanat de Zanzibar et la perte parallèle de ses possessions africaines pour Oman en 1861. L'abolition de l'esclavage provoque également un déclin économique qui est alourdi par d'autres facteurs négatifs comme l'ouverture du canal de Suez en 1860 et l'arrivée du bateau à vapeur en 1869 qui rend obsolète la flotte des voiliers omanais. En 1891, tout en conservant nominalement son indépendance, Oman est placé sous protectorat britannique, statut qui sera maintenu jusqu'en 1970.

XXe SIÈCLE

Isolement et dissensions internes

S'ensuit une période de recrudescence des conflits internes entre les deux principaux espaces du pays : Mascate et la zone côtière (appelée Mascate) et l'arrière-pays (appelé Oman). Ces dissensions entraînent un isolement de la nation par rapport au reste du monde. Lorsque le Sultan Taymur bin Faysal monte sur le trône en 1913, les chefs tribaux de l'intérieur lui imposent un nouvel imam, instaurant un double pouvoir dans le pays : Mascate et Nizwa. Cette situation ne prend fin qu'en 1956, sous le gouvernement du Sultan Saïd bin Timour (père de l'actuel sultan, au pouvoir de 1932 à 1970), qui profite de luttes successorales pour affirmer son contrôle et obtenir l'abdication de l'imam de Nizwa. En 1957, le Sultan, aidé des forces britanniques, empêche qu'un nouvel imam ne prenne le pouvoir à Nizwa. La révolte s'achève définitivement en 1959. Dès 1961 cependant, une nouvelle révolte éclate dans le pays, dans le Dhofar cette fois-ci, où des courants indépendantistes (Front Populaire de Libération), soutenus par des troupes du Yémen, entrent en rébellion. Cette situation chaotique dure jusqu'à l'accession au pouvoir de Sa Majesté le Sultan Qabous, en 1970.

Le renouveau

DE 1970 À 2020

En 1970, le Sultan Qaboos bin Said destitue son père dont il ne tolère plus le gouvernement isolationniste et despotique. Grâce à l'aide renouvelée des militaires anglais, il met fin à la guerre du Dhofar en 1976 et offre une unité, un drapeau et un nom à son pays : Mascate-et-Oman deviennent le Sultanat d'Oman. Le pays est désormais en marche vers le XXIe siècle. Le plus grand défi du Sultan consiste à faire revenir ses compatriotes au pays en leur offrant une bonne éducation et du travail, afin qu'ils contribuent ensemble au plein développement de la nouvelle nation, notamment grâce à la manne financière croissante procurée par le pétrole. C'est « la Renaissance ». Depuis lors, Oman embrasse les principes du libre-échange et de l'ouverture des marchés, tandis que l'État joue un rôle essentiel dans la planification des programmes de développement dans tous les domaines. Le secteur privé apporte une réelle contribution à l'économie tandis que le programme « d'omanisation » encourage les jeunes à acquérir, par la formation, les compétences qui devraient leur permettre d'accéder aux fonctions jusqu'ici détenues par les expatriés. Les femmes ne sont pas tenues en marge et participent activement à la vie politique et au développement économique du pays. Une même ouverture est pratiquée en politique étrangère, où le sultanat se distingue pour ses principes de non-intervention dans les affaires internes des autres pays, le respect des lois internationales et le renforcement des relations avec toutes les nations. Cette inscription dans la modernité ne se fait pas au détriment des patrimoines et traditions dont la préservation reste le ciment de l'identité nationale.

© VKILIKOV - SHUTTERSTOCK.COM

Le Sultan Qaboos bin Said.

Une politique de continuité

JAN-VIER 2020

Nommé au pouvoir en janvier 2020 à la mort du Sultan Qaboos, le nouveau Sultan Haïtham bin Tarif s'est engagé à suivre la lignée de son prédécesseur.

QABOOS LE FONDATEUR

MORT EN 2020, LE « GENTLEMAN » A DÉTENU TOUS LES POUVOIRS PENDANT 50 ANS

Une enfance dorée, une jeunesse comme une fenêtre sur le vaste monde, et toute une vie pour construire, physiquement et intellectuellement, un pays : Qaboos Ibn Saïd al-Saïd, emporté à 79 ans par un cancer, demeurera une figure atypique sur la scène politique régionale, celle d'un souverain bâtisseur doublé d'un visionnaire raffiné qui chercha toujours le juste accord entre les traditions et la modernité. Seul au pouvoir, il eut l'audace de prendre l'exact contre-pied de son père pour « inventer » l'Oman d'aujourd'hui. Un œil sur le détroit d'Ormuz vers l'Asie et l'autre sur l'entrée de la mer Rouge vers l'Afrique, une discrète nostalgie britannique et l'hospitalité faite à l'US Army, de grands amis perses et d'audacieux contacts israéliens, Qaboos aimait l'idée des passerelles et des médiations, comme la traduction altière d'une certaine conscience de soi, et finalement la seule voie élevée digne d'un vieux pays tout irrigué de grandeur par la mémoire encore vive d'un empire ultra-marin. Son successeur Haitham ben Tarek aura fort à faire pour marcher dans ses grandes traces.

L'enfance

Né en 1940 à Salalah, dans le grand sud tropical, il souffrira d'une enfance corsetée et castratrice, enfermé avec ses prescripteurs au palais, privé de loisirs simples par un géniteur aux vues rétrogrades. À l'extérieur, c'est la désolation sociale entretenue par un sultan rétif à l'éducation des masses, facteur à ses yeux d'insolents comportements. Lorsqu'à la sortie de l'adolescence, le jeune Qaboos est envoyé au Royaume-Uni, jusqu'à l'Académie militaire de Sandhurst, le choc est rude. Ce sera un tournant : des sixties britanniques, de ce vent de liberté et de nouveauté, il fera quelque chose. Mais en 1964 papa siffle la fin de la récréation et le claquemure sous bonne garde au Dhofar avec pour seules lectures des textes coraniques. Six ans à bien réfléchir, à écouter des cassettes de rock postées discrètement par des copains anglais, et en 1970, Qaboos « tue le père » symboliquement, et prend sa place à la tête d'un État en lambeaux.

À marche forcée

Devenu le huitième souverain d'une dynastie au pouvoir depuis 1749, il change le drapeau, la monnaie et en termine avec le « sultanat d'Oman et Mascate ». L'Oman nouveau est né, reste à le doter d'hôpitaux, d'écoles et de routes. Guerre froide oblige, le coin a ses marxistes et ses tentations révolutionnaires au Dhofar, qui seront éteintes avec l'aide des forces spéciales britanniques et de 3 000 soldats dépêchés par le chah d'Iran. Pas question de laisser les communistes contrôler l'entrée du golfe du pétrole. La capitale passe de Salalah à Mascate, et le sultan entame son demi-siècle de grands travaux.

La renaissance

Avec l'envolée des cours du pétrole, les revenus augmentent, facilitant la création des infrastructures de base. Cette modernisation contrôlée de très près par Qaboos lui-même passe par la paix sociale adossée à un État-providence parfaitement équilibré, redistributeur et rassurant. Petit à petit, les coopérants britanniques cèdent leurs postes administratifs aux élites locales enfin formées. Pour faciliter cette transition délicate et la mise à disposition de moyens publics importants, Oman tient également sa chance : l'ibadisme. Ni chiite ni sunnite, le sultanat doit une large part de son équilibre sur le chemin du progrès à une approche religieuse à la fois douce et savante. Son père interdisait les lunettes de soleil et les bains de mer, Qaboos construira des resorts de plage et un Opéra où l'on chante et l'on danse. Esthète cultivé, il investira des fonds publics dans le patrimoine, permettant aux visiteurs d'aujourd'hui de découvrir des fortins magnifiques. Nostalgique des lapins et des gazelles de son enfance, il sera le premier dirigeant arabe à créer un ministère de l'Écologie. Il refusera les gratte-ciel arrogants, allant jusqu'à imposer des normes de hauteur pour les bâtiments en construction. Il voudra l'éducation gratuite pour tous, et des femmes à tous les postes. Son grand rêve était de faire un beau pays, et c'est réussi.

Paternaliste et autoritaire, sûr de son bon goût, le « sultan à la rose », tout à la fois chef de l'État, du gouvernement, des armées et gouverneur de la Banque centrale, connaîtra encore la secousse des printemps arabes, quand en 2011 et 2012, la rue se fera bouillante. Une affaire réglée en mode fer et velours. À partir de 2014, sa maladie connue, Qaboos imaginera la suite, sous la forme d'un nom écrit dans une enveloppe à ouvrir après sa mort. Brièvement marié à une cousine en 1976, il fut d'abord, et uniquement, l'homme de son pays.

LE PAYS AUJOURD'HUI

Le pays arabe le plus oriental est également un des deux seuls sultanats de la planète, avec Brunei, à être un pays souverain. Monarchie indépendante de la taille de l'Italie stratégiquement située sur le détroit qui voit passer 40 % du pétrole mondial, Oman cultive son identité spécifique d'État médian. Avec bientôt 5 millions d'habitants à 75 % musulmans ibadites, une espérance de vie à 76 ans, avec aussi la plus grande zone franche du Moyen-Orient, un principal client émirien et un acheteur pétrolier d'abord chinois, c'est un territoire d'interface entre la péninsule arabique, l'Iran, l'Afrique de l'Est, la sphère indienne et l'Occident. Son PIB par habitant est supérieur à la moyenne européenne – devant la France et le Royaume-Uni, derrière la Belgique et l'Autriche. Pêche, dattes et noix de coco, tourisme plus récemment, alimentent une économie encore majoritairement assise sur les hydrocarbures, le gaz et surtout le pétrole.

Politique

Le sultan Haitham est le chef de l'État, son autorité suprême et le chef des armées. Il détient les pouvoirs législatif, exécutif et militaire, préside le Conseil des ministres, nomme ou révoque les membres du gouvernement et les juges suprêmes, promulgue les lois, ratifie les traités et accords internationaux, décide du budget de l'État et octroie l'amnistie pour les châtiments. Son action s'appuie sur le Conseil d'Oman. Celui-ci se compose de deux instances, les partis politiques n'existant pas : le Majilis al-Shura (Conseil consultatif) dont les membres sont élus tous les trois ans par les citoyens omanais ; le Majilis al Dawla (Conseil d'État) constitué de membres directement nommés par le Sultan. Le sultanat est divisé en onze gouvernorats, eux-mêmes subdivisés en districts ou wilayat dirigés par des walis.

L'Égypte et la Jordanie, l'Iran et Israël, la Grande-Bretagne et les États-Unis, l'Inde, la Chine et les Émirats, que d'amis différents ! Codifiée par le Sultan Qabous, la politique extérieure d'Oman est fondée sur l'équilibre, une forme de neutralité pluripolaire et des logiques commerciales enchâssées dans une grande histoire afro-indio-océanique. Liée à Washington par des accords militaires qu'illustre la présence d'une base discrète, Mascate est également gardienne d'une relation étroite avec Téhéran, du Shah aux mollahs, à rebours des autres pays du Golfe. On ne choisit pas ses voisins et la géographie commande : Oman au sud et l'Iran au nord contrôlent le détroit d'Ormuz. Observez une carte et vous comprendrez que le sultanat est au bord et non pas dedans, comme une fenêtre vers l'Afrique et l'Asie. Cette position de puissance modeste et pacificatrice donne des libertés, comme celle de recevoir fin 2018 le Premier ministre israélien Netanyahu. Ces choix n'empêchent pas le sultanat d'être parallèlement membre de la Ligue arabe et de l'Organisation de la coopération islamique depuis un demi-siècle.

Économie : les enjeux

Privatisation des entreprises publiques, « omanisation » des emplois, diversification sectorielle : la priorité est désormais d'inventer l'après-pétrole en travaillant l'industrie manufacturière, le tourisme, la logistique, les pêches et les mines.

La stratégie économique d'Oman est basée sur des plans quinquennaux qui fixent les objectifs de tous les secteurs gouvernementaux, avec une ferme volonté d'exploiter beaucoup mieux la position stratégique du territoire. Moteur de ces ambitions, la Zone économique spéciale de Duqm planifiée à terme sur 2 000 km² (avec déjà son aéroport, ses hôtels, son pôle logistique, sa raffinerie, ses entrepôts gigantesques, ses frigos à poisson) est comme un pied de nez à Dubaï, l'émirat des *free zones*, et présente l'avantage géopolitique d'être face au vaste océan hors du piège du Golfe, en eaux libres.

Cette politique de grand développement est d'autant plus nécessaire que l'ombre du chômage pointe à l'horizon (17 % selon l'Organisation Internationale du Travail), en particulier pour les jeunes actifs (50 %). Confronté au « printemps omanais » en 2011, le gouvernement a réagi en créant 50 000 emplois dans la fonction publique, principalement dans l'armée et la police, un vrai poids sur le budget. Le secteur public, qui affiche un taux d'omanisation élevé (84 % contre 13 % dans le secteur privé) n'est plus en mesure d'absorber les 45 000 jeunes qui arrivent sur le marché du travail tous les ans. Certains emplois (comme chauffeur de taxi, de bus, employé de relations publiques dans les entreprises privées) sont exclusivement réservés aux Omanais, exclusivité étendue en 2004 à la vente de prêt-à-porter, textiles et tissus, et à la fabrication de bateaux de pêche.

Plantations de dattiers.

Les énergies

Découvert dans les années 1920, le pétrole a véritablement commencé à être exploité à la fin des années 1960 avec de premières exportations commerciales en 1967. Une filière en large partie pilotée par Petroleum Development Oman, véritable « État dans l'État », détenu à 60 % par le gouvernement et à 40 % par des multinationales (Shell 34 %, Total 4 % et Partex 2 %). Les principaux gisements se trouvent dans la partie déserte du pays, à Yibal, Natih et Fahud. L'exploitation des hydrocarbures a largement contribué à faire atteindre son niveau de développement actuel au pays, considéré comme à revenus élevés par la Banque mondiale (PIB de 18 000 USD par habitant). Oman demeure néanmoins un « petit » pays en termes de production avec un maximum de 1 million de barils/j – au 26e rang mondial – vendus à 78 % à la Chine, et des réserves ténues. La société nationale des pétroles se place donc désormais sous l'ombrelle moins carbonée de Energy Development Oman, nouvelle entité de pilotage de toutes les énergies, renouvelables en priorité. De vastes projets se dessinent pour le solaire, tandis que le gaz, découvert en 1991, dans la région d'Al-Wusta, est transformé en GNL à Qalhat près de Sur pour être exporté principalement vers la Corée.

En matière de production d'eau et d'électricité, c'est Oman Power and Water Procurement qui pilote les projets. Concernant l'eau, une croissance moyenne de la demande de +7 % par an d'ici à 2025 est prévue, confirmant les projets de nouvelles usines de dessalement, Ghubrah III, Barka V, Wadi Dayqah, Batinah Nord, Dhofar et Masirah. Côté électricité, les projections de croissance de la demande sont à +5 % par an en moyenne d'ici 2025. Outre deux projets de centrales à gaz, OPWP conduit les projets de centrales solaires de Manah I et Manah II, dont la mise en service est prévue respectivement pour 2022 et 2023. Oman entend désormais se concentrer sur le développement des énergies renouvelables, appelées à constituer 16 % du mix électrique d'ici 2025.

Les minerais

Les Omanais exploitent depuis près de 5 000 ans des mines d'or, d'argent et surtout de cuivre dans la région nord de la Batinah. Le gouvernement attache une grande importance à ce secteur, et encourage le secteur privé omanais et les sociétés étrangères à investir dans ce domaine. De nouveaux relevés géologiques et géophysiques sont entrepris pour identifier les sites contenant du cuivre et de l'or, et des explorations sont constamment en cours.

Le sultanat exploite aussi le sel. La raffinerie de Qurayyat produit annuellement 3 000 tonnes de sel de table et 5 000 tonnes de sel industriel. Un taux de croissance annuelle de 5,6 % était attendu dans ce secteur jusqu'en 2020.

Agriculture et pêche

Autosuffisant à 40 %, le sultanat met l'accent sur le développement l'aquaculture, de l'élevage des volailles, des cultures hors sol. Oman est un pays importateur net de certaines denrées alimentaires de base comme les produits laitiers, le riz cuisiné et la viande, tandis que les fruits et légumes sont produits en quantité suffisante. Le pays cultive principalement des dattes et des bananes, ainsi que des citrons verts, du blé, du sorgho et certains légumes de saison comme les tomates ou les pommes de terre. La culture de dattes connaît un regain d'intérêt, représentant plus de 60 % des terres cultivables et 200 variétés recensées. Le secteur privé a été encouragé à investir dans les différentes industries de transformation de dattes et de produits issus des arbres. Autre produit exporté

: la noix de coco. Sur 6 847 tonnes de production annuelle, 1 700 tonnes sont exportées, le reste étant consommé localement. Les cocotiers couvrent 396 ha des terres cultivables du Dhofar. Une usine de production de lait de coco est à l'étude. Même si son rôle n'est plus aussi prestigieux qu'autrefois, l'encens est toujours apprécié à Oman et commercialisé dans le monde entier. L'oléo-gomme est recueillie sur quelque 8 000 arbres qui poussent à l'état sauvage dans le Dhofar. Le gouvernement prévoit d'en planter 40 000 autres. Le secteur de la pêche est également de nouveau en plein essor. Plus de 150 espèces de poissons et de crustacés ont été identifiées. Le thon, le mérou, le kingfish et les sardines sont les plus communément consommés localement ou exportés, ainsi que, dans une moindre mesure, les crevettes, les ailerons de requin ou les langoustes. La véritable renaissance de la pêche en tant qu'industrie locale remonte à 1978, au moment de la création du Fonds d'encouragement aux pêcheurs. Ce fonds est en fait une aide financière octroyée pour l'achat de petits bateaux de fibre de verre et de moteurs hors-bord, initiative qui a permis aux communautés de petits pêcheurs de retenter leur chance. Le gouvernement entend investir davantage et moderniser le secteur : des pêcheries ont été mises en place dans le Golfe d'Oman et dans la mer d'Arabie, la flotte s'est dotée de bateaux à moteur puissants pour la pêche à la sardine et au thon, et la pêche à la langouste connaît un essor intéressant dans l'île de Masirah et la région du Dhofar.

Place du tourisme

Fort de ses nombreux atouts, de la stabilité du pays (absence de tout incident terroriste) et riche de promesses, le tourisme fait partie des secteurs clés de la politique de diversification du pays. Les autorités sont conscientes de ce potentiel et se sont lancées dans des plans ambitieux de rénovation du patrimoine culturel et cultuel (forts, musées, mosquées…). Le plan Vision 2040 fait du Sultanat une plateforme régionale des voyages et du tourisme pour faire passer la part dans le PIB à 6 % dans les 20 ans à venir. Avec un objectif de croissance fixé à 7 % par an, le gouvernement encourage les capitaux étrangers directs et une plus grande participation du secteur privé. Le développement des infrastructures de transports, et notamment le nouvel aéroport international de Mascate, participe de l'attractivité du pays. La compagnie nationale Oman Air a d'ailleurs entrepris l'extension de sa flotte et du nombre de ses destinations pour être une ambassadrice efficace des objectifs touristiques les plus ambitieux.

Parallèlement, le gouvernement encourage le développement de plusieurs gros projets, notamment aux lisières nord et sud de Mascate (Al Mouj et Sifah), dans le Dhofar (marina d'Hawana, hôtels et résidences attenantes…), et dans des secteurs plus reculés comme Duqm. Sont aussi favorisés le développement des infrastructures hôtelières et l'implantation des grandes chaînes internationales : ouverture d'un W et d'un Kempinsky à Mascate, d'établissements des groupes hôteliers Anantara, Millennium, Crowne Plaza, Radisson, Accor etc., immense projet en cours par la chaîne Jumeirah au niveau de la baie de Bandar Jissah, etc. En plus des moyens mis en l'œuvre, le pays déploie des efforts particuliers pour mettre en place des équipes compétentes. Une Académie de Tourisme et d'Accueil d'Oman a été créée dans le but de former de jeunes Omanais aux métiers du tourisme ; la spécialité de guide touristique y est proposée. De plus, les étudiants de l'université Sultan Qaboos de Seeb reçoivent une formation théorique et pratique leur permettant de travailler dans les agences, hôtels ou sur le terrain.

© H1N1 - SHUTTERSTOCK.COM

Retour de pêche.

ARCHITECTURE

Situé à la pointe orientale de la péninsule arabique, le Sultanat d'Oman fait figure de havre de paix. En matière d'urbanisme, il est un exemple dans sa volonté de respecter l'environnement et de prendre en compte la question écologique dans ses projets d'aménagement. À l'image de Mascate, la capitale, ses villes sont aérées, et les bâtiments modernes s'inspirent de l'architecture orientale traditionnelle. La préservation et la rénovation du patrimoine national sont aussi l'un des grands chevaux de bataille du gouvernement du sultan Qaboos ibn Saïd (1940-2020). Même si les cités anciennes bénéficient d'infrastructures modernes, elles n'en conservent pas moins les richesses de leur passé et voient leurs monuments historiques entretenus et restaurés. Grâce à ces efforts, Oman peut se targuer de posséder un riche héritage culturel, à l'image de son architecture ancienne, dont les édifices sont encore présents sur l'ensemble du territoire.

Bâtiments défensifs anciens

Les bâtiments défensifs omanais ont subi l'influence des Portugais, qui occupèrent le territoire au XVIe siècle, et des Perses, ils sont surtout marqués d'un caractère arabe indéniable. La plupart des constructions datent du XVIIe siècle, période de l'unification. Certaines sont néanmoins très anciennes, datant de l'époque pré-islamique. Elles marquent la volonté d'un État fort et puissant et témoignent de la convoitise que le sultanat a exercée pendant des siècles. Conséquence des nombreuses guerres tribales, ces édifices jouaient un rôle protecteur. Leurs lignes étaient plutôt sobres et massives, mais la décoration intérieure pouvait être très élaborée pour l'époque, comme en témoignent la beauté des portes en bois sculpté ou celle de certains murs et plafonds de châteaux, en stuc ouvragé. Ces monuments, qui représentent l'une des principales curiosités du sultanat, font actuellement l'objet d'un vaste plan de rénovation et réhabilitation, dans le respect des techniques traditionnelles de construction et des matériaux locaux (adobe, calcaire, bois de palme…). Ils se répartissent en trois catégories : remparts, tours de guet, et forts et châteaux.

Les remparts ou *aswar* (*sur* au singulier) sont de deux sortes : les plus élaborés servaient à protéger et entourer des cités, oasis, forts et châteaux et se trouvaient constitués de hauts murs crénelés percés de portes en bois massives. D'autres enceintes, plus simples, étaient érigées autour d'une plaine, et destinées à abriter plusieurs familles, en cas d'attaque ennemie. Elles étaient en général entourées d'un fossé et parfois agrémentées d'un chemin de ronde pour les plus sophistiquées. Le plus beau *sur*, rénové pendant des années par l'Unesco et désormais ouvert à la visite, est celui de Bahla (p.203) (à proximité de la ville de Nizwa), qui s'étend sur 12 km de long.

Les tours de guet ou *burjs*, se trouvent en général sur des promontoires naturels, ce sont les sentinelles du sultanat. Toujours implantées en réseau avec un ensemble d'autres tours, forts et murailles, elles permettaient de surveiller les

Le château de Jabrin.

© LINGBEEK - ISTOCKPHOTO.COM

Fort Al Mirani à Mascate.

arrivées maritimes, protéger les routes commerciales, et garder les plans d'eau ou les plantations. Les toutes premières tours du sultanat furent également utilisées comme repères pour marquer les limites des différents territoires tribaux.

On compte enfin plus de cinq cents forts, *qa'lah*, et châteaux, *hisn*, dispersés dans tout le pays. Si les forts étaient exclusivement destinés à un usage défensif et militaire, les châteaux étaient eux dédiés à une utilisation résidentielle et administrative ; ces derniers n'en conservaient pas moins les caractéristiques de base d'une forteresse (murs épais, tours, créneaux, chemin de ronde, ouvertures minimales), même si leurs intérieurs étaient plus ornementés. Ils possédaient toujours un point d'eau, des greniers et des magasins de stockage de produits alimentaires, une mosquée ou un lieu de prières, des prisons, une école coranique agrémentée d'une bibliothèque, des chambres et des *majlis* : salle de réception. Les plus beaux forts et châteaux du sultanat sont ceux de Jalali et Mirani à Mascate, Nakl sur son piton rocheux. Al Rustaq à proximité, impressionne par son dédale d'escaliers et de souterrains. Celui de Nizwa est sans doute le mieux réhabilité et le plus intéressant pour le public. Son aspect témoigne de l'influence des forts portugais des XVIe et XVIIe siècles. De forme circulaire, ses portails sont en bois gravés et ses murs en adobe. Il abrite quelques secrets, comme des coffres-forts et des portes dérobées. Sa couleur ocre, caractéristique de la région, est due au *sarooj*, un matériau fait à partir de briques de terre cuite réduites en poudre pour former un mortier. À proximité immédiate, ne pas manquer l'impressionnante citadelle de Bhala et le château de Jabrin (p.208), aux superbes plafonds et murs ouvragés !

Architecture religieuse et civile

D'architecture simple et épurée, la mosquée comporte généralement un minaret : une longue et haute tour, sobre ou ornementée, d'où, cinq fois par jour, le muezzin appelle les croyants à la prière. Globalement, le sultanat compte assez peu de mosquées très anciennes. L'une des plus jolies est celle de Nizwa, attenante au fort, avec sa belle coupole décorée, bleue autrefois, désormais ocre-jaune, se détachant sur fond de panorama montagnard. La plus curieuse est celle de Jaalan Bani Bu Ali : la mosquée Jami al Hamoda, édifiée au XIe siècle et très bien restaurée. Très basse, celle-ci comporte quelque 50 dômes, supportés par un ensemble de piliers.

La grande variété géographique du sultanat a donné naissance à la riche diversité de ses formes architecturales. Comme le sultanat n'a pas été modernisé avant 1970, il conserve, bien plus que ses voisins, de nombreux exemples bien préservés d'architecture traditionnelle. Les différents types d'habitations du gouvernorat du Musandam sont là pour en témoigner. Cette région montagneuse a vu se développer deux styles de maisons, les *Baït Al Qefel* et les *Baït Al Arish*, qui sont ingénieusement conçues pour canaliser les courants d'air, et offrir ainsi aux habitants un système de refroidissement naturel, terriblement efficace contre les grandes chaleurs. Les secondes doivent leur nom à l'*arish,* la palme qui sert de matériaux de construction.

Dans le massif montagneux du Djebel Akhdar, un village ancestral a été construit au bord d'une falaise, et la couleur ocre de ses maisons se fond totalement dans la roche. Le village a récemment vu l'ouverture d'une maison d'hôte (https://thecliffguesthouse.wordpress.com), qui permet au voyageur de venir découvrir et vivre, le temps d'une nuit, les plaisirs de cette architecture vernaculaire.

La coupole et le majestueux lustre de la grande mosquée du Sultan Qaboos à Mascate.

Dans la région d'Ad Dakhiliyah, le village de Misfat Al Abryeen est également un bel exemple d'architecture en osmose avec l'environnement. À Al Hamra, le voyageur peut découvrir des maisons de boue et de briques de plus de quatre cents ans. Leur charpente est en bois de palmier tandis que la toiture utilise ses feuilles. Cette méthode de construction est toujours prisée dans les oasis. À l'inverse, sur les côtes, les murs pouvaient être faits de corail ou de calcaire.
Les demeures des riches marchands à Mascate montrent l'influence des échanges commerciaux sur l'architecture. Leurs portes ouvragées sont généralement faites en teck d'Inde, sur lequel les artisans locaux gravaient des écritures. La Bait Al Zubair (la maison d'Al Zubair) a été transformée en musée en 1998, où le visiteur aura le plaisir de découvrir une collection d'artefacts omanais. Les alentours du bâtiment recréent quant à eux un village traditionnel, avec son système d'irrigation : le falaj.

Le falaj, système d'irrigation ancestral

C'est l'une des particularités du sultanat. Ils s'étalent sur des centaines de kilomètres aux quatre coins du pays (sauf désert) y compris dans les abrupts secteurs montagneux. On compte 3 000 systèmes d'irrigation de ce type encore en activité à Oman ! La construction la plus ancienne encore en activité pourrait dater du cinquième siècle apr. J.-C., mais des découvertes archéologiques récentes prouveraient que les *aflaj* existaient en Oman jusqu'à 2 500 ans av. J.-C. selon l'Unesco ! L'ensemble du réseau de *aflaj* du sultanat figure sur la liste du patrimoine mondial. Une fois l'eau captée d'une source de la nappe phréatique à la sortie des massifs montagneux ou des *wadis* (vallée) ils l'acheminent en pente douce jusqu'aux villages et plantations, par des galeries souterraines ou de petits canaux. Le volume de l'eau reste régulier pendant toute l'année et permet à l'agriculture de prospérer et à la population d'habiter dans des zones austères. Le *bidar*, est nommé dans chaque hameau pour veiller au bon fonctionnement du réseau, ainsi qu'à une répartition équitable. Progrès aidant, la plupart des *aflaj* sont aujourd'hui réglés par des pompes automatiques.

Architecture islamique contemporaine et urbanisme durable

Le développement économique du Sultanat d'Oman débute en 1970, avec l'arrivée au pouvoir du sultan Qaboos ibn Said, reconnu comme un despote éclairé. Le pays s'enrichit comme ses voisins, mais dans une moindre mesure, grâce aux hydrocarbures. Le sultan a alors pour but de créer une communauté imaginaire pacifiée – tâche ardue, mais nécessaire dans un territoire encore marqué par des conflits claniques. Il ouvre le pays à la tolérance, y compris religieuse, et crée un État providence, système de santé et de retraite à l'appui. Les Omanais, hommes comme femmes, sont instruits, et ces dernières souvent plus que leurs homologues masculins.
Le sultan ouvre le pays au tourisme, mais avec beaucoup de règles : respect de l'architecture traditionnelle et pas de tourisme de masse. La préservation du patrimoine est une priorité.
Oman est un des fiefs de l'architecture islamique contemporaine. Ainsi, les formes des nouvelles mosquées, musées et autres lieux cultuels ou culturels s'inscrivent parfaitement dans le patrimoine architectural. Le pays compte un grand nombre de mosquées modernes, dont la plus impressionnante est la **Grande Mosquée du Sultan** (p.114)Qaboos, à Mascate. Son dessin élégant mêle aux arcs brisés traditionnels une ligne minimaliste. Ses magnifiques décorations ont été inspirées par celles de la ville de Samarkand (Ouzbékistan). Sa salle des prières, à la charpente en teck, abrite un chandelier de dix tonnes en cristal Swarovski ! Ce type d'architecture se retrouve également sur l'immense Opera House de Mascate.
D'autres architectes font perdurer les formes traditionnelles. **L'Anantara Al Jabal Al Akhdar Resort** (p.218), signé par le Franco-Marocain Lotfi Sidirahal de l'atelier POD est placé au sommet d'une montagne longtemps restée inaccessible, à 2 400 m d'altitude ; c'est le plus haut hôtel de luxe du Moyen-Orient ! On ne peut aujourd'hui s'y rendre qu'en 4x4 tant la pente est raide. Il a été récompensé du prix de « meilleur hôtel d'Afrique et d'Asie de l'Ouest ». Sa forme est inspirée des citadelles que l'on retrouve à travers tout le pays, et ses arcs brisés et autres moucharabiehs déclinent les formes de l'architecture islamique contemporaine. À l'intérieur comme à l'extérieur, l'hôtel s'inscrit aussi bien dans le paysage que le patrimoine local, avec le souci de ne dénaturer ni l'un ni l'autre. Il ne fera cependant certainement pas la joie des randonneurs.
Depuis environ une décennie, le pays est aussi à la pointe de projets de quartiers et villes durables. Si le projet de Blue City, une ville futuriste et autonome en énergie qui aurait dû s'étendre en 2020 le long de la côte au nord du pays, n'a finalement pas abouti, il a toutefois impulsé une tendance nationale. Ainsi le projet **Al Mouj** (p.155), une ville nouvelle et durable a vu le jour au nord de Mascate. Les *resorts* omanais doivent eux aussi présenter des qualités écologiques, et sont tous approuvés avant construction par le sultan lui-même. En témoigne la maison en sacs de terre au sud du sultanat. Son look d'igloo futuriste n'est pas sans évoquer les maisons de Tataouine. L'agence SSH avait pour but de convaincre les investisseurs qu'il s'agissait du mode de construction le plus durable et le plus susceptible de convenir à une clientèle fortunée.

BEAUX-ARTS

À la jonction de l'Orient et de l'Afrique, l'histoire d'Oman est tissée de légendes et de traditions ancestrales. Dans ce pays de contrastes blotti entre le désert et les côtes verdoyantes, les tonalités sont à la fois frappées par le soleil et rafraîchies par l'océan. Les touches de raffinement ornent chaque objet du quotidien, dans un cadre à l'architecture faite de lignes pures, respectueusement intégrée à l'environnement. Par tradition, vêtements, vaisselle, tapis attestent d'un sens aiguisé des belles choses. Dans ce pays majoritairement jeune, une volonté d'ouverture anime peintres et photographes, soutenus par diverses initiatives. La maison franco-omanaise propose des résidences d'artiste qui sont source d'un enrichissement réciproque. Du street art à Oman, impossible ? Détrompez-vous ! Vous n'êtes pas au bout de vos surprises dans cette région de sable et d'eau qui, outre un patrimoine exceptionnel, sait tirer parti des bienfaits de la modernité.

Premières occupations

Le sultanat ne compte pas moins de cinq sites inscrits au patrimoine mondial de l'Unesco. Parmi ceux-ci, le Fort de Bahla fut protégé dès 1987. Les sites archéologiques de Bat, Al-Khutm et Al-Ayn, offrent l'un des spectacles mêlant nature et histoire les plus somptueux du monde. La nécropole entourée d'une palmeraie, les tours et les vestiges d'habitats datent de 4 000-5 000 ans. Les peuples anciens d'Oman ont ainsi légué leur solution à la pression d'une population croissante et aux contacts avec d'autres civilisations. Hormis de rares méfaits dus au temps, au climat et à l'érosion, les sites sont dans l'ensemble en excellent état de conservation, et leur valeur culturelle ne fait que se renforcer avec le temps. La péninsule de Musandam recèle de célèbres sculptures et peintures rupestres, notamment à Tawi. D'origine préhistorique, les animaux incisés dans la pierre n'ont pas encore livré tous leurs secrets. Des objets de la préhistoire à nos jours ont été réunis dans les douze galeries du Musée National d'Oman. Depuis 2016, l'institution présente le patrimoine omanais à travers plus de 7 000 vestiges.

Sur la corniche de Mutrah, le **Musée de la Porte de Mascate** (p.122) retrace l'histoire du pays du néolithique à nos jours. Son architecture inspirée des portes de l'ancienne ville accueille une riche collection d'inscriptions gravées dans la roche, retrouvées lors de fouilles et dans des grottes de la région. Depuis 2007, le **Musée Bait Al Baranda** (p.121) (Mutrah), établi dans une splendide demeure du début du XIXe siècle,

Pétroglyphes.

DÉCOUVRIR

© KYLIE NICHOLSON - ISTOCKPHOTO.COM

Site archéologique de Bat.

retrace également l'histoire de Mascate, à travers des photographies anciennes et des objets issus des sites archéologiques des environs, entre autres trésors.

Émergence de la peinture

Il faut attendre la fin du XXe siècle pour que la peinture en tant que discipline artistique suscite l'intérêt. Une première association de promotion de l'art pictural naît sous l'impulsion du sultan, en 1993, The Omani Society for Fine Arts. En plus d'offrir une légitimité à cette pratique, l'organisation royale met du matériel à disposition et invite des artistes étrangers à enseigner à Oman. Des concours récompensent les plus talentueux. Bien que tous les styles soient admis, nature morte, paysages ou encore abstraction, la religion ainsi que le patrimoine national restent le premier centre d'intérêt des artistes. Rares sont cependant les peintres qui vivent de leur art, même si les mœurs évoluent lentement grâce à quelques initiatives privées.

Le **Place & People Museum** (p.124) sur la corniche à Mutrah, expose certains de ces artistes omanais. Ce modeste établissement allie tradition et modernité avec un savoir-faire des plus séduisants. Après avoir parcouru les pièces d'une résidence traditionnelle, jalonnées d'artefacts joyeusement mis en scène, le visiteur peut rejoindre une petite galerie d'art moderne aux accents minimalistes . Choc des cultures garanti. Depuis 2005, la **fondation Bait Al Zubair** (p.121) multiplie les projets de promotion de la culture et du patrimoine. Un pied dans le patrimoine exceptionnel d'Oman, un pied dans l'avenir, elle encourage la jeune génération à se familiariser avec les courants novateurs tout en protégeant son passé. Sur le site de la fondation, La Gallery Sarah rend hommage à Sarah White, bien connue dans le milieu artistique omanais pour ses contributions à la promotion des artistes locaux à l'international. Elle affiche son statut de première galerie d'art contemporain, la plus importante d'Oman.

Scène contemporaine

Inutile de chercher un musée d'art contemporain à Oman, il n'y en a pas. Toutefois plusieurs galeries d'art dynamiques pallient le manque en ouvrant l'art moderne omanais à l'étranger. L'incontournable galerie **Bait Muzna** (p.117), en face du musée Al Zubair, expose le travail des artistes omanais les plus réputés. Fondée par Sayyida Susan Al Said en 2000, la galerie défend l'art d'aujourd'hui tout en préservant l'essence de l'art arabe par le biais de commandes d'envergure aussi bien locales qu'internationales. Des expositions de grande qualité y sont organisées tout au long de l'année. La galerie fait aussi participer ses artistes à Art Paris-Abu-Dhabi, la plus importante foire internationale d'art moderne et contemporain du Moyen-Orient. Grèce à cela, une vingtaine d'artistes originaires d'Oman bénéficient actuellement d'une reconnaissance au-delà des frontières.

Hassan Meer et Anwar Sonya incarnent parfaitement ce phénomène. Hassan Meer, né en 1972 et fréquemment primé, expose dans le monde entier ses peintures, photographies et installations. Bien que son travail soit amplement ancré dans la culture omanaise, son traitement du sujet fait de cet artiste un symbole de la nouvelle étape que prend le pays sur la scène artistique mondiale.

Spiritualité et souvenirs d'enfance se combinent dans des œuvres raffinées, faites de superpositions en transparence, des peintures aux silhouettes tantôt fantomatiques tantôt naïves. Durant ses études universitaires, Hassan fonde le Circle Show dans le but d'encourager l'art expérimental dans le sultanat. L'association poursuit son travail de plateforme dédiée aux artistes émergents.

Fondateur de l'Omani Art Mouvement, pionnier du renouveau pictural omanais, Anwar Sonya s'est intéressé aux courants modernes dès les années 1990. Il dit s'inspirer de l'esprit mystique de Dhofar pour composer des œuvres entremelant calligraphie arabe et abstraction. Acclamé dans son pays, célébré dans de nombreuses manifestations internationales, Anwar Sonya est la preuve vivante que le sultanat sait apprécier les formes artistiques les plus novatrices.

Jamal Abdul Rahim, l'un des artistes fermement établis dans son pays, expose dans le monde entier. Peintre et graveur, il s'adonne également à la sculpture, et affirme qu'il ne fait qu'extraire toute la beauté déjà présente au cœur des blocs de pierre.

Enaam Ahmed a, quant à elle, le mérite d'être l'artiste féminine omanaise la plus célébrée. Son art prend sa source dans les civilisations disparues, et plus particulièrement les écritures anciennes et les récits qu'elles véhiculent.

L'art de la photographie

Fidèle à sa soif de modernisme, le pays accorde une place de choix à l'art photographique. Des concepts uniques sont proposés pour combiner photo artistique et culture locale. Comme en peinture, la terre d'origine constitue une source d'inspiration primordiale. Pour esquisser un panorama en quelques noms, Wadah Al Musafir, né en 1983 à Mascate, a suivi des études de cinéma avant d'enseigner et de développer sa carrière de photographe délibérément humaniste. Nadia Al Amri, Ahmed Al Shukaili et Ahmed Altoqi ont tous trois été récompensés pour leurs images en noir et blanc lors de la foire artistique de Bahrain. Ils partagent la même passion pour Oman et sa lumière changeante qui jette sur les paysages des reflets contrastés inégalables. Ils transmettent par leurs œuvres leur fascination pour la culture et la beauté naturelle de leur contrée d'origine.

Al Amri cherche à capturer avec son objectif le sens profond de ses modèles, des femmes posant dans des décors surréalistes. Altoqi raconte dans ses images un héritage millénaire, mais aussi la dignité d'un peuple au grand cœur. Une profonde sagesse émane de ses paysages et de ses portraits des gens du quotidien.

Du bois à l'eau

Le jeune sculpteur Hussein al Shaikh, né en 1993, entretient une relation puissante avec le bois. Curieux, il se perfectionne dans toutes les techniques artistiques à sa portée au cours de ses voyages. Sa préférence le ramène inévitablement au bois. Son œuvre « Feet », raconte l'histoire de ses ancêtres d'un côté du pied, et de ses contemporains de l'autre.

En ce qui concerne la sculpture publique, les Arches d'Oman de Giles Rayner forment deux défenses effilées en acier, entrelacées vers le sommet, l'eau jaillissant de jets piqués entre elles. La gracieuse fontaine de 12 mètres se découpe contre le ciel, devant la Royal Opera House et reflète les éléments d'architecture qui l'entourent. Autre jeu aquatique, Charybdis II de William Pye, laisse l'eau modeler l'espace. Commandé par une banque, le vortex s'élève d'un cylindre, puis un système de pompe sculpte directement l'eau bleutée translucide à des niveaux variables. Saisissant !

Essor du street art

Le désert a beau envahir la majeure partie du pays, il laisse place à la créativité omanaise. Dans les rues mais aussi lors d'une traversée des étendues désertiques, vous apercevrez çà et là d'occasionnels graffitis. Sur le pilier d'un pont bétonné, un visage forteresse, surmonté d'un drapeau, côtoie un dessin abstrait qui reprend ses couleurs en écho.

Dans la capitale, la peinture à la bombe autrefois perçue d'un mauvais œil a réussi à se faire accepter. Sa popularité ne cesse de s'affirmer, si bien que de timides fresques émergent d'un escalier ou d'un pont. Autant de preuves de l'évolution des mentalités. L'uniformité des rues de Mascate se trouve ainsi égayée par les inspirations multicolores des graffeurs.

Chef de file, Al Maskari utilisait à ses débuts toutes les bombes de peinture qui lui tombaient sous la main. Ses œuvres restaient le temps d'être photographiées puis partagées. Mais il rêvait de disposer de matériel approprié, d'un statut plus officiel.

Al Rashdi a déclenché malgré lui cette petite révolution en montant Paintgree, premier magasin dédié au street art d'Oman. Al rashdi était conscient que pour que l'art urbain ne soit plus perçu comme du vandalisme, les artistes avaient besoin de s'équiper. La population mal informée s'est opposée. Patiemment, Al Rashdi citait les métropoles et les musées du monde favorables au street art pour les convaincre du bien-fondé de sa démarche. Un beau jour, la Omani Society for Fine Arts passa commande de la première exposition légale de graffitis du pays. Cet événement marqua un tournant décisif dans l'acceptation de cette forme artistique.

Une nouvelle génération de graffeurs a depuis pris le relai. Muadh Al Busaidi et Muatassim Al Rawahi partagent leur amour de la calligraphie sur les murs de leur ville.

MUSIQUES ET SCÈNES

Destination auréolée d'une aura mystérieuse, Oman est un secret bien gardé jusque dans sa culture. Niché à un carrefour entre monde arabe, Afrique de l'Est, Perse, Inde et Balouchistan, ce petit pays entretient une richesse musicale plus grande que lui. On retrouve même des traces et influences datant de l'occupation portugaise. De ce grand melting pot, résulte une musique traditionnelle singulière et particulièrement reconnaissable, aux rythmes complexes et à l'énergie fantastique. Sans surprise, les musiques et les danses traditionnelles jouissent à Oman d'une popularité inoxydable. Elles sont toujours au cœur du quotidien et toute la population y prend part, hommes comme femmes, les plus jeunes comme les plus âgés. Une culture étonnante, trait d'union entre l'Inde et l'Afrique.

La musique traditionnelle

La musique et la danse traditionnelles vont de pair à Oman. On retrouve dans les rythmes et les pas, tout comme dans les instruments utilisés, les influences étrangères (Afrique, Inde, Portugal...). La cornemuse par exemple est entrée dans les mœurs. La chanson et la danse marquent les moments privilégiés de la vie : mariage, célébration de la mort du Prophète, rupture du jeûne... Elles accompagnaient autrefois le départ à la guerre et le retour victorieux. Chaque région possède ses propres danses et chansons. Ces dernières sont généralement très festives : instruments, paroles et pas se mélangent et il s'en dégage une énergie incroyable ! À travers elles, le peuple omanais parle et se révèle, permettant de pénétrer un peu dans son Histoire, caresser ses croyances et sa culture. Ce sont les textes, œuvres de poètes et de conteurs, qui permettent de classer les chants traditionnels par genre. Ainsi, on trouve les chants de guerre, qui évoquent les exploits et l'héroïsme des guerriers, les chants de mer (*midemah* et *shubani*), qui exaltent le courage des marins, des chants du désert, comme *'ayyâla* les chants de Bédouins ou encore des chants de célébrations religieuses tels que *malid*, *mauled*, *taumina*, *shabaniya*, *tahlula* et *ahmad al-kabir*.

Musiciens traditionnels à Ibri.

Dans la musique traditionnelle omanaise, la parole domine et les instruments suivent. Généralement, les percussions débutent. Assurant des rythmiques complexes et très ornementées – une signature de la musique omanaise – elles sont le plus souvent jouées par des tambours fabriqués en peau de chèvre, comme l'*alkassir* au son aigu, ou l'*alrahmani*, plus large et au son plus grave. Parfois, une polyrythmie est créée en croisant plusieurs rythmes de tambours et en superposant des battements de mains.

Les instruments à vent sont quant à eux fabriqués à partir de matériaux naturels. Le *buq* est un coquillage taillé produisant un son unique et bien spécial ; le *burghoum* est une corne d'oryx ou de cerf. Les musiciens omanais utilisent aussi volontiers le hautbois, appelé ici *mizmar*.

Enfin, parmi les instruments à cordes, il faut citer une sorte de lyre, *tambutah*, originaire d'Afrique. De toutes les tribus du pays, seuls les Bédouins d'Oman n'utilisent pas d'instruments.

Parmi les grands interprètes de la musique omanaise, Salim Rashid Suri, est un incontournable. Ce chanteur et joueur de oud du XXe siècle surnommé le « marin chantant » a parcouru dans sa jeunesse l'océan Indien et le golfe Arabo-Persique à bord de navires de commerce. Ce sont ces voyages qui l'on poussé à mélanger les souches du Sawt du nord du golfe Persique à des styles indiens, donnant naissance au *Sawt al-Khaleej* (« Voix du Golfe »), genre musical de premier plan qui l'a rendu légendaire. Autre illustre artiste omanais, Salah Al Zadjali demeure célèbre pour avoir mélangé la musique traditionnelle locale à l'étonnante musique swahilie du Zanzibar. Un nom de plus en plus répandu dans le monde arabe.

Afin de préserver et valoriser la richesse de la musique, a été créé en 1984 le Centre omanais pour la musique traditionnelle. Ce lieu, qui compile et archive tout ce qui est relatif à la musique folklorique du pays, a remporté en 2002 le prix de l'Unesco en récompense des efforts fournis dans la préservation du patrimoine national.

Événement majeur du pays se déroulant de mi-janvier à fin février, le Festival de Mascate est un incontournable pour se plonger dans le passé et les traditions omanaises. Au programme : artisanat local, danses folkloriques, théâtre, concerts… Une véritable vitrine du pays et de ses richesses.

Les musiques classique et savante

Si à Oman, la musique savante est parente de celle du monde arabe – elle est structurée selon les *maqams*, système d'organisation des échelles mélodiques présent du Maghreb à la Chine –, la musique classique entendue selon l'acception occidentale est bel et bien présente. En 1985, le sultan Qabus, grand amateur et connaisseur de la musique classique européenne entreprend la création de l'Orchestre symphonique royal d'Oman (ou ROSO), composé uniquement de musiciens omanais (hommes comme femmes). Depuis la création de l'opéra Royal de Mascate (Royal Opera House (p.118)), les concerts se multiplient, comme les invitations adressées aux grands noms du circuit mondial. Et ce fameux opéra, parlons-en. Quelque 142 ans après l'ouverture de l'opéra du Caire, le sultan offre à la grande musique cet écrin, inauguré fin 2011 par le Turandot véronais de Franco Zeffirelli, avec Placido Domingo à la baguette. L'auditorium principal est classieux et la programmation très variée avec opéras, ballets, orchestres symphoniques, spectacles et concerts d'artistes de la péninsule arabique. Un immanquable pour les mélomanes.

La musique populaire

La musique que l'on entend aujourd'hui sur la bande FM provient majoritairement de groupes étrangers, principalement indiens étant donné l'importance de la communauté indienne sur le territoire, ainsi que d'autres pays du Golfe et des pays occidentaux. La radio omanaise tente toutefois de diversifier ses programmes et propose tous les jours une plage horaire à thème (afro, techno, hispano...). Parmi les artistes contemporains omanais très populaires, citons Sham Maskari, nom de scène d'Hisham Maskari, rappeur et chanteur habitué aux sommets des charts locaux.

La danse

Le patrimoine de danses omanaises est riche. On y trouve notamment des danses martiales comme l'*aiyalah*, la *razhah* et la *lewah* où les danseurs jouent un rôle d'instrumentistes en créant des structures rythmiques à l'aide de leur corps. Autre grande tradition omanaise, *Al-Barah* est une danse guerrière pratiquée par les Bédouins des montagnes du Dhofar, dans le sud d'Oman. Exécutée au son des tambours et des chants dans un dialecte tribal local, Al-Barah se danse en demi-cercle de dix à trente hommes et femmes. Pendant que le cercle chante et applaudit, deux danseurs masculins exécutent des mouvements en tenant des *khanjars* (poignards). Une danse qui réclame énormément d'habileté et généralement exécutée lors des mariages ou fêtes religieuses. Un événement privilégié pour assister à des danses traditionnelles est le festival de la mousson de Salalah se tenant entre juillet et août, six semaines de fêtes comprenant beaucoup de danses, chants, théâtres…

LITTÉRATURE

Qui cherchera à entrer dans l'intimité des Omanais par le biais de leur littérature romanesque restera sans doute un peu sur sa faim, d'autant plus s'il ne maîtrise pas l'arabe littéraire. En effet, peu de textes, et encore moins de traductions, semblent filtrer au-delà des frontières - ce qui ne veut pas dire qu'ils n'existent pas. Pourtant, un brin d'optimisme verra dans le prestigieux Man Booker International décerné en 2019 à Jokha Alharti pour son roman *Celestial Bodies* une petite ouverture vers l'extérieur. En attendant qu'Oman révèle ses secrets et laisse voix à ses écrivains, d'aucuns pourront satisfaire leur curiosité avec les récits des voyageurs étrangers, voire se lancer dans l'étude du très mystérieux art du *maydān*, poésie spécifiquement omanaise qui trouve toute son envergure sur scène lors de joutes oratoires. Avec l'espoir que les portes s'ouvriront en même temps que les livres, la balade se révélera déjà fort belle.

Entre fiction et réalité

Sur le papier, le Sultanat d'Oman a tout pour servir de décor à la plus belle des intrigues, de riches paysages aux nuances chamarrés, des lieux dont les noms attisent l'imagination, et même une histoire qui se bigarre d'influences lointaines. Perse aux temps anciens, imprégné par l'Islam du vivant de Mahomet, partiellement soumis aux Portugais au XVIe siècle puis sous protectorat britannique à la fin du XIXe, le pays connaît en 1970 un coup d'État par lequel Qaboos ibn Saïd détrône son propre père. Il restera au pouvoir jusqu'à sa mort, survenue en janvier 2020, mettant fin à un règne d'une longueur pour le moins exceptionnelle. S'imagine alors tout ce qui évoque le Moyen-Orient, les secrètes intrigues des palais, les amours impossibles et la grâce des poésies déclamées à l'ombre des palmeraies. Pour autant, rares sont les histoires, réelles ou fantasmées, qui ont trouvé place entre les pages des livres, nul écrivain ne semble avoir eu pour l'instant la moindre possibilité de conquérir les lecteurs à l'international. Ainsi, à peine évoque-t-on la figure tutélaire de Khalil ibn Ahmad qui certes est né au Sud de l'Arabie – aujourd'hui territoire omanais – aux alentours de 718, mais a surtout passé sa vie en Irak, reniant à l'occasion l'ibadisme, troisième voie de l'islam embrassée depuis fort longtemps dans la contrée qui nous intéresse, pour suivre la voie du sunnisme. On lui doit néanmoins le premier dictionnaire d'arabe, surnommé *Livre source* (Kitab al-Ayn), l'énoncé du système diacritique (système de caractères accentuant les lettres d'un alphabet) et quelques poésies dont il serait bien difficile de trouver version française.

Le personnage de Sinbad aurait pris vie à Sohar.

Si les écrivains natifs paraissent rares, un mythe affirme par contre que Sohar, ville portuaire du Nord et ancienne capitale, aurait vu s'élancer à la conquête du monde un personnage de fiction, et de tradition orale, Sinbad le marin. Ses *Sept voyages* ont été incorporés aux *Contes des Mille et Une nuits* par l'initiative d'Antoine Galland, orientaliste et traducteur français du XVIIIe siècle qui aura sans doute ainsi voulu prolonger la triste vie de Shéhérazade. Celle-ci, craignant que le Sultan ne l'assassine au terme d'une unique nuit partagée, éloignait chaque soir la mort en maintenant par ses contes merveilleux un suspens auquel aucun homme, fût-il souverain et meurtrier, n'aurait pu résister. Ceci étant dit, d'autres villes se revendiquent de cette noble origine, mais la légende était trop belle pour n'être pas rapportée.

Si la voix des auteurs omanais ne trouve pas pour l'heure écho au-delà des frontières, au moins peut-on se fier à celles des voyageurs qui ont eu la chance d'explorer le pays et qu'il nous est toujours donné d'entendre. À priori le plus ancien de ces récits est celui d'Émile Allemann, officier de marine riche de l'enthousiasme de ses 28 ans, qui débarque à Oman en 1898. Son plaisir de découvrir de nouveaux paysages ne semble avoir d'égal que l'enchantement qu'il éprouve au contact des autochtones, sa prose dans son intégralité se découvre aux éditions Magellan & Cie. Dans la première moitié du XXe siècle, le Britannique Wilfred Thesiger (1910-2003), dont la légende rapporte qu'il est né dans une hutte éthiopienne, parcourt au gré de ses multiples voyages le désert saoudien dans tous les sens, nul doute qu'il s'est au moins accordé quelques embardées omanaises. Enfin, la galloise Jan Morris, née en 1926 et dont le style a été distingué par la Royal Society of Literature, s'est offert, entre autres périples inoubliables, une découverte intime du vaste territoire omanais aux côtés du souverain, un privilège qui se dévore sous le titre *Sultan à Oman* aux belles éditions Nevicata.

Les prémisses d'une ouverture au roman

Si la littérature du Sultanat d'Oman paraît inaccessible aux Occidentaux, c'est peut-être parce qu'elle répond à un certain secret jalousement gardé, comme semble le prouver le *maydān*, genre poétique que les Omanais revendiquent comme purement national, et qui prend toute son ampleur lors de performances appelées *fann*. À ce jour, les rares tentatives de documentation sur cette pratique débouchent sur une foultitude de questions, d'une part parce que les personnes interrogées semblent avoir chacune leur propre définition – de la métrique par exemple ou des règles des joutes, d'autre part parce que l'espace de représentation, le *maqām*, est formellement interdit à qui n'y est pas invité, enfin parce que l'usage de dialectes ne simplifie pas la transmission. Ceux qu'intéresse le sujet de cette longue et précieuse tradition orale pourront se référer au passionnant travail de Claude Audebert et Mohamed Bakhouch, *L'Énigme du Maydān : présentation d'un genre poétique omanais*, mis en ligne en 2015.

Le Sultanat d'Oman était le pays invité lors de l'édition 2019 du festival Livre Paris. À cette occasion, il a été malgré tout permis d'apprendre que la littérature omanaise était certes trop méconnue, mais que depuis l'intervention du Sultan Qaboos, dans les années 1980, ce patrimoine millénaire était enfin protégé, et que le pays comportait une quarantaine de maisons d'édition, notamment Baït Ahghasham dont le directeur affirmait avoir publié 600 livres en sept ans. Le Sultan Qaboos a malheureusement depuis perdu la vie le 10 janvier 2020, son cousin, Haïtham ben Tariq – ministre du Patrimoine et de la Culture – lui a succédé. Alors, évidemment, des livres à la littérature, il y a parfois un pas à franchir pour inclure dans la définition de celle-ci autre chose que les romans ou recueils de poèmes auxquels on pense instinctivement. Un coup d'œil sur les collections omanaises détenues par l'Institut du Monde Arabe ou par la Bibliothèque nationale de France confirme que celles-ci sont plutôt constituées de documents historiques ou d'éléments ayant trait à l'ibadisme. Pour autant, cette approche reste intéressante d'un point de vue documentaire. En français, les éditions L'Harmattan, notamment, proposent des essais éclairants. Nous pourrions ainsi citer *Sultanat d'Oman – Retour à l'histoire*, publié en 2000 sous la direction de deux fins connaisseurs de cette région du monde, Jean-Paul Charnay et Yves Thoraval, qui disserte sur l'histoire du pays, de l'antique Mascate à l'Oman contemporain. Plus récent, *La Femme omanaise sur le chemin de la parité*, ouvrage coordonné par Georges Sassine et paru en 2019, explique comment Qaboos, le Sultan moderniste, a axé sa vision progressive sur le rôle fondamental occupé par les femmes au sein de la société.

Une lueur d'espoir de l'apparition progressive du genre romanesque réside peut-être dans le prestigieux Man Booker International Price décerné en 2019 à Jokha Alharti, la première Omanaise à voir son œuvre traduite en anglais. Ce prix a récompensé son roman *Celestial Bodies* qui raconte le destin de trois sœurs habitant le village d'al-Awafi. Il a été vivement applaudi par Saif al-Rahbi, poète né en 1956 à Oman où il ne se réinstallera qu'après de longues années passées à l'étranger. Il est l'auteur du recueil *The Bells of Rapture* (1985) et fondateur du magazine culturel *Nizwa*.

TOP 10

LECTURE

Le lecteur français risque de rester sur sa faim, mais il pourra découvrir avec ses enfants deux contes se déroulant au Sultanat d'Oman, s'intéresser à l'histoire du pays, et surtout s'en mettre plein les yeux en dégustant un splendide livre de photographies et un superbe carnet de dessins !

ROMAN

Warda. En visite à ses parents expatriés à Mascate, le narrateur cherche la trace de deux anciens amis qui s'étaient engagés dans les années 60 dans la guérilla du Dhofar.
Sonallah Ibrahim, Éditions Actes Sud.

6-8 ANS

© ÉDITIONS ÉCOLE DES LOISIRS

Un Palmier à marier. Mansour aimerait bien goûter aux fruits du palmier, hélas, rien ne pousse.
Satomi Ichikawa, Éditions École des Loisirs.

RÉCIT DE VOYAGE

© ÉDITIONS MAGELLAN & CIE.

Oman, Heureux qui comme… C'est en 1898 qu'un jeune officier de marine de vingt-huit ans, Émile Allemann, accoste à Oman, il en ramènera des souvenirs éblouissants.
Émile Allemann, Éditions Magellan & Cie.

HISTOIRE

© ÉDITIONS L'HARMATTAN

Sultanat d'Oman : retour à l'histoire. Fort méconnue en France, l'histoire du sultanat est pourtant riche, focus par des auteurs qui connaissent très bien ce coin du monde.
Collectif, Éditions L'Harmattan.

11-13 ANS

© ÉDITIONS ÉCOLE DES LOISIRS

Le Secret de l'astrolabe. Pour comprendre pourquoi l'eau n'irrigue plus son village niché au pied de la Montagne Verte, le jeune Aqil devra résoudre les mystères de l'étrange cadran dont il a hérité.
Fabian Grégoire, Éditions École des Loisirs.

RÉCIT DE VOYAGE [BIS]

Sultan à Oman. En 1955, le journaliste Jan Morris, qui travaille alors pour le Times, est invité par le Sultan à l'accompagner dans son expédition jusqu'aux confins du royaume…
Jan Morris, Éditions Nevicata.

BEAU LIVRE

Oman. Le Sultanat d'Oman offre nombre de paysages plus chatoyants les uns que les autres, des palmeraies au désert, de la côte aux espaces urbains.
Collectif, Éditions Place des Victoires.

ESSAI

© ÉDITIONS L'HARMATTAN

La Femme omanaise sur le chemin de la parité. Aujourd'hui les femmes à Oman peuvent être élues et siéger au gouvernement. Entre tradition et modernité, quelle place occuperont-elles demain ?
Collectif, Éditions L'Harmattan.

POÉSIE

© L'ESCAMPETTE ÉDITIONS

Journal d'Oman. L'Angevine fait souffler sur les poèmes qu'elle a écrits de 2009 à 2017, au gré de ses voyages, l'esprit de Saint-John Perse.
Malika Berak, L'Escampette éditions.

CARNET DE VOYAGE

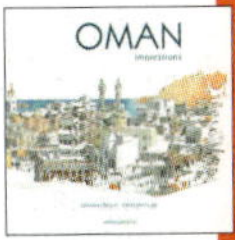

© ÉDITIONS MAGELLAN & CIE.

Oman, impressions. La dessinatrice a bénéficié d'une résidence artistique de cinq semaines à Mascate, elle a ramené dans ses bagages des dessins émerveillés et lumineux.
Géraldine Garçon, Éditions Magellan & Cie.

À L'ÉCRAN

Évoquer les relations d'Oman avec le cinéma n'est pas chose aisée. Ce pays magnifique de la péninsule d'Arabie reste encore assez méconnu tant des voyageurs que du monde du 7e art. Avec un seul film omanais réalisé à ce jour (*Al Boom*, sorti en 2007) et très peu de productions internationales venant sur le territoire omanais pour les besoins de leur tournage (*Personal Shopper* de Olivier Assayas, pour en citer un), il est plutôt clair que le pays peine à se faire une place sous les projecteurs. C'est surtout à travers le documentaire qu'Oman existe dans le cœur des cinéphiles, avec des œuvres comme *L'heure de la libération a sonné* de Heiny Srour (qui gagne une sélection au festival de Cannes en 1974) ou encore *Mars, Oman* de Vanessa Del Campo Gatell. Notons cependant qu'Oman crée en 2000 le Muscat International Film Festival (MIFF) se deroulant dans la capitale, Mascate, ainsi que la semaine du cinéma.

Le 7e art omanais

À l'affiche, deux types de productions s'affrontent : Bollywood contre Hollywood. Au milieu, quelques productions anglaises. La production cinématographique 100 % omanaise est quasi inexistante, avec un seul film à ce jour, sorti en 2007, *Al Boom*. Cette œuvre réalisée par le cinéaste omanais Khalid Abdulrahim Al-Zadjali évoque les défis d'une communauté de pêcheurs. En 2008, *Pirate's Blood*, une coproduction entre l'Amérique, l'Inde et Oman, voit le jour. En 2015, une vingtaine d'étudiants omanais réalisent le documentaire *The Aquanauts Oman*, présenté pour la première fois à la Société du film d'Oman. La même année, le réalisateur français Olivier Assayas passe par Oman (notamment dans les villes de Mascate, Nizwa et Bahla) pour les besoins de son film *Personal Shopper* (avec Kristen Stewart). Le succès du film attire les cinéphiles dans cette région du Moyen-Orient et stimule peu à peu les efforts du pays à se faire une place dans la liste des lieux de tournages internationaux. Si le 7e art omanais est difficile à mettre en lumière, au petit écran cependant, plusieurs films et feuilletons télévisés remportent des concours organisés par les pays du Golfe. La télévision omanaise reçoit la médaille d'Or du festival de radio et télévision du Golfe pour son téléfilm, *La Nature d'Oman* ; en tête d'affiche, deux stars nationales, Saleh Za'al et Farkhriya Khamis. Depuis 2000, une année sur deux, entre janvier et mars, se déroulent en alternance la Semaine du Cinéma et le Muscat International Film Festival (MIFF).

© EMILY_M_WILSON - ISTOCKPHOTO.COM

La ville de Mascate a servi de décor au film «Personal Shopper» d'Olivier Assayas.

Oman à travers le documentaire

Malgré une percée difficile dans le monde du cinéma, Oman est le sujet de nombreux documentaires. À commencer par *L'heure de la libération a sonné* (*Saat al tah'rir dakkat, barra ya isti'mar*) de la cinéaste libanaise Heiny Srour, première femme arabe réalisant un film. *L'heure de la libération a sonné* (sorti en 1974) traite du soulèvement du peuple omanais en 1965, suite à un coup d'État des services secrets anglais pour remplacer le sultan de l'époque Saïd ibn Taimour par son fils Qaboos. Véritable chef-d'œuvre de révolution, le documentaire est d'ailleurs sélectionné au festival de Cannes de 1974. En 2004, le documentaire *Oman, un sultanat de contrastes* de Lionel Tardif, traite de la période Qaboos, véritablement empreinte de modernité. Plus récemment ce sont faits remarquer les documentaires *La Garde du Sultan* (2012) de Julie Clavier, *Oman : De Sable et d'Écume* (2014) d'Alexandre Mostras, *Operation Oman* (2014) de Tristan Ofield, *Oman, le trésor de Mudhmar* (2018) de Cédric Robion ainsi que *Mars, Oman* (2019) de Vanesssa Del Campo Gatell.

POPULATION

Le Sultanat d'Oman est peuplé d'une mosaïque humaine aux origines diverses, témoignant des échanges qui se sont produits dans la région pendant des siècles et du flux des migrations anciennes et plus récentes. Contrairement aux autres pays de la péninsule arabique où les nationaux sont largement minoritaires, les Omanais forment le gros des troupes, soit 55 % des 4,7 millions d'habitants estimés fin 2019. Les résidents étrangers sont majoritairement Indiens, Bengalis et Pakistanais et en proportions plus réduites, Iraniens, Philippins et Européens – des Anglais principalement. La structure par âge révèle un peuple jeune où les moins de 14 ans représentent 30 % et les plus de 65 ans un peu moins de 4 %, avec un âge médian de 26 ans. La moyenne de la natalité est de 2,76 enfants par femme et l'espérance de vie de 76 ans. La densité est faible avec seulement 15 habitants au km², pour une population urbanisée à 86 %.

Un important pourcentage d'étrangers

L'important pourcentage d'expatriés s'explique par des faits historiques et économiques. La majorité de la main-d'œuvre étrangère est en effet venue à Oman à partir des années 1970, lors de l'accession au pouvoir du sultan Qaboos, attirée par les opportunités offertes par les nombreux chantiers. Ces immigrés n'ont pas les mêmes droits que les citoyens omanais. Ils dépendent de ce qu'on appelle un sponsor, à savoir l'employeur local. Ils ne peuvent pas devenir propriétaires (logement ou terrain) ni bénéficier d'un accès gracieux à l'éducation ou même aux soins de santé. La majorité de cette main-d'œuvre étrangère vient du sous-continent indien et se compose principalement de célibataires acceptant les emplois que les Omanais refusent. La proportion Omanais-expatriés, appelée à progressivement évoluer au fil du processus d'omanisation, reste assez homogène dans toutes les régions, excepté celle de Mascate qui concentre 46 % des non-nationaux et celle de Al-Dakhiliyah où vivent seulement 5,42 % des expatriés. La répartition par sexe est modérément équilibrée si l'on ne considère que les nationaux, puisqu'il y a 123 Omanais pour 100 Omanaises.

L'empire de la diversité

Au-delà des Arabes originels, la composition ethnique de la population omanaise reflète les mouvements migratoires entre Oman, l'Afrique orientale et l'Asie (en particulier le sous-continent indien) depuis trois siècles, et est le résultat des flux commerciaux entre ces régions du monde. Miroir de cette richesse, Mascate la diverse accueille à elle seule 35% de la population.

Dans le souk de Nizwa.

▶ **Les Omanais d'Afrique** sont les descendants des colons de la côte swahilie du début du XVIIIe siècle, qui pendant plus de 250 ans ont contrôlé l'archipel de Zanzibar, tenant la dragée haute aux Portugais. Une aventure marine achevée dans le sang lors de la révolution marxiste anti-omanaise de 1964. Beaucoup migrèrent alors vers les Grands lacs d'Afrique de l'Est. Malgré la diversité de leurs origines, on les appelle les Swahilis ou Zanzibaris : quelques-uns ont conservé le français de leur Burundi quitté dans les années 90, certains sont revenus avec leur petit personnel, les ancêtres des Omanais noirs que l'on croisera aujourd'hui autour de Salalah.

▶ **Les Lawatis**, aussi appelés Khojas, sont actifs dans l'économie omanaise dès le début du XVIIIe siècle. Si le doute persiste quant à leur origine exacte (Inde du Nord-Ouest, Sind pakistanais), leur foyer est quasi exclusivement lié au souk de Mutrah, à la lisière duquel les Lawatis se sont installés dès leur arrivée à Oman et dont ils n'ont pas bougé pendant des siècles. Véritable forteresse à l'intérieur de la ville, ce quartier de Mascate était entouré de murs et protégé de tours, et l'entrée en était en principe interdite aux étrangers surtout aux non-musulmans. Cet isolement permit à ces chiites ex-ismaéliens devenus duodécimains de ne pas se mélanger avec les autres et de conserver leur religion, leur propre culture et leur langue indo-aryenne, le khojki. De nos jours, un mur sépare toujours l'espace résidentiel des Lawatis de celui du souk, mais le quartier est plus facilement accessible même si l'entrée, d'ailleurs placardée d'un panneau interdit, se limite toujours à une seule porte. Peuple marchand qui compterait plus de 80 000 représentants dans la région du Golfe, ils développèrent activement le commerce entre Oman, l'Afrique et l'Inde et s'enrichirent de cette façon comme en témoignent les balcons ouvragés et les façades des maisons traditionnelles que l'on peut observer au niveau de la corniche de Mutrah. Éduqués, ils sont de catégorie socioprofessionnelle élevée, occupent souvent des postes clefs dans l'économie locale et s'honorent d'avoir offert au service diplomatique, en 1999, la première femme ambassadeur d'Oman. En majorité originaires du Gujarat, les Hindous (5,5% de la population) sont présents au sultanat depuis plus de cinq siècles et historiquement implantés dans le quartier d'al-Banyan. Certaines familles, les plus puissantes et les plus anciennes à l'image des Khimji, ont obtenu la nationalité omanaise. Les autres, bien qu'étant nées à Oman, sont confrontées aux mêmes problèmes que les nouveaux immigrés. Comme si les vents de la mousson et les souvenirs des grandes cargaisons d'épices avaient fondé une relation particulière, Oman assume cette « part indienne » dans sa cuisine, ses étoffes et sa chronique dynastique, puisque le sultan Taimur, grand-père de Qaboos, est enterré à Bombay, et que Saïd, paternel du père de la nation, fit ses études au Rajasthan. Venus du comptoir omanais de Gwadar revendu au Pakistan en 1958 pour trois petits millions de dollars, les Baloutches se sont principalement installés dans la région de la Batinah. Peuple iranien sunnite hanafite parlant une langue indo-européenne, ils sont venus chercher fortune auprès de l'ancienne puissance coloniale. Leur degré d'intégration à la population omanaise dépend de l'ancienneté de leur arrivée sur le territoire et de leur réussite. Lors de son accession au pouvoir, le sultan Qaboos leur a offert la nationalité omanaise.

L'arabe

La langue officielle est l'arabe, quoique l'anglais soit énormément utilisé dans le monde des affaires, de l'éducation ainsi que dans la vie courante. Plus on s'éloigne des grandes villes où se concentre la majorité des étrangers, moins on parle anglais. L'arabe est une langue sémitique qui s'écrit et se lit de droite à gauche. L'alphabet comprend 29 lettres. Selon leur place dans le mot, ces lettres peuvent prendre des formes plus ou moins différentes. L'écriture des mots en arabe se forme à partir d'une racine composée exclusivement de consonnes, les voyelles étant retranscrites par des signes ou accents sur les consonnes. Il est important de faire la différence entre l'arabe classique et l'arabe dialectal. L'arabe classique est l'arabe écrit, celui des poètes de l'Arabie centrale du VIe siècle et du Coran qui en est la référence puisqu'à l'origine de sa codification et de sa diffusion. Tout Arabe lettré comprend cet arabe, appelé aussi arabe littéral. L'arabe dialectal est l'arabe parlé et diffère selon les régions. Au sultanat par exemple, on pratique le dialectal *omani hadari* dans les monts Hajar et le *harsusi* dans le désert caillouteux du Jiddat al-Harasis.

Comme ses voisins du Golfe, le Sultanat d'Oman a connu, en à peine plus de 40 ans, un développement équivalent à plusieurs siècles. En unifiant les différentes tribus de son pays, le sultan Qaboos a conféré une nouvelle identité à son peuple, permettant à ce dernier de se reconnaître dans une seule et même nation, et dans un patrimoine et un passé commun. Si les évolutions se font dans un climat tempéré sous contrôle du gouvernement et de la religion, il faut toutefois du temps pour qu'un ajustement s'opère entre cette mutation-éclair et les schémas de pensée traditionnels dominants, notamment dans les zones plus rurales. Cette émancipation est gérée par le gouvernement qui fait office de garde-fou et sert d'État providence en pourvoyant santé, éducation, emploi, eau, accès routier. Les inégalités sont néanmoins importantes entre les Omanais et l'énorme masse de travailleurs étrangers vivant au sultanat.

L'éducation : un axe de développement prioritaire

Le gouvernement omanais désire fortement voir ses ressortissants jouer un rôle de premier plan dans tous les secteurs de l'emploi. À cet effet, l'éducation et la formation sont des domaines prioritaires et ont été une pierre angulaire de chacun des plans quinquennaux de développement mis en place par l'État. En témoignent notamment les programmes contre l'analphabétisme des adultes qui ont été initiés à l'attention des populations nomades vivant dans des zones reculées.
Quelque 98 % des plus de 15 ans sont alphabétisés, avec un différentiel de 5 en faveur des hommes. De façon générale, l'éducation, gratuite pour les Omanais jusqu'à la fin de l'enseignement secondaire, mobilise près de 7 % du PIB – top 20 mondial – et de nombreuses bourses sont octroyées pour les étudiants de niveau Master et PhD. Si l'on ne comptait que 3 écoles dans tout le sultanat en 1970, aujourd'hui 1 800 établissements publics et privés – dont 44 ont un statut international – accueillent plus de 800 000 élèves et étudiants. L'université Sultan Qaboos est d'ailleurs l'une des plus importantes institutions universitaires des pays du monde arabe. Et cette dernière n'a jamais offert une gamme aussi large de diplômes d'études secondaires qu'actuellement ! La recherche scientifique est aussi d'une importance cruciale dans les plans de développement de l'université Sultan Qaboos, dont l'objectif est d'améliorer la qualité de l'enseignement offert tout en renforçant sa contribution aux sciences et à la connaissance humaine.

Place de la femme

Le statut élevé des femmes omanaises se reflète dans la priorité qui leur est accordée au sein des plans de développement du pays. Selon le dernier recensement, 49 % de la population du sultanat sont des femmes, qui bénéficient des mêmes chances à l'éducation que les garçons. Juridiquement, elles possèdent aussi les mêmes droits à l'emploi et la société leur reconnaît un rôle actif. La population féminine a été invitée à apporter sa contribution au développement du pays lors de l'ouverture du second mandat du Conseil de consultation (a'Shura Majlis) : « Nous appelons les femmes omanaises partout, dans les villages et les villes, en milieu urbain et communautés bédouines, dans les collines et montagnes, à retrousser leurs manches et à contribuer au processus de développement économique et social ». Dès 1997, les femmes ont acquis le droit de vote et ont pu participer à la vie politique – nomination à l'Assemblée notamment. Ce souci d'égalité incite à la modernité et à l'ouverture du pays : le nombre croissant de femmes à des postes importants est significatif. Les ministères des Affaires sociales et du Travail ont apporté leur soutien à la création de l'Association des femmes omanaises, en collaboration avec l'Unicef.

Promenade familiale dans les rues de Mascate.

© BARTCO - ISTOCKPHOTO.COM

Omanais au marché de Nizwa.

Les femmes omanaises sont néanmoins encore l'objet d'une certaine forme de discrimination, surtout au sein des familles traditionnelles des zones non urbaines. En dehors de Mascate ou des grandes villes où les styles de vie sont plus « modernes », peu de femmes peuvent sortir seules avant comme après le mariage, peu font les courses ou conduisent les enfants à l'école (ce sont les hommes qui s'en chargent), la plupart sont couvertes de la tête aux pieds et certaines portent même la burqa (masque facial).

Mariage

Les mariages entre personnes de religions différentes ne sont pas acceptés dans le sultanat, et un Indien qui souhaiterait par exemple épouser une locale devrait au préalable se convertir à l'islam. Néanmoins, les hommes et les femmes sont autorisés à choisir leurs partenaires. Avant l'hymen, et afin de déterminer la crédibilité de la jeune femme, le jeune homme se concerte avec un parent proche. Puis, pour officialiser l'union, le fiancé en demande la permission à la famille de la jeune fille. Si les parents sont consentants, une rencontre est organisée au cours de laquelle la jeune fille prépare un repas aux membres de la famille de son futur mari. Si la fille est jugée appropriée, des négociations ont lieu pour décider du montant de la dot (*mahr*) que le jeune homme va payer. Ce prix est basé sur la beauté de la jeune fille, son ascendance et sa virginité. Les hommes qui choisissent une épouse dont la famille possède un statut plus élevé que le leur doivent payer un prix plus fort. Après avoir convenu du montant de la dot, le marié et le père de la mariée signent un contrat auprès d'un juge omanais. La mariée n'est pas présente à cette procédure. Pendant les jours consacrés à la célébration, la famille du marié se regroupe et festoie pendant une durée qui peut aller jusqu'à 72 heures, la famille de la mariée fait la même chose de son côté, mais un peu moins longtemps, et la mariée elle-même demeure dans une chambre à part, avec les enfants. Le dernier jour des noces, les hommes de la famille du marié se rendent à la maison de la famille de la mariée. Ils patientent pendant que la mariée se pare de ses plus beaux vêtements et bijoux. La mariée est ensuite menée hors de la chambre par les femmes de la famille de son futur époux. Durant la cérémonie, les partis sont de nouveau séparés, et le marié est notamment déshabillé et rasé de près, puis revêtu de ses plus beaux atours, dont une ceinture verte, censée apporter la bonne fortune. Après la cérémonie traditionnelle, les deux époux se retirent dans la chambre nuptiale. Cette lune de miel peut durer une semaine.

Inégalités entre Omanais et étrangers

Depuis 1988, l'omanisation consiste à remplacer les expatriés par un personnel qualifié omanais. Ce programme a permis, dès le début du XXIe siècle, de dépasser l'objectif de 72 % d'Omanais dans les services gouvernementaux et 86 % dans la plupart des ministères. Mais l'omanisation concerne également au moins six domaines du secteur privé. Depuis avril 1998, une « carte verte » est décernée aux entreprises qui atteignent leurs objectifs d'omanisation et se conforment aux critères d'admissibilité du ministère du Travail. Les noms de ces entreprises sont publiés dans la presse locale et les compagnies reçoivent un traitement préférentiel dans leurs relations avec le ministère.

RELIGIONS

L'islam étant la religion d'État, 100 % des Omanais sont musulmans. Historiquement parlant, le pays est l'un des tout premiers du monde arabe à avoir embrassé l'islam et l'un des rares à l'avoir fait du vivant de Mahomet, en 630 apr. J.-C. Contrairement aux pays voisins, c'est là l'une des grandes particularités du pays, les Omanais sont majoritairement d'obédience ibadite – ce courant minoritaire pacifique et tolérant présent quasi uniquement au sultanat. Si la charia est la base de toute législation, les autres communautés sont libres de pratiquer la religion de leur choix et disposent même de lieux de culte. Le pays est d'ailleurs doté d'un ministère des Affaires religieuses qui englobe à la fois l'islam et les autres religions, dont les plus représentés sont l'hindouisme (environ 5,5 %) et le christianisme (environ 6,5 %). Une partie de la population est aussi d'obédience sunnite (20 %) et, dans une moindre mesure, chiite (5 %).

L'islam omanais

L'État est responsable de l'enseignement du Coran. Oman compte plus de 400 écoles coraniques dans lesquelles garçons et filles sont initiés à la religion et à ses écritures. Il existe des centres de vacances où l'on enseigne le Coran, et le Diwan de la cour royale organise un concours annuel de mémorisation du Coran. Conformément à ce qui est prêché par l'islam, il est extrêmement rare de trouver du porc à Oman, sinon à un prix exorbitant. En ce qui concerne l'alcool, seuls certains bars ou grands hôtels ayant une licence peuvent en servir. Les particuliers non-musulmans doivent aussi disposer d'une licence pour être en mesure de s'approvisionner dans des boutiques spécialisées.

Les grandes lignes de l'islam

Est musulman celui qui se soumet à Allah et adhère aux dogmes de la religion musulmane. On naît musulman. Allah est donc le Dieu des musulmans et Mahomet est son prophète. Mahomet est né en 571 à La Mecque, d'une famille plutôt pauvre. À la mort de ses parents, il fut confié à son grand-père, puis à son oncle, un riche commerçant qui le forma tout au long de ses voyages. Il se maria à l'âge de 25 ans avec Khadidja. Ils eurent quatre filles et adoptèrent un fils : Ali, le fils de son oncle. C'est en 610 que Mahomet eut sa première vision et entendit des voix. Cette voix était celle de Dieu qui s'exprimait à travers l'ange Gabriel et qui ne le quitta pas jusqu'à sa mort. Ce sont les paroles de Dieu transmises par l'ange Gabriel qui forment le Coran. Après la mort de sa femme en 619, Mahomet connut quelques tribulations et, en 622, décida de quitter La Mecque pour Médine. Cette fuite vers Médine correspond au début de l'Hégire, la date fondatrice de l'ère musulmane. Au fil des ans, Mahomet prit l'envergure d'un chef d'État. Dieu continua à lui parler et les nouvelles révélations concernèrent l'organisation d'un État de droit, les droits et devoirs de citoyens, etc. Mahomet mourut en 632, sans avoir laissé de testament légitimant sa succession, ce qui donna lieu à des discordes au sein de l'islam et aboutit à la séparation de la communauté en deux branches, les sunnites et les chiites, desquels émergeront les kharidjites. Si les bases de la foi de ces différentes branches sont similaires, elles se différencient au niveau de la pratique quotidienne, l'application de la charia, la vie courante et les représentations. L'ibadisme pratiqué en Oman est un mouvement issu du khâridjisme.

L'ibadisme

En 657, soit 25 ans après la mort de Mahomet, le quatrième calife, Ali, voit son autorité contestée par le gouverneur de Damas, Mu'awiya, bientôt proclamé nouveau calife. Les partisans d'Ali deviennent les chiites, et ceux qui acceptent le verdict les sunnites. Mais les contestataires se divisent et « ceux qui sortent » *(khâriji)* sont les khâridjites, des musulmans qui n'acceptent pas qu'un arbitrage humain remplace le jugement de Dieu.

© CATHYLINE DAIRIN

© MLENNY - ISTOCKPHOTO.COM

Grande Mosquée du Sultan Qaboos.

Ils se battront contre les troupes d'Ali et de Mu'awiya, ne rentreront pas dans le rang et se disperseront en une multitude de sectes plus ou moins rigoristes. Égalitaristes, puritains, ils furent, selon certains experts, les « calvinistes » de l'islam. Les seuls qui subsistent aujourd'hui sont les ibadites, tels qu'apparus au début du 8e s. en Irak, maîtres du Yémen en 756 et d'Oman dès 749, fondateurs d'une doctrine à la base de royaumes comme celui des Rostémides au centre de l'actuelle Algérie – un âge d'or dont témoignent aujourd'hui les Berbères du Mzab, ibadites algériens établis à Ghardaïa, et aussi quelques communautés de Djerba, du djebel Nefoussa en Libye et de Zanzibar. Ce culte ultra-minoritaire (1 % de l'Islam) est réputé pour sa simplicité et sa modération, et accorde une grande importance aux valeurs spirituelles et aux qualités morales de l'individu.

Les 5 piliers

La religion est omniprésente dans la vie économique et sociale du pays. Les cinq piliers de l'islam sont rigoureusement respectés et encouragés par le gouvernement.

- **Zakat ou aumône légale**. C'est une sorte d'impôt purifiant dont le montant est déterminé par le Coran. C'est un impôt religieux, prélevé par le ministère, que chaque musulman a le devoir de payer au profit des nécessiteux.

- **Sawm ou mois de jeûne du ramadan**. Le calendrier musulman étant lunaire, la période du mois de ramadan change chaque année. Durant tout ce mois, les musulmans doivent s'abstenir de manger, boire, fumer et d'avoir des relations sexuelles pendant la journée. C'est aussi le moment d'accomplir de bonnes actions. La vie quotidienne du pays, les habitudes sociales et les heures de travail changent, afin de permettre aux musulmans d'accomplir leur devoir de jeûne et de prière. Les non-musulmans doivent aussi s'abstenir de boire, manger ou fumer dans la rue pendant les heures de jeûne.

- **Hadj ou pèlerinage à La Mecque**. Le ministère se charge de la coordination des voyages des pèlerins. Il les inscrit, puis les prépare spirituellement et physiquement. La mission omanaise du hadj comprend une quarantaine de membres, dont du personnel médical et des représentants des forces de l'ordre.

- **Salat ou prière rituelle**. Elle doit être prononcée cinq fois par jour et uniquement en langue arabe. L'appel à la prière est lancé par le muezzin du haut du minaret de chaque mosquée, à des moments déterminés en fonction de la position du soleil. La première prière est celle de l'aurore, vers 4-5h du matin. Avec 10 000 mosquées en Oman, l'appel est forcément entendu par tous ! Les mosquées sont interdites aux non-musulmans, à l'exception de la grande mosquée Sultan Qaboos à Mascate.

- **Shahada ou profession de foi**. Elle tient en une seule phrase : « Il n'y a de Dieu qu'Allah et Mahomet est son prophète. »

Liberté des cultes

Les Omanais sont tolérants, non seulement à l'égard de leurs frères musulmans, mais aussi à l'égard des autres religions de la communauté étrangère qui peut pratiquer son culte en toute liberté. Les chrétiens fréquentent ainsi librement leurs églises. À Mascate, les catholiques se rassemblent à Saints-Pierre-et-Paul et au Saint-Esprit, à Sohar à l'église Saint-Antoine et à Salalah à Saint François-Xavier. Des services réguliers accueillent les protestants de la capitale à Ruwi. Les hindous peuvent pratiquer au temple Krishna de Darsait et au temple « historique » du vieux Mascate, près du palais sultanien, dédié à Shiva.

QUE RAPPORTER ?

Que ce soit pour se parer, se protéger ou simplement survivre, les Omanais ont depuis toujours utilisé leur créativité et les ressources naturelles qu'offre le pays pour fabriquer des outils, des bijoux, des bateaux... L'artisanat à Oman est l'expression d'une culture sociale propre et a permis à la société omanaise de s'adapter et de perdurer pendant des siècles. Fort de ce constat, le gouvernement a souhaité protéger et soutenir ce patrimoine et a créé en mars 2003, l'APIA, l'Autorité Publique pour l'Industrie Artisanale, qui a pour but de sauvegarder le savoir-faire traditionnel. Le voyageur à Oman n'aura donc que l'embarras du choix pour rapporter un souvenir de vacances. Les souks comme certaines boutiques de marques locales sont achalandés en artisanat et objets traditionnels chargés d'histoire, mais également en produits culinaires, parfums, articles spécifiques importés par les principales communautés qui vivent sur le sol omanais.

Les objets de la culture omanaise

Les objets en bois typiques tels que tables basses, coffres et portes traditionnelles existent comme objets de décoration en modèles réduits, plus simple à rapporter. Les répliques des boutres, ces fameux navires omanais, s'acquièrent principalement à Sur au niveau des ateliers de fabrication des dhows grandeur nature.

Les matières précieuses comme l'or et surtout l'argent sont aussi travaillées et souvent vendues au poids. Immanquables dans les souks, les bijoux bédouins (ou leur imitation) se démarquent par leur taille imposante. L'argent est aussi utilisé pour fabriquer des flacons de parfum, des boîtes à bijoux, des cafetières arabes...

Autre incontournable : le kandjar, ce poignard à lame large et recourbée, indissociable de la culture orientale. Emblème du pays, reflet du rang et de l'appartenance tribale de son propriétaire, il se porte encore de nos jours lors des événements importants et cérémonies officielles. On peut l'acquérir en miniature sous de multiples formes (porte-clés, stylo, aimant, etc.) qui n'équivalent pas la beauté réelle de cette arme blanche aux fourreau et pommeau ornés. Pour rapporter un véritable kandjar, il faut passer du temps dans les souks, et notamment celui de Nizwa dont c'est l'une des spécialités.

Les cannes de chamelier ou aassa sont également en vente partout. Très fines et ornées de bouts en argent, elles servent de cravache et sont portées par les Omanais lors des festivités.

Les paniers, autres accessoires authentiques de l'artisanat local, sont vendus dans les souks et peuvent servir de décoration murale, tandis que les plus belles poteries s'acquièrent à Nizwa ou à Bahla.

Parfums et senteurs

Les arbres à encens font depuis des millénaires la richesse et le charme du sud du pays. Surnommé « or du désert », l'encens a longtemps été la source de la puissance du sultanat grâce à un fructueux commerce tissé au fil des siècles. Dès l'arrivée à Oman, les narines sont chatouillées par ses effluves omniprésents – odeur à la fois agréable et étourdissante qui se diffuse dans la plupart des lieux publics. Présenté sous la forme de cristaux blancs-écrus ou en poudre marron, l'encens est en vente partout, même dans les supermarchés. On l'acquiert avec un encensoir en terre ou en cuivre et des pastilles de carbone qui permettent à la gomme de se consumer. Plus original, l'encens culinaire est une autre spécialité du pays à boire en infusion ou à mâchouiller pour ses vertus astringentes et digestives.

Omniprésentes aussi, surtout à l'approche de certains coffee shops ou des espaces dédiés dans les hôtels, les senteurs de shisha sont l'autre souvenir olfactif du sultanat. La pipe à eau s'achète dans n'importe quel souk et peut constituer un souvenir typique.

© JURATEBUIVIENE - SHUTTERSTOCK.COM

Encens.

© BOBANCANTONY - SHUTTERSTOCK.COM

Le kumma est le couvre-chef traditionnel omanais.

Bien plus haut de gamme, les essences des parfums de la marque Amouage s'exportent à l'international et occupent de plus en plus les vitrines des duty free des aéroports. Créée à la demande du Sultan Qaboos en 1983, cette parfumerie de luxe lance sa première fragrance l'année suivante avec la collaboration d'un nez français. À l'origine très orientales, les notes tendent à s'internationaliser au fil des collections afin de satisfaire une clientèle plus large, à la peau plus claire. On peut visiter l'usine de Mascate et en profiter pour acheter un flacon dans le magasin attenant ou simplement se rendre dans l'une des boutiques Amouage de la capitale ou des aéroports locaux.

D'autres parfums typiquement omanais, moins connus et donc moins onéreux, existent également. Ils sont vendus dans certains lieux touristiques comme la boutique du W de Mascate qui ne propose que des produits 100 % omanais.

Les denrées alimentaires

On s'intéressera aux spécialités culinaires qui supportent bien le voyage comme les dattes. Le sultanat compte parmi les plus gros producteurs mondiaux de *Phoenix dactylifera*. Au Moyen-Orient, le fruit n'est pas qu'un aliment de consommation, mais se dote de symboles à commencer par celui de l'hospitalité. Il est dit également que les dattes protégeaient les marins du scorbut et permettaient de nourrir les Bédouins durant leurs longues traversées du désert. La coutume veut également qu'un palmier-dattier soit planté quand un fils voit le jour. Aux yeux, des musulmans, les dattes sont les fruits du paradis, celles que l'on consomme pour rompre le jeûne du ramadan et lors de toutes les célébrations, des noces aux funérailles. On peut les acheter une fois séchées dans tous les supermarchés ou les souks, notamment celui de Nizwa qui consacre une halle entière à ce trésor culinaire. Les dattes peuvent aussi s'acquérir sous une forme plus élaborée, dans des boutiques spécialisées comme Tamrah à Mascate. Délicatement fourrées de fruits secs, elles sont emballées dans des écrins superbes et deviennent presque un produit de luxe. Sont aussi déclinés de goûteux produits dérivés tels que le miel ou le vinaigre de dattes.

L'Halwa est l'autre spécialité culinaire sucrée du pays : LE dessert local – en fait une sorte de confiserie à base de sucre roux, d'eau de rose et d'épices. Le meilleur halwa s'achète à Nizwa, à Sohar ou plus simplement dans les boutiques de la chaîne Al Diwaniya Omani Sweets, dont c'est la spécialité.

Enfin, tous les souks et supermarchés vendent des épices orientales et indiennes comme la cardamome, le safran, etc.

Textile

On pense d'abord à la tenue vestimentaire traditionnelle, la dishdasha, et surtout au petit couvre-chef qui l'accompagne, le kumma, superbement brodé et pouvant presque devenir un souvenir esthétique – d'ailleurs certains designers les détournent en objets de déco. Il en existe de toutes couleurs et de toutes tailles (même pour les enfants) et c'est un vrai plaisir, au cœur d'un souk, que de passer un moment dans une boutique spécialisée en kumma – scènes de vie assurées.

On peut aussi rapporter des tissages bédouins en poils de dromadaire ou laine de chèvre : marque-pages, porte-clés, tapis, bracelets, etc. – à se procurer directement à la source dans les campements bédouins des Sharqiya Sands ou sur le marché aux femmes d'Ibra le mercredi.

En provenance d'Inde, mais en vente dans tous les souks du pays, les pashminas de cachemire, laine ou coton, aux couleurs et motifs variés, sont souvent prisés des voyageurs.

SPORTS ET LOISIRS

Comme souvent, LE sport national est le football, qui suscite la ferveur des Omanais et remplit les *coffee shops* les soirs de match. En référence au grand passé maritime du pays, la voile est aussi à l'honneur, parallèlement à d'autres disciplines plus traditionnelles comme les combats de taureaux ou les courses de dromadaires. Par sa topologie variée et son ouverture sur la mer, le sultanat se prête également à une multitude de loisirs. Les eaux poissonneuses des côtes sont une aubaine pour la plongée sous-marine et la pêche au gros. Les croisières en mer sont l'occasion de voir des dauphins, mais aussi des tortues marines, dont le sultanat est l'un des spots mondiaux de reproduction. Le kitesurf est en plein essor, en particulier sur l'île de Masirah. Le pays est aussi un lieu de choix pour la randonnée et le trekking, les balades en quad ou en 4x4, mais également pour l'escalade et le canyoning. Le golf est lui aussi à l'honneur.

Sur terre, des paysages spectaculaires à découvrir

Randonnée. En montagne, dans le désert ou dans les wadis, Oman est un paradis pour les marcheurs de tout niveau et sans doute l'une des meilleures façons de découvrir le sultanat, à condition de prendre ses précautions, car les secours sont inexistants dans les zones reculées. Le plus simple, pour découvrir le pays par ses plus beaux sentiers de traverse, est sans doute de passer par une agence locale. Les Omanais sont de grands marcheurs et des hommes proches de la nature, les guides de bon niveau sont donc nombreux dans toutes les régions.

La plupart des itinéraires traversent les montagnes du Hajar au nord du pays, culminant à 3 010 mètres, et celles du Dhofar au sud, surplombées par le djebel Samhan. Quant aux wadis, très nombreux, ils se concentrent dans la région de la Batinah, aux alentours de Rustaq, et le long de la côte au sud de Mascate, dans la région de la Sharqiyah. Les adeptes de la marche et du trekking viendront plutôt pendant l'hiver omanais, d'octobre à avril, quand les journées sont douces et sèches.

VTT. Pour les passionnés de VTT, Oman offre de réelles possibilités de circuits sur piste, tantôt en montagne, tantôt en plaine, le long des wadis, dans les canyons ou à la découverte des oasis. Au départ de l'hôtel-campement The View situé dans les montagnes du Hajar, l'agence réceptive omanaise Bike and Hike Oman organise notamment des tours en VTT encadrés par des moniteurs, dont certains en combiné avec de la randonnée.

Canyoning et descente en rappel. Les possibilités dans ce domaine sont innombrables, bien que peu exploitées. Quelques descentes ont été aménagées et sécurisées. Le canyon le plus fréquenté et le plus accessible est celui des Gorges du Serpent (Snake Canyon). Descentes en rappel, plongeons dans des cascades, nage entre des parois… La vraie aventure !

DÉCOUVRIR

© TROPICALPIXSINGAPORE - ISTOCKPHOTO.COM

Surf à Al-Ashkara.

Randonnée dans le wadi Nakhr.

Escalade ou via ferrata. Tout comme pour le canyoning, le Sultanat d'Oman possède en matière d'escalade un potentiel énorme, bien qu'encore peu développé, et le pays se révèle être un paradis pour les grimpeurs. Cette activité se pratique en montagne, mais aussi dans les wadis à quelques minutes du bord de mer. Plusieurs agences françaises et locales se sont lancées sur le créneau.

Spéléologie. Oman possède de superbes grottes et tunnels. Beaucoup n'ont pas encore été mis à jour, mais le potentiel est réel. Comme dans toutes les disciplines un peu techniques, impossible de s'aventurer seul ; il faut se tourner vers les réceptifs spécialisés comme Twenty3 Extreme. La grotte la plus spectaculaire du pays, réservée aux seuls spéléologues, est celle de Majlis al-Jinn. Le sultanat abrite aussi « la maison du démon », l'un des puits les plus larges du monde situé au sud de Mascate, à Bimma. Alimenté par deux wadis, ce puits offre de belles possibilités de baignade. Aucun équipement n'est nécessaire, un escalier ayant été aménagé.

Quad et 4x4. Le quad est idéal pour un safari mécanique. En général, l'activité se pratique en pleine nature et permet de parcourir des espaces sauvages inaccessibles aux voitures. Au sultanat, elle est proposée par certains campements installés dans le désert : franchissement de dunes, pointes sur des espaces plus plats, visite de villages bédouins. Le 4x4, essentiel à l'exploration sans guide du désert, des cols de montagne, des plages et caps du grand sud, se loue lui aisément au départ de Mascate.

Golf. Avec 4 parcours de golf 18 trous aux panoramas spectaculaires, le Sultanat d'Oman s'impose de plus en plus comme étant une destination golfique. Plusieurs hôtels 4 et 5 étoiles de Mascate proposent des forfaits « Stay & Golf ».

En mer aussi, de nombreuses options

Que ce soit juste pour le plaisir d'une virée en bateau, et/ou surtout pour partir à la rencontre des dauphins, il ne faut surtout pas manquer une sortie en mer dans les environs de Mascate ou dans les fjords du Musandam.

Voile. Avec plus de 1 700 km de côtes, les rivages du sultanat sont favorables à la pratique de sports nautiques en tous genres, dont la voile, sport qui a pris de l'ampleur au cours des dernières années, d'une part dans l'univers des courses avec les catamarans Extrême 40, et d'autre part par le biais du développement de l'activité nautique auprès de la population locale, contribuant ainsi à la promotion d'Oman à travers le monde. Depuis 2008 en effet, le Sultanat d'Oman a créé une entité appelée Oman Sail dont le but est de promouvoir le pays à travers des événements nautiques, mais également de créer des écoles de voile pour renouer avec son passé maritime. Oman n'est-il pas le pays de Sindbad le marin ?

Kayak. On peut se contenter d'une balade oisive aux environs d'un hôtel ou d'une excursion à part entière, notamment au nord du pays dans les fjords du Musandam.

Kitesurf et planche à voile. Le sud et l'ouest du sultanat bénéficient de vents tropicaux entre mai et septembre, correspondant à la saison windsurf et kitesurf. L'île de Masirah, à environ 450 km de Mascate, regroupe les meilleurs spots, dans un cadre intact et authentique. En pleine saison, le vent souffle sans discontinuer oscillant entre 20 et 40 nœuds !

Surf. Bien que le sultanat ne soit pas connu pour être une destination surf à part entière, les surfeurs peuvent trouver des vagues, le spot le plus connu (Joe's Point) ayant même été classé parmi 50 meilleurs spots de surf au monde.

Plongée. Les fonds marins d'Oman sont réputés pour leur beauté et leur diversité. Les eaux sont en effet très riches en plancton, ce qui peut parfois poser un problème de visibilité, mais ce qui est parallèlement favorable à une faune très abondante : raies pastenagues, requins-citrons, requins à pointes noires, homards, concombres de mer, octopus, barracudas, poissons Picasso, poissons-lions, murènes, etc., évoluent à proximité des côtes, à seulement 10 à 30 minutes en bateau de la rive. Les plages du sultanat sont aussi des sites de reproduction de plusieurs espèces de tortues marines et on compte également une importante population de dauphins, aussi bien dans les environs de Mascate que dans la péninsule de Musandam ou dans la région du Dhofar. Ces trois secteurs sont d'ailleurs les meilleurs endroits où découvrir les richesses subaquatiques et les mieux pourvus en clubs de plongée, qui proposent aussi snorkeling, sorties en mer et matinées pêche.

© SERAPHP - SHUTTERSTOCK.COM

Fonds marins des îles Daymaniyat.

GASTRONOMIE

Il n'existe pas de grande tradition culinaire omanaise à proprement parler. Les tribus qui peuplaient originellement le territoire se nourrissaient essentiellement des produits de l'élevage, de la pêche et de la culture du palmier-dattier : poisson frais ou séché, dattes, lait et viande de chameau ou mouton. Ce régime n'a donné naissance qu'à quelques plats nationaux typiques, plutôt simples. Cependant le sultanat a bénéficié de nombreuses vagues d'immigration et le pays a absorbé bien des spécialités étrangères venant d'autres pays du Moyen-Orient : Liban, Yémen, Arabie saoudite, Irak ou Iran. L'influence indienne est aussi manifeste, à travers des plats concoctés à la mode tandoori, masala, tikka, etc. Le biryani est d'ailleurs considéré comme un plat national ! Parallèlement, en raison du nombre important d'expatriés attirés par les opportunités de cette prospère pétromonarchie, on retrouve – notamment à Mascate – l'essentiel des cuisines du monde.

Les essentiels de la cuisine omanaise

De façon globale, la base de la cuisine omanaise est le riz, comme dans la plupart des pays voisins. Cuisiné de différentes façons selon les régions, il reste l'aliment fondateur, que les Omanais accompagnent de viandes (poulet, mouton, chèvre) ou de poissons, principalement des sardines ou du *thazard*, une sorte de maquereau. Ces plats sont souvent préparés en sauce et assaisonnés d'épices : cardamome, curry, safran et cannelle. C'est une cuisine assez riche, mais beaucoup moins relevée que d'autres cuisines du Moyen-Orient.

La soupe est une composante importante, aussi bien consommée pour le déjeuner que pour le dîner, tout comme le pain plat (*rukhal*), servi au petit déjeuner avec du miel et du yaourt (*laban*), et nature aux autres repas. Pour goûter à la cuisine locale, il faut se rendre au sultanat pendant le Ramadan, période pendant laquelle sont concoctés les plats nationaux les plus typiques. On peut citer par exemple le *shuwa*, une recette de mouton (parfois de chèvre ou de chameau) cuit dans une feuille de dattier ou de bananier pendant plusieurs jours. Sinon le *machboos* (appelé *kebsa* en Arabie saoudite) est un plat à base d'agneau ou de poulet et de riz mijoté avec des fruits secs et des épices. Sans oublier le *mishkak*, des brochettes de viande épicée, qui se rapprochent assez du *shish* kebab turc. On peut aussi citer l'harees, une sorte de porridge de blé et de viande servi au plus pauvre pendant le Ramadan. Les produits de la mer sont travaillés simplement, comme le *mashuai*, une recette de maquereau grillé au barbecue. Les *baquorah* est un type de croquettes de légumes à base de farine de pois chiches.

Les influences étrangères

Comme dans le reste du golfe Persique, le Sultanat d'Oman possède une forte proportion de non-résidents dans sa population – 30 % précisément – dont la plupart viennent du Moyen-Orient et d'Asie. Il est donc peu étonnant de

© FANFO - SHUTTERSTOCK.COM

La soupe est un élément important dans la cuisine omanaise.

DÉCOUVRIR

découvrir par exemple l'énorme popularité de la cuisine libanaise. On se régale ainsi de shawarma, un pain pita rempli de viande grillée à la broche et de légumes relevés de sauce au yaourt. Les falafels, ces croquettes de pâte de pois chiches ou de fèves, sont aussi régulièrement cuisinés. On peut également s'attabler autour d'un plat de mezzés, ces fameuses tapas arabes composées d'une multitude d'entrées chaudes ou froides, servies en petites portions à grignoter : houmous (purée de pois chiches parfumée à la pâte de sésame), le *moutabal* (caviar d'aubergines), le taboulé (salade de blé concassé, tomates, oignons, persil et menthe), etc. Les *keftas* (boulettes de viande épicées) sont également communes. La cuisine iranienne est aussi déclinée au sultanat et se compose généralement d'une base de riz plutôt épicée, servie avec du poulet, de l'agneau, des légumes, des fruits secs divers, etc., qu'on accompagne de crudités et de pain plat. Les nombreux travailleurs d'Asie du Sud ont rendu les cuisines indienne et pakistanaise très populaires chez les Omanais et certaines spécialités sont devenues des plats quotidiens.

Plus largement, on retrouve à Oman et particulièrement dans les grands magasins de la capitale un vaste échantillon de cuisine internationale – chinoise, italienne, américaine, japonaise, française – pour ceux qui voudraient changer un peu de saveurs.

Douceurs et café

Le dessert national est le *halwa*, une sorte de nougat plus ou moins ferme à base d'eau de rose, de sucre, de graines de sésame et d'épices. Le plus fameux est produit à Nizwa et attire une clientèle fidèle de tout le sultanat et des pays voisins. Les Omanais ont aussi un faible pour le *umm ali*, une sorte de pudding à base de pain, lait, noix et raisins, d'origine égyptienne. Le *halawet ahmad* se présente sous forme de petites boulettes de vermicelles parfumées à la noix de coco et au lait concentré sucré, que l'on saupoudre de pistaches concassées. On retrouve plus largement de nombreuses pâtisseries orientales à Oman, vendant des douceurs venues des quatre coins du Moyen-Orient.

Le café arabe ou *kahwa* est LA boisson nationale. Toujours aromatisée d'un soupçon d'épices (cardamome ou safran en général), le *kahwa* est servi noir et sans sucre, accompagné de quelques dattes pour en réduire l'amertume. C'est la boisson que les Omanais proposent systématiquement à leurs hôtes, en signe de respect et de bienvenue, et cette offre s'accompagne toujours d'un rituel qu'il convient de respecter. En général, la politesse locale veut que l'on boive trois – petites – tasses de café. On secoue légèrement sa tasse quand on n'en veut plus. Héritage anglo-indien,

© VM2002 - SHUTTERSTOCK.COM

Machboos de poulet.

le thé occupe une place assez importante dans la culture arabe et se consomme donc régulièrement à Oman.

Boissons fraîches et alcool

Les jus de fruits frais sont monnaie courante dans tout le sultanat, à des tarifs vraiment très bas ! Ils sont servis partout et sont à base de mangues (le fruit le plus choisi par les touristes !), ananas, fraises, bananes, pommes, kiwis, etc. Sinon le lemon mint juice est une autre boisson très prisée des locaux comme des visiteurs. Ultra rafraîchissante, ses deux ingrédients de base sont le citron et la menthe fraîche, avec beaucoup de glace pilée.

Chaque année – à des dates qui varient selon le calendrier hégirien –, des centaines de millions de musulmans vont célébrer pendant environ 30 jours le ramadan. Profondément solennelle, cette période de tempérance est aussi un moment d'abondance et les tables omanaises sont plus remplies que jamais pour que les convives et les familles puissent festoyer une fois la nuit venue. À noter qu'aucun alcool n'est servi pendant le Ramadan, même dans les hôtels et bars possédant une licence, et qu'il est interdit de transporter de l'alcool, sauf pour l'acheminer chez soi ou à son hôtel.

À Oman, l'Islam interdit en effet toute consommation d'alcool aux musulmans. Il n'y a donc aucune production locale de bière ou de vin. Le sultanat tolère cependant la vente de tous les alcools (vins, bières, apéritifs, spiritueux) aux détenteurs d'une licence (à obtenir auprès de son ambassade), dans les magasins spécialisés, dits « bottle store » à des tarifs souvent très élevés. Il est également possible de consommer de l'alcool dans quasiment tous les hôtels, dans plusieurs restaurants de la capitale, ainsi que dans quelques clubs privés.

PASSEPORT

MASCATE ET SA RÉGION

Ouverte sur le Golfe d'Oman, Mascate semble sinuer entre mer et montagnes au cœur d'un paysage où la nature, même quand elle est domestiquée par les constructions de l'homme, occupe déjà ou encore une place essentielle. Entre les roches et collines qui dessinent et balisent le paysage urbain, la blanche métropole baignée par le bleu de la mer cultive un art de vivre paisible, délicat et soucieux de l'environnement. Tout autour, particulièrement vers le sud, la nature reprend immédiatement ses droits et découpe un littoral accidenté. Les longues plages comme celle de Yitti cèdent place aux anses et criques du Bandar Kheiran qui sculpte de simili-fjords à quelques kilomètres de la capitale. Puis le sable s'allonge de nouveau et Sifah surgit, neuve et éclatante de blancheur : ville nouvelle toute entière tournée vers les loisirs balnéaires avec sa marina, son golf, son beach club, ses restos… cet éternel petit air de vacances.

PAGES

97 **MASCATE**

164 **LES ENVIRONS DE MASCATE**

Gymnastique géographique : où commencent et où finissent les « environs » ? De manière volontaire, dans ce guide, la ville de Mascate s'arrête au complexe hôtelier du Shangri-La, sachant qu'on est déjà là à une heure de route de l'aéroport. Ensuite, l'ancienne route serpente, monte, descend, la nouvelle trace plus droit, mais les lumières de la ville sont vraiment dans le rétroviseur. C'est l'occasion, à la journée – en voiture ou en bateau – d'une excursion magnifique dans les criques et sur les plages de Bandar Kheiran : ensemble de simili fjords scéniques et sauvages. L'opportunité aussi d'une tranche de vacances « à l'occidentale » dans le quartier récent d'Al Sifah et sa marina moderne.

164 **YITTI**

164 **BANDAR KHEIRAN**

A une heure à peine du cœur de Mascate, là où les montagnes plongent dans la mer découpant criques, anses et baies sauvages, le Bandar Kheiran est un ensemble de simili-fjords scéniques, parfaits pour une belle journée de pur balnéaire. Accessible par la route, ses plages les plus secrètes se découvrent plutôt par la mer. Le bateau reste ainsi le meilleur moyen d'accéder à ce site.

165 **SIFAH** ★

Séparée de Mascate par des montagnes, mais facilement accessible par la route comme par la mer, la plaine côtière de Sifah et au Sud de Mascate ce qu'Al Mouj est au Nord : une ville nouvelle, construite ex nihilo sur un site plus sauvage et avec bien plus de reliefs que celui d'Al Mouj. A cheval entre mer et montagnes, cet ensemble immense « à l'occidentale » est taillé pour les vacances (golf, loisirs nautiques, restos).

© FREDERICK AL VAN ASWEGEN - SHUTTERSTOCK.COM

Plage de Sifah.

MASCATE

© LUKAS BISCHOFF PHOTOGRAPH - SHUTTERSTOCK.COM

Mascate s'étire en longueur entre la mer et les montagnes. Bâtie sur une plaine fertile de quelques kilomètres de large, la métropole sinue sur une cinquantaine de kilomètres et s'entaille entre des roches de plus en plus escarpées au fur et à mesure que l'on s'enfonce vers le sud. Cette particularité topographique favorise une organisation en quartiers qui chacun possède une atmosphère unique sans que l'on puisse parler de véritable centre-ville. Blanche, aérée, fleurie, avec des bâtiments dépassant rarement les cinq étages, Mascate, contrairement à ses arrogantes voisines émiriennes, cultive un art de vivre propre aux lieux irrigués d'histoire. Avec ses parcs, plages, musées, cafés… elle distille son élégance et sa douceur de vivre comme un avant-goût au reste du pays.

Mascate et sa région

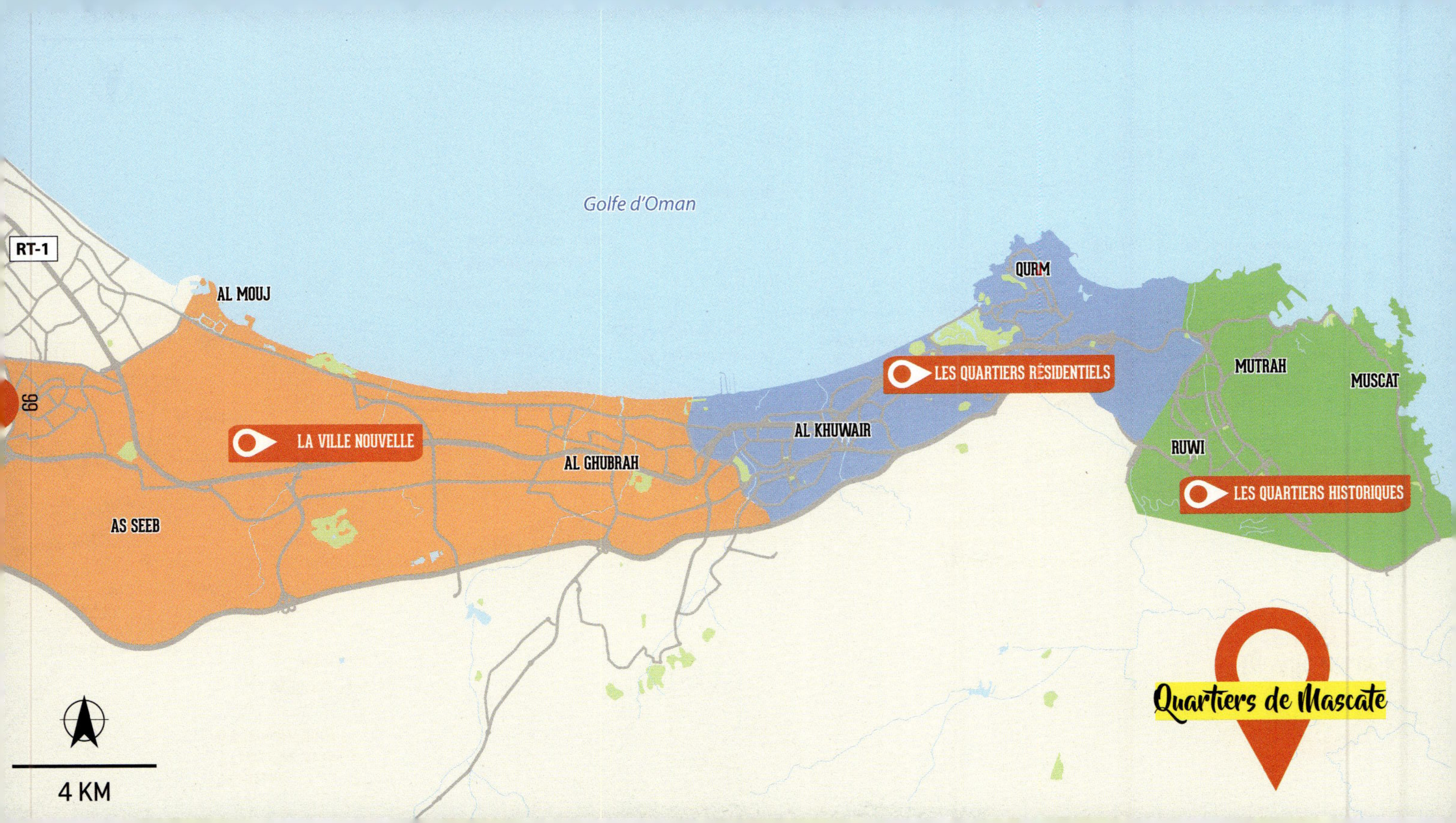

Quartiers de Mascate
Golfe d'Oman
RT-1
AL MOUJ
AS SEEB
LA VILLE NOUVELLE
AL GHUBRAH
AL KHUWAIR
QURM
LES QUARTIERS RÉSIDENTIELS
MUTRAH
MUSCAT
RUWI
LES QUARTIERS HISTORIQUES
4 KM

La ville nouvelle
Gulf of Oman
FRESCO
SHAKESPEARE AND CO
DAYMANIAT SHELLS
SEA OMAN
BUKHARA
THE ACADEMY RESTAURANT
MYSK BY SHAZA
AL MOUJ GOLF
SHANG TAÏ
SOI SOI
KEMPISKI
MUSCAT CITY CENTER
AMOUAGE FACTORY
AÉROPORT INTERNATIONAL DE MASCATE
NOVOTEL MUSCAT AIPORT
ROZNA RESTAURANT
MUSCAT SPEEDWAY
HORMUZ GRAND MUSCAT
OMNY BRASSERIE
QURESHI BAB-AL-HIND
MUSCAT HILLS GOLF & COUNTRY CLUB
BEHLYS BOUTIQUE
BEHLYS VILLA
THE LONGPOOL CABANA
LANAVILLA
THE CHEDI MUSCAT
THE BEACH RESTAURANT
THE RESTAURANT
MUSEUM D'HISTOIRE NATURELLE
ROYAL TULIP
CENTARA MUSCAT HOTEL OMAN
GRANDE MOSQUEE SULTAN QABOOS
IBIS
FRASER SUITES MUSCAT
MOSQUEE MOHAMMED AL AMEEN
GHALA GOLF CLUB
Hail Al Janubiyah
As Seeb
Al Murtafaah
Bawshar
RT-1
RT-15
Dama
A'raudhah Street
14 Street
Street
Soroor Street
Al Mouj Street
Mazoun Street
1737 Way
At Tameer Street
Al Ata'a Street
18th November Street
18th November Street
48 Way
4803 Street
4129 Way
Al Safah Street
40 Street
Dohat Al Adab St.
Ash Shira'a St.
July Street
St.
49
47 Street
26 Street
Al Ghobra
Ghala St.
Ghala As Sena'iya Street
Aljameh Alkaber Street
Aljameh Alkaber Street
Aljameh Alkaber Street
Al Matar Street
Bausher Street
Al Maha St.
2 KM

Les quartiers résidentiels
CANDLE CAFE
CROWNE PLAZA MUSCAT
THE EDGE
SHIRAZ
SIDDHARTA LOUNGE BY BUDDHA BAR
WET DECK
LIVING ROOM
BA BAN
SABCO COMMERCIAL CENTRE
THE JUNGLE
BATEEL
TOMATO
TRADER VIC'S
INTERCONTINENTAL MUSCAT
Gulf of Oman
Marmul Street
2235 W.
Fouhood Street
Al Qurm St.
Seih Al Maleh Street
MORE CAFE
Al Qurm Natural Park
A'shati Street
MUMTAZ MAHAL RESTAURANT
QURM NATURAL PARK
AL ANGHAM RESTAURANT
LIQUID SKY
FAUCHON
CARAMEL RESTAURANT & LOUNGE
OPERA GALLERIA
CORAL MUSCAT HOTEL & APARTMENTS
MARJAN
TUSCANY
THE GRILL HOUSE
JOHN BARRY
CLUB SAFARI
TWINS TURKISH CUISINE
JAWHARAT A' SHATI COMPLEX
SLIDER STATION
D'ARCY'S KITCHEN
TAMRAH
BEACH HOTEL
GRAND HYATT
A Sarooj Street
Al Kharijiyah Street
BAREEQ AL SHATTI MALL
Al Ilam Street
Al Nahdah Street
SULTANCHEF
ROYAL OPERA HOUSE
UBHAR
Vers TULIP INN DOWTOWN
KARGEEN
DAR AL HERFYA
Al Thaqafa Street
18th November Street
40 St.
Al Thaqafa St.
Al Khuwayr Street
RADISSON BLU HOTEL MUSCAT
Madinat Al Sultan Qaboos Street
QURUM CITY CENTER
ASMAHAN
SAMA TERRAZZA
PARK INN BY RADISSON, MUSCAT
Dohat Al Adab Street
GRAND MILLENNIUM MUSCAT
BAWSHAR
TURKISH HOUSE
MUSÉE BAIT ADAM
Al Marafah Street
Al Safah Street
OMAN AVENUES MALL
VOX CINEMA MGM
MUSCAT GRAND MALL
TURKISH DIWAN
26 July Street
O SOLE MIO
Al Kuwair Nature Reserve
Al Maha Street
Ash Shira'a Street
Dohat Al Adab Street
45 St.
47 Street
Al Ghobra Street
PANORAMA MALL
1 KM

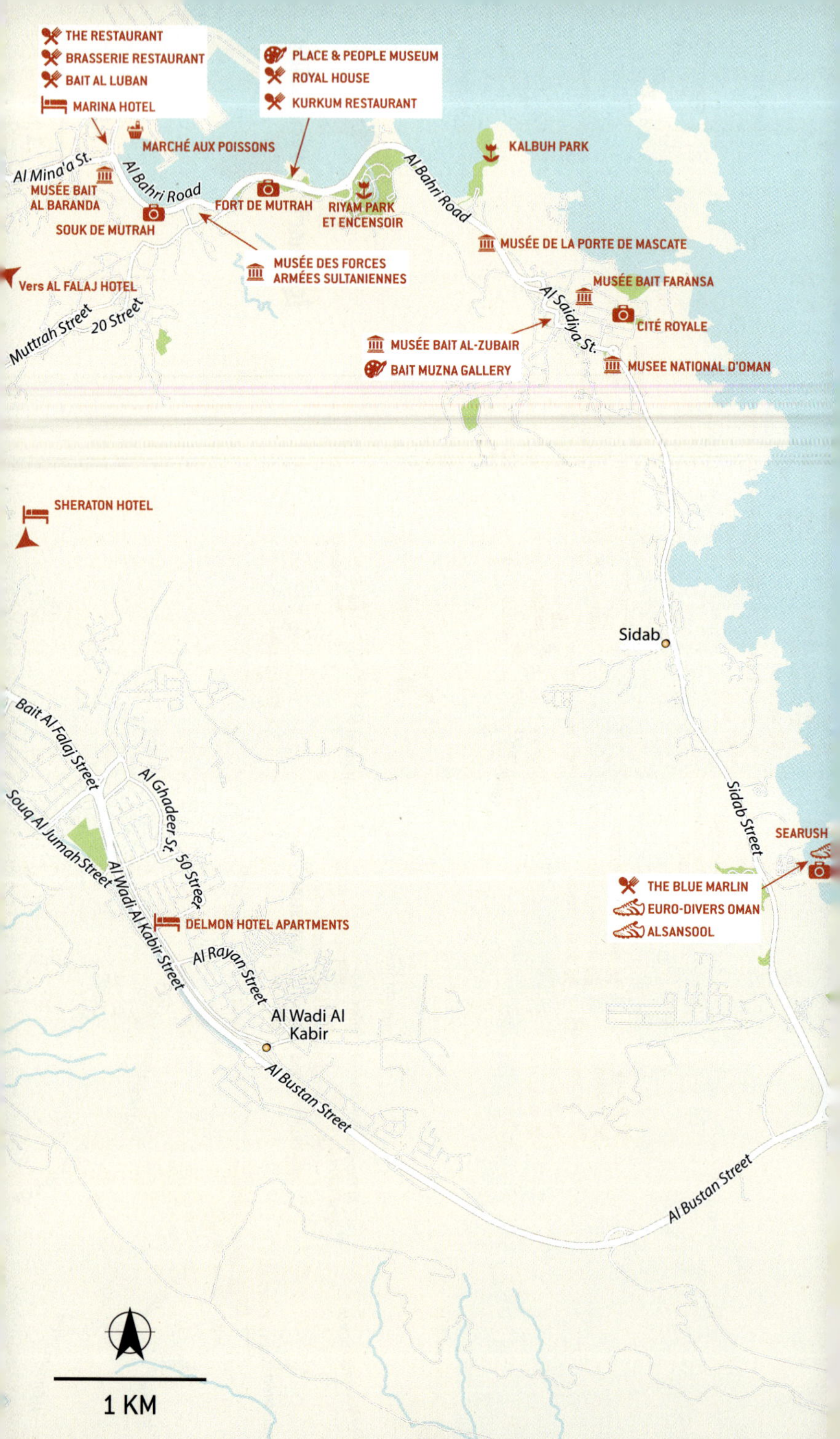
THE RESTAURANT
BRASSERIE RESTAURANT
BAIT AL LUBAN
MARINA HOTEL
PLACE & PEOPLE MUSEUM
ROYAL HOUSE
KURKUM RESTAURANT
MARCHÉ AUX POISSONS
KALBUH PARK
Al Mina'a St.
MUSÉE BAIT AL BARANDA
Al Bahri Road
FORT DE MUTRAH
RIYAM PARK ET ENCENSOIR
Al Bahri Road
SOUK DE MUTRAH
MUSÉE DE LA PORTE DE MASCATE
MUSÉE DES FORCES ARMÉES SULTANIENNES
MUSÉE BAIT FARANSA
Vers AL FALAJ HOTEL
Al Saidiya St.
CITÉ ROYALE
Muttrah Street
20 Street
MUSÉE BAIT AL-ZUBAIR
BAIT MUZNA GALLERY
MUSEE NATIONAL D'OMAN
SHERATON HOTEL
Sidab
Bait Al Falaj Street
Al Ghadeer St.
Sidab Street
Souq Al Jumah Street
50 Street
SEARUSH
Al Wadi Al Kabir Street
THE BLUE MARLIN
EURO-DIVERS OMAN
ALSANSOOL
DELMON HOTEL APARTMENTS
Al Rayan Street
Al Wadi Al Kabir
Al Bustan Street
Al Bustan Street
1 KM

Gulf of Oman
ANDAR AL ROWDHA
BEACH PAVILION
AL KHIRAN KITCHEN
AL BUSTAN PALACE RITZ-CARLTON
CHINA MOOD
ATRIUM DE L'AL BUSTAN PALACE
SHANGRI-LA AL HUSN RESORT AND SPA
SHAHRAZAD
SULTANAH
SHANGRI-LA BARR AL JISSAH RESORT & SPA
THE PIANO LOUNGE
CAPRI COURT
JUMEIRAH MUSCAT BAY
BAIT AL BAHR
B.A.B. LOUNGE
MHBC
USCAT HILLS RESORT

QUARTIERS

L'agglomération de Mascate, construite tout en longueur, épouse la topographie de son site naturel : mer d'un côté, montagnes de l'autre. Entre les 2, une bande côtière accueille les différents quartiers et poursuit le développement de la métropole vers le nord, plat, plutôt que vers le sud, accidenté, mais qui accueille quand même de nouvelles constructions. Mascate s'étale ainsi entre les quartiers de Seeb et d'Al Mouj, à l'entrée nord, et de Quriyat au sud. L'orientation y est assez facile, les quartiers se distribuant autour de la voie express Sultan Qaboos qui traverse la ville de part en part. Du nord au sud se succèdent Al Mouj, Seeb, Al Ghubrah, Al Khuwair, Madinat as Sultan Qaboos, Qurm, Ruwi, Mutrah, Muscat (ou Mascate), Al Bustan pour ne citer que les quartiers principaux ; puis, pas si loin, se tiennent les secteurs plus reculés des montagnes comme Yitti ou Sifah, regroupés dans la rubrique dite « Les environs de Mascate ».

La ville nouvelle – Seeb, Al Mouj, Al Ghubrah

▶ **Seeb.** Située en bord de mer, à une dizaine de kilomètres des premiers quartiers du « centre-ville » (bien que cette dernière dénomination ne soit pas adaptée à une capitale éclatée comme Mascate faite d'une mosaïque de quartiers), la commune de Seeb, qui abrite l'aéroport international du pays, présente deux visages : celle de la modernité croissante et d'un développement manifeste de la capitale vers le nord ; et celle d'une sorte de village construit tout en longueur, avec un centre assez populaire, son souk et son marché aux poissons, ses petites boutiques, ses magasins de vêtements et tissus, ses banques et des coffee-shops. C'est là que se dresse l'un des plus grands et plus anciens malls du pays : le Muscat City Center. A proximité immédiate de l'aéroport, se trouve le plus grand centre de congrès du sultanat, fréquenté par de très nombreux hommes d'affaires : The Oman Convention & Exhibition Centre. En plus de son hall principal et de ses espaces de parking, ce dernier compte 5 halls d'expositions sur 22 000 m2, 20 salles de réunion, 2 auditoriums de 3 200 et 456 places et 2 salles de réception. Plusieurs hôtels et appartements lui sont directement adjoints comme le JW Marriott ou encore le Crowne Plaza Muscat OCEC, dotés chacun d'environ 300 chambres – www.omanconvention.com. On peut aussi se loger à Seeb pour un prix raisonnable, ce qui est parfait pour ceux qui n'aiment pas l'atmosphère agitée des grandes villes et souhaitent être en contact avec la population.

▶ **Al Mouj.** Aux portes de la ville, à 5 km de l'aéroport et une dizaine de kilomètres du centre de Seeb en longeant la route côtière, accessible par le rond-point d'Al Mouj, cet endroit récemment construit est un peu le Beverly Hills de

La marina dans le quartier d'Al Mouj.

Mascate, le quartier bling-bling flambant neuf où habitent de nombreux étrangers ou Omanais fortunés. C'est ici qu'on trouve le siège d'Oman Sail et la marina adjacente, plusieurs cafés et restaurants, une galerie marchande ainsi qu'une grande plage, agréable et très peu fréquentée en semaine. Le quartier, à l'architecture moderne et graphique, ne cesse de s'agrandir et accueille depuis peu 2 hôtels tout neufs : le Mysk by Shaza et le Kempinsky Hotel Muscat.

▶ Davantage au cœur des choses et de la vie, **Al Ghubrah**, à l'est de Seeb et d'Al Mouj, est plus populaire avec ses petites boutiques et nombreux coffee-shops. Si la première impression est celle d'arriver dans un quartier tout simple, il n'en est rien... On pénètre dans un dédale de rues aux superbes maisons blanches où vivent Omanais et expatriés. Mieux vaut savoir où l'on va, car on s'y perd très rapidement. Plus loin, sur la route principale en direction de Mascate, on longe la Grande Mosquée du Sultan Qaboos : superbe exemple d'architecture islamique, impressionnant par sa taille comme par la pureté de ses lignes.

Les quartiers résidentiels (Al Khuwair, Qurm)

▶ **Al Khuwair** est une véritable ville en soi. Centres commerciaux (Muscat Grand Mall, Panorama Mall, Avenue Mall, et, le dernier-né, Muscat Grand Mall), hôtels, restaurants, centres d'affaires, zones résidentielles... le quartier est en perpétuelle transformation et figure sans doute au rang des parties les plus cosmopolites de la capitale, où se côtoient locaux et expatriés. On s'éloigne volontiers des zones chics du secteur pour apprécier la simplicité des restaurants populaires – shawarma et poisson grillé en terrasse. Attention, le soir, les places sont chères ! On vient davantage à Al Khuwair pour son ambiance que pour la beauté de son architecture. A noter tout de même, la superbe mosquée Zawawi et le siège de la HSBC, visible sur la droite de la route lorsqu'on vient de Seeb, et dotée d'une porte de 10 mètres de haut, soi-disant dorée à l'or fin.

▶ **Madinat as Sultan Qaboos** est situé légèrement en hauteur, à droite de la route principale quand on arrive du nord, en face de Qurm. C'est un quartier surtout résidentiel, très apprécié de la population expatriée. On y trouve un petit centre commercial et plusieurs restaurants sympathiques et qualitatifs (comme le convivial mexicain Pavo Real et le typé Kargeen Café).

▶ **Qurm** est construit tout en longueur, en bord de mer, entre Al Ghubrah et Mutrah. C'est un secteur très aéré et fleuri, l'un des plus animés et agréables de la capitale. Ronds-points et bords de route sont de véritables jardins, verts

Qurm Heights Park.

et entretenus avec grand soin, ce qui n'est pas toujours évident sous un tel climat. Le quartier se divise en trois districts : Qurm, le plus convivial et fréquenté ; Qurm Heigths, un peu dans les hauteurs, comme son nom l'indique ; et Shati al-Qurm, le plus luxueux, tout entier tourné vers l'immaculée blancheur du Royal Opera House, l'un des bâtiments les plus emblématiques de la ville.

Coincé entre Mutrah et Madinat as Sultan Qaboos, Qurm est la partie la plus dynamique des trois. C'est ici que se concentre la majorité des centres commerciaux : Al-Araimi Complex, Sabco Center, Capital Commercial Center... On y vient pour se balader, flâner d'un étage à l'autre au milieu des magasins de tissus, habillement, sport, hi-fi, librairies, etc., ou s'offrir une pause ou un bon repas dans l'un des nombreux restaurants du secteur... Qurm, c'est aussi le poumon vert de Mascate grâce à son parc (Qurm Heights Park) et surtout à sa réserve naturelle : le Qurm National Park and Nature Reserve, doté de larges espaces de verdure, d'un lac, d'une roseraie, d'une mangrove où viennent nicher de multiples espèces de volatiles, etc. Lieu de prédilection des populations expatriées et omanaises, la réserve est souvent fréquentée le soir et le week-end, par les familles locales qui viennent s'y promener, s'y prélasser, y pratiquer des activités sportives ou de loisirs... Les deux autres parties de Qurm filent jusqu'à Al Ghubrah sans jamais perdre la plage de vue : longue, belle, sablonneuse. Pas étonnant que l'endroit ait été pris d'assaut par de grandes chaînes hôtelières comme Intercontinental, Crowne Plaza, W ou Hyatt (Grand Hyatt).

Le coin est de fait plutôt agréable, avec son chemin qui suit le bord de mer à l'ombre des palmiers. Calme le matin, le quartier s'éveille à la vie l'après-midi, quand la plage est envahie par des joueurs de foot, des familles, des couples. Le soir, les guinguettes s'illuminent et certains habitants de Mascate viennent profiter de la fraîcheur de la côte pour pique-niquer. Prisé et réputé, le quartier abrite la plupart des ambassades et des ministères, et accueille aussi les noctambules.

Les quartiers historiques (Ruwi, Mutrah, Muscat)

On entre dans **Ruwi** par le rond-point du même nom. Une file de taxis indisciplinés bouche la sortie, les klaxons commencent à se faire entendre et le trafic s'intensifie aux heures de pointe. C'est que ça bouchonne régulièrement dans le secteur où se trouvent concentrés énormément de bureaux. Contrairement aux autres quartiers, les gens marchent dans la rue, la foule est dense et grouillante. La population résidente étant majoritairement indienne, on retrouve ici un peu du charme des bazars de Delhi. La longue Al-Jaame Street s'élance, coincée entre deux montagnes. Au milieu de cette rue, c'est une particularité du quartier, court un lit de rivière asséché, le wadi Al-Kabir.

Ruwi est divisé en deux secteurs, dont le principal est celui des affaires, autour de la Markaz Mutrah al-Tijani Street. On appréciera dans cette rue la beauté du bâtiment de la Banque centrale, ses tonalités roses et blanches et son architecture de style oriental. Dans toute cette zone, appelée souvent CBD (Central Business District), se tiennent les sièges des principales banques, ceux de la majorité des agences de voyages, ainsi que certains ministères. A moins d'avoir quelque chose de précis à y faire ou y dénicher, l'endroit n'est pas vraiment propice à la balade. Autour de la Souq Ruwi Street s'étend le quartier de la débrouille et du « trouve tout » : magasins de contrefaçons, garagistes, menuisiers, tailleurs... C'est un monde à part, plein de vie et très pittoresque. Une plaque tournante aussi, où il faut venir fouiner pour trouver des merveilles !

Mutrah est le symbole du développement économique du pays, associé au maintien de sa culture et de ses traditions, le quartier le plus visité et le plus touristique avec le vieux Muscat, à quelques kilomètres de là. C'est ici qu'on prend conscience du passé maritime du sultanat. Au pied de l'immense port se tient encore le marché aux poissons, certes désormais organisé dans une halle récente aseptisée et bien moins couleur locale que les étalages brouillons du temps jadis, mais où se marchandent toujours les derniers arrivages de la matinée, comme par le passé. Une corniche, aménagée en digue pour la promenade, longe la côte. A gauche, la mer ; à droite, près de l'entrée du port, une série de maisons aux façades blanches en bois, ornées de balcons sculptés. Elles ont été construites par les Lawatiya, des marchands venus d'Inde à partir du XVIIe siècle. Ces derniers, de confession chiite, ont la particularité de ne pas se mélanger avec les autres communautés et se sont distingués en habitant un quartier strictement privé, sur al-Lawatiya. Aujourd'hui, sous l'effet de l'afflux touristique dans Mutrah, leur quartier tend à s'ouvrir. Juste à côté, au pied de la belle mosquée Lawati au dôme bleu, le souk de Mutrah est une caverne d'Ali Baba où négocier vêtements, encens, bijoux, objets artisanaux, etc. Dans ce secteur, populaire et très animé, il n'est pas rare d'assister à des parties de cartes improvisées sur les trottoirs. Dans l'après-midi, les bancs de la corniche se remplissent... Un peu plus loin, une jetée a été aménagée en parc où les familles viennent passer quelques heures et pique-niquer. Un encensoir blanc géant, perché en haut d'une colline, offre de sa plateforme une vue spectaculaire sur le port et la baie.

En suivant la route de la corniche, on arrive au vieux Mascate ou **Muscat** dont l'entrée est symbolisée par une imposante porte aménagée en musée. La route s'enfonce dans la ville tortueuse ; le sens giratoire tourne en rond, parallèlement aux fortifications de la cité royale. Trois entrées donnent accès à la partie fortifiée de la ville : l'une près du palais du sultan, une autre en face du Musée franco-omanais (Bait Faransa) et une troisième depuis le port. La cité est ainsi enfermée entre ses murailles et la mer. C'est en fait une petite crique coincée entre les montagnes et dominée par deux forts, Al-Jibali et Al-Mirani, construits dans la roche. Le port de Mascate, à l'entrée de l'embouchure, fait face au palais du sultan, l'imposant Alam Palace, un ostentatoire et étonnant bâtiment orné d'or. Face à celui-ci, de l'autre côté d'une vaste esplanade, le Musée National (The National Museum) est aussi minimaliste et immaculé que le Palais est coloré et chargé. Avec leurs portes et balcons en bois marron, les maisons blanches de la ville fortifiée sont d'une grande beauté. Elles abritaient autrefois des ambassades qui ont depuis déménagé dans le quartier de Qurm. On prendra le temps d'errer dans cette cité, simple et charmante, qui a fait la gloire du pays et en est encore aujourd'hui le symbole. C'est un endroit très touristique, l'un des principaux centres d'intérêt du grand Mascate avec Mutrah. Compter une bonne demi-journée pour en faire le tour, avec la visite de ses trois principaux musées (le Musée National, le musée Bait Al Zubair, et le Musée franco-omanais). On trouvera de quoi se restaurer, mais pour se loger, il faudra se rapprocher de Mutrah ou s'offrir une nuit dans le plus beau palace du pays, le Ritz Carlton Al-Bustan et son lobby digne d'un palais royal.

Architecture typique sur la Corniche dans le quartier de Mutrah.

SE REPÉRER SE DÉPLACER

En dehors des quartiers historiques, des corniches de Mutrah ou de Qurm, des espaces verts et des grands centres commerciaux, oubliez la marche ! Etendue toute en longueur sur plus de cinquante kilomètres de part et d'autre de la Sultan Qaboos Street (axe central traversant la capitale du nord au sud), composée de quartiers successifs plutôt que de véritable centre-ville, Mascate est une métropole qui se parcourt et se découvre en voiture. Ni métro, ni piste cyclable, ni bus urbains pratiques ne desservent les différents secteurs même si la compagnie nationale Mwasalat (bus) assure des liaisons entre les principaux quartiers. Il faut soit louer une voiture et se déplacer avec un GPS ou l'application maps.me, soit s'allouer les services d'un chauffeur-guide auprès des réceptifs locaux, soit prendre des taxis successifs. Pour un tour panoramique des principales curiosités, option du Big Bus.

AÉROPORT INTERNATIONAL DE MASCATE

✆ +968 2451 9223
www.omanairports.co.om

Le nouvel aéroport international de Mascate a ouvert ses portes le 28 mars 2018. Très grand, lumineux, sobre et chic, il dispose de cafés, boutiques et comptoirs de locations de voitures au rez-de-chaussée… Les vols intérieurs sont assurés par Oman Air et par la compagnie low cost Salam Air. Il existe plusieurs lignes : Mascate-Salalah, Mascate-Khasab, Sohar-Salalah, etc. Pour aller en ville depuis l'aéroport, il faut louer une voiture ou prendre un taxi (éventuellement un bus).

OMAN AIR

Way 3109 - Ruwi ✆ +968 2453 1111
www.omanair.com

Agence de Ruwi : 8h-20h du dimanche au jeudi, 9h-15h samedi, fermé vendredi. Comptoir de l'aéroport 7j/7, 24h/24.

Fondée en 1993, la compagnie nationale du Sultanat d'Oman, connue pour la qualité de ses prestations et des services dispensés à bord de ses Airbus 330, relie Paris à Mascate en vol direct tous les jours au départ de l'aéroport Paris-CDG, avec des pré/post acheminements depuis la Province (Bordeaux, Lyon, Marseille, Montpellier, Nice et Toulouse). Elle assure également des liaisons quotidiennes depuis Mascate vers Abu Dhabi et Dubaï pour un combiné Oman et Emirats arabes unis, et relie tous les autres aéroports du Sultanat, notamment ceux de Khasab et Salalah.

ETIHAD AIRWAYS

Way 3506, New MBD Area, Hai Al Mina
✆ +968 8007 6423

Etihad Airways, compagnie aérienne créée en 2003 et basée à Abu Dhabi, est le deuxième plus grand transporteur aérien des Émirats arabes unis après Emirates. Elle exploite des vols internationaux sur 5 continents depuis le hub d'Abu Dhabi et propose notamment 2 vols par jour au départ de Paris CDG pour Mascate, avec à chaque fois une escale à Abu Dhabi de l'ordre de 2 heures. Un vol part de Paris le matin à 10h30 pour arriver le soir à Mascate vers 23h et un autre décolle le soir de Paris vers 22h pour atterrir à Mascate vers 10h le lendemain matin.

MWASALAT

Al Jami Street
✆ +968 2412 1500
www.mwasalat.om

Pour les itinéraires et horaires, se référer au site web.

La Compagnie Nationale de Transports omanaise offre un réseau remarquable entre les différents quartiers de Mascate et les principales villes du pays, en bus climatisés avec wifi. Elle propose également un intéressant package avec la Compagnie Nationale des Ferrys reliant Mascate à Mussandam via Shinas. Dans ce dernier cas, compter environ 3 heures de bus entre Mascate et Shinas puis 4 heures de ferry entre Shinas et Mussandam (sachant qu'en voiture il faut compter au moins le même temps). Mwasalat achemine aussi des passagers jusqu'à Dubaï aux Emirats.

AL-MASKRY RENT A CAR

Madinat Sultan Qaboos
✆ +968 9943 8661
www.almaskry.com

Al-Maskry rent a car est une des sociétés de location de voitures les plus anciennes et les plus importantes du sultanat d'Oman. Le catalogue des véhicules à louer est très large, de la petite voiture simple à la berline de luxe en passant par les 4x4 et même les bus d'une capacité allant de 14 à 60 personnes. Les services proposés sont également très variés et les options nombreuses : transferts aéroports, services de chauffeur, assistance 24h/24 en cas de panne ou d'accident... Fait aussi office de réceptif pour l'organisation du voyage.

ALWAN RENT A CAR

Way 3730 - Al Ghubrah
✆ +968 9983 3325
www.alwantour.com

Tarifs en ligne : à partir de 15 OMR par jour/Nissan Tiida, 23 OMR/ Volkswagen Passat, 50 OMR/Toyota Land Cruiser, etc.

Par un tour-opérateur à taille humaine, au service fiable et rapide, quelques voitures et 4x4 sont à louer à prix intéressants : Nissan Tiida, Toyota Camry, Toyota Land Cruiser, etc. Possibilité de service de chauffeur sur demande et service *Limousine* pour prestations VIP dans des véhicules haut de gamme. Egalement location de 4x4 tout équipés avec matériel de camping pour road trip en indépendant à travers le pays. L'agence, sérieuse, assure un service personnalisé et efficace, à des tarifs compétitifs dégressifs selon la durée de location.

AVIS RENT A CAR

✆ +968 2460 3822
www.avisoman.com

Tarifs en ligne : dès 35 € par jour pour une berline, 100 €/jour pour un 4x4, etc.

Avec plus de 5 000 agences dans le monde entier et une vaste gamme de véhicules à louer, la réputation d'Avis n'est plus à faire. A Mascate, la compagnie dispose de trois comptoirs/ agences : à l'aéroport, à l'hôtel Al Bustan et à l'hôtel Intercontinental ; A Salalah, elle compte un comptoir à l'aéroport et un autre à l'Al Jabal Hotel Store. Possibilité de surclassement pour les clients habituels d'Avis qui bénéficient de primes de fidélité. Pour réserver et gérer la location de votre véhicule facilement, télécharger l'application Avis sur votre smartphone.

VIVE LA VOITURE !

S'il est très agréable de flâner le long de la plage de Qurm, de la corniche de Mutrah ou dans le vieux Muscat, il est par contre difficile de marcher d'un quartier à l'autre en raison des distances (la capitale est très étendue), de la chaleur une bonne partie de l'année et de l'absence régulière de trottoirs. La compagnie Mwasalat propose un service de bus confortables et climatisés en ville comme dans tout le pays... Toutefois, la voiture reste le mode de transport le plus utilisé d'autant qu'au cœur de la capitale, il est assez simple de circuler. Toute en longueur, la ville s'organise autour de la As Sultan Qaboos Street, de part et d'autre de laquelle s'articulent les différents quartiers. En dehors des heures de pointe (le matin entre 7h et 9h, le midi entre 12h et 14h, et le soir entre 17h et 19h), et surtout des secteurs de Ruwi et de Wadi Kabir, la circulation y est fluide et facile. De plus, les différents secteurs sont à peu près indiqués, même si les noms de rues ne sont pas systématiques et que les établissements ne possèdent pas forcément d'adresse comme en Europe. Le plus simple consiste à avoir fait une recherche en amont pour connaître les directions à suivre et, à défaut de panneaux, à se repérer à des bâtiments ou curiosités touristiques. Contrairement aux Dubaïotes voisins, les Omanais conduisent plutôt tranquillement et s'essaient d'autant moins à battre des records de vitesse que les radars sont nombreux. Pas de problème, donc, pour se déplacer par soi-même, d'autant plus que la conduite se fait à droite.

A l'intérieur du sultanat, la voiture demeure un moyen de transport d'autant plus facile que le réseau routier, quasiment neuf et en développement permanent, est excellent. Toutes les grandes régions du pays sont desservies par de très belles routes, de surcroît très peu fréquentées. Par contre, dès que l'on s'écarte des grands axes et des sentiers battus, un 4x4 devient nécessaire, notamment pour accéder aux parties désertiques ou aux principales montagnes (zones « touristiques » des Jebels Shams et Akhdar par exemple). Plusieurs compagnies de locations de voitures, dont la plupart des grandes marques internationales, possèdent une filiale au sultanat, organisée en un à plusieurs comptoirs – l'un à l'aéroport, un autre dans le centre de Muscat, d'autres parfois dans les principales zones touristiques du pays (Sur à l'est, Sohar au nord, Salalah au sud...).

ORIENTATION

Edifiée tout en longueur sur une plaine côtière que viennent peu à peu grignoter les montagnes, Mascate se distribue en de multiples quartiers dont une dizaine de principaux. Ceux-ci sont désormais considérés comme partie intégrante de la capitale, qui, à strictement parler, ne concernait autrefois que le quartier éponyme – secteur actuellement dit *historique*. En quittant l'aéroport, on parvient à un premier rond-point gigantesque. Puis, une belle autoroute (As Sultan Qaboos Street) s'élance en direction de la ville. A droite comme à gauche, des arbres bordent la voie. On passe des magasins et restaurants puis l'immense mosquée Sultan Qaboos, bijou de l'architecture islamique, dresse ses dômes et minarets dans le ciel, secondée, un peu plus loin, par la blanche et délicate mosquée Muhammad al-Amin. Ronds-points et échangeurs se succèdent, les directions se multiplient : Al Ghubrah à gauche, Al Khuwair à droite... Au fur et à mesure que l'on approche de la « capitale » stricto sensu, l'activité s'intensifie. Dans le quartier de Shatti Al Qurum, le Royal Opera House, autre bijou architectural, offre ses lignes nobles et sa blancheur éclatante. La route continue, la vie semble s'apaiser un peu, puis, vers Ruwi, l'agitation reprend de plus belle. Les montagnes se rapprochent : étranges, sombres, presque menaçantes... La voie, jusqu'alors tracée parallèlement à la mer, mais en retrait de celle-ci, débouche sur le port de Mutrah et ses boutres anciens ancrés dans la rade. *Muscat* est indiquée un peu plus loin, à 3 km. Ces derniers s'effectuent le long de la côte, en partie bordée d'une digue que les promeneurs s'approprient en soirée. Une porte matérialise l'entrée dans l'ancien quartier : magnifique petit village coincé entre mer et terre, et complètement préservé de l'animation du reste de la ville. C'est ce hameau, en partie, qui valut à Mascate d'être élue plus belle capitale du monde arabe à la fin du XXe siècle. Mais ce sont aussi et surtout les superbes mosquées, les grandes maisons blanches, les constructions dépassant rarement les 5 étages, les parcs, les fleurs, le souci permanent et perceptible de respecter l'environnement et d'harmoniser la ville avec son site d'élection, même quand il s'agit d'édifier de nouveaux hôtels, un centre des congrès, des bâtiments étatiques immenses, des centres commerciaux rutilants... Sobriété et discrétion comme un avant-goût du reste du pays...

MASCATE

EUROPCAR

✆ +968 7904 5727

www.europcaroman.com

Agence de Mascate ouverte 7j/7, 24h/24. Agence de Salalah ouverte du dimanche au jeudi de 8h30 à 17h.

Leader mondial de la location de voitures et d'utilitaires, Europcar est une société française bien implantée à Oman. Sur place, elle compte plusieurs antennes, réparties dans des hôtels de Mascate et de Salalah, et dans chacun des aéroports de ces deux grandes villes. Comme toujours, Europcar offre une large gamme de véhicules de qualité et garantit le meilleur prix du marché lors de la réservation, pour une voiture compacte ou un véhicule de luxe. Les différents modèles sont présentés sur le site web et la réservation en ligne est possible.

MARK RENT-A-CAR

Al Iskan Street, Ruwi

✆ +968 2478 2727

www.marktoursoman.com

Vaste palette de prix. Devis rapide.

Mark Tours est avant tout un réceptif fiable et connu, actif à Oman depuis plus de 20 ans où il offre les prestations habituelles d'une bonne agence : réservation de séjour, transferts, excursions à la journée, circuits de plusieurs jours, etc. A la location, il met à disposition une flotte de plus de 400 véhicules, comprenant des 4x4 (de la marque Toyota surtout) et des voitures de luxe, en plus des modèles traditionnels. Service de chauffeur à la demande et prestations de qualité. Livraison des véhicules partout dans le pays et booking en ligne possible.

THRIFTY CAR RENTAL

Seeb International Airport

✆ +968 2452 1189

www.thrifty.com

Thrifty car rental est une entreprise internationale dotée de pas moins de 1 300 agences à travers le monde. Au sultanat, elle dispose de deux agences : l'une à Seeb dans l'aéroport international de Mascate et l'autre à l'aéroport international de Salalah dans le sud du pays. Les réservations peuvent se faire en ligne et sont très flexibles – location à la journée, à la semaine, à l'heure près et au lieu de votre choix. Une large gamme de véhicules est proposée à des tarifs très compétitifs. Bon à savoir : on ne paie aucun frais en cas d'annulation.

BUDGET

Al Tameer Street, Al Mawaleh South
✆ +968 2235 1850 - www.budgetoman.com

Vaste fourchette tarifaire. Devis en ligne. 40 OMR par jour pour un chauffeur. Comptoir aéroport ouvert 24h/24,7j/7.

Budget Rent A Car est la première compagnie internationale de location de voitures à s'être implantée en Oman, en 1981. C'est aussi celle qui offre le plus grand choix de voitures européennes, américaines et japonaises, avec une flotte de pas moins de 1 600 véhicules : berlines, 4x4, véhicules de luxe (Audi, Jaguar, Land Rover...). Location à court et long termes et services de chauffeur-guide à la demande pour des tours guidés de Mascate et des circuits dans le sultanat. Comptoir à l'aéroport et plusieurs agences dans le pays. Service rapide et de qualité.

MUSCAT TAXI

✆ +968 9914 3222
www.muscat-taxi.com

Cette compagnie privée omanaise dispose de taxis blanc et orange facilement reconnaissables, et offre à ses clients un service fiable et de qualité. Elle propose des déplacements dans Mascate ou vers les autres villes du sultanat à des prix raisonnables. Une fois à bord du véhicule, ne pas hésiter à demander au chauffeur d'activer le compteur, car ce n'est pas un geste automatique. Sinon, négocier le tarif au préalable. Possibilité de réserver la course en amont par téléphone ou mail. Véhicules bien entretenus et entreprise sérieuse.

MWASALAT TAXI

✆ +968 2412 1555
www.mwasalat.om

La compagnie nationale de bus propose depuis début 2018 un service de taxis dans Mascate et depuis l'aéroport international. A l'image de ses bus, les taxis sont blanc et rouge. Pour simplifier l'utilisation de ce service, une application est disponible sur smartphone pour les réservations. Possibilité de payer en espèces ou en carte de crédit. Les taxis circulent 24h/24, en revanche les tarifs diffèrent comme toujours et sont plus élevés dès la nuit tombée. Néanmoins pour garantir le prix le plus juste, un taximètre est installé dans chaque véhicule.

À VOIR / À FAIRE

Cité en devenir sur un site pétri d'histoire, nichée entre mer et montagnes, Mascate compte de nombreux centres d'intérêt aussi bien naturels que culturels. Ceux-ci se répartissent au fil des quartiers, mais se concentrent surtout au sud-est de la ville, au niveau de la corniche de Mutrah et de la section ancienne ayant conféré son nom à la métropole : Muscat. En cas de séjour court, 3 lieux sont à privilégier : la Grande Mosquée du Sultan Qaboos, le souk de Mutrah et ses environs immédiats (corniche, marché, musées...) et la vieille ville de Mascate qui, outre la cité royale et plusieurs centres culturels intéressants, accueille le Musée National d'Oman : fabuleuse vitrine sur l'histoire et les traditions du pays, dans un bâtiment contemporain d'une élégance rare. Avec une journée de plus on ira visiter le Royal Opera et on embarquera sur un boutre traditionnel pour partir à la découverte du patrimoine naturel de la capitale.

BIG BUS ★

✆ +968 2452 3112
www.bigbustours.com
Ticket 24h à 29 OMR/adulte. Horaires des tours dépendant de la présence ou non de bateaux de croisière à Mascate.

Depuis leur invention en 1853 à Paris, les bus à impériale ont fait le tour du monde. On retrouve ici le modèle londonien classique en version décapotée pour un circuit panoramique d'environ 1h45 sans descendre. Avec la carte disponible en ligne ou au guichet et téléchargeable sur smartphone, choisissez votre point d'embarquement et en avant Jacqueline ! Cette visite, avec commentaires en français (audioguides en six langues et casques fournis), permet d'embrasser la ville dans sa globalité sans se fatiguer à conduire et surtout sans se perdre. Elle offre un panorama complet des principales curiosités naturelles, culturelles, architecturales et historiques de la capitale : corniches, forts, musées, mosquées, souks, parcs et jardins, quartiers commerçants ou anciens… en toute liberté puisqu'on peut monter, descendre, traînailler ou pas selon son bon vouloir pendant toute la durée du forfait de 24h ou 48h (passage des bus toutes les 30 minutes). Cette formule *Hop on, Hop off* est valable uniquement les jours où les bateaux de croisière font escale dans la rade de Mascate, ce qui est le cas 80 % du temps – voir les détails du calendrier en ligne. Aux autres dates, seul le tour panoramique est proposé avec deux départs journaliers à partir de la corniche de Mutrah : l'un à 10h, l'autre à 14h. On peut choisir une place à l'intérieur à la fraîcheur de la climatisation ou alors nez au vent, dans la douce chaleur des rayons solaires ou à l'ombre de l'auvent. Une balade vivement conseillée pour un premier contact avec Mascate !

TWENTY3 EXTREME

✆ +968 9068 9823
www.twenty3extreme.com
Selon l'excursion ou l'activité, compter autour de 40 à 80 OMR par personne tout compris (transfert et repas).

Récente, mais déjà bien implantée en Oman et sollicitée par les meilleurs tour-opérateurs, cette compagnie de sports et loisirs propose des randonnées ou excursions faciles axées sur une découverte de la culture locale, ou des aventures à plus haut niveau d'adrénaline. En partie spécialisée dans la pratique des sports extrêmes, elle offre la particularité de ne travailler qu'avec des instructeurs expérimentés formés aux normes internationales et dotés de diplômes en secourisme, cas encore trop rare en Oman pour être souligné. Très qualifiée, ouverte aux groupes comme aux familles et individuels, Twenty3 Extreme est implantée à Mascate, mais propose des excursions à travers tout le sultanat avec une prédilection pour les montagnes situées pas trop loin de la capitale et permettant des sorties à la journée. Même si le site web, très bien conçu, décrit la majorité des produits en donnant tous les détails (où, durée de l'activité, niveau physique requis, etc.), chaque sortie est toujours retravaillée de façon à être parfaitement adaptée au groupe, la compagnie prônant le sur-mesure. En guise d'activités, tout est possible, sur terre comme sur mer : canyoning, escalade, trekking, via ferrata, VTT, mais aussi kitesurf, kayak, plongée, aventure dans le désert... On peut, soit opter pour l'excursion complète avec transfert et déjeuner voire nuitée en bivouac à la demande, soit se rendre directement avec son propre 4x4 jusqu'au point de RV et de départ (tarif dégressif dans ce cas).

AMOUAGE FACTORY ★

Route 15 en direction de Nizwa
✆ +968 2453 4800
www.amouage.com
Ouvert de 8h30 à 16h30 en semaine, fermé vendredi-samedi. Visite gratuite rapide. Flacon de parfum à partir de 70 OMR.

Amouage est une parfumerie de luxe fondée en 1983 à la demande du Sultan Qaboos dans le but de renouer avec la tradition arabe des parfums de prestige. C'est en faisant appel à un nez français célèbre, Guy Robert, parfumeur à Grasse, que la première essence voit le jour en 1984 sous le nom d'*Amouage Gold*. Aujourd'hui elle est toujours aussi populaire auprès de ces dames et demeure l'un des parfums les plus chers d'une collection qui compte désormais une quarantaine de fragrances. Pour découvrir cet univers de senteurs qui fait partie du patrimoine omanais, rien de tel qu'une visite à la Factory. D'emblée, on est saisi par l'élégance du bâtiment et par le soin apporté à la décoration : à l'extérieur, l'eau s'écoule dans des fontaines ornées de mosaïques blanches et or ; à l'intérieur, on retrouve le même aménagement aux notes arabisantes que celui des boutiques du parfumeur. C'est le chic absolu ! On est accueilli dans le hall de l'usine où sont exposés tous les parfums en leurs flacons d'ornement. On peut toucher, sentir et découvrir les compositions des célèbres fragrances. En compagnie d'une hôtesse, on pénètre ensuite dans les couloirs d'Amouage pour observer le procédé de fabrication, les salles de conservation, et la mise en bouteille. Anachronisme ou signe d'une grande Maison, l'étiquetage se fait toujours à la main... une particularité étonnante quand on sait que pas moins de 3 000 flacons sont produits ici chaque jour ! Pour la petite histoire, savoir qu'*Amouage* signifie les vagues en arabe. Achat en ligne possible.

MOSQUEE MOHAMMED AL AMEEN

23 rd July Street, Al Gubrah
De l'extérieur uniquement, l'intérieur n'est pas accessible aux non-musulmans.

Cette mosquée blanche d'une élégance rare s'aperçoit dès que l'on entre dans Mascate par le nord. Construite sur une petite colline, elle domine une partie de la ville et se distingue par son architecture délicate particulièrement mise en valeur à la nuit tombée – éclairage superbe. Entièrement en marbre, elle fut édifiée de 2008 à 2014. La salle de prières principale est ornée d'un lustre de 11 mètres de haut partiellement recouvert d'or fin et peut accueillir 2 100 fidèles.

MUSEUM D'HISTOIRE NATURELLE

Quartier des ministères
✆ +968 2464 1374
Ouvert de 9h30 à 13h30 et de 17h à 19h tous les jours, de 17h à 19h uniquement le vendredi. 500 bz l'entrée

Parmi les objets rares exposés ici, on mentionnera les restes d'un arbre fossilisé découverts dans la région d'Al Huquf et daté de plus de 260 millions d'années, et les dents d'un homotherium et d'un dinotherium respectivement anciens de 15 et 35 millions d'années. Le squelette du grand cachalot trouvé en 1986 à Barka vous domine de sa hauteur et de ses 14 mètres de long. Sinon, on déambule des coquillages aux coraux, des insectes aux animaux. Musée poussiéreux, mais instructif.

© EISENLOHR

Mosquee Mohammed Al Ameen.

GRANDE MOSQUEE SULTAN QABOOS ★

Par Al Bhubbrah St
www.sultanqaboosgrandmosque.com
8h30-11h, fermé le vendredi. Entrée libre à partir de 10 ans. Se couvrir et placer ses chaussures dans le casier prévu.

Située dans le quartier d'Al Ghubrah, à l'entrée nord de la ville, la Grande Mosquée du Sultan Qaboos, la plus majestueuse de tout le sultanat, est visible de l'autoroute qui relie l'aéroport de Seeb aux premiers quartiers de Mascate. Si elle est secondée, visuellement parlant, par une autre mosquée plus récente et très belle aussi – la mosquée Mohammed Al Ameen – la Grande Mosquée du Sultan Qaboos est le premier bâtiment impressionnant qui s'offre au regard lorsque l'on entre dans la capitale. Elle fait partie des grands ouvrages commandités sous le règne du Sultan Qaboos au même titre que la Royal Opera House dans le quartier de Qurm et que le Musée National d'Oman dans le Vieux Mascate.

D'une superficie de 416 000 m², suffisamment spacieux pour accueillir 20 000 fidèles, ce superbe lieu de culte inauguré en 2001 reflète la force spirituelle de la nation. Sa construction, qui dura plus de six ans, fut confiée à deux cabinets d'architectes, l'un omanais (Architects International) et l'autre londonien (Quad Design), qui privilégièrent l'alliance de la modernité et de la tradition. Le complexe est entièrement recouvert de grès « arabescato » de couleur crème dans les lieux de prières et de « taj » couleur lilas dans les riwaqs (espace de transition entre l'intérieur et l'extérieur avec arcades). Les pierres furent importées d'Inde et taillées à Mascate. L'entrée principale de la mosquée se trouve au sud et débouche d'abord sur un très beau jardin fleuri. Elle mène à trois autres entrées qui toutes s'ouvrent sur de vastes espaces dégagés. L'ensemble du bâtiment consiste en une vaste plateforme au cœur de laquelle est érigée la principale salle des prières et d'une autre, plus petite, destinée aux femmes. Les limites de cet espace sacré sont matérialisées à chaque angle par un minaret, qui s'élève à environ 45 mètres de haut et s'ajoute au minaret principal, le cinquième, de 91,5 mètres de haut, en écho aux 5 piliers de l'Islam. De part et d'autre des bâtiments principaux et comme pour encadrer ceux-ci, se tiennent les *riwaq* : des couloirs à arcades de 240 mètres de long, ornées de mosaïques et de plusieurs dômes, et abritant les salles auxiliaires – notamment les espaces pour les ablutions et une bibliothèque riche en ouvrages en langues arabe et anglaise consultables sur place.

La salle de prière des hommes est le point fort de la visite, un endroit magistral, aussi bien par sa démesure, que par la beauté des matériaux décoratifs et des ornementations intérieures : colonnes, vitraux, arcades, boiseries précieuses, plafonds finement sculptés, motifs floraux superbes... 6 600 pratiquants à la fois peuvent se rassembler au cœur de la salle, sous un dôme immense s'élevant à cinquante mètres de haut. Les murs sont entièrement revêtus de panneaux de marbre blanc, habillés de carreaux taillés, et ornés de motifs géométriques et floraux, ainsi que d'inscriptions calligraphiques. Au fond, face aux lourdes portes sculptées de l'entrée, le mihrab tourné vers la Mecque est incrusté de carreaux de faïence taillés, aux enchevêtrements de couleur or.

Le tapis persan est l'un des joyaux de la salle. D'une superficie de 4 263 m² et d'un seul tenant, il s'étale sur 70 mètres x 60 mètres, pèse pas moins de 21 tonnes, se compose de 1 700 millions de nœuds et décline 28 tonalités pour la plupart obtenues à partir de teintures végétales. Entièrement tissé à la main par 600 professionnels, supervisés par 15 experts de la province iranienne de Khurasan, sa confection a nécessité quatre années de travail. Le tapis fut amené jusqu'à la grande salle des prières en 58 pièces qui furent assemblées sur place par des spécialistes. Les visiteurs ne sont pas autorisés à fouler librement cette vaste et superbe pièce unique qui est, à ce jour, le plus grand tapis persan artisanal réalisé dans le monde.

Les lustres sont les autres pièces maîtresses de la salle des prières des hommes. Pas moins de 35 d'entre eux, en cristaux de Swarowski et pièces plaquées or, illuminent la grande salle. Le plus imposant se tient sous le dôme. C'est un ouvrage magistral de huit mètres de diamètre et quatorze mètres de haut. D'un poids de huit tonnes, il est illuminé de 1 122 ampoules.

Les vitraux sont également remarquables et furent réalisés par une entreprise française, France Vitrail International. Afin de conférer davantage de prestige au bâtiment, c'est la technique traditionnelle qui fut favorisée. Cette dernière n'utilise que des verres antiques à l'épaisseur inégale qui sont sertis au plomb puis teintés à l'aide d'oxydes métalliques.

Malgré ses très belles portes et plafonds de bois travaillé, **la salle de prière des femmes** est beaucoup plus sobre que la grande salle et ne possède pas de mihrab. La tradition veut en effet que les femmes prient plutôt à la maison. De ce fait, la salle de la mosquée dédiée aux femmes est bien plus petite et ne peut accueillir que 750 fidèles. Elle est pourvue d'un équipement audiovisuel, qui permet aux femmes de faire leur prière sous la direction de l'imam dont le prêche est retransmis en direct depuis la salle de prière des hommes.

Grande mosquée du Sultan Qaboos.

OMAN BOTANIC GARDEN

Grâce au savoir-faire des Ecossais, créateurs du superbe Royal Botanic Garden d'Edimbourg, le projet pharaonique d'un conservatoire de la flore omanaise est en cours de développement sur quatre cent vingt hectares. Une fois achevé (à une date qui demeure absolument inconnue pour le moment d'autant que la pandémie a pu retarder le chantier – 2022 ?), ce jardin botanique sera alors l'un des plus grands du monde. Conçu comme un site de recherche et de préservation, il disposera d'un centre de ressources et d'information pour le public et présentera, à terme, les quatre-vingts espèces endémiques du sultanat et un large échantillon des mille deux cents espèces identifiées au fil des différents écosystèmes. Implanté à Al Khoud, en zone sauvage, à vingt kilomètres de Mascate et une trentaine de minutes à l'ouest de l'aéroport, le jardin s'ouvrira progressivement aux visiteurs. Le site n'a pas été choisi par hasard, il est l'un des rares endroits au monde où l'ancien fond marin est encore visible après que l'activité tectonique ait élevé le lit à cent mètres d'altitude. Les paysagistes et ingénieurs ont travaillé en fonction des crêtes naturelles et ravins existants pour concevoir les différents bâtiments et allées qui formeront au final, un paysage vallonné spectaculaire. Les visiteurs pourront ainsi déambuler en quelques heures autour des oueds, montagnes et déserts d'Oman. Deux des biomes (écozones) les plus sensibles seront développés dans des bâtiments sphériques immenses qui reproduiront les température et humidité naturelles de ces habitats uniques. Une enceinte de verre sinueuse abritera ainsi les écozones des montagnes du Nord et leurs anciennes plantations en terrasses. Une sphère de forme ondulante scintillante en verre protégera de son côté les habitats riches et variés de la région du Dhofar et immergera les visiteurs dans une forêt humide et verte similaire à celle des environs de Salalah pendant la période du Khareef (mousson). Les bâtiments ainsi que le site du jardin ont été conçus pour être au niveau et bénéficier de la certification internationalement reconnue LEED (Leadership in Energy and Environmental Design) qui labellise des bâtiments et sites à haute qualité environnementale. Une stratégie a ainsi été développée pour que l'eau, ressource particulièrement précieuse dans la région, soit produite de manière durable et qu'aucune goutte ne soit gaspillée. Par sa taille, son ambition et sa richesse, il est à parier que ce projet fera de cet espace de conservation un jardin botanique exceptionnel. A suivre...

MUSÉE BAIT ADAM

Building 2881, Way 2333, par Madinat As Sultan Qaboos Street

✆ +968 9935 6676

Ouvert 7j/7 sur RDV. 4 personnes minimum. 5 OMR par personne café et dattes inclus et 35 OMR avec le repas omanais.

Latif Al Bulushi, trois mots de français, calot omanais vissé sur la tête, nous offre un large sourire d'accueil. Ce musée, il l'a voulu et financé sur ses économies, et ce depuis 1999, sans doute pour ne pas passer ses vieux jours à regarder la tele. Un autodidacte peut-il jouer au conservateur ? En ouvrant les portes de ses collections, notre hôte en fournit la preuve immédiate, nous entraînant dans une visite absolument saisissante, ici des monnaies omeyyades et zanzibarites frappées du clou de girofle, là des lettres originales d'un ancien sultan au président des États-Unis ou une carte de Rigobert Bonne, cartographe de Louis XVI au service hydrographique de la Marine. Et ce jeu d'échecs, merveille chinoise en ivoire offert à la Maison blanche en 1833. On s'arrête encore devant l'accord officiel accordant la navigation sous pavillon français aux boutres de Sur et, stupéfait, face au portrait photographique d'une beauté sidérante derrière son masque, une madone au regard transperçant. Assemblés durant plus de vingt ans, ces trésors personnels peuplent désormais de vastes pièces au rez-de-chaussée de la résidence personnelle de Latif, baptisée Adam du nom de son fils. Notre suggestion : visitez Bait Al Baranda, le musée de l'histoire omanaise à Mutrah, et ensuite offrez-vous Bait Adam pour l'échange, la rencontre et les pièces uniques. Ne pas hésiter à faire un détour par la boutique : celle-ci propose des objets omanais typiques à rapporter en guise de souvenirs, à des tarifs plutôt intéressants.

QURM NATURAL PARK

Al Qurm Street

Ouvert de 8h à 23h en semaine et jusqu'à minuit vendredi, samedi et les jours fériés.

Ouvert depuis 1993, ce joli parc de bord de mer est le poumon vert de la ville. C'est aussi le plus grand de la capitale avec de vastes pelouses, des parterres de fleurs, une roseraie, des fontaines, un lac où louer des petites barques, des aires de jeux pour les enfants, une mini fête foraine et des stands pour grignoter un morceau ou se rafraîchir. Il abrite une réserve naturelle sertie de mangroves où l'on peut observer de nombreux oiseaux migrateurs venus faire une escale à Mascate. Bon à savoir : dans ce parc, comme dans la plupart des autres, wifi gratuit.

ATRIUM DE L'AL BUSTAN PALACE ★

Al Bustan Palace Ritz Carlton
✆ +968 2479 9666
www.ritzcarlton.com
Ouvert au grand public 7j/7 de 8h à 22h. Entrée gratuite. Tenue correcte exigée.

Edifié en 1985 pour en mettre plein la vue aux délégués d'un Conseil de Coopération du Golfe, ce palace majuscule trône devant sa baie encadrée de montagnes. On franchit les lourdes portes de bois sculptées comme celle d'une très grande mosquée et l'atrium, haut de 38 mètres, se décline en matériaux précieux, fontaine de cristal, murs couverts d'arabesques incrustées de feuilles d'or. Accroché au dôme, un lustre irise le lobby de 18 mètres de scintillements sublimes. A voir !

BAIT MUZNA GALLERY

Juste en face du Musée Bait Al Zubair
✆ +968 2460 7006
www.baitmuznagallery.com
Ouvert 6j/7 de 9h30 à 17h30. Fermé vendredi. Entrée libre.

Bien plus qu'une simple galerie d'art, Bait Muzna est l'un des consultants d'art les plus importants de la région. Créé par Sayyida Susan Al Said en 2000, ce centre culturel s'est engagé à promouvoir l'art contemporain moderne et à préserver l'essence de l'art arabe à travers différents supports de conception et la mise en service de grands projets à échelle locale et internationale. La galerie organise notamment régulièrement des séminaires à thèmes pour permettre à de jeunes artistes de rencontrer des créateurs plus accomplis, et ainsi de progresser.

CORNICHE DE MUTRAH

Cette promenade permet d'embrasser du regard toute la rade : des bâtiments du front de mer comme le marché aux poissons, les maisons ouvragées des Lawatiya, l'entrée du souk, le fort perché tout là-haut, l'encensoir géant et les parcs un peu plus loin… aux superbes bateaux ancrés dans la rade – boutres traditionnels en bois et yachts du Sultan, parmi les plus grands du monde (taille et faste impressionnants). Particulièrement animée en matinée et en soirée, la corniche est un lieu de promenade appréciée des Omanais qui y déambulent nombreux aux heures douces.

UN PEU D'HISTOIRE...

L'histoire de Mascate débute avec l'invasion des Portugais. En 1507, le commandant Alfonso de Albuquerque, séduit par ce petit port de pêche à la position stratégique, décide d'y installer sa base navale. Il fortifie le port puis, suite à l'invasion d'ennemis turcs en 1552, y fait construire deux forts, positionnés de chaque côté de la ville : Al-Jibali et Al-Mirani. Les Portugais étendent ensuite leur quartier général vers le secteur de Mutrah, qu'il dote d'un nouveau port. Puis, destitués de leur pouvoir dans la région du détroit d'Ormuz, ils se replient sur Mascate et fortifient la ville, qu'ils délimitent de trois portes principales : Bab al-Kabir, Bab al-Saghir et Bab al-Mathaib. Ils font également ériger des tours de guet à chaque point culminant des environs immédiats : Ryam, Sidab... Malgré toutes ces précautions, les Portugais sont chassés de Mascate en 1649 par le sultan Bin Saif. S'ensuit une période florissante pour la ville, devenue l'un des principaux ports de la région. Des bateaux venus de tous les horizons (Indes, Perse, etc.), dont on peut encore lire les noms gravés dans la roche, y accostent, et l'endroit bruit d'une activité incessante ! En 1783, Mascate est choisie comme capitale du pays. Au début du XIXe siècle, le port commercial de Mascate est transféré à Mutrah, où il peut bénéficier d'une baie beaucoup plus large. Ce dernier devient la base des navires omanais. Les événements qui suivent la mort de Said bin Sultan, en 1856, isolent la ville et le pays pour plus d'un siècle. En 1970, quand le sultan Qaboos accède au pouvoir, Mascate est une ville fermée la nuit et qui fait l'objet d'un couvre-feu ! Sous l'impulsion du Sultan, elle va connaître, comme le reste du pays, un développement exceptionnel qui va lui conférer de plus en plus de poids sur la scène internationale.

De nos jours, la municipalité de Mascate englobe le vieux Mascate, Mutrah (le quartier des marchands), Ruwi (le quartier des affaires), et d'innombrables quartiers résidentiels et administratifs, dont certains tout neufs. En pleine expansion et dotée de grandes enseignes hôtelières (Hyatt, Intercontinental, Marriott, Shangri-La, Ritz Carlton, etc.), la ville bénéficie d'un réel dynamisme et accueille de façon régulière les membres du Conseil de Coopération des Pays du Golfe. Elle n'en reste pas moins une capitale à taille humaine, authentique et horizontale, et, de ce fait, très agréable à vivre.

ROYAL OPERA HOUSE ★

Al Kharijiyah Street, Shatti Al Qurum
✆ +968 2440 3300 - www.rohmuscat.org.om

Programme et réservation en ligne. Visite guidée de 8h20 à 17h20 du samedi au jeudi, 3 OMR/adulte, 1 OMR/enfant

Témoin majestueux de l'amour inconditionnel que feu le sultan Qaboos portait à la grande musique, la Royal Opera House, quelque 142 ans après l'ouverture de l'opéra Caire, fut inaugurée en première arabe fin 2011, par le Turandot véronais de Franco Zeffirelli avec Placido Domingo à la baguette. D'une capacité d'environ 1 100 personnes, l'auditorium principal est équipé de magnifiques fauteuils rouges. Les spectateurs peuvent suivre sur l'écran inséré dans le dossier devant eux la version filmée de la représentation, mais aussi, très utile, le texte du livret traduit dans la langue de leur choix. Les tablettes numériques multimédia s'installent même à l'opéra ! À l'entracte, dans le foyer, on découvre une collection d'antiquités rares parmi lesquelles des faïences de Quimper Porquier-Beau, une lyre du luthier de Mirecourt Jean-Baptiste Thouvenel ou encore une cithare bicentenaire du parisien Jean Hénocq. La musique faisant lien entre les générations, les Omanais ont choisi d'équiper la grande salle d'un orgue polytimbral de 4 542 tuyaux signé Klais, le facteur historique implanté à Bonn. Les billets s'achètent directement à l'accueil ou sur le site Internet où vous pourrez même choisir vos places. Et pour les malheureux qui ne pourraient pas assister à un spectacle, séance de rattrapage du samedi au jeudi de 8h20 à 17h20 pour une petite visite guidée de l'opéra qui n'inclut pas les coulisses malheureusement, mais offre un bel aperçu de l'auditorium.

Depuis 2019, cette visite, pour 1 OMR de plus, peut-être couplée avec celle du nouveau joyau de la maison : The House of Musical Arts. Lignes architecturales de style arabo-contemporain, arcades, marbre blanc en extérieur, bois précieux en intérieur évoquent en tous points ceux de la Royal House dont ce nouvel espace est la prolongation et que relie une sublime passerelle de verre habillée d'arabesques. Une autre impression de similitude baigne l'auditorium qui est la version plus « légère » en 500 places de la salle maîtresse plus cossue. Celui-ci a pour vocation d'enrichir la programmation de la Royal House en accueillant d'autres types d'évènements culturels et d'autres programmations musicales : spectacles de danse ou de musique classique à plus contemporaine, en passant par du jazz, du baroque, des musiques du monde... Une bibliothèque musicale, un centre culturel (expos) et des espaces de conférences complètent ce bel ensemble. Pour prolonger la visite, on pourra flâner dans les couloirs de l'Opera Galleria, galerie marchande au diapason c'est-à-dire d'un luxe et d'une élégance rare.

© EDROY - SHUTTERSTOCK.COM

LA CITÉ ROYALE ★

Vieux Mascate

Rémanence du passé, la cité royale occupe une bonne partie du Vieux Mascate, quartier historique le plus ancien de la ville avec celui de Mutrah. C'est de ce petit port de pêche originel que Mascate est devenue la cité prospère qu'elle est aujourd'hui. Les fortifications et bâtisses défensives, restaurées en 1979 à la demande du sultan Qaboos, datent du XVIe siècle, époque de la présence portugaise à Mascate. Trois portes (Bab al-Kabir, Bab al-Saghir et Bab al-Mathaib) jalonnent la cité et en délimitent la section la plus ancienne. On tombe vite sous le charme de ce petit quartier qui paraît un village soigné au cœur de la capitale : maisons rénovées, trottoirs fleuris, rues immaculées... un Eden au bord de la mer d'Arabie ! On comprend pourquoi y demeurent encore quelques ministères, comme celui des Finances avec sa porte en or. Comme l'ensemble des curiosités se tiennent dans un périmètre assez restreint, on découvre la cité à pied, et pourquoi pas une seconde fois le soir quand la mise en lumière savante des bâtiments et des montagnes se prête particulièrement à une flânerie esthétique et paisible. Sur place, trois monuments sont à ne pas manquer : les deux forts Al-Mirani et Al-Jalali, et le Alam Palace, l'une des résidences de Sa Majesté feu le sultan Qaboos, désormais propriété du nouveau sultan Haïtham ben Tariq. Ce dernier palais, assez étonnant et de style chargé, est précédé d'une immense esplanade encadrée par de longs bâtiments avec arcades. Il ne se visite pas, mais son architecture extérieure flamboyante permet d'imaginer la somptuosité de ses espaces et décors intérieurs. De grandes colonnes or et bleu s'élancent vers le ciel, cernées par de superbes massifs de bougainvillées orange et violettes, et des brassées de roses dont une variété porte le nom de l'ancien sultan. Les trois monuments se tiennent en bord de mer, entre des roches de couleur ocre. Pour y accéder, il faut passer l'une des portes (idéalement celle de Baba al-Mathaib, la plus proche) et se rendre jusqu'au bord de l'eau, au niveau de la corniche où se répartissent : à gauche, le port ; à droite, le fort Al-Mirani et le palais ; et, en face encore plus à droite, le fort Al-Jalali. Fièrement dressées sur de petits escarpements, les deux citadelles ne se visitent pas non plus. La première abrite aujourd'hui la garde royale, tandis que la deuxième est utilisée par l'armée. De la corniche, on remarque, gravés sur la falaise bordant le port, les noms de navires de passage à Mascate et qui ont laissé là leur trace. L'inscription la plus ancienne date de 1876.

© LINGBEEK - ISTOCKPHOTO.COM

Fort Al Mirani à Mascate.

ECOMAN CENTRE

Sayh Al Malih Street, Mina al Fahl
✆ +968 1111 2222
www.pdo.co.om

Ouvert de 8h à 15h du dimanche au jeudi, fermé le week-end. Entrée gratuite. Réservation nécessaire pour le Planétarium.

Exposition permanente organisée par la société PDO (Petroleum Development Oman) responsable de l'exploitation du pétrole à Oman. D'un côté l'Ecoman Centre nous plonge dans l'univers de la production de l'énergie, et de l'autre, le Oil and Gas Exhibition Centre nous aide à comprendre ce que sont le pétrole et le gaz et à quoi ils servent. Les différents volets sont l'origine, la recherche, la découverte, l'exploitation, le transport et l'utilisation. L'exposition est ludique et bien présentée. A voir également, le seul et unique Planétarium du sultanat.

KALBUH PARK

Al Bahri Road, entre Mutrah et le vieux Mascate

Ouvert 7j/7, de 9h à 22h.

C'est sans doute le plus charmant bord de mer des quartiers historiques, comme une jetée aménagée d'espaces fleuris où les familles viennent le soir pique-niquer et se balader. Idéalement situé entre la corniche de Mutrah et le vieux Mascate, l'endroit est effectivement très agréable en soirée, à la fraîche, et nombreuses sont les familles omanaises qui viennent ici défouler leurs enfants après être allées au souk. Possibilité de se rafraîchir ou d'acheter une glace au petit kiosque à l'entrée dans un cadre doux et majestueux. Une excursion immersive et typique !

FORT DE MUTRAH

Ouvert de 9h à 16h du samedi au jeudi, de 9h à 11h et de 14h à 16h le vendredi. Entrée à 500 bz.

Perchée sur son éperon rocheux, cette vigie panoramique édifiée en 1507 offre de larges points de vue sur la baie de Mutrah et les quartiers côtiers d'un côté, les montagnes et les quartiers intérieurs de l'autre – une position stratégique pour repérer les envahisseurs arrivant par la mer comme par les terres. Contrairement aux autres forts du pays, celui-ci ne fait l'objet d'aucun aménagement, mais consiste en une succession de remparts, tours de guet et plateformes extérieures que l'on atteint vaillamment par une volée de marches. Tout bon selfie se mérite !

MARCHÉ AUX POISSONS

Corniche de Mutrah, à côté du port industriel

Ouvert 7j/7 en matinée de 7h à 12h environ.

Le marché aux poissons de Mutrah, au concept architectural innovant, s'offre le luxe d'espaces nets, carrelés et climatisés, moins couleur locale que les autres marchés du pays, certes, mais davantage adaptés à la marchandise et à la fraîcheur des produits. Tous les jours, les pêcheurs s'y regroupent pour y exposer leurs prises, et l'endroit vaut autant pour les étals que pour le spectacle offert par les visages burinés de soleil et le jeu subtil du négoce... Dans le prolongement, une grande salle climatisée accueille un marché aux fruits et légumes.

MAISONS DES LAWATIYA

Quartier privé interdit d'accès. Admirer les maisons de l'extérieur. Bel éclairage le soir.

© DIAK - SHUTTERSTOCK.COM

Joliment dressées face à la mer le long de la route portuaire, à quelques mètres de l'entrée principale du souk, ces belles maisons blanches en bois reconnaissables à leurs balcons ouvragés furent édifiées à partir du XVIIe siècle par des marchands venus d'Inde. De confession chiite, ceux-ci avaient la particularité de ne pas se mélanger avec les autres communautés. Ils créèrent ce quartier strictement privé et y vécurent entre eux. Aujourd'hui, avec l'afflux touristique, les Lawatiya auraient partiellement déserté l'endroit. Admirer la belle mosquée au dôme bleu.

MUSÉE BAIT AL BARANDA

Al Mina'a Street, Port de Mutrah
✆ +968 2471 4262
www.baitalbaranda.mm.gov.om

Ouvert de 9h à 13h et de 16h à 18h, fermé le vendredi. Entrée à 1 OMR par adulte et 500 bz par enfant.

Cette jolie maison omanaise de pierre blanche et de bois est située au cœur de Mutrah, sur le front de mer. Bait al Baranda signifie « la maison à la véranda ». Grâce aux dernières techniques muséographiques, remontez l'histoire de la ville jusqu'à aujourd'hui, au travers d'expositions interactives allant de la géologie à la préhistoire en passant par la vie maritime ou le folklore. L'évolution de Mascate du Ier siècle à 1744 est notamment retracée, depuis le premier peuplement connu au temps des batailles navales. Un point chronologique essentiel.

MUSÉE BAIT AL-ZUBAIR

Vieux Mascate ✆ +968 2208 4700
www.baitalzubair.com

Ouvert 6j/7 de 9h30 à 18h, fermé le vendredi. 2 OMR/adulte, 1 OMR/enfant, gratuit pour les moins de 10 ans.

Depuis 1998, date à laquelle la maison fut transformée en musée, les arts et traditions populaires sont à leur meilleur dans cette demeure ancienne du Cheikh Al Zubair, dignitaire local au service de 3 sultans en tant que ministre et conseiller. Financé par ses fondateurs, la famille Al Zubair, le musée expose la collection privée d'objets omanais rassemblés par la famille pendant plusieurs siècles et qui est à ce jour considérée comme l'une des plus belles du sultanat. Agrémenté d'un café et d'une boutique de souvenirs, le musée se compose de 5 bâtiments distincts. Il se prolonge en extérieur dans un jardin présentant des caractéristiques de la culture locale comme une reproduction du système du falaj par exemple.

- **Bait Al Bagh** est le bâtiment principal. Autrefois, lieu de rassemblement de l'élite omanaise, il abrite désormais 6 galeries en rez-de-chaussée exposant, selon un classement thématique fluide et facile à s'approprier, des collections de bijoux, vêtements, poteries, armes et instruments de musique. Au premier étage, on pourra découvrir des timbres, une collection de pièces de monnaie et une autre de manuscrits du XVIe siècle, soit autant d'objets plus ou moins précieux qui racontent avec nostalgie le passé du sultanat, sa culture, la vie de tous les jours au temps jadis.
- **Bait Al Oud** est l'ancienne résidence principale de la famille Al Zubair et sert essentiellement aux expositions temporaires.
- **Bait Al Nahdhalah**, bâtiment sur 4 étages est dédié à la promotion des arts.
- **Bait Al Dalaleed**, autre bâtiment traditionnel, a été soigneusement restauré dans le but de faire découvrir aux visiteurs l'essence même de la vie omanaise d'il y a plus de 100 ans. A l'intérieur, ont été aménagés un majilis, une ancienne chambre à coucher, un café et un espace de détente et de lecture.
- **La galerie Sarah**, quant à elle, est la première et l'une des plus importantes galeries d'art contemporain du sultanat.

Créée en 2005, la fondation Bait Al Zubair développe également de nombreux projets liés à la culture, au patrimoine, aux arts, à la communauté, à l'histoire et à l'édition. Elle est très active et soutient de jeunes créateurs. Son objectif est de sauvegarder le patrimoine culturel et religieux d'Oman mais aussi de le promouvoir, de l'exposer, de l'étudier et de le développer en encourageant la production des jeunes artistes et en sensibilisant ceux-ci à la pluralité de la créativité contemporaine.

LES NOMS D'OMAN

Au cours de son histoire, le sultanat fut désigné sous différents noms. Des tablettes sumériennes décrivent une terre comme celle de *Magan*, nom qui fait référence au cuivre dans l'Antiquité. Il est en effet probable que le pays ait été utilisé par les navigateurs et marchands sumériens pour la fonte du cuivre et la construction navale. *Mezoun*, autre nom rapporté pour Oman, est un dérivé du mot *muzn* qui désigne l'eau abondante – appellation logique quand on compare Oman, terre partiellement fertile, aux pays arabes voisins plus arides. Le nom d'Oman, tel qu'il est utilisé actuellement, aurait été donné par les tribus arabes ayant émigré du territoire d'Uman au Yémen.

MUSÉE DE LA PORTE DE MASCATE

Vieux Mascate
✆ +968 9932 8754
Ouvert du dimanche au jeudi de 8h à 14h, fermé vendredi et samedi. Entrée à 0,50 OMR par adulte.

Cette porte en pierre qui s'inspire des portes anciennes a été construite en 1995 à l'ouest de Mascate dans le cadre des célébrations marquant les 25 ans de règne du Sultan Qaboos. Le musée a ouvert ses portes dans la partie supérieure de l'édifice en 2001. Un petit arrêt vaut le détour avant d'entamer la visite du vieux Mascate. On y découvre toute l'évolution de la ville : du port de pêche fortifié à la métropole en expansion. Du toit, on admire un beau panorama sur la vieille ville.

MUSÉE DES FORCES ARMÉES SULTANIENNES

Fort Bait Al Falaj,
Al Mujamma Street
✆ +968 2431 2646
8h-13h30 du dimanche au jeudi, 9h-12h et 15h-18h samedi, fermé vendredi. 1 OMR/entrée. Visite guidée par des militaires.

Installé entre les murs de Bait Al Falaj, fort édifié en 1845 pour servir de résidence d'été au sultan Sayyid Said bin Sultan, ce musée mérite une visite tant on sait que les nations se forgent par les armes. Des époques pré-islamiques à l'émergence du pouvoir sultanien en passant par la période des imans, le portrait du pays se dessine en 22 salles. Autre intérêt : les jardins et leurs pièces d'armement, parmi lesquelles un curieux bateau et l'ancienne Cadillac du sultan Qaboos.

MUSÉE BAIT FARANSA

Vieux Mascate
✆ +968 2473 6613
8h-13h30 du dimanche au jeudi, 9h-13h le samedi, fermé vendredi. Entrée adulte 1 OMR.

Quelque chose de très particulier s'est tissé au fil des années entre Oman et la France, une histoire où se mêlent la pensée stratégique et les intérêts commerciaux. Cette « maison de France », qui fut le cœur et le théâtre de cette chronique diplomatique et humaine, était initialement la résidence d'une nièce du sultan Saïd, Ghaliah bint Salim. En 1896, le sultan Faysal propose à la France d'y installer son premier consul, le Corse Paul Ottavi, premier d'une série de treize, jusqu'en 1920. Dès le XVIIe siècle, au fil des expéditions sucrières dans l'océan Indien, les navires français mouillent dans la rade, dernière aiguade après Gorée, Bonne-Espérance, Sofala, La Réunion et Zanzibar. Début XIXe, des relations prennent corps et en 1894 la décision est prise de dépêcher sur place un méridional tout-terrain précédemment posté à Mogador (actuelle Essaouira, Maroc), le fameux Ottavi. Entrez donc dans son bureau, reconstitué grâce aux archives diplomatiques et aux documents prêtés par les descendants des agents, découvrez les galeries des bateaux, des costumes, des cartes et des traités, observez l'étonnante mise en parallèle des traditions françaises et omanaises, en particulier avec Lorient et Marseille. En ce temps-là, les dames de la région n'étaient pas en voile corbeau, osant de vives couleurs et des motifs impensables de nos jours ; on ira, un jour ou l'autre, visiter le musée Souleiado de Tarascon pour réaliser le cousinage esthétique des Indiennes, ces tissus provençaux sous influence orientale. Deux traités scellent l'amitié franco-omanaise, le premier en 1807 et le second, beaucoup plus détaillé et étendu, en 1844. Deux ans plus tard, les capitaines omanais possédant un établissement dans les colonies ou territoires français se voient accorder le privilège de naviguer sous pavillon tricolore. En 1989, le sultan Qaboos, en visite d'État à Paris, annonce au président Mitterrand qu'il met à disposition l'ancien consulat pour en faire un musée consacré aux relations bilatérales. Un établissement unique, sans équivalent pour d'autres pays amis, qui est inauguré par les deux chefs d'État le 29 janvier 1992. Manière de vous rappeler qu'aux temps héroïques le lointain était un sacerdoce, ne ratez pas dans le bureau consulaire les documents administratifs français qui détaillent les séjours des différents représentants, et parfois leur triste sort : un premier fut rapatrié, car « devenu fou » ; un deuxième fut « assassiné par un coup de chaleur » ; un troisième est décédé « par suite de furonculose ».

MUSEE NATIONAL D'OMAN ★

Vieux Mascate, en face du palais du sultan.
✆ +968 2208 1500
Ouvert 7j/7 de 10h à 17h du samedi au jeudi, 14h à 18h le vendredi. 5 OMR par adulte.

Ouvert en juillet 2016, le Musée National d'Oman, par son architecture et l'élégance de ses lignes, se présente comme un édifice majeur et incontournable du pays dans la lignée des grands ouvrages entrepris sous le règne du sultan Qaboos – la Grande Mosquée, la Royal Opera House. Immaculé et fièrement campé au bout de l'esplanade faisant face au Palais Al Alam, ce bijou national, empreint d'une sobre majesté, s'inscrit naturellement dans le quartier du vieux Mascate – ses rues paisibles et fleuries, ses bâtiments soignés, son atmosphère chic pétrie d'histoire et de culture... De niveau international dans ses conception et scénographie, oriental de style, mais de façon épurée (vastes perspectives, puits de lumière, arabesques stylisées), ce fabuleux ensemble est l'écrin ou la vitrine permettant de retracer et de s'approprier l'histoire et les traditions du pays depuis l'apparition de l'espèce humaine dans la péninsule d'Oman jusqu'à aujourd'hui. Quatorze galeries permanentes et thématiques (*Galerie de l'histoire maritime, Splendeurs de l'islam, Oman et le monde*, etc.) composent ce vaste ensemble lumineux et moderne, et permettent de découvrir pas moins de 5 500 objets – poteries anciennes, armes, bijoux, cafetières, vaisselle précieuse, coffres, mobilier de prix, antiquités, etc. – le tout présenté de façon si harmonieuse qu'on pourrait y venir pour le seul plaisir d'une déambulation esthétique. La mission éducative, culturelle et humanitaire du musée n'en est pas moins omniprésente et trouve un premier écho dans le film d'introduction d'une vingtaine de minutes à découvrir absolument dans la *Galerie des armes et armures*. Ensuite, libre à chacun de glaner les informations didactiques (en anglais, arabe et braille) des différents panneaux informatifs et notamment de ceux qui introduisent chaque galerie et chaque thématique en attirant l'attention sur le ou les pièces de choix (*Key Objects*) de chaque espace. A l'attention des enfants ou des curieux, les panneaux *What is it* mettent en lumière les objets les plus étonnants, ceux dont il est de prime abord difficile de deviner le sens ou la fonction initiale, à l'image de ce petit brûleur d'encens en forme de bateau exposé dans la *Galerie de la Préhistoire et de l'histoire ancienne*. On apprécie les nombreux écrans interactifs et les activités ludiques dévolues aux plus jeunes qui ne resteront pas insensibles aux incroyables armes, accessoires, vêtements, bijoux, etc., témoignant du riche patrimoine et du rayonnement du sultanat à travers les âges. Un petit cocorico au passage pour l'essai daté de 1841 du Français Edmond Pâris sur la construction navale des peuples extra-européens et aussi pour le globe terrestre offert par François Mitterrand lors d'une visite diplomatique du sultan Qaboos à Paris en 1989 et sur lequel l'artiste Fernand Pouillon a fait apparaître les lieux chers à l'ancien président tels que Jarnac, Château-Chinon, Cluny ou Solutré ! En guise d'introduction, on prendra le temps de visualiser la vidéo consacrée au musée sur YouTube (https://www.youtube.com/embed/thZJNoABmGw?list=PL6FBEF7B4438D3F03) pour se faire une idée précise de la beauté des espaces, l'ampleur des salles, la modernité de la mise en scène alliée à la majesté des fenêtres et portes ajourées où filtre la lumière à travers les arabesques. Immanquable ! **Sur place** : espace d'accueil, galerie pour les expositions temporaires, boutique, restaurant-café.

MASCATE

© CATHYLINE DAIRIN

Musée National d'Oman.

PLACE & PEOPLE MUSEUM

Sur la corniche de Mutrah, en contrebas du fort
✆ +968 2471 1640
Ouvert de 9h à 18h du samedi au vendredi, fermé dimanche. Entrée à 2 OMR par adulte, 500 bz par enfant.

Situé à l'extrémité sud de la corniche, en contrebas du fort de Mutrah, cet établissement est un regroupement de plusieurs maisons basses et blanches qui a pour vocation de représenter une maison omanaise type des années 50-70 et de raconter l'héritage culturel, les coutumes, le poids des traditions. On traverse une succession de pièces aménagées de meubles et objets du quotidien et évoquant la vie des Omanais il y a une cinquantaine d'années. On apprécie le côté pour ainsi dire « en situation » du lieu, la collection de vêtements et la galerie d'art à la sortie.

RANDONNEE DE MUTRAH

2,8 km – environ 2h de marche. Départ au niveau du parking du Riyam Park ou de la corniche à côté de Bank of Muscat.

Le C38, c'est le nom de l'itinéraire (balisage jaune blanc rouge), débute par une volée de marches en pierres, atteint un point de vue sur le souk, la corniche et le port, avant de redescendre dans le vieux Mutrah en offrant plusieurs panoramas. Ce sentier était jadis la principale voie qui reliait la vieille ville de Mutrah au port. On pense qu'il était déjà utilisé à l'époque de la civilisation de Magan, il y a 5 000 ans. On y découvre aussi des affleurements de roches volcaniques appelés « ophiolites », parmi les mieux conservés et les mieux exposés du monde.

RIYAM PARK ET ENCENSOIR

Al Bahri road
Ouvert de 16h à 23h du dimanche au jeudi, de 9h à minuit les vendredis et samedis.

Ce parc est très apprécié des familles omanaises qui s'y rendent en nombre pendant la saison douce pour profiter des jeux et manèges. Pour y accéder, il faut longer l'entière corniche de Mutrah jusqu'à son extrémité sud. Le parc est identifiable de loin grâce à la tour blanche atypique posée sur sa colline et visible depuis la route : en fait, un encensoir grand format, devenu le symbole de la ville de Mascate. De là-haut, la vue plonge sur la corniche, le vieux port, la baie et ses constructions – autant de clichés qui valent bien de grimper quelques marches.

SOUK DE MUTRAH ★

Port de Mutrah
Ouvert de 8h à 13h et de 16h30 à 22h, fermé vendredi matin.

L'entrée principale du souk donne sur la corniche, à gauche de la grande mosquée bleue quand on se dirige vers le vieux Mascate. Les yeux fermés, on est sûr d'arriver à bon port en suivant les capiteuses effluves d'encens ! L'artère principale du marché, entièrement couverte comme le reste des espaces, se divise très vite en deux. De chaque côté, partent des ruelles qui regorgent de marchandises de toutes sortes. Celles qui filent vers la droite conduisent au secteur de la bijouterie et ses vitrines de colliers, bracelets, pendentifs, en argent et or massif. Immédiatement après l'entrée, sur la droite toujours, se tient le coin des parfums et des pashminas. Quand on quitte l'axe central vers la gauche, c'est la zone du bric-à-brac poétique. Tout au fond, se trouvent les échoppes de confection. L'ambiance n'est pas intrusive, les vendeurs se limitant à vous inciter à entrer sans jamais vous poursuivre. Autochtones et touristes se côtoient dans la bonne humeur. Achats de première nécessité pour les uns, superflus pour les autres, les possibilités ne manquent pas : de la paire de baskets aux coffres anciens, en passant par les épices, les bijoux, les kandjars, les poteries et objets artisanaux divers. La flânerie peut se prolonger agréablement, sans compter le temps passé à marchander pour obtenir un « bon prix », concept flou et plutôt arbitraire. Même si l'on n'a rien à acheter, le lieu vaut le détour pour son atmosphère très orientale, ses plafonds peints, ses poutres parfois décorées, ses scènes de vie.

© OT OMAN

MASCATE

SE LOGER

On loge dans toutes les fourchettes de prix à Mascate même si l'offre en matière de guesthouses et d'hébergements pas chers est réduite, sauf à louer un appartement ou une villa via les grandes plateformes de réservation internationales ou en direct. La tendance va aux hôtels de luxe (quasi les seuls à bénéficier d'une plage), aux chaînes hôtelières 3 ou 4 étoiles de type Ibis, Tulip Inn, Radisson Blu, etc. ou aux apparts-hôtels. Les infrastructures se situent plutôt dans la première partie de la ville (quartiers de Seeb, Al Mouj, Al Ghubrah, Qurm), le meilleur rapport qualité-prix-situation revenant au Crowne Plaza de Qurm. Pour un balnéaire digne de ce nom, opter pour les resorts du sud-est de la capitale comme le Ritz Al Bustan, le Shangri-La ou le tout récent Jumeirah Muscat Bay. Innovant : le nouveau W casse les codes. Atypique : le Muscat Hills Resort est la seule vraie robinsonnade en mode paillotes et tongs de Mascate.

BEACH HOTEL €

Way 2818, Jawaharat Al-Shati ✆ +968 2469 6601
www.beachhotelmuscat.com
25 OMR la chambre double (sans le petit déjeuner), 40 OMR l'appartement 2 chambres avec cuisine et salon.

C'est l'adresse pas chère du quartier central de Qurum. Modeste, la bâtisse blanche se dresse entre l'opéra et la mer, dans le virage conduisant au Jas Complex et aux terrasses de café les plus plaisantes de la ville. A deux pas de l'immense plage publique, elle bénéficie d'un emplacement de choix, c'est le point fort, malgré la proximité d'une route passante. Raisonnablement tarifé, l'hôtel cache en sa cour intérieure une rafraîchissante piscine et propose des chambres et appartements vieillots, mais spacieux, propres, simplement confortables et très carrelés.

DELMON HOTEL APARTMENTS €

Al Wadi Akabeer, Al Gadeer street
✆ +968 2481 8181
www.delmonmuscat.com
A partir de 20 OMR la chambre double, 50 OMR la suite avec 2 chambres pour 4, petit déjeuner inclus.

Un bon plan tout ce qu'il y a de plus honnête pour les budgets serrés : facile d'accès, propre, fonctionnel, avec un resto où sustenter sa faim pour pas cher... Que demander de plus quand on a l'esprit curieux et vagabond, et que l'on cherche juste un endroit pratique et confortable où poser ses valises à la nuit tombée ? Vous serez accueilli avec gentillesse par un personnel omanais dans des chambres ou des appartements tout équipés pour 2 à 6 personnes avec cuisine/salon/TV. Bonus : quartiers historiques et plages sont à quelques kilomètres.

IBIS €

A 12 km de l'aéroport, Way 3533
✆ +968 2448 9890
www.all.accor.com
A partir de 28 OMR la chambre double, taxes et petit déjeuner inclus.

© IBIS MUSCAT

Pour le prix de bien des hôtels locaux carrelés et sombres, dormez design chez Accor, un immeuble troué de fenêtres à quelques centaines de mètres de la voie rapide (donc facile d'accès) pour 171 chambres insonorisées et bien agencées. La maison connaît et récite ses classiques : literie douillette, connexion Internet haut débit, tonalités tendance, lounge spacieux de style contemporain, gym, resto de cuisine internationale et snack-bar ouvert 24h/24. Sans conteste l'une des meilleures affaires de la capitale, personnel francophone à la clef !

OÙ LOGER ?

La ville nouvelle - Seeb, Al Mouj, Al Ghubrah. Les hôtels de cette partie de Mascate, assez récents, voire neufs, sont situés à proximité immédiate de l'aéroport et du nord de la ville (LE secteur en devenir), ce qui est idéal lorsqu'on a prévu de partir en circuit ou simplement de visiter Nizwa ou la région de la Batinah. On évite le trafic et l'on rejoint très rapidement les principaux axes. En plein essor, cette section abrite aussi de grands centres commerciaux, le Oman Convention and Exhibition Centre (plus grand centre de congrès du pays) et l'une des principales curiosités de Mascate : la Grande Mosquée du Sultan Qaboos. C'est à Al Ghubrah que se niche l'un des plus beaux hôtels de la capitale : l'exceptionnel The Chedi.

Les quartiers résidentiels - Al Khuwair, Qurm. Centraux, animés, fleuris et aérés, les quartiers de Qurm, Shatti Al Qurm et Al Khuwair comptent un grand nombre d'établissements hôteliers, dont les plus luxueux sont situés en bord de mer, le long d'une immense plage commençant à Seeb. Centres commerciaux à proximité immédiate, coffee-shops, parcs, accès rapide aux différentes curiosités et centres administratifs de la capitale : tels sont les atouts du secteur, en l'occurrence très agréable.

Les quartiers historiques - Ruwi, Mutrah, Muscat. On est au cœur du petit commerce brouillon à Ruwi, dans des murs historiques à Mutrah, chez le sultan à Muscat. Ensuite, en filant le long de la côte, on atteint les palaces de plage, et, à cet instant, on quitte le standard, le classique et l'aseptisé pour pénétrer l'univers des resorts de luxe. Le sud de Muscat compte deux des plus beaux hôtels de la capitale : le superbe Al Bustan Ritz Carlton, palace fréquenté des grands de ce monde, et le plus intimiste Al Husn, au cœur du complexe Shangri-La (formé de 3 hôtels alignés dans une même baie sublime). A venir : un resort et un boutique-hôtel par la chaîne de luxe Jumeirah. Si ces établissements accueillent les hommes d'affaires, ils respirent surtout les vacances grâce leurs plages immenses, leurs sites sauvages, leurs cases nautiques, leurs multiples infrastructures de loisirs – tout cela à moins à 15 minutes de la ville, loin du trafic, sans shopping à proximité immédiate toutefois. Infrastructures étonnantes dans ce paysage hôtelier : les bungalows en feuilles de palmier tressées du Muscat Hills Resort, une robinsonnade branchée sur un site de choix, unique à Mascate !

MASCATE

MARINA HOTEL €

Corniche de Mutrah
✆ +968 2471 3100
Double autour de 25 OMR.

Vous cherchez à loger local, bruyant, animé tard le soir ? C'est là. Une vingtaine de chambres vieillottes pile sur le port avec clim et salle de bains privée. La connexion wifi fonctionne et, sur le toit, le bar sert la bière en classe éco avec vue princière sur le quartier. Plusieurs gargotes concurrentes se dressent dans les parages, mais seul cet établissement promet ce savant mélange de panorama et d'à-peu-près. On va au souk à pied, quand d'autres, depuis leurs hôtels nets, se tapent 30 minutes de taxi. Ne rien espérer d'autre, c'est déjà ça.

AL FALAJ HOTEL €€

Al Mujamma Street, Al Hamriya
✆ +968 2470 2311
www.alfalajhotel.com
A partir de 45 OMR la chambre double en haute saison, taxes et petit déjeuner inclus.

Serti dans l'urbanité brouillonne de Ruwi, l'Al Falaj dispose d'espaces d'accueil et de restauration sympas. D'un bon rapport qualité-prix, les 148 chambres offrent un confort conventionnel, fonctionnel et sans fausse note. Ce sont les restos et bars qui créent la différence par l'appréciable diversité des cadres et des ambiances : du Souq Café traditionnel au japonais Tokyo Taro en passant pas le Stassen Tea Lounge ou The Autobahn, l'un des rares clubs à thème de la capitale. Egalement piscine gymnase, jacuzzi, sauna, hammam, tennis, natation, arts martiaux, etc.

BEHLYS BOUTIQUE €€

Way 7014, Villa 793 a/ 793 b, Azaiba
✆ +968 9934 5791
www.behlys.com
50 OMR la chambre double en haute saison, taxes et petit déjeuner inclus.

Dans la famille de Behlys Villa, demandez Behlys Boutique. Etablie dans le même quartier d'Azaiba entre l'aéroport et la grande mosquée, cette nouvelle guesthouse aménagée dans une grande maison blanche offre des prestations de bon niveau, la piscine en plus et la plage à seulement trois minutes à pied. Dix grandes chambres aux tonalités claires avec clim et salle de bains privée se partagent l'espace, dont certaines vue mer. On prend le petit déjeuner (buffet) en terrasse tout en bénéficiant des conseils de l'hôte, omniprésents. Cuisine et salon communs, wifi.

CORAL MUSCAT HOTEL & APARTMENTS €

137 Al Qurum, Sabco
✆ +968 2465 2888
www.hmhhotelgroup.com/coralmuscat
A partir de 45 OMR l'appartement pour 2, taxes et petit déjeuner inclus en haute saison, 65 OMR l'appartement pour 4.

Central, cet établissement récent offre la fonctionnalité d'appartements spacieux agencés pour les familles – 88 unités de 1 à 2 chambres, salon/salle à manger, cuisine moderne, multiples équipements. On se détend au gymnase ouvert 24h/24, au centre de bien-être (massages), dans les espaces lounge perchés sur le toit au bord de la piscine. Deux restaurants accueillent les petites et grandes faims 7j/7 et les environs immédiats comptent plusieurs tables et fast-foods.

© CORAL MUSCAT HOTEL & APARTMENTS

© CORAL MUSCAT HOTEL & APARTMENTS

OMAN MOTORHOMES €

Al Harthy Complex Way, number 511
✆ +968 9408 5463
www.omanmotorhomes.com
Autour de 117 OMR la nuit, taxes incluses.

Surfant sur l'idée que le camping est gratuit et autorisé partout à Oman, cette compagnie récente propose à la location des camping-cars dernière génération. Très professionnels et proches de leurs clients, Rania et son équipe travaillent, en amont du voyage, à créer des circuits sur mesure parfaitement adaptés. A bord, c'est tout confort : chambre à part avec lit *queen size* (160 cm de large), cuisine équipée, clim, télévision, salle de bains intérieure, douche extérieure, etc. Le must pour les voyageurs épris de liberté et amoureux de la nature !

© OMAN MOTOR HOMES

© OMAN MOTOR HOMES

UNE VILLE EN PLEINE EXPANSION

Même si tout va bien moins vite que chez les voisins et notamment une ville comme Dubaï où un quartier complet peut surgir des sables en moins d'un an, ça ne s'arrête pas de construire à Mascate, capitale en plein essor. Le tourisme ayant été identifié comme l'un des pôles économiques susceptibles de compenser la baisse des revenus générés par les hydrocarbures, les projets vont bon train et il n'est pas un quartier qui ne compte un hôtel en chantier ou en rénovation. Déjà bien développée en son cœur, coincée entre mer et montagnes, la ville se déploie surtout vers ses extrémités : plein sud, dans sa partie la plus escarpée, ou au contraire plein nord, dans le secteur du nouvel aéroport international, du nouvel Oman Convention and Exhibition Centre, du nouveau quartier d'Al Mouj – sa marina, son golf 18 trous, ses nombreux pôles d'activités et de restauration, ses hôtels...

Plusieurs grands chantiers sont en cours.

Muscat Bay. A 15 minutes en voiture du centre historique de Mascate et 30 minutes de l'aéroport, dans cette partie du littoral qui, au sud de la ville, se fait abrupte et montagneuse et découpe dans la roche des baies somptueuses, le groupe dubaïote Jumeirah, déjà bien implanté à l'international et notamment aux Émirats arabes unis, est en train d'investir la baie de Saraya Bandar Jissah. En chantier depuis 2018 et pour quelques années encore, le lieu comptera à terme des centaines de villas et appartements de très grand luxe, ainsi que deux hôtels 5-étoiles : un grand resort de bord de mer de plusieurs centaines de chambres et suites posées sur la plage, et un boutique-hôtel étagé à flanc de montagnes à deux pas des flots (ouverture prévue en 2021). Le premier offrira tous les atouts d'un resort balnéaire chic (piscines, spa, centre de remise en forme high-tech, case nautique, courts de tennis, clubs enfants et ados...), tandis que le second s'inspirera de l'architecture des villages traditionnels locaux. Réparti en 3 niveaux offrant des vues somptueuses sur la mer, chaque « étage » reflétera ainsi par ses tonalités, son style décoratif et ses infrastructures générales un style de vie et d'habitat caractéristique du sultanat : celui des populations des montagnes, de celles des oasis et de celles de la mer. Ces deux établissements viendront enrichir l'offre balnéaire de Mascate encore relativement discrète eu égard aux réelles capacités de la ville et aux atouts de son littoral – www.muscatbay.com

Jebel Al Sifah. Située à une petite heure en voiture du cœur de la ville (bien moins quand la nouvelle route, coupant droit à travers les montagnes, sera achevée...), plus ancienne et donc bien plus avancée que Muscat Bay, la ville nouvelle de Sifah, l'équivalent au sud d'Al Mouj au nord, comptera à terme encore plus de résidences et appartements de luxe, d'autres centres de loisirs et plusieurs hôtels de marques internationales prestigieuses – www.jebelsifah.com

Mina Sultan Qaboos Waterfront. Ce grand projet vise à faire de la section déjà touristique de Mutrah un pôle encore plus attractif en termes d'offres et de loisirs. L'actuel port commercial et industriel de Sultan Qaboos sera délocalisé à Sohar pour se transformer en front de mer avec infrastructures associées : restaurants et boutiques, mall, plusieurs hôtels 3* à 5*, quais aménagés, promenades, aires de jeux et de verdure pour les familles et les enfants, marina capable d'accueillir des yachts de très grande taille et de très grand luxe... Début des travaux en 2021 – www.omran.om

Mall of Muscat. Dans la veine des malls de Dubaï qui rivalisent de créativité et d'attractions pour attirer les consommateurs dans leurs allées marchandes, le tout nouveau Mall of Muscat, situé à 14 km au nord-ouest de l'aéroport, verra l'ouverture fin 2020 (a priori) de 2 attractions spectaculaires. La première sera un immense aquarium de 8 000 m² sur 2 niveaux dans lequel s'ébattront de nombreux spécimens des mers d'Oman et une belle variété d'espèces exotiques. La seconde sera un immense snow park indoor de 5 600 m², semblable, par ses décors et ses reliefs, à un petit village alpin. Grâce à des technologies de pointe, on pourra y voir tomber la neige à certaines heures de la visite et s'y amuser comme au cœur d'une mini station de ski conçue pour les loisirs de montagne : pistes de luge, toboggans givrés, mur de grimpe sur glace, patinoire, etc. – www.mallofmuscat.com

Oman Botanic Garden. Projet pharaonique de création d'un conservatoire de la flore omanaise sur 430 hectares. Une fois achevé, ce jardin botanique d'exception sera l'un des plus grands du monde. www.omanbotanicgarden.com

BEHLYS VILLA €€

Villa 2846, Way 4846, Azaiba
✆ +968 9934 5791
www.behlys.com
45 OMR la chambre double et 55 OMR la triple, taxes et petit déjeuner compris.

Cette maison d'hôtes est située dans un quartier calme et résidentiel, entre l'aéroport et la grande mosquée. Elle occupe une belle et grande villa blanche où se répartissent 8 chambres avec climatisation et salle de bains privée, une cuisine commune, un grand salon et une cour arborée et fleurie où prendre son petit déjeuner. La décoration est soignée, la propreté irréprochable, bref l'adresse est tip top au départ et/ou retour d'un circuit pour qui préfère la convivialité d'une demeure à taille humaine à l'impersonnalité d'un grand hôtel. Parking, wifi gratuit.

CENTARA MUSCAT HOTEL OMAN €€

Building n°352, Way 5003, Wilayat Bausher, Ghala Heights ✆ +968 2423 6600
centarahotelsresorts.com
A partir de 40 OMR la chambre double, taxes et petit déjeuner inclus.

On vient ici pour la situation pratique à deux pas de l'aéroport, en faisant abstraction des environs immédiats. Ce Centara est doté d'équipements récents : centre de remise en forme, piscine sur le toit et spa forcément qualitatif puisque thaïlandais. Les chambres, aux tonalités douces, surfent sur un style international sans fausse note. Pas d'alcool, mais l'établissement compte plusieurs restaurants dont un thaï, une table turque et un espace BBQ au bord de la piscine panoramique.

LANAVILLA €€

37 Street,
✆ + 968 71789660
www.lanavilla-oman.com
45 OMR la chambre double standard et 60 OMR la chambre vue mer, petit déjeuner inclus.

Située dans un quartier résidentiel à deux pas de la plage, derrière le Chedi, l'hôtel le plus glamour de la ville, cette charmante maison d'hôtes dispose de 10 chambres bien décorées, spacieuses, climatisées, avec salle de bains privée. Deux offrent la vue mer et un balcon, les réserver en priorité. C'est Olivier, un Allemand installé depuis plus de 10 ans à Mascate qui gère la maison et conseille volontiers les voyageurs. Atout + de l'adresse : son *rooftop* avec vue à 180° sur les flots, superbe au coucher du soleil ! Parking, ordis, wifi.

FRASER SUITES MUSCAT €€

Landmark Building, 23rd July Street
✆ +968 22 506 688 -
www.muscat.frasershospitality.com
A partir de 65 OMR l'appartement Deluxe pour 2 en haute saison (octobre à avril), taxes et petits déjeuners inclus.

© FRASER SUITES MUSCAT

Récent et sous direction française, à proximité des principaux malls, le Fraser Suites Muscat est une résidence de luxe avec service hôtelier - réception 24h/24, conciergerie, resto en service continu de jour, room service, *kids club*. Espace, lumière et modernité sont les fils directeurs des 120 appartements de 1 à 3 chambres en suite, avec salon-salle à manger et cuisine équipée. Pour la détente : gym 24h/24, spa, aire de jeux extérieure pour les enfants. Sur le toit, une grande terrasse avec piscine et bain à remous offre une vue panoramique sur le tout Muscat.

MYSK BY SHAZA €€

The Wave
✆ +968 2427 4400
www.myskhotels.com
A partir de 65 OMR la chambre double en haute saison, taxes et petit déjeuner inclus.

Récent, ce bel hôtel 4-étoiles de style arabo-contemporain est campé pile face à la prestigieuse marina d'Al Mouj et offre 195 chambres spacieuses vue mer, plusieurs restaurants aux cadres soignés, une salle de remise en forme... et un vrai glacier ne proposant que des produits faits maison. La piscine au dernier étage et son bar attenant offrent une vue superbe sur les flots d'où l'on ne pourra pas siroter son apéritif préféré, l'établissement ne servant pas d'alcool. Donc, y séjourner pour le style et le rapport qualité-prix, et filer dîner au Kempiski voisin.

MUSCAT HILLS RESORT €€

Al Jissah Street ✆ +968 2485 3000
www.muscathillsresort.com
90 OMR la hutte pour 2 personnes en haute saison, taxes et petit déjeuner compris.

© MUSCAT HILLS RESORT

Au sud, c'est la seule robinsonnade hippie chic de Muscat : une trentaine de huttes en feuilles de palmier tressé disséminée sur une plage superbe avec pour « seul » décor le sable, la mer et les montagnes (et quelques constructions récentes). Chacun bungalow dispose d'une salle de bains à ciel ouvert, d'un lit sous moustiquaire, de la clim et d'une terrasse privative, soit l'essentiel. Plus contemporains, le restaurant et son bar forment un beach-club animé et *trendy* avec transats, piscine et plage aménagée. Sur place : club de plongée et case nautique actives.

PARK INN BY RADISSON, MUSCAT €€

Sultan Qaboos Street,
Al Khuwair
✆ +968 2450 7888
A partir de 80 OMR en haute saison (octobre à avril), taxes et petit déjeuner inclus.

Doté d'un lobby lumineux autour duquel se répartissent 174 chambres tout confort, le benjamin de la famille Radisson, bien que dépourvu d'un jardin, dispose d'un atout exclusif sous la forme d'une piscine sur le toit assortie d'un grand bar-terrasse. Au rez-de-chaussée, on déj ou dîne à la terrasse intérieure du Palm, ou au RBG steakhouse de qualité. Côté chambres, feuille de style très graphique et colorée, et tout le standing d'un bon 4 étoiles. Salon de coiffure, fitness, massages.

ROYAL TULIP €€

Al Marafah Street, Way 238, Al Gubrah Nord
✆ +968 2212 5555
www.royaltulipmuscat.com
A partir de 65 OMR la chambre double en saison haute, taxes et petits déjeuner inclus.

Dans la famille Golden Tulip, demandez le dernier-né et fleuron de la marque : ce Royal Tulip 5* flambant neuf. Il a tout pour plaire : un emplacement de choix à Gubrah pas loin de l'aéroport ni des quartiers centraux, 260 chambres et suites luxueuses, 4 restaurants fins dont un steakhouse original, une salle de fitness dernier cri, deux grandes salles de réunion modulables et surtout une équipe extraordinaire. Atout supplémentaire : ce rooftop sur la ville aménagé d'une belle piscine et d'un espace lounge. Pas de licence d'alcool, mais large choix de mocktails.

TULIP INN DOWNTOWN MUSCAT €€

Al Farahidi Street, Way 133,
Ruwi
✆ +968 2486 4000
www.goldentulip.com
A partir de 45 OMR la chambre double en haute saison, taxes et petit déjeuner inclus.

Ce Tulip Inn, partiellement rénové et redécoré en 2020, offre des structures agréables. On aime la couleur blonde des boiseries de la chambre, ce blanc cassé venant chatouiller un marine, la salle de bain claire, les espaces communs remis au goût du jour et qui font de ce 3* un havre de paix dans le bouillonnant quartier de Ruwi. On est au cœur de Mascate, à équidistance des quartiers historiques et de la ville « moderne » et ses plages. Restaurant, bar, piscine.

AL BUSTAN PALACE RITZ-CARLTON €€€

Al Bustan St
✆ +968 2479 9666
www.ritzcarlton.com
A partir de 190 OMR la chambre double en haute saison, taxes et petit déjeuner inclus.

Palace majuscule, l'Al Bustan trône devant sa baie privée encadrée de montagnes, face à la plus belle et la plus longue plage de la capitale. Haut de 38 mètres, l'atrium se décline en matériaux précieux, fontaines de cristal, murs incrustés de perles et de feuilles d'or. Chambres, jardins, piscines, restaurants, spa respirent la classe intégrale et offrent un manifeste élégant du style arabo-contemporain revisité par Ritz Carlton. Même l'architecture est collector. Un grand lieu.

CROWNE PLAZA MUSCAT €€€

Al Qurm Street ✆ +968 2466 0660
www.cpmuscat.com

80 à 100 OMR la chambre double, taxes et petit déjeuner inclus, 95 à 120 OMR avec la vue mer.

Perché sur un éperon rocheux au bout de la plage publique de Qurm, centrale et sous direction française, c'est une vigie hôtelière à nulle autre pareille ouverte sur l'onde et la ville. Il faudra donc nous écouter et venir : pour les nombreux bars et restos avec terrasse panoramique, pour The Edge l'une des plus belles tables de Mascate, pour la vaste palette de loisirs (tennis, squash, centre de remise en forme, sauna et hammam). En haut, une immense piscine à débordement semble plonger dans la mer, en bas une jolie plage privée se prélasse entre deux falaises.

RADISSON BLU HOTEL MUSCAT €€€

Al Khuleiah Street, Al Khuwair

✆ +968 2448 7777

Chambre simple/double à partir de 94/106 OMR taxes et petit déjeuner inclus en haute saison.

Dans les 153 chambres de grand confort, nous retrouvons les codes couleur chers à l'enseigne, un rouge vif qui tranche sur un havane, un bleu pétrole chatouillant le beige. Au cœur de ce quartier animé, on aime le calme des espaces à vivre, cet équilibre des formes et des matières. Sur un versant, une charmante piscine et Olivos, table méditerranéenne. De l'autre côté, O Sole Mio, un savoureux italien. Egalement bar à shishas, pub-discothèque, fumoir, salle de sports, sauna, massages.

© RADISSON BLU MUSCAT

© RADISSON BLU MUSCAT

GRAND HYATT €€€

Sarooj Street, Shatti Al Qurm

✆ +968 2464 1234

www.hyatt.com

A partir de 100 OMR en haute saison, taxes et petit déjeuner inclus.

Bienvenue dans le monde enchanté des dorures à foison ! Le lobby donne le ton avec son dôme sultanien, ses vitraux, ses escaliers princiers. Dans un même style classique et cossu, les 280 chambres et suites sont équipées en vrai confort palace. Comme dans tout 5-étoiles, on jouit d'une offre culinaire et d'espaces lounge qualitatifs et variés (restos Marjan, Tuscany, John Barry Bar), et même d'un temple du divertissement en annexe (bar, discothèque, grill). Piscine et jardin manquent un peu d'espace, mais la plage est devant. Egalement : fitness, tennis.

GRAND MILLENNIUM MUSCAT €€€

Dohat al Adab Street, Al Khuwair

✆ +968 2234 2222 - www.millenniumhotels.com

A partir de 75 OMR la chambre double en haute saison, taxes et petit déjeuner inclus.

A 5 minutes de la plage et deux pas des plus grands malls de Muscat, ce géant de l'hôtellerie bénéficie d'une situation centrale et d'un accès direct et pratique au Muscat Grand Mall (passerelle). Du lobby à la piscine sommitale avec vue à 360 degrés sur la ville, l'espace est le fil directeur de ce vaste complexe doté de 40 appartements (dont certains avec piscine privée), 296 chambres et suites de grand confort, 3 restaurants (dont un de fruits de mer), un gymnase, une seconde piscine réservée aux femmes et un spa avec 6 salles de soins, hammam, sauna... XL.

INTERCONTINENTAL MUSCAT €€€

Al Kharjiya Street, Shatti Al Qurum

✆ +968 2468 0000

www.intercontinental.com/Muscat/

A partir de 90 OMR la chambre double en haute saison, taxes et petit déjeuner inclus.

Malgré son architecture imposante, l'Intercontinental est un resort à part entière avec sa palette de bars et restaurants (dont le nouveau japonais Takara, le nouveau café Treat, le chouette Trader Vic's), ses espaces de loisirs (2 tennis, un grand fitness, 2 piscines dont une de nage), ses vastes jardins plantés de palmiers donnant accès à l'immense plage publique de Qurm. Rénovées récemment, les chambres et suites sont suffisamment globalisées, high-tech et confortables pour plaire à tout le monde - favoriser les « vue mer » pour vraiment profiter du balcon.

MASCATE

HORMUZ GRAND MUSCAT €€€

Al Mahar Street, Seeb ✆ +968 2435 0500

A partir de 117 OMR la chambre double en saison haute, taxes et petit déjeuner inclus.

A proximité de l'aéroport, ce grand hôtel offre bien des atouts : des chambres immenses d'un confort 5*, trois restaurants sous orchestration française, un spa aux soins ultra-qualitatifs dispensés par une équipe thaïlandaise, un rapport qualité-prix proportionnellement très attractif. On apprécie les produits de la marque Amouage en chambre, l'efficacité du service, le charme de la grande cour orientale et de son bassin d'ornement autour duquel s'articulent les terrasses des restos éclairées aux braseros le soir. Piscine, fitness, 3 golfs à moins de 10 minutes.

JUMEIRAH BOUTIQUE €€€

www.jumeirah.com

Ouverture en 2021.

On prend la même baie sublime que celle du nouveau Jumeirah Resort, ces montagnes abruptes venant mourir dans le bleu intense de la mer, et on monte de quelques mètres à flanc de colline, dégageant pour les 112 chambres un panorama superbe. Inspiré de l'architecture des villages traditionnels locaux, l'hôtel s'étage en trois niveaux déclinant chacun un style décoratif : montagne (pour la section la plus haute), oasis (pour celle du milieu), mer (pour la partie basse, celle au plus près de l'eau). Si l'ambiance se veut « locale », les prestations sont 5*.

KEMPISKI HOTEL MUSCAT €€€

Al Mouj ✆ +968 2498 5000 - www.kempiski.com

A partir de 130 OMR la chambre double, taxes et petit déjeuner inclus.

Clin d'œil aux pilastres du palais royal Al Alam, le lobby est une œuvre architecturale à part entière. Sur la superbe plage d'Al Mouj, l'hôtel est au diapason de son environnement chic et contemporain. il multiplie les pôles de détente et de loisirs : gymnase high-tech, spa, golf, bowling, tennis, piscine XXL tournée vers la mer. C'est beau. Dans la palette des multiples bars et restos, coup de cœur pour Soi Soi, un thaï fabuleux, et pour Zale : le beach club lounge *trendy* de la maison, musical et festif.

JUMEIRAH MUSCAT BAY €€€

Baie de Bandar Jissah

www.jumeirah.com

Ouverture en 2021.

Le célèbre groupe dubaïote voit grand et ouvre cet élégant 5* sur la plage de Bandar Jissah, naturellement privée, car cerclée de montagnes. Le nouveau quartier de Muscat Bay se tient à l'arrière, l'hôtel prend ses aises en front de mer, on est donc au bon endroit dans le bon sens, savourant la beauté de ce spot sublime. Choix de chambres et suites vue mer, palette de bars et restaurants, plusieurs piscines, un spa Talise, fitness et centre de loisirs, kids club sont l'assurance d'un séjour balnéaire chic et facile, aussi bien en couple qu'en famille.

NOVOTEL MUSCAT AIPORT €€€

Al Maardih Street, Seeb

✆ +968 2451 1800

www.all.accor.com

A partir de 50 OMR la chambre double en haute saison, taxes et petit déjeuner inclus.

A quelques minutes de l'aéroport et du Oman Convention Center, ce Novotel récent offre des espaces modernes et chaleureux ponctués de touches arabisantes. Si l'on apprécie la fraîcheur de Ginger et ses buffets qualitatifs, notre préférence va à Teatro, table-fusion orchestrant plusieurs types de cuisines asiatiques sous forme de stations live. Côté chambres et suites, les équipements high-tech et la déco globalisée assurent un séjour sans fausse note. Pour la détente : piscine extérieure, hammam, gymnase, 2 golfs à moins de 10 minutes en voiture.

THE CHEDI MUSCAT €€€

Way 3215 ✆ +968 2452 4400 - www.ghmhotels.com

A partir de 200 OMR la chambre double en haute saison, taxes et petit déjeuner inclus.

Hôtel favori des Happy Few en villégiature à Mascate, le Chedi est un établissement d'exception dont l'élégance, l'identité esthétique et la zénitude font immédiatement oublier la banalité du site. Chaque mètre carré offre ici une leçon de bon goût décoratif arabo-contemporain à l'image du lobby et sa myriade de lanternes, du gymnase-bibliothèque-spa en symbiose grec, des restaurants et bars au chic intemporel, des chambres et suites aux lignes graphiques. Quand les braseros s'enflamment autour de la piscine principale de 103 mètres de long, le monde est beau.

SHANGRI-LA AL HUSN RESORT AND SPA €€€

Al Jissah Street ✆ +968 2477 6666

www.shangri-la.com/muscat/alhusnresortandspa

A partir de 255 OMR la chambre double, taxes et petit déjeuner inclus. Hôtel réservé au plus de 16 ans.

S'il partage la même baie que ses voisins du même groupe, bénéficiant d'un accès à 15 bars et restaurants en plus des 4 siens, ce palace ne joue pas dans la même catégorie. Sur un promontoire troué par la mer, bordé de sa crique privée, Al Husn, *le château*, est un établissement luxueux exclusivement réservé à ses résidents. Chaque espace y est une leçon d'élégance : les 180 chambres et suites ouvertes sur la mer d'Oman, la piscine à débordement, l'Harrer Spa by L'Occitane... Sélect.

KEMPISKI HOTEL MUSCAT

UN RESORT BALNÉAIRE AU CŒUR DE LA VILLE

Si la plage est devant, immense et tournée vers le grand large, la ville est autour, si proche que l'hôtel semble en faire partie. Implanté dans le nouveau quartier encore en développement d'Al Mouj (cette cité dans la cité qui étend la capitale vers le nord), le Kempiski semble s'y être imbriqué jusqu'à ouvrir ses restaurants et bars sur la rue. On va dîner à Bukhara ou à Soi Soi comme on irait s'attabler dans un resto indépendant de la marina, sans avoir à franchir le seuil de l'imposant (et sublime) lobby, c'est la particularité du resort : ses restaurants et centres de loisirs possèdent une double entrée – l'une au cœur de l'hôtel, l'autre à l'extérieur.

Pas de profil type, la palette des loisirs et prestations est ouverte à tous. Les jeunes citadins affectionnent les bars, le bowling, l'ambiance urbaine du quartier d'Al Mouj alentour. Les familles bénéficient d'infrastructures dédiées et d'une situation privilégiée au bord d'une grande plage en arc de cercle – comme autant de m² pour les pâtés de sable ! Les sportifs disposent d'équipements high-tech et d'une proximité appréciable avec le golf 18 trous d'Al Mouj d'une part, la marina et ses nombreuses activités nautiques d'autre part. La situation géographique de l'hôtel, à l'entrée nord de la ville, proche de l'aéroport et des voies rapides menant aux curiosités naturelles et culturelles des régions de la Batinah et des montagnes du Hajar, est également un atout de poids pour les voyageurs qui souhaitent accéder rapidement aux principaux sites touristiques de l'intérieur du pays.

Surfant sur la tendance internationale des hôtels dits « de quartier », le Kempiski affiche ainsi son ouverture et son désir de mixité et demeure pareillement attractif pour les urbains que pour les amateurs de plage, pour les voyageurs que pour les locaux, le tout dans l'élégance et le chic !

KEMPISKI HOTEL MUSCAT

Al Mouj

✆ +968 2498 5000 - www.kempiski.com

© KIMCT

© KIMCT

© KIMCT

SHANGRI-LA BARR AL JISSAH RESORT & SPA €€€

Al Jissah St
✆ +968 2477 6666
A partir de 125 OMR la chambre double en haute saison, taxes et petit déjeuner inclus.

Dans une baie sauvage cerclée de montagnes, voici l'un des resorts porte-drapeau du tourisme omanais composé de 2 ailes pour 460 chambres et suites, 15 bars et restaurants, 6 piscines et une *lazy river* : Al Waha, familial et sportif, avec sa Cool Zone pour les enfants et ses tables décontractées ; Al Bandar, le cœur du resort et ses galerie de boutiques et piazza dînatoire. La plage, immense, est superbe. Sur place : spa, club de plongée, tennis, gym, nombreuses activités de loisirs.

DES TORTUES « EN VILLE »

Le sultanat est réputé pour ses vastes colonies de tortues qui, tous les ans, viennent déposer leurs œufs sur diverses plages du territoire omanais. Les spots les plus connus se trouvent à l'est, à la pointe orientale du pays (du côté de Ras Al Hadd et Ras Al Jinz), ainsi que sur l'île de Masirah. Mais quelque 200 tortues ont pour plages d'élection la superbe baie du Shangri-La Barr Al Jissah Resort. Il s'agit, soit de tortues vertes (la plus grande des tortues marines : jusqu'à 1,2 mètre en taille et 200 kg en poids pour un adulte), soit de tortues Hawksbill (l'une des espèces les plus petites : 80 cm maximum de long pour un poids de 50 kg). Toutes deux peuvent déposer jusqu'à 100 œufs au cours d'une seule et même ponte. Afin de respecter la politique nationale de protection de ces espèces, les responsables du resort ont mis en place plusieurs mesures, à commencer par un éclairage très discret la nuit, cantonné aux seuls abords immédiats des hôtels, mais pas aux plages. Des barrières discrètes sont érigées autour des nids et maintenues de jour comme de nuit jusqu'à l'éclosion des petits. Un Ranger professionnel, spécifiquement formé aux questions environnementales, est aussi en charge de la surveillance des tortues et d'une instruction didactique auprès des clients intéressés. Il est ainsi possible, lors d'un séjour sur place et sur inscription, d'aller observer la ponte, sous la houlette exclusive et attentionnée du Ranger : une activité exclusive qui enthousiasmera les amoureux de la nature !

W MUSCAT €€€

Al Kharjiya Street, Shatti Al Qurum
✆ +968 2212 0000 - www.marriott.com
Chambre double à partir de 140 OMR en haute saison (octobre à avril), taxes et petits déjeuners inclus.

Innovante, ludique, glamour, la chaîne fun de Marriott débarque à Mascate où elle décline son luxe non conventionnel, son lobby pop, sa piscine géante, son design arabo-contemporain et sa palette de bars et restos aux cadres flamboyants. L'inattendu est partout : dans les jeux de matières, les perspectives, les audaces de la déco. On s'amuse ! En atouts ++ : 279 chambres et suites, un spa & fitness high-tech, une boutique de créateurs locaux, une ambiance festive et musicale, et, sur le toit, Siddharta Lounge by Buddha-Bar et sa sublime piscine à débordement.

SHERATON OMAN HOTEL €€€

Ruwi
✆ +968 2237 7777
www.marriott.fr
A partir de 65 OMR la chambre double en haute saison, taxes et petit déjeuner inclus.

Cet agréable Sheraton jouit d'une situation géographique excellente tant pour les businessmen (puisque Ruwi est le quartier des affaires) que pour les voyageurs qui profiteront de la proximité des plages et des quartiers les plus intéressants (Mutrah, Vieux Mascate). On aime les chambres spacieuses et modernes offrant une belle vue sur la ville, les quatre restaurants à la déco contemporaine, les 2 piscines extérieures chauffées en hiver et entourées de palmiers. Egalement un bel espace de remise en forme, un spa et, rare à Mascate, une immense piscine intérieure.

MASCATE

INTERVIEW

W MUSCAT LE NOUVEL OVNI D'OMAN

PAROLE À GÉRALD CHEVASSON, GM FRANÇAIS DU W MUSCAT

L'ouverture du W Muscat a fait le buzz. En quoi est-ce une révolution pour l'hôtellerie locale ?

Disons que, dans un pays encore traditionnel, c'est le premier hôtel à casser à ce point les codes et à introduire autant de touches innovantes et ludiques dans sa déco, et un vent de fun et de fête sur la capitale ! L'ouverture du Siddharta Lounge by Buddha Bar est révélatrice. C'est un vrai pas en avant qui accompagne les mutations en cours et le fait que Mascate soit de plus en plus cosmopolite.

Les Omanais ont répondu présents. Comment expliquez-vous qu'en plus des voyageurs, ils se soient si vite approprié le W Muscat?

Je crois qu'au-delà de l'attractivité suscitée par la nouveauté, les Omanais se reconnaissent dans les références constantes à leur pays, véhiculées par l'architecture et le design de l'hôtel.

Voulez-vous dire que des symboles d'Oman sont présents au W Muscat ?

Oui, partout. Le concept entier de l'hôtel évoque ce qui est cher au cœur d'un Omanais : la mer, les montagnes, les origines nomades, etc. Par exemple, le plafond du lobby représente une montagne inversée qui, par le jeu des éclairages, se transforme le soir en un ciel étoilé comme au désert...

Sinon, quelles valeurs fortes de W Muscat retrouve-t-on dans l'hôtel d'Oman ?

Tout ce qui fait le succès de la marque depuis toujours à savoir les Passions : pour la musique, pour les créateurs locaux, pour un design audacieux. Et le Fuel : l´énergie des équipes, cette atmosphère électrisante...

Vous avez parcouru le monde. Qu'est-ce qui vous a attiré à Mascate ?

Un art de vivre cool assez rare dans les grandes métropoles et qui est apaisant au quotidien. Et cette situation exceptionnelle entre mer et montagne !

W MUSCAT

Al Kharjiya Street, Shatti Al Qurum

✆ +968 2212 0000 - www.marriott.com

© W MUSCAT

© W MUSCAT

© W MUSCAT

SE RÉGALER

Grâce à la diversité des populations présentes, on peut déguster à Mascate tous les mets de la cuisine internationale dans toutes les fourchettes de prix : des simples shawarmas arabes aux plats les plus élaborés de la gastronomie française, en passant par la cuisine plus aseptisée, mais parfois très goûteuse, des foodcourts et restos de chaînes. La fourchette des prix est large, les normes d'hygiène drastiques, et l'on peut même se sustenter sainement pour 3 ou 4 euros dans les coffee shops, omniprésents. A l'instar des émirats voisins, les restaurants fins sont l'exclusivité des hôtels de luxe et c'est aussi là que l'on pourra combler une faim vorace aux buffets, notamment ceux du brunch du vendredi : une institution dans les pays du Golfe. Bonus non négligeable des tables des hôtels internationaux : on peut y consommer de l'alcool, ce qui est rarement possible ailleurs, y compris dans les hôtels locaux de bon standing.

MASCATE

© GLEN BERLIN -SHUTTERSTOCK.COM

360 DEGREES €€

Seb

✆ +968 2459 1859

360degreesmuscat.com

Ouvert 7j/7 de 12h à 15h et de 19h à 23h. Compter 20 OMR pour un repas à la carte.

A deux pas de la Grande Mosquée, le 360° bénéficie d'un emplacement de choix dans ce quartier de Mascate. Situé au dernier étage d'un immeuble, il se démarque par son design circulaire avec dôme lumineux et terrasse dans les airs. Celle pour dîner donne sur la route, dommage. On lui préfère l'espace chicha de l'autre côté. La carte est classique et offre un choix de plats des quatre coins du monde, on vient surtout pour le comptoir Teppanyaki et le show du chef japonais. Un regret : pas de licence d'alcool qui permettrait de savourer un cocktail version *sky bar*.

BUKHARA €€

Hôtel Kempiski, Street 6, Al Mouj

✆ +968 2498 5000

www.kempinski.com

Ouvert 7j/7 de 12h30 à 16h et de 18h30 à 23h. Compter 15 OMR par personne.

Dîner à Bukhara, c'est un peu partir en voyage. Outre une carte déclinant une cuisine authentique du nord de l'Inde, le cadre est lui aussi dépaysant, de style Bollywood en version chic et contemporaine. La cuisine est ouverte et vitrée, le chef tout comme les serveurs sont indiens, tous très pros et enclins à vous conseiller dans le choix des plats et l'intensité des épices. Manger avec les mains est encouragé, des tabliers sont alors proposés. Mention spéciale pour le Bhatti Ka Masala, une langouste marinée aux épices indiennes, grillée et fumée… un délice !

FRESCO €€

Marsa 3, Al Mouj Marina

✆ +968 2498 9876

www.frescotrattoria.it

Ouvert 7j/7 de 10h à 23h. Compter 8 à 10 OMR/ par personne.

Ce resto italien situé dans le complexe de la marina d'Al Mouj fait partie d'une chaîne dont le siège est à Naples, et qui possède 7 enseignes en Italie. On comprend pourquoi la qualité est au top : on déguste ici de vraies pizzas, de la bufala du cru, des lasagnes aux saveurs vraies, un tiramisu relevé... Même les glaces sont artisanales ! Les serveurs étant italiens, l'ambiance est forcément charmante et décontractée. On s'installe, au choix, en salle près du petit coin épicerie pour saliver à l'avance, ou dehors sur la grande terrasse face à la marina.

OMNY BRASSERIE €€

Hôtel Hormuz Grand, Al Matar Street, Seeb

✆ +968 2435 0500

Ouvert 7j/7 de 18h à 1h. Environ 22 OMR par personne entrée/plat/dessert à la carte.

Sous la houlette du chef français Thierry, cette brasserie contemporaine allie l'élégance d'un cadre d'hôtel 5* à celui de produits frais bien préparés. On file au bar à huîtres et poissons et l'on commande une prise fraîche du jour cuisinée à notre goût : à la vapeur, au sel ou grillée avec un filet de citron ou une sauce au choix. La carte offre une palette de plats d'inspiration méditerranéenne avec un coin spécial pour les carnivores exigeants. Aux mois doux, dîner en terrasse à la lueur des braseros, dans la cour intérieure orientale et son bassin d'ornement.

QURESHI BAB-AL-HIND €€

Hôtel Hormuz Grand Muscat, Al Matar Street, Seeb

✆ +968 2435 0500

Ouvert 7j/7 de 12h à 15h et de 19h à 23h. Environ 18 OMR par personne pour un repas complet.

Récompensée en local par le prix du meilleur restaurant indien 2020, cette excellente table bénéficie de la double et talentueuse supervision d'un chef français et d'un chef indien. Dans un cadre chic et cossu ponctué de clins d'œil à ce grand pays à la cuisine si variée, on déguste des plats traditionnels du nord de l'Inde, préparés à la perfection et épicés juste ce qu'il faut pour ne pas agresser les papilles européennes : salades, currys, biryanis, mets cuisinés au four Tandoor, etc. à accompagner du fameux pain naan et d'un riz basmati parfumé au safran.

ROZNA RESTAURANT €

Al Maardih Street, Seeb

✆ +968 9552 2920

Ouvert 7j/7 de 8h à minuit. 3 OMR un petit déj' typique. En moyenne 5 OMR un plat et 1 OMR un dessert traditionnel.

Immanquable, cette nouvelle citadelle dresse ses remparts crénelés dans le quartier des ministères à l'entrée nord de la ville. Taille et architecture évoquent un fortin véritable, mais non, il s'agit juste d'une imposante reproduction. Elle abrite un restaurant immense scindé en une grande cour centrale, entourée, comme un chemin de ronde, par une succession de salles cossues de différentes tailles, où prendre un repas en privé, et pourquoi pas à l'arabe assis par terre sur des tapis. La cuisine est locale, les Omanais sont là, manière d'introduction au pays.

SHAKESPEARE AND CO €

Al Mouj, galerie marchande attenante à la marina
✆ +968 2418 1363
www.shakespeare-and-co.com
Ouvert 7j/7 de 7h à minuit. Compter environ 12 OMR par personne.

Shakespeare Co est une chaîne internationale qui surfe sur une déco « vieille Europe » dont chaque chandelier, fauteuil, rideau, etc. est fabriqué à la main dans les ateliers de la maison. Le décor est planté et induit une atmosphère immédiatement cosy, boostée par un personnel aux petits soins. A Oman, l'enseigne se tient dans le nouveau quartier d'Al Mouj où elle dispose d'un joli bout de terrasse. La carte pioche dans un large choix de plats, sandwichs, salades, crêpes, desserts gourmands et offre une belle sélection de boissons à base de fruits et/ou légumes.

SHANG TAÏ €€

The Walk, Al Mouj, ✆ +968 2455 4774
Ouvert 7j/7 de 11h30 à 23h (23h30 le week-end). Compter 15 OMR par personne. Menu et prix en ligne.

Comme son nom l'indique, voici une table de spécialités thaïlandaises : un chef et des serveurs du cru, des ingrédients qui exaltent les recettes traditionnelles du pays et de la musique de là-bas. Seul le cadre n'est pas vraiment exotique malgré quelques touches de déco asiatiques. Dans l'assiette, les saveurs sont délicieuses : *Kai Hor Bar Toey* (poulet aux feuilles de Pandan), *Ped Makarm* (canard au coulis d'épinards) et aussi de succulents currys. Mets de grande qualité et service impeccable. La marque se déploie aussi au Muscat Grand Mall et à Dubaï.

SOI SOI €€

Street 6, Al Mouj
✆ +968 2498 5000
www.kempiski.com
Ouvert 7j/7 de 12h30 à 16h et de 18h30 à 23h. Compter environ 15 OMR par personne.

Soi signifie rue en thaïlandais, une appellation qui convient à cette belle table installée à l'orée de l'hôtel Kempiski avec une ouverture directe sur le boulevard du nouveau quartier d'Al Mouj. Si la carte reflète la scène culinaire de Bangkok, on mange au calme d'une salle cosy habillée de bois, ou, mieux encore, à la terrasse intimiste de la cour intérieure. La carte offre une sélection savoureuse du meilleur de la cuisine thaïe et de fait, tout est délicieux, faisant de ce resto l'une des meilleures tables asiatiques de la ville. Service attentionné.

THE ACADEMY RESTAURANT €€

18th November Street, Al Mouj ✆ +968 2203 2800
www.almoujgolf.com/home/dining/
7j/7 de 6h30h à 23h. Environ 7 OMR le petit déjeuner, 10 OMR le repas, à partir de 12 OMR le BBQ, 15 OMR le Brunch.

C'est le restaurant du golf Almouj et dans le brasier parfois bétonné de Mascate, une escale à la barbe d'un green relève de l'élan salvateur. La seule vue de l'herbe verte fait votre repas. Pour les golfeurs matinaux, un large choix de petits déjeuners égaye la carte. Pour le reste, la cuisine est internationale à tendance méditerranéenne avec de copieuses salades, des pâtes, des pizzas, des grillades et des sandwichs à composer soi-même. Quelques plats exotiques aussi. Buffet-barbecue avec DJ le jeudi soir et brunch le samedi. Réservation en ligne possible.

THE BEACH RESTAURANT €€€

Hôtel The Chedi Muscat, Seeb
✆ +968 2452 4343
www.ghmhotels.com
Ouvert 7j/7 de 19h à 22h30 de mi-septembre à début mai. Autour de 35 OMR les 3 plats à la carte.

Eclairé aux braseros, posé en bord de plage face au golfe d'Oman, c'est le restaurant de poissons et fruits de mer de l'hôtel The Chedi Muscat, graphique et sublime comme l'ensemble de l'établissement, avec des tables à deux pas de l'eau, une carte faite de mets délicats, de belles assiettes et de grands vins. Fine de claire, caviar Royal Beluga, bisque de langouste, ceviche de gambas, poisson frais du jour cuit et relevé à la demande... tout est délicieux. Le soir, l'endroit est parfait pour une demande en mariage ou pour le chabadabada...

THE RESTAURANT €€€

Hôtel The Chedi Muscat, Seeb ✆ +968 2452 4343
www.ghmhotels.com
Ouvert 7j/7 de 7h à 10h30, 12h à 15h et 19h à 22h30 (23h jeudi et vendredi). Environ 35 OMR les 3 plats à la carte.

The Restaurant suit naturellement la charte graphique de l'hôtel, épurée et élégante, avec une prédilection pour la couleur blanche. On savoure des mets fins dans un patio à ciel ouvert, au milieu des palmiers, ou dans l'ambiance tamisée d'une superbe salle à la déco contemporaine. Suivant la mode des cuisines ouvertes, la brigade s'affaire *en live*, orchestrant une carte de cuisine fusion, raffinée et légère au déjeuner, plus gastronomique en soirée. Pour le final sucré, se laisser succomber au supplice visuel du comptoir à pâtisseries. Françaises, évidemment !

AL ANGHAM RESTAURANT €€€

Opera Galleria, Shati Al-Qurm
✆ +968 2207 7777
www.alanghamoman.com
Ouvert 7j/7 de 12 à 15h et de 19h à 23h. Compter 30 OMR par personne. Menus à partir de 28 OMR.

Situé dans le prolongement de l'opéra dont il partage le même style architectural épuré et graphique, Al Angham se veut une ode à la cuisine arabo-omanaise en version raffinée. L'élégance du cadre impose et souligne celle des mets et des assiettes, comme cette version chic du *Shuwa* que vous dégusterez ici avec une fourchette argentée et non à la main comme le veut la tradition. On est reçu par un personnel en tenue traditionnelle, comme dans un palais oriental, et le service de première classe contribue à cette belle et typique évasion culinaire.

ASMAHAN €€

Madinat Al Sultan-Qaboos
✆ +968 2496 1111
www.hotstarholding.com
Ouvert 7j/7 de 8h30 à minuit. Compter 8 à 10 OMR par personne.

Cette belle maison au doux nom oriental offre une expérience assez inédite à Mascate. Tout y est cosmopolite : de la carte déclinant une palette de plats du monde entier, à la décoration où aucune influence ne l'emporte. C'est donc confortable pour tout le monde et l'on se sent bien d'emblée, que ce soit sur la terrasse ombragée ou dans la vaste salle très colorée. Le menu propose un large choix de petits déj' pour les lève-tôt puis des pizzas, des mezze, des nachos, des kebabs… à toute heure de la journée. Un côté éclectique qui plaît !

BA BAN RESTAURANT €€€

W Hotel ✆ +968 2212 0000
www.marriott.com
Ouvert de 18h à 23h du mardi au samedi et de 12h30 à 16h le vendredi et le samedi. Compter 30 OMR par personne.

La déco, digne du W, est juste Waouhhhh ! *Ba ban* signifie littéralement « huit temps » et rend hommage à la scène musicale de Shanghai des années 1930 où une forme hybride de jazz est née. Ambiance tamisée, banquettes rouges, boiseries sombres, motifs emblématiques du Soleil Levant, cages à oiseaux dorées, l'exotisme est partout, teinté d'élégance et de style. Le chef Dayi Nong orchestre une fusion de cuisine chinoise traditionnelle et plus moderne, via des spécialités cantonaises, dim sum, soupes et le classique canard laqué de pékin à commander 24h à l'avance.

D'ARCY'S KITCHEN €

Jawharat A' Shati Complex
✆ +968 2460 0234
Ouvert 7j/7 de 8h30 à 22h30/23h30. Autour de 3,5 OMR un snack et 5 OMR un plat.

Certains se souviennent du temps, il y a vingt ans, où il n'y avait pas ou peu de cafés à Mascate : D'Arcy's était là, déjà, façon coffee shop à l'anglo-saxonne. Un succès qui dure, du petit déjeuner au soir, avec un fort contingent de femmes d'expatriés en causette earl grey, mais aussi beaucoup d'Omanais – agréable mixité. A toute heure, dans un décor de bonbonnière jaune et bleu ciel ou plus agréablement sur la terrasse, on y mange sur le pouce de bonnes salades, des club-sandwichs corrects, un *fish & chips* comme au pays… et des douceurs sucrées.

FAUCHON €€

Opera Galleria, Shatti Al-Qurm
✆ +968 2234 6999
Ouvert 7j/7 de 9h à 23h. Compter 18 OMR.

Bienvenue dans l'univers Fauchon, so chic ! Déco très girly en tonalités roses du sol au plafond… et ça plaît ! L'endroit est très fréquenté par ces dames qui viennent pour les macarons et pâtisseries mais aussi pour le menu *made in France* du midi et du soir. Les produits sont importés et les recettes sont les mêmes qu'à Paris. Avis aux amateurs en manque de *french delights* ! L'enseigne ne pouvait pas trouver mieux que la très *papier-glacé* Galerie de l'Opéra pour faire ses classes en Oman. Forte de son succès, elle ouvre au Muscat Grand Mall.

KARGEEN €

Al Bashair Street, Way 2135, Madinat As Sultan Qaboos
✆ +968 9925 3351
www.kargeen.com
Ouvert 7j/7 de 7h à minuit. Compter environ 10 OMR par personne.

Installé tel un campement bédouin au cœur de la ville, Kargeen est une star de Mascate avec ses grandes tablées à ciel ouvert, ses tentes colorées éclairées de lanternes, son jardin luxuriant, ses salles privées et salons de style arabe. Ici tout ce que la capitale compte de locaux et d'expatriés se mêle dans un joyeux charivari populaire ! Le service est efficace et la carte offre une large palette de plats arabes goûteux ! Ne pas hésiter à s'attarder dans cet endroit insolite toujours très vivant, et pourquoi pas goûter aux délices fruités de la pipe à eau…

MASCATE

JEÛNE ET FESTIN

La nourriture et les pratiques alimentaires jouent un rôle important dans les religions, mais l'islam est connu pour imposer à cet égard les règles les plus strictes et les plus complexes qui soient. Celles-ci sont particulièrement marquantes pendant le Ramadan. Ce dernier ou « jeûne » est le quatrième pilier de l'islam. Il fait partie des cinq obligations fondamentales du fidèle musulman, au même titre que la profession de foi, la prière, l'aumône et le pèlerinage. Durant le mois du Ramadan, tout musulman en bonne santé est supposé jeûner du lever au coucher du soleil. Il doit également s'abstenir de boire, d'inhaler des substances (parfums), d'absorber des médicaments ou nutriments oraux non essentiels et d'avoir des relations sexuelles. Seuls les femmes enceintes, les malades ainsi que les personnes âgées ne sont pas tenus d'observer le jeûne. Ce dernier sert à purifier le corps et l'esprit, et, en même temps, à développer le respect de tous les bienfaits accordés par la nature – dont la nourriture. Pendant cette période, une partie de la journée est consacrée à préparer le repas pour la rupture du jeûne au crépuscule, repas qui prend alors l'allure d'un véritable festin. Le ramadan est donc une période d'abstinence ET d'abondance. C'est un mois où les restaurants tournent au ralenti (même les hôtels internationaux ne peuvent plus mettre en avant leurs grands buffets ni servir d'alcool) et où l'on distribue paradoxalement beaucoup de nourriture – notamment en guise de charité pour les indigents.

MARJAN €€

Hôtel Grand Hyatt,
Shatti Al Qurum
✆ +968 2464 1234

7j/7, 11h30-17h et 19h-22h30 sauf le samedi soir. Fermé le soir de mai à septembre. Environ 25 OMR/3 plats à la carte.

Ce restaurant en plein air, situé au coeur des jardins du Grand Hyatt, est idéalement situé entre la piscine de l'hôtel et la plage. Quelques snacks et plats légers sont proposés en journée pour grignoter, en maillot de bain, entre 2 ploufs. Le soir, la carte décline des spécialités du sud-est de l'Asie, cuisinées par des chefs indonésiens : maki sushi, nigiri sushi, sashimi, rouleaux, Pepper Crab, Nasi Goreng, Boeuf Rendang... Pour les papilles curieuses et les tablées de plusieurs convives, le menu Rijsttafel offre une combinaison de plats typiques à partager.

MORE CAFE €

Badr Al Qurum Building, Badr Al Qurum Building, Qurum
✆ +968 2202 2555

Ouvert 7j/7 de 8h à 23h. En moyenne 4 OMR un petit déjeuner, 9 OMR pour un plat et un dessert.

Créé à Dubai et déjà bien implanté aux Émirats, en Inde et en Asie, ce concept a tout pour plaire. Café, restaurant, pâtisserie, art, déco... tout y est ! On choisira le More Cafe pour son ambiance de loft branchée, ses expositions temporaires (voir la présentation des artistes et événements en ligne), la rapidité du service, la grande variété de plats maison : des sandwichs aux spécialités asiatiques ou orientales, glaces et sorbets artisanaux... Possibilité de réserver ses plats en ligne, à consommer sur place ou à emporter. Seconde enseigne à Al Mouj.

MUMTAZ MAHAL RESTAURANT €€

Périmètre du parc naturel de Qurm, Qurm
✆ +968 2460 5979
www.mumtazmahal.net

Ouvert 7j/7 de 12h à 15h (13h-16h le vendredi) et de 19h à minuit. Compter environ 15 OMR par personne.

Ouvert en 1984, c'est l'une des institutions de Mascate et l'un des restos indiens les plus courus de la capitale. Perché tout là-haut sur la butte au-dessus du parc de Qurum, il offre une vue superbe sur la ville. La carte décline une cuisine du nord de l'Inde : poulet tikka massala, poisson au curry, crevettes tandoori, soupe de langouste à la coriandre... et une belle palette de plats végétariens. Pendant la saison douce, on réserve absolument une table en terrasse. Atmosphère raffinée, service de première classe et tour du monde via la carte des vins.

O SOLE MIO €€

Hôtel Radisson Blu, Al Khuwair
✆ +968 2447 9869
www.fourseasonsoman.com

Ouvert 7j/7 de 12h à 15h et de 18h à minuit. Compter environ 26 OMR les 3 plats à la carte, 9 OMR pour un pizza.

Depuis quelques années, cette table italienne, première du genre à Mascate, tient pavillon au rez-de-chaussée de l'hôtel Radisson Blu pour gâter les papilles des clients de l'hôtel et des gourmands extérieurs. On fait bombance dans un intérieur cossu et feutré, au milieu des tableaux de style Renaissance. Le chef est italien bien sûr et la carte assure ses classiques via des *antipasti, primi piatti, secondi piatti, dolci*, comprenez du carpaccio, des pâtes, du poisson, des pizzas, du tiramisu... Un des meilleurs restos italiens de Mascate murmure-t-on...

SHABESTAN €€

Ominvest building 2832, Way 3036, Shatti Al Qurum
✆ +968 2469 6000
Ouvert 7j/7 de 12h à 15h et de 19h à23h. Compter 15 OMR par personne.

Passé la façade quelconque de l'immeuble, on tombe sur une entrée impressionnante, un porche entièrement recouvert de mosaïques brillantes qui mène à une salle non moins majestueuse dont les murs sont couverts de fresques et les plafonds travaillés. Bienvenue en Iran ! Sous la houlette d'un chef du cru, la carte est riche, variée, typique : on savoure un moutabal comme au pays, de délicieuses brochettes de poulet marinées au labneh et au safran, des kebabs divins. Seul manque le verre de Shiraz pour accompagner les plats, par ailleurs très copieux.

SHIRAZ €€

Hôtel Crowne Plaza, Qurum Heights
✆ +968 9508 7517
www.ihg.com
Ouvert 7j/7 de 12h à 15h et de 19h à 23h. Choix de menus à partir de 22 OMR.

Le nom indique d'emblée l'origine de la cuisine comme celle du chef : nous voici en Iran. Et puisque dans ce pays, on aime les plats à partager, on opte pour un menu – manière de découvrir au moins 7 saveurs du pays (ou bien plus selon son appétit). Ne pas s'arrêter aux dénominations qui peuvent paraître barbares (*Khoresht-e-bamiya, Esfanach Sorkhkardeh*), car le goût est là. La table jouit d'ailleurs d'une excellente réputation. A la salle cosy au cadre typé, on préférera la terrasse du premier étage aux beaux jours avec vue imprenable sur la capitale.

SLIDER STATION €

Oasis by the sea, Shatti Al Qurum
✆ +968 2469 8990
www.sliderstation.com
Ouvert 7j/7 de 12h30 à 23h. Compter 10 OMR par personne.

En salle, la déco traîne du côté de New York avec son look de loft industriel, ses matériaux bruts, ses ampoules LED en suspension, sa cuisine ouverte. C'est animé, jeune, branché, avec des équipes qui dépotent ! Côté terrasse, on profite du bord de mer : le mobilier noir se fait beau sous ses parasols blancs, on se love volontiers dans les sofas. A la carte : des burgers en veux-tu-en-voilà, de toutes tailles et à toutes les sauces, et des pizzas, des tapas, des ribs... Ouvert en continu, l'endroit est agréable également pour un verre, un café, une causerie.

SULTANCHEF €€

Al Kharjiyah Street, Shatti Al Qurum
✆ +968 2460 0111
www.sultanchef.com
Ouvert 7j/7 de 12h à 23h. Compter environ 15 OMR par personne.

Au premier étage de la superbe galerie commerciale du Royal Opéra, ce restaurant offre un cadre oriental, sobre et chic. Sa spécialité est la viande : de bœuf, d'agneau ou de veau, grillée et servie sur une planche en bois avec des frites. Les plats ne sont pas bon marché, mais la qualité est incontestable, les pièces de boucherie sont d'ailleurs présentées à l'étal dans la salle du restaurant. Mention spéciale pour le *Tomahauwk* que le chef se fera un plaisir de découper à votre table. Quelques plats aussi pour les non-carnivores et les végétariens.

TURKISH DIWAN €

Al Kuleiah Street, Al Khuwair
✆ +968 2448 6937
Ouvert 7j/7 de 11h à 1h. Compter 5 OMR par personne.

© TURKISH DIWAN

Gentillesse, authenticité et régularité. On vient pour déguster des plats généreux à base de produits frais cuisinés maison. On se régale d'un poisson choisi directement à l'étal et servi grillé ou cuisiné à l'orientale avec des frites, des salades, du houmous... C'est le point fort de la maison même si les carnivores en ont aussi pour leur compte. Deux options pour s'installer : une grande salle climatisée ou la jolie terrasse quand il fait doux, un peu à l'abri des voitures et à privilégier. Rapport qualité-prix imbattable et service efficace.

TAKARA €€

Hôtel Intercontinental, Shatti Al Qurum
✆ +968 2206 0003
www.ihg.com
Ouvert 7j/7 de 12h à 15h et de 18h à minuit. Menu à partir de 21 OMR par personne, à la carte environ 18 OMR/3 plats.

Une élégance zen et contemporaine baigne ce nouveau restaurant japonais habillé de bois du sol aux murs. Cadre immédiatement chic et chaleureux, tamisé le soir. L'entrée s'ouvre sur un espace lounge assorti d'un très beau bar – instant cocktail ou saké parmi la collection. Pour le repas, choix de trois espaces : la salle et ses boxes cloisonnés pour plus d'intimité, le comptoir à sushis, celui à Teppanyaki. La carte est fidèle aux spécialités du pays du Soleil-Levant et offre aussi un choix de menus rapides pour le déjeuner, plus longs et variés pour le soir.

THE JUNGLE €€

Al Qurm Street, Qurm
✆ +968 9569 0658
www.junglerestaurant.net
Ouvert 7j/7 de 12h à 15h30 et de 19h à 22h30. Compter 15 OMR par personne.

C'est le seul restaurant du genre à Mascate. On est bien dans une jungle, du graphisme au décor à la Indiana Jones, surtout au niveau de l'entrée du restaurant, un peu moins en salle ce qui est dommage. Un peu déçu aussi que le thème ne soit pas vraiment poussé jusque dans les assiettes puisque les plats restent des classiques : salades, burgers, pizzas, viandes et poissons grillés. En résumé, l'adresse est sympa en famille avec des plus jeunes qui adoreront le chemin dans la jungle et les douches tropicales pour arroser les arbres.

THE EDGE €€

Hôtel Crowne Plaza, Qurm Heights
✆ +968 9508 7517
www.ihg.com
Ouvert 7j/7 de 19h à 23h. Fermé de mai à septembre. Compter en moyenne 27 OMR les 3 plats à la carte.

Balcon sur la mer à nul autre pareil, voici l'un des plus beaux cadres dînatoires de la capitale, perché au grand air sur l'éperon du Crowne Plaza Muscat. Du haut de la falaise, on embrasse toute la ville, ses plages sur des kilomètres, les étoiles par milliers. Ambiance lounge musicale (DJ) pour un verre en panoramique sur les lumières de la promenade de Qurm ou un dîner fin à la brise, à la lueur des bougies. Des huîtres Fine de Claire aux sushis japonisants via un confit d'agneau goûtu, la carte pianote sur une cuisine fusion, à accompagner d'un bon vin du Cap.

TOMATO €€

Hôtel Intercontinental, Shatti Al Qurum
✆ +968 2468 0000
www.ihg.com
Ouvert 7j/7 de 11h à 17h30 et de 19h30 à 22h30. Fermé en été. Compter 18 OMR en moyenne, 7 OMR pour une pizza.

A l'extérieur de la structure hôtelière, au milieu du parc de l'Intercontinental, c'est un havre de quiétude à 2 pas de la mer, avec vue sur les fleurs et la piscine : une table décontractée jouant sur une carte méditerranéenne courte et simple – pizzas classiques ou plus élaborées, risottos, tagliatelles aux fruits de mer, poissons ou viandes grillés... Ici, pas de tables en intérieur, seul un grand deck en bois agréablement ombragé, où il fait bon se prélasser en soirée ou pour le déjeuner pendant la saison douce. Et vous remettrez un Campari !

THE GRILL HOUSE €€

Hôtel Grand Hyatt, Shatti Al Qurum
✆ +968 2464 1234
www.hyatt.com
Ouvert 7j/7 de 19h à 23h30. Compter environ 15 OMR par personne.

Perchée sur le toit de l'annexe de l'hôtel Grand Hyatt, dans le vent doux de la mer d'Oman, la terrasse panoramique de The Grill House offre une vue spectaculaire sur la mer d'Arabie d'un côté et la ville de l'autre. On vient savourer une bonne grillade, carnée ou marine, des salades, des fruits de mer... le tout accompagné d'un petit verre de vin. Pour dîner avec un(e) aimable flibustièr(e) ou en famille, c'est l'une des plus chouettes tables en extérieur de cette partie de la ville au rapport qualité-prix honnête. After musical au club, l'étage en dessous.

TRADER VIC'S €€€

Hôtel Intercontinental, Shatti Al Qurum
✆ +968 2468 0080
www.tradervicsmuscat.com
Ouvert de 12h à 15h du samedi au jeudi et 7j/7 de 18h à minuit. Compter environ 30 OMR par personne.

Bienvenue dans le temple de la tiki-culture, ce courant pop-polynésien qui enflamma l'Amérique des années 1930 aux années 1950 avec force vahinés, ukulélés et colliers de fleurs. Plats d'un peu partout, des assiettes cantonaises, des grillades, des magrets, des audaces exotico-tiki et même des crêpes Suzette flambées devant vous ! Pareille diversité à la carte mixologique, longue comme le bras, où le fameux Mai Tai, cocktail inventé par le créateur de la marque, est bien sûr à l'honneur – rhum-curaçao-orgeat-citron à siroter directement au comptoir !

TURKISH HOUSE €

Al Hadiqa Street
✆ +968 2448 8071
Ouvert 7j/7 de 10h à minuit. Compter environ 8 OMR par personne.

Enfin les choses sérieuses, comprenez le poisson frais comme on l'aime ! Merci aux Turcs qui tiennent cette succulente auberge depuis des lustres et régalent leurs heureux clients de ces chairs fermes, goûteuses et grillées (oui, juste grillées !) en ayant le bon goût de ne pas noyer les saveurs sous des sauces. Calamar, espadon, grosses crevettes, la pêche du jour se déguste avec une salade, du riz, des frites. Pour ceux qui se sont trompés d'adresses, choix de viandes et de pizzas. Prix démocratiques pour séduire l'Omanais du coin autant que le VIP.

TUSCANY €€

Hôtel Grand Hyatt, Shatti Al Qurum
✆ +968 2464 1234
www.hyatt.com
Ouvert de 12h à 15h30 du dimanche au jeudi et 7j/7 de 19h à 23h30. Environ 25 OMR les 3 plats à la carte.

La salle, classique et cossue, est en soi une forme de voyage. Nous voici en Italie, dans l'intérieur raffiné d'une villa toscane. Des pâtes et pizzas traditionnelles aux autres spécialités de la gastronomie italienne, le chef Daniele et sa brigade concoctent une solide et savoureuse cuisine du terroir à base de produits qualitatifs importés du pays. Primée à plusieurs reprises, la table est ainsi l'une des plus prisées de la ville dans sa catégorie. Aux beaux jours, on pourra opter pour un dîner romantique sur le balcon, à la lueur des étoiles.

UBHAR €€

Bareeq Al Shatti Complex, Shatti Al Qurum
✆ +968 2469 9826
www.ubharoman.com
Ouvert 7j/7 de 9h à 22h30. Compter environ 15 OMR par personne les 3 plats à la carte.

Avant Ubhar, peu de tables autres que de petits restos populaires, aux cadres souvent très simples et sans créativité aucune, permettaient aux curieux de la papille de goûter aux recettes locales. Fruit de la conscience patrimoniale de la belle jeunesse, Ubhar change de braquet, dépoussière la cuisine typique omanaise et parvient à reformuler un biryani de dromadaire, à revisiter le shuwa national en burger-frites ou en wrap, et à moduler le halwa en cheese-cake. Le cadre est moderne, branchouille sans excès. Venir sans hésiter.

TWINS TURKISH CUISINE €

The Oasis, Shatti Al-Qurum
✆ +968 9238 2239
Ouvert 7j/7 de 10h à 23h. Compter 8 OMR par personne.

© TWINS TURKISH CUISINE

C'est une très belle terrasse en front de mer entourée d'arbustes et de cages à oiseaux, car l'un des proprios (ce sont des jumeaux) est fan d'animaux. On mange face au bleu de la mer sous des parasols orange et la vie est immédiatement belle et joyeuse. A la carte : des poissons frais du jour que l'on choisit directement au comptoir et que le chef sert juste grillés avec des frites et des légumes, mais aussi des « mix grill », des salades, des kebabs... A l'attention des joggeurs et promeneurs matinaux, Twins Turkish Cuisine propose aussi des petits-déj ».

WET DECK €€

Hôtel W Muscat, Al Kharjiya Street, Shatti Al Qurum ✆ +968 2212 000
www.marriot.com
Ouvert 7j/7 midi et soir. Environ 6 OMR une salade, 14 OMR une viande, à partir de 3,50 OMR une boisson alcoolisée...

C'est l'occasion de traverser le lobby psychédélique du très branché et tout récent W et de s'amuser à décrypter les clins d'œil permanent à la culture et aux paysages omanais. Décoré de miroirs du sol aux plafonds, Wet Deck en est l'une des déclinaisons et se veut une ode aux reflets vibrants de la mer et à ce curieux gouffre de Bimmah Sinkhole (à 1h de Mascate). Côté plats, on surfe sur une carte internationale et consensuelle : salades méditerranéennes, pièces de boucher, poissons grillés, burgers... Atmosphère volontiers festive le week-end.

MASCATE

AL KHIRAN KITCHEN €€

Al Bustan Palace Ritz Carlton, Al Bustan Street
✆ +968 2476 4444
www.ritzcarlton.com
7j/7 7h-11h pour le petit déj, 18h30-22h30 pour le buffet international ou la carte. Environ 30 OMR 3 plats à la carte.

C'est l'occasion unique de traverser le mausolée de l'hôtellerie super-luxe et de découvrir, depuis la terrasse, les jardins manucurés, cette pièce d'eau longiligne pile en face, la noblesse de la palme et l'aristocratie du gazon. La carte est plus « simple » que le cadre et propose pizzas, pâtes, salades, viandes ou poissons grillés et quelques plats omanais. On se laissera plutôt tenter par la palette de saveurs du buffet avant de prolonger le repas par une promenade jusqu'à la plage, qui semble davantage un décor de carte postale qu'une enfant de la nature...

BEACH PAVILION €€€

Al Bustan Palace, Al Bustan Street
✆ +968 2476 4444
www.ritzcarlton.com
7j/7 de 18h30 à 23h et de 9h à 23h le samedi. Environ 38 OMR les 3 plats à la carte ; 29 OMR le Brunch du vendredi.

C'est LE restaurant de plage du palace, à l'écart du complexe et au plus près de l'eau : un spot ! On laisse agir le charme chic et minimaliste de cette salle rectangulaire contemporaine prolongée de sa terrasse. Déco d'inspiration marine et baies vitrées immenses pour flirter avec les vagues même quand on reste à l'intérieur. La carte offre des produits de la mer et quelques viandes, servis avec une sauce et un accompagnement au choix. Cuisine ouverte, sofas, salons en extérieur, bar à l'atmosphère élégante pour un apéro ou un after… Sublime !

BAIT AL BAHR €€€

Shangri-La Barr Al Jissah Resort & Spa
✆ +968 2477 6565
Ouvert du mardi au samedi de 18h à 23h30. Compter 30 OMR par personne les 3 plats à la carte.

C'est une grande et belle maison de bois, prolongée d'une terrasse au plus près de la mer : la table la plus romantique de l'immense complexe Shangri-La et ses propositions gustatives plurielles. Quitte à dîner au bord de l'eau, autant se délecter de poissons et fruits de mer issus de la pêche locale, et accompagnés de produits omanais ou préparés à l'omanaise. Crevettes, moules, langouste, poissons... se dégustent selon le goût et l'humeur puisqu'on peut choisir son mode de préparation. Dans un souci démocratique, un coin de la carte est dédié aux carnivores.

LA BRASSERIE RESTAURANT €€

A coté du Marina Hotel, face au marché aux poissons, Mutrah
✆ +968 2471 3707
Ouvert 7j/7 de 9h à 22h30. A partir de 3 OMR.

Lancée par deux Françaises il y a quelques années, la table frenchie a réussi à survivre à leur départ, désormais sous pilotage local. Toujours ce cadre élégant, chic-simple, très accueillant, et c'est vrai qu'on insiste, car avec son voisin Bait Al Luban, cette adresse dénote dans ce quartier populaire et portuaire. Appétissante, la carte propose, pour le déjeuner ou le dîner, un large choix de poissons et même de la langouste, d'une fraîcheur irréprochable, puisque directement choisis au marché aux poissons situé juste en face !

BAIT AL LUBAN €€

Al Mina Street, Corniche de Mutrah
✆ +968 2471 1842
www.baitalluban.com
Ouvert 7j/7 de midi à 23h. Compter en moyenne 6 OMR par plat.

Construite il y a 140 ans, cette superbe Maison de l'Encens (*Bait al Luban* en arabe), identifiable à sa majestueuse façade en pierres taillées, trône face au marché de poissons de Mutrah. L'intérieur est celui d'une maison traditionnelle orientale, riche et raffinée, avec ses tapis précieux et ses boiseries travaillées. Porte-drapeau de la culture omanaise, la carte décline et revisite toutes les spécialités culinaires du pays et de cette partie du monde. On mange assis par terre à l'orientale ou en terrasse face à l'animation du port. Une adresse incontournable !

CAPRI COURT €€

Shangri-La Barr Al Jissah Resort & Spa
✆ +968 2477 6565
Ouvert 7j/7 de 18h à 23h30. Dîners uniquement. Environ 25 OMR les 3 plats à la carte.

Un cadre raffiné, une jolie terrasse en léger surplomb de la plage et un intérieur feutré, le cadre est posé pour ce restaurant de cuisine italienne moderne de bord de mer. Le Chef, tout droit de la Botte bien sûr, revisite ses classiques en mêlant harmonieusement des ingrédients du cru à des produits locaux. On se délecte d'un carpaccio de bœuf aux artichauts et à la truffe, de raviolis maison farcis au parmesan, aux asperges et aux petits pois, d'un tiramisù pour la note sucrée ou d'une tarte pistaches, oranges et citrons d'Amalfi. Hmmm… mais pas de pizzas !

CHINA MOOD €€€

Al Bustan Palace, Al Bustan Street
✆ +968 2476 4444
www.ritzcarlton.com
Ouvert 5j/7 de 19h à 23h du lundi au samedi. A partir de 35 OMR les 3 plats à la carte.

Aux beaux jours, à condition de faire abstraction de la banalité de la terrasse (en contraste surprenant avec l'élégance de la salle rouge et noir), on choisira de goûter sous les étoiles aux mets de cette belle table asiatique. Orchestration majoritairement chinoise via un bataillon de chefs qui théâtralisent avec brio les plats spécifiques des huit principales cuisines régionales : de celle de Shanghai à celle de Canton... La carte est bien achalandée (excellent canard rôti et belle sélection de dim sums) et offre un choix de menus pour les indécis.

KURKUM RESTAURANT €€

Corniche de Mutrah
✆ +968 2471 4114
www.kurkumoman.cim
A 200 mètres de l'entrée du souk. 15 à 20 OMR entrée-plat-dessert.

Très rare au sultanat, Kurkum est un resto indien « couture », de type « boutique » par sa taille et sa déco : du blanc du sol au plafond, quelques tables, quelques photos ou tableaux contemporains aux murs, des affiches de la Fashion Week, et un petit bout de terrasse pour les soirées douces... Moderne et confidentiel, l'endroit se veut exclusif et propose une cuisine indienne moderne et raffinée. Pas d'alcool, mais un grand choix de thés pour accompagner les plats. Parfait pour un dîner fin entre amis ou amoureux après une balade au souk.

ROYAL HOUSE €

Al Bahri Road, Corniche de Mutrah
✆ +968 9328 2345
Ouvert 7j/7 de 12h à 15h30 et de 18h30 à 22h30. Compter 7 OMR.

Ce resto est juste un p'tit bout de trottoir, aménagé en terrasse, avec des jus frais version XXL et une carte de snacking améliorée... En somme, juste ce qu'il faut après une session shopping au souk ou après un tour au marché aux poissons ! L'après-midi, la terrasse est à l'ombre du bâtiment donc on en profite et on chevauche un tabouret tronc d'arbre... ou on s'installe à l'intérieur dans l'ambiance des quelques pièces de déco imitation musée. Mezzés, salades, sandwichs, grillades de poissons ou viandes, quelques plats locaux... De tout pour tous.

SAMBA €€

Shangri La Al Waha resort
✆ +968 2477 6565
Ouvert de 12h30/13h à 17h du dimanche au jeudi et de 18h à 23h du samedi au vendredi. Compter 20 OMR par personne.

Samba est un restaurant familial, ouvert quasiment toute la journée. Le midi on déjeune à la carte de salades, sandwichs, burgers, etc., le soir on se remplit la panse au buffet. Comme dans tous les grands hôtels de ce niveau, une thématique culinaire différente est proposée chaque jour (buffet de la mer le lundi, viandes et grillades le samedi, etc.), le tout copieux et varié avec les inconditionnels bar à salades, bar à pâtes, fontaine de chocolat... A la salle, spacieuse et donc un peu impersonnelle, on préférera la terrasse ombragée proche de la piscine.

HALAL ET HARAM

Le Coran est très strict en ce qui concerne l'alimentation autorisée aux musulmans. Nombreuses denrées sont ainsi considérées comme *haram*, c'est-à-dire impropres à la consommation. C'est notamment le cas du porc, qui est vendu à part dans les supermarchés. Les restaurants autorisés à le servir (ceux des hôtels internationaux en général) doivent être équipés d'un matériel prévu à cet effet. Ils doivent aussi indiquer clairement sur les menus tous les plats contenant du porc, comme ceux cuisinés avec de l'alcool. Par ailleurs, toutes les viandes consommées par les locaux doivent être *halal*, c'est-à-dire autorisées par l'islam et préparées d'une façon bien précise.

SHAHRAZAD €€€

Shangri-La Al Husn Resort & Spa
✆ +968 2477 6565
www.shangri-la.com/muscat/alhusnresortandspa
Ouvert 7j/7 de 19h à 23h30. Environ 30 OMR les 3 plats à la carte. Pas d'enfant en dessous de 12 ans.

Les stucs, les ogives, les lampes marocaines, les coussins soyeux... tout y est, même les joueurs de luth et les serveurs du cru, marocains, bien sûr, et parlant français. On s'alanguit dans la douceur tamisée d'un éclairage subtil, et l'on dérive : direction l'Afrique du Nord, au pays des tagines, briques, pastillas et couscous... Le plat signature est le *fattoush*, salade hachée traditionnelle relevée d'une vinaigrette au citron vert que le chef sert en personne. Pour la touche finale, céder à la tentation d'une pâtisserie orientale et d'un thé à la menthe.

SULTANAH €€€

Shangri-La Al Husn Resort & Spa
✆ +968 2477 6565
www.shangri-la.com/muscat/alhusnresortandspa
Ouvert 7j/7 de 6h30 à 11h et de 19h à 23h30. Compter en moyenne 36 OMR les 3 plats à la carte.

Dans l'élégance du palace Al Husn, le non moins élégant Sultanah, tout en longueur, révèle un design nautique original, avec son plafond en forme de vagues et ses tonalités claires – blanc, beige, bleu, bois. Comme sur un paquebot, vous pourrez choisir de manger sur le « pont » c'est-à-dire en terrasse, face au bleu de la mer que découpent d'étranges rochers. La cuisine, créative et moderne sans affiliation revendiquée, propose une palette de saveurs d'ici et d'ailleurs telle une croisière culinaire. Vu le cadre, une tenue élégante est de bon ton.

THE GOLDEN ORYX €€

Al Burj Street, Ruwi
✆ +968 2470 2266
www.thegoldenoryx.com
Ouvert 7j/7 de 12h à 15h et de 19h à minuit. Compter 15 OMR par personne.

C'est l'un des plus anciens restaurants asiatiques de Mascate, autrefois très prisé, aujourd'hui supplanté par d'autres tables, mais encore assez populaire. C'est grand, sur deux étages rouge et or, mais agencé de façon à ce que l'intimité reste préservée grâce à un jeu de cloisons. Après avoir franchi le petit pont sous l'œil de l'oryx doré, on goûte à trois types de cuisines : chinoise, thaïlandaise et, plus atypique, mongole, sous forme de barbecue en live où l'on choisit soi-même les ingrédients à faire griller – viandes, poissons, légumes, sauces...

THE RESTAURANT €

Hôtel Marina,
en face du marché aux poissons
✆ +968 2471 3100
Ouvert 7j/7 de 10h à 2h du matin. Compter environ 8 OMR par personne.

Mesure ta chance, voyageur, de n'être pas en cette auberge pour y trouver le sommeil, mais plutôt un excellent Goan Curry ! D'un coup d'ascenseur, voici le sommet, son intérieur d'un autre âge, et pour les chanceux ou les réservations, une des rares tables extérieures avec vue panoramique sur le port. C'est collector en diable et follement savoureux, la cuisine étant exécutée à l'ancienne et comme à la maison par de bons chefs indiens. On pioche dans 2 cartes au choix : l'une des plats signatures, l'autre plus internationale.

THE BLUE MARLIN €€

Marina Bandar Al Rowdha, Al Saidiya Street
✆ +968 2474 0038
Ouvert 7j/7 de 8h30 à 23h. Petit déjeuner 5 OMR, sandwichs 5 OMR, carte à partir de 5 OMR, langouste 11 OMR.

En journée ou le soir, l'expérience est différente, car nous sommes ici devant la marina touristique de Mascate, là où s'organisent les sorties-dauphins, les sorties-plongée et autres mini-croisières. Le jour, ça grouille d'activités et de mouvements nautiques. Le soir, pas un chat marin ou tout comme, et ce n'est pas la folle ambiance. A la carte : des salades, des fruits de mer, de la langouste... et un large choix de sandwichs, wraps et burgers à emporter. Bref, s'y poser surtout pour un lunch rapide, le nez au vent, avant ou après une sortie en mer.

TOKYO TARO €€

Hôtel Al Falaj 8e étage, Ruwi,
✆ +968 2470 2311
www.alfalajhotel.com
Ouvert 7j/7 de 12h à 15h (sauf le vendredi) et de 19h à 23h. Environ 25 OMR le dîner.

Au dernier étage de l'hôtel Al Falaj, avec vue sur la ville et les montagnes autour, c'est l'un des meilleurs et des plus anciens restaurants japonais traditionnels : du bois partout pour se sentir bien, un comptoir teppanyaki pour le show, quelques jolis tapis pour dîner à même le sol dans des salles séparées par des cloisons... Vraiment, on s'y croirait, d'autant que le Chef est japonais et le personnel asiatique. A la carte sont déclinés tous les classiques de la cuisine du Soleil Levant et quelques typiques moins populaires. Une valeur sûre !

FAIRE UNE PAUSE

Les Omanais (et nous insistons sur le masculin qui l'emporte nettement sur le féminin dans ce domaine, sauf chez les jeunes) adorent faire une pause et prendre le temps de vivre. Tôt le matin, ils investissent les coffee-shops, les cafés ou les lounges et lobbies des grands hôtels pour se retrouver, bavarder, siroter un café à la cardamome ou un thé. Dès l'après-midi, des senteurs de shisha parfument l'air ambiant jusque tard le soir et partager une pipe à eau fait l'objet de longs palabres... Les lieux les plus prisés se situent dans l'enceinte des établissements hôteliers (bars, cafés, lounges intérieurs ou extérieurs) fréquentés des voyageurs comme des locaux, ou alors en bord de mer notamment dans les secteurs de Qurm, de la corniche de Mutrah, de la marina d'Al Mouj... Les week-ends, les jeunes, hommes et femmes confondues, prennent d'assaut les terrasses des cafés. Pour un high tea de légende, c'est à l'Al Bustan.

CAFE BATEEL

Way 447 C, Al Mouj
✆ +968 2455 8839
www.bateel.com
Ouvert 7j/7 de 8h à 23h. En moyenne 1,20 OMR une viennoiserie, 5,50 OMR un petit déj, 6 OMR un plat/salade/sandwich...

Le premier café Bateel a ouvert ses portes aux Emirats en 2007 et, depuis, le concept s'est développé et a essaimé jusqu'à arriver à Al Mouj. Dans une ambiance conviviale et décontractée, on se pose là à toute heure : dès le matin pour prendre un petit déjeuner avec des gaufres, des croissants, des œufs Bénédicte, etc ; dans la journée, pour se désaltérer d'un jus de fruits frais, grignoter une salade, boire un café, se régaler d'une pâtisserie (grand choix) ; en soirée pour dîner. Atout non négligeable, le café dispose d'une très belle terrasse vue mer.

CANDLE CAFE

Promenade piétonne du front de mer, Qurm
✆ +968 9600 2233
Ouvert 7j/7, 24h/24 ! A partir de 6 OMR.

Café, thé, jus, quelques brochettes, et voilà. A l'intérieur, on joue aux dés, on fume la shisha, on sirote un lemon mint. Mais le vrai plus se passe en plein air, à l'une des rares terrasses de la capitale ouvrant nos yeux vers le sable et le large. Très prisé des Omanais, ce café dispose d'un emplacement de rêve, entre la promenade piétonne et la mer, du bon côté donc, quand les hôtels sont eux en deçà de la croisette. Ouvert jour et nuit, c'est son autre atout, l'endroit est un secret de voyageur déjà trop connu, vous comprendrez pourquoi.

CORNICHE CAFE

Mutrah corniche
✆ +968 2456 8411
Ouvert 7j/7, de 8h à 22h. Compter 4 OMR par personne pour un plat et une boisson.

S'il est un endroit incontournable à Mascate, c'est bien la corniche de Mutrah. Alors, avant ou après la visite du souk, vous serez ravis de trouver ce petit coffee shop bien caché à l'entrée du marché côté gauche. Les jus de fruits frais sont délicieux et, en cas de petit creux, on peut se sustenter d'un plat indien à un prix très raisonnable. Essayez de trouver une table sur la petite terrasse panoramique à l'étage d'où l'on peut admirer toute la corniche, et même les allées du marché... idéal pour observer quelques scènes de vie !

MOORISH CAFE

Al Qurm beach ✆ +968 9424 8888
www.caramelgroup.com
Ouvert du samedi au jeudi de 9h à 2h en continu et les vendredis de 14h à 2h. Compter 5 OMR par mocktail.

Moorish café appartient au groupe Caramel, compagnie dubaïote possédant déjà le très chic restaurant Caramel dans la galerie commerciale du Royal Opera House de Mascate. L'emplacement est idyllique, face à la mer : une immense terrasse posée devant la plage et offrant une vue imprenable sur le coucher du soleil. L'endroit est calme, décontracté, on vient là pour se détendre à toute heure de la journée et profiter d'un mocktail, d'un milk-shake, fumer une shisha ou grignoter un burger, une salade, un kebab... Pas de licence d'alcool, mais le site fait l'ivresse.

SIRJ TEA LOUNGE

Hôtel Grand Hyatt, Shatti Al Qurum
✆ +968 2464 1234
7j/7, 8h-23h.

Bien moins impressionnant que l'atrium de l'hôtel Ritz Al Bustan, mais plus central et très oriental également, le lobby de l'hôtel Grand Hyatt est un endroit chic, calme et feutré où venir prendre un high tea à l'anglaise avec scones et délices salés, dans le ballet incessant des hommes en dishdashas. Essentiellement fréquentés par des Omanais, l'endroit, tout en dorures, tentures, vitraux et arabesques, possède un réel pouvoir de dépaysement et l'on se croirait invité dans une grande demeure arabe. Carte de snacking pour les petites faims sucrées ou salées.

THE ADDRESS

Oasis by the Mall, Shatti Al Qurum
✆ +968 2440 4200
Ouvert 7j/7 de 9h à 21h. Compter 7 OMR par personne.

L'entrée se fait par le mall, à côté du Costa Café : quelques marches, et voilà que l'escalier débouche sur une vaste terrasse ombragée et une immense salle tout en longueur, bien connues des Omanais du secteur. Face à la mer, l'endroit est couru des locaux qui viennent y fumer la shisha et y jouer aux cartes. Et c'est précisément pour cela qu'on y monte : pour l'ambiance ! Pour boire un café, siroter un lemon mint ou avaler un kebab parmi les Omanais, de préférence un soir de match quand c'est comble puisque les événements sportifs sont retransmis sur écran.

LA ROUTE DES AMOUREUX

Située entre le W et le Crowne Plaza, Al Shati Street, plus communément appelée ici la *Love Road*, est un incontournable de la scène omanaise puisque c'est le long de cette route aménagée en promenade côtière que se retrouvent les jeunes amoureux en soirée ou les bandes de copains à la recherche de l'âme sœur ! Chaque soir, en particulier le week-end, ils sont là à se pavaner et à faire vrombir les moteurs de leurs voitures super « tunées ». En journée c'est plus calme, et le cadre est superbe, avec la plage de sable d'un côté et la réserve naturelle de Qurm de l'autre. Plusieurs enseignes s'alignent côté mangroves avec terrasses vue mer – idéal pour une pause.

THE ATRIUM TEA LOUNGE

Al Bustan Palace
✆ +968 2476 4444
www.ritzcarlton.com
Ouvert 7j/7 de 14h à 17h, réservation nécessaire. 15 OMR par personne. Tenue correcte exigée.

Pour un *high tea* de légende, c'est là : sous un dôme de 38 mètres de haut digne d'un palais de sultan, dans les senteurs d'encens, le ballet des hommes en dishdasha blanche et les notes de la fontaine mêlées à celles du piano à queue. Ouvert à tous, l'atrium DU palace d'Oman offre des prestations à la hauteur de son prestige : service de première classe, conseils d'un sommelier en thé, vaisselle fine assortie de l'inconditionnel triple plateau de mignardises sucrées et salées, sans oublier les scones. Un haut lieu unique pour un moment hors du temps !

TCHE TCHE CAFE

Al Shatti Street
Ouvert 7j/7 de 9h à minuit, à partir de 12h le vendredi. Compter 8 à 10 OMR par personne pour un plat et une boisson.

Implantée dans plusieurs pays du Moyen-Orient, la chaîne de cafés jordanienne Tche Tche se dresse à Mascate sur la promenade des Amoureux. Le concept « plage, terrasse et narguilé » fonctionne bien comme en atteste la haute fréquentation par les locaux. L'endroit est toujours animé, très typique, et la carte propose un large choix de jus de fruits, shishas et plats occidentaux ou orientaux. On profite de la superbe vue sur le grand large, tout en observant le défilé incessant des bolides rutilants sur l'avenue – passe-temps favori de la jeunesse dorée omanaise.

TR.EAT CAFE

Hôtel Intercontinental, Shatti Al Qurum
✆ +968 2468 0060
7j/7 en continu de 8h à 22h. Autour de 2,50 OMR une boisson spéciale ; 4,70 OMR un petit déj ; 3,50 à 6 OMR un plat.

Ce nouveau café apporte une touche de peps à l'immense lobby de l'hôtel Intercontinental. Ouvert à tous et situé à l'entrée, il décline tous les standards de la mode actuelle : une déco au look industriel jouant sur les matériaux bruts, du vrai bon café broyé sur place par des baristas, des espaces lounge pour grignoter tout en travaillant. Plus une carte de boissons gourmandes, douceurs et pâtisseries délicieuses, et un choix de plats salés rapides mettant l'accent sur la fraîcheur et la qualité des produits – souvenir ému d'un succulent croque-madame. Terrasse.

Incontournable, ouvert matin et après-midi et fréquenté par des Omanais comme des touristes, le souk de Mutrah reste l'endroit le plus typique où dégotter un souvenir et s'exercer à l'art de la négociation. Mais la capitale regorge aussi de secteurs commerçants 100 % locaux, comme le quartier de Seeb ou, plus central, le quartier de Ruwi, qui grouille de boutiques où possiblement dénicher des babioles amusantes. Dans un registre plus classique, Mascate, sans donner encore (mais c'est en cours) dans l'hyperbole de ses voisines émiriennes, compte de plus en plus de malls : ces centres commerciaux géants et globalisés avec *foodcourts* et activités de loisirs. Mall of Oman, le plus grand du Golfe dit-on et premier de Mascate à accueillir les grandes marques internationales du luxe, devrait ouvrir courant 2021 et révolutionner l'offre actuelle encore un peu timide. Pour une leçon d'élégance, déambuler dans l'Opera Galleria.

BAREEQ AL SHATTI MALL

Al Kharijiyah Street, Qurum
✆ +968 2469 9490
Ouvert 7j/7 de 10h à 22h et de 14h à 22h le vendredi.

Bareeq Al Shatti est un joli petit mall, tendance chic, situé dans la partie la plus centrale de Mascate, à côté de l'opéra et à deux pas de la plage. En plus de ses quelques boutiques, il est surtout fréquenté pour ses cafés et restaurants en terrasse, où la jeunesse dorée de Mascate s'attarde volontiers en journée ou soirée pour un dîner, un café ou un verre. On y vient à pied depuis le Jas Complex tout proche pour se régaler de grillades levantines chez Automatic ou faire une escale *in style* chez Ubhar, le premier bistrot moderne de cuisine omanaise.

MALL OF OMAN

Al Gubrah
www.mallofoman.net
Ouverture fin 2021.

Central et très attendu des Omanais qui adorent passer des heures dans ces vastes espaces climatisés, le Mall of Oman se démarquera radicalement des autres centres commerciaux locaux. D'abord par sa taille ; ensuite pour être le premier à proposer un vrai grand choix de marques de luxe internationales. Avec 350 enseignes, un hypermarché Carrefour, un foodcourt, des restaurants, une palette de loisirs dont un *snow park* intérieur, bienvenue dans le plus grand mall du sultanat – une façon sans doute d'inciter les Omanais à dépenser chez eux plutôt qu'à Dubaï !

JAWHARAT A' SHATI COMPLEX

Way 2817, à côté de l'Intercontinental, Shatti Al Qurm
✆ +968 2469 2113
Ouvert 7j/7 de 8h à 22h.

Le terme anglais *mall* désignant à la fois un centre commercial et une galerie marchande, on gardera cette dernière qualification pour désigner ce « Jas Complex », comme on dit ici. Quelques boutiques, une librairie, une pharmacie, la meilleure galerie artisanale du pays, un spécialiste de la plongée et du nautisme, un Beach Shop pour les articles de plage et plein de cafés en terrasse. Le vendredi matin, c'est ouvert quand c'est fermé partout ailleurs.

MUSCAT CITY CENTER

As Seeb Street, Seeb, à 3 km à l'ouest de l'aéroport ✆ +968 2455 8888
www.citycentremuscat.com
7j/7 10h-22h du samedi au mercredi et jusqu'à minuit jeudi et vendredi. Carrefour : 8h/9h à 22h/minuit selon le jour.

C'est un des plus grands centres commerciaux du sultanat, agencé autour d'un Carrefour, et encore agrandi récemment. La galerie marchande compte une multitude de boutiques dans toutes les catégories et plusieurs restaurants où les locaux aiment à déambuler et se poser en famille, les soirs et week-ends. Sur place : cinéma VOX, immense espace Magic Planet avec des manèges pour les tout petits, jeux vidéo, attractions chargées d'adrénaline et offres sportives pour les adultes. Bon à savoir, le parfumeur Amouage dispose ici d'une belle boutique.

VÊTEMENTS

Vêtements traditionnels des hommes. Le vêtement officiel du pays est la dishdasha. Il s'agit d'une longue tunique au col rond, couvrant le corps du cou aux pieds. Elle est généralement de couleur blanche, mais peut être déclinée dans d'autres tonalités. En dessous, les hommes revêtent une autre longue tunique très légère appelée wuzar. Sur la tête, ils portent soit un turban, soit la kuma, une petite coiffe ronde de multiples couleurs ornée de motifs. Aux pieds, systématiquement : des sandales, même pour les grandes occasions ! Lors des manifestations à caractère sacré ou important, ils peuvent revêtir une tunique noire ou beige bordée de fils dorés ou argentés : la bisht. À la taille, accrochée à une ceinture, la fameuse dague traditionnelle ou khanjar. Certains hommes portent aussi un bâton.

Vêtements traditionnels des femmes. Ils varient de région en région, mais sont toujours très colorés. Rose, rouge, bleu..., les tuniques se parent de multiples motifs qui font de chaque apparition féminine un bouquet polychrome ! À la base, un large pantalon ou sirwal que les femmes recouvrent d'une large tunique à manches longues. Sur la tête, suffisamment couvrant pour cacher les cheveux, mais aussi les épaules : un grand foulard, le lihaf. Lorsqu'elles sont en public, les femmes cachent souvent leurs vêtements sous une longue robe de couleur noire appelée abaya. Et çà et là, notamment au sein des tribus bédouines, les Omanaises portent la burqa, un masque de cuivre couvrant les sourcils, le nez et les pommettes.

MUSCAT GRAND MALL

Dohat Al Adab Street, Al Khuwair
✆ +968 2200 0000
www.muscatgrandmall.com
Ouvert 7j/7. Magasins 10h-22h, 10h-minuit jeudi et vendredi. Cafés 8h-23h. Carrefour 8h-Minuit.

MGM, comme on dit ici, est l'un des malls les plus récents de la capitale et non des moindres. L'endroit ne rassemble pas moins de 150 enseignes, un supermarché Carrefour, des magasins de textile, ameublement, électronique, des marques de sport, une librairie, un cinéma, un mur d'escalade, une aire de jeux *indoor* Fabyland avec des attractions et bien sûr de multiples fast-foods regroupés dans un food court et quelques restaurants. Les résidents français vont y chercher leur baguette chez Paul, tandis que les Omanais s'arrêtent prendre une chicha au Al Makan Café.

OMAN AVENUES MALL

Sultan Qaboos Street, Al Khuwair
✆ +968 2200 5400
www.omanavenuesmall.om
Ouvert 7j/7 de 10h à 22h, jusqu'à 23h/minuit le week-end. Lulu hypermarché ouvert 7j/7 de 8h à minuit.

Sur trois étages, c'est un mall à l'horizontale appartenant au groupe Lulu. Les inconditionnels sont présents : du prêt-à-porter, un *gold souk* avec des bijouteries, un quartier High Tech, des magasins de décoration. Le second étage est consacré aux loisirs et à la restauration (fast-food surtout). Le troisième est plutôt tourné vers le bien-être et les loisirs – bowling, salle de gym, spa. Concept intéressant : la *kiddy zone* est un secteur dédié aux enfants avec boutiques et aire de jeux. Service de voiturier et de nettoyage de véhicules, wifi gratuit.

OPERA GALLERIA

Royal Opera House, Shatti Al Qurum
✆ +968 2440 3440
rohmuscat.org.om
Ouvert 7j/7 de 10h à 22h.

On a davantage l'impression de flâner dans un musée de prestige que dans un centre commercial lorsque l'on traverse les allées de marbre de cette superbe galerie, aménagée dans le prolongement de l'Opéra pour y accueillir des marques internationales de luxe et/ou de renom comme Nespresso ou Philippe Patek. Ne pas compter faire ici les meilleures affaires sauf à disposer d'une carte platine bien approvisionnée. Venir quoi qu'il en soit, pour le plaisir des yeux et le délice du cadre, cette élégance apaisante. Côté restauration : Café Richoux ou chez Fauchon !

PANORAMA MALL

Al Gubrah Street, Al Gubrah
✆ +968 2423 0000
www.panoramamalloman.com
Ouvert 7j/7, de 8h à 23h.

Dans la palette des centres commerciaux assez récents, voici un ensemble immense de plusieurs bâtiments très hauts. A l'intérieur s'alignent pas moins de 100 enseignes en tous genres : magasins de vêtements (Liu Jo, Furla...), d'électronique, boutiques de bijoux... mais aussi des cafés, des restaurants de cuisine internationale, un laser game. Le plus : un cinéma doté d'un VIP Lounge, zone ultra confort avec sièges qui s'allongent. Également une garderie pour les enfants de 5 à 16 ans afin de permettre aux parents de faire leurs courses en mode peinard.

QURUM CITY CENTER

Madinat Al Sultan Qaboos Street, Qurm
✆ +968 2447 0700
www.citycentrequrum.com
Ouvert 7j/7 de 10h à 22h en semaine, jusqu'à minuit le week-end. Carrefour : 9h-minuit.

Moins étendu que son grand frère voisin de l'aéroport, ce City Center de centre-ville est pareillement agencé autour d'un Carrefour et rassemble quasiment les mêmes enseignes : marques internationales de prêt-à-porter pour hommes, femmes et enfants, boutiques d'horlogerie et de bijoux, magasins de lingerie et maillots de bain, pharmacies, parfumeries, banque... et l'habituel cortège de cafés, fast-foods et restaurants. Côté divertissement, le mall dispose d'un cinéma VOX et d'une aire de loisirs Magic Planet avec des attractions pour tous les âges.

SABCO COMMERCIAL CENTRE

Al Qurm Street, Ruwi
✆ +968 2466 6700
www.sabcooman.com
Ouvert 7j/7 de 10h à 22h et de 16h à 22h le vendredi.

C'est le premier mall à avoir ouvert au sultanat. Ce côté vintage n'enlève rien à la qualité des enseignes présentes sur place, à commencer par la marque de parfums Amouage qui possède ici une somptueuse boutique. Sinon, Sabco rassemble plusieurs enseignes de luxe (montres et lunettes essentiellement, mais aussi vêtements griffés Armani ou Hugo Boss), un salon de coiffure, un fleuriste, etc. Tout au fond se niche un simili souk omanais, riche de tous les articles artisanaux de la création, Chine comprise. Egalement plusieurs mini-malls dans les environs proches.

OMANI HERITAGE GALLERY

Jawharat A'Shatti Complex et Corniche de Mutrah
✆ +968 2471 3124
www.omaniheritage.com
Ouvert tous les jours de 10h à 20h à Mutrah, horaires plus restreints à Shatti al Qurum.

Au numéro 47 de la corniche de Mutrah, une jolie petite maison blanche abrite une antenne de l'Omani Heritage Gallery, association sous tutelle du ministère du Patrimoine. A l'intérieur sont exposés des objets 100 % *made in Oman* et typiques du sultanat – poterie, vannerie, tapis, bijoux, vêtements, etc. L'objectif n'est pas tant de faire du commerce que de promouvoir le meilleur de l'artisanat omanais. Si les prix pratiqués sont plus élevés qu'ailleurs, les bénéfices sont reversés aux artisans et l'on est sûr de ne pas acheter de la camelote.

BATEEL

✆ +968 2460 1573
www.bateel.com
3 boutiques à Mascate : Muscat Grand Mall, Oasis by the Sea Complex et Muscat City Center.

L'histoire de ce groupe dubaïote commence à Al Ghat, une ville d'Arabie saoudite où le climat et le sol sont favorables à la production de dattes de grande qualité. Bateel en commence l'export et la vente, puis diversifie son offre. Aujourd'hui, l'enseigne propose une large gamme de produits à base de dattes haut de gamme, mais aussi des chocolats et de l'épicerie fine. Les 3 boutiques de Mascate fourmillent d'idées cadeaux, à commencer par une sélection de dattes fourrées présentées dans des coffrets chics. Egalement le tout premier Bateel Café d'Oman à Al Mouj.

TAMRAH

Opera Galleria, Shatti Al Qurm
✆ +968 9934 2221
www.tamrah.om
Ouvert 7j/7 de 10h à 22h.

© TAMRAH

Tamrah signifie datte en arabe et rime avec qualité aux yeux des clients de cette marque de prestige 100 % omanaise. Car Shabib et Nahla, les fondateurs de l'entreprise, sélectionnent avec beaucoup de soin leurs matières premières. 70 % des dattes sélectionnées proviennent des fermes d'Ibri et 30 % de Jabrin (dans la région de Nizwa). Les dattes sont cueillies à la main, nettoyées, préparées et fourrées de fruits secs. Elles sont ensuite présentées dans des « écrins » luxueux, tels des bijoux, et vendues dans l'unique boutique du pays, à l'Opera Galleria.

LULU HYPERMARKET

Un à Al Gubrah, l'autre à Ruwi
✆ +968 2203 4000
www.luluhypermarket.com
Ouvert 7j/7 de 9h à minuit.

C'est la plus grande chaîne d'hypermarchés du Moyen-Orient, présente dans tous les émirats et les principales villes et centres touristiques du Sultanat. Mascate en compte 2, dont le plus grand, celui d'Al Gubrah, s'étend sur 2 étages. C'est l'hypermarché populaire à bon rapport qualité-prix. Au rez-de-chaussée : alimentation, épicerie, photo express, distributeurs de billets et chaînes de restauration rapide comme Papa Jones Pizza ou KFC. A l'étage : des vêtements, de l'électroménager, une parfumerie et un Costa Café. Achat en ligne possible avec livraison.

MARCHÉ AUX POISSONS

Corniche de Mutrah,
à côté du port industriel
Ouvert 7j/7 en matinée de 7h à 12h environ.

© OT OMAN

Le marché aux poissons de Mutrah, au concept architectural innovant, s'offre le luxe d'espaces nets, carrelés et climatisés, moins couleur locale que les autres marchés du pays, certes, mais davantage adaptés à la marchandise et à la fraîcheur des produits. Tous les jours, les pêcheurs s'y regroupent pour y exposer leurs prises, et l'endroit vaut autant pour les étals que pour le spectacle offert par les visages burinés de soleil et le jeu subtil du négoce... Dans le prolongement, une grande salle climatisée accueille un marché aux fruits et légumes.

MARCHÉ DE RUWI STREET

Ruwi Street, Ruwi
Horaires variables selon les boutiques. En moyenne 7j/7 du matin jusque tard le soir avec parfois une pause à midi.

Cette rue en sens unique part du rond-point Al Hamryah et se termine sur Al Jami Street. On est ici au cœur du quartier animé et vivant de Ruwi. Les boutiques se succèdent, toutes tenues par des Indiens. La première partie de la rue est plutôt dédiée au bricolage (plomberie…), la seconde aux tissus et textiles, la dernière aux bijoutiers. Les tissus se vendent au mètre, les bijoux au gramme, et tous les prix sont négociables. Viennent aussi se greffer à l'ensemble : coffee-shops, restaurants, magasins d'électroménager, agences de voyages… Typique !

AMOUAGE

✆ +968 2455 8581
www.amouage.com
En plus de la Factory, 2 boutiques à Mascate : Muscat City Center, Muscat Grand Mall et Sabco Center.

Cette marque de parfums orientaux, célèbre dans le monde entier est distribuée partout dans le pays et comptent plusieurs revendeurs à Mascate. La principale boutique et la plus prestigieuse se situe à la Factory (route 15 en direction de Nizwa). D'autres boutiques existent dans la capitale dans des centres commerciaux comme le Muscat City Centre (Seeb), le Sabco Commercial Centre (Qurum) ou le Muscat Grand Mall (Al Khuwair). La marque peut être distribuée également dans des boutiques d'hôtels comme à l'Al Bustan Palace. Un cadeau exceptionnel et authentique !

DAR AL HERFYA

Al Madina Plaza, Al Bashair Street,
✆ +968 2494 9497
www.alherfya.om
Ouvert 6j/7 de 9h à 13h et de 17h à 21h. Fermé le vendredi.

Mi-galerie, mi-boutique, Dar Al Herfya a ouvert ses portes en 2014 avec, pour objectif, la promotion et le développement de l'artisanat omanais. Les objets, en provenance des différentes régions du Sultanat, sont achetés auprès des fabricants et artistes locaux puis exposés sur place par thèmes. On trouve par exemple des paniers tressés en feuilles de palmes du Dhofar, des porte-clés tissés par les femmes bédouines de la Sharqiyah, des produits en cuir confectionnés à Mirbat ou Nizwa, etc. Des centaines de familles omanaises sont déjà impliquées dans le projet.

BOUGER & BULLER

Situation et topographie font de Mascate un haut lieu pour les activités en tous genres. La ville compte cinq parcours de golfs 18-trous ouverts à tous, dont deux situés au niveau des marinas flambant neuves d'Al Mouj et de Sifah – respectivement au nord et au sud de la ville. Sinon, on est en bord de mer et les eaux territoriales regorgent de poissons, tortues, dauphins...donc place aux loisirs balnéaires : pêche, croisières, plongée sous-marine dans des spots de choix comme les îles Daymaniyat, Fahal Island ou Bandar Khairan. A l'arrière, les montagnes et wadis tout proches offrent leurs parois et bassins d'eau douce aux sports d'aventure et de plein air : canyoning, VTT, trekking, escalade... On peut même randonner en ville sur les hauteurs de la corniche de Mutrah ! Pour buller et se faire dorloter, direction les spas des hôtels de luxe ou les centres de beauté locaux – notamment pour des cils ou sourcils de star !

AL MOUJ GOLF

18th November Street, Al Mouj
✆ +968 2200 5990
www.almoujgolf.com

Ouvert 7j/7 à partir de 6h30. Compter 31 OMR le 9-trous et 50 OMR le 18-trous, 40 OMR l'heure de cours.

Enfant légitime des pelleteuses et des ambitions pharaoniques, ce 18-trous PGA Links cavale et ondule en bord de mer à l'est de la marina d'Al Mouj. Depuis l'ensemble du parcours, on admire les vues imprenables sur la mer d'Oman et les monts Hajar. Techniquement parlant, on est sur un Par 72 de 6 675 mètres de long, signé Greg Norman, le champion australien. Le golf dispose d'un practice, d'un parcours 9 trous Par 3, éclairés le soir, et d'un Club House avec proshop et restaurant – The Academy Restaurant, ouvert en continu de 6h30 à 22h.

BLUE FLOW DIVING

Muscat Hills Resort, Al Jissah Street
✆ +968 2485 3040
www.blueflowdiving.net

Ouvert 7j/7 de 8h à 16h. 40 OMR les 2 plongées matinales ; 30 OMR les 4h de snorkeling et croisière dauphins.

Situé au Muscat Hills Resort, ce club propose 2 plongées tous les matins entre 8h30 et 13h, et 1 parfois l'après-midi. Des cours PADI tous niveaux sont dispensés, depuis le baptême jusqu'au diplôme d'*Assistant Instructor,* sous la houlette de moniteurs parlant anglais, allemand, français ou arabe. Equipé d'une piscine adaptée à l'apprentissage de la plongée, le centre dispose d'une ample gamme de matériel de qualité et de trois bateaux. Egalement quelques activités nautiques sur place : kayak, excursions d'observation des dauphins, croisières au coucher du soleil.

ALSANSOOL

Marina Bandar Al Rowdha, Al Saidiya Street
✆ +968 9679 0191
www.alsansool.com

A partir de 15 OMR par personne la sortie dauphins, 25 OMR la session de pêche (4h), 150 OMR bateau privé pour 6 (4h).

Les eaux territoriales proches de Mascate sont assez poissonneuses et il est très sympa de tenter d'y ferrer des thons, barracudas, kingfishes, dorades, etc... Créée en 2008, Alsansool est la première compagnie d'activités nautiques d'Oman à s'être spécialisée dans la pêche. On a affaire ici à des spécialistes qui connaissent les meilleurs spots et savent identifier les meilleurs endroits où aller pêcher en fonction des saisons. A l'instar de la grande majorité des prestataires de la marina, Al Sansool propose aussi des croisières d'observation des dauphins.

CORAL OCEAN TOURS

Marina Bandar Al Rowdha, Al Saidiya Street, Sidab
✆ +968 9411 0088
www.coraloceantours.com

15 OMR/personne la croisière-dauphins ou au coucher du soleil. Privatisation possible du bateau : 150 OMR/2h.

Cette compagnie sérieuse propose de nombreuses activités : des sorties de snorkeling aux sessions d'observation des dauphins, tortues et même des oiseaux à Fahal Island, en passant par des parties de pêche, des croisières au coucher du soleil, des balades dans les fjords de Mascate, etc. Etant donné que la compagnie possède un yacht confortable avec 3 cabines, elle peut s'adapter volontiers à la demande des clients et organise également des excursions privées sur mesure avec déjeuner, dîner, une à plusieurs nuitées à bord, et plus encore...

PLONGÉE SOUS-MARINE

LES MEILLEURS SITES DE MASCATE ET DE SES ENVIRONS

Les eaux territoriales des environs de Mascate sont des sites de choix pour la plongée sous-marine de tous niveaux, d'autant plus que, contrairement à bien d'autres pays du monde, les clubs sont encore assez peu nombreux offrant ainsi aux plongeurs une expérience encore assez exclusive. Certes, comme partout ailleurs au sultanat, la visibilité, en raison de l'omniprésence du plancton, n'est pas toujours optimale et varie de 5 à 20 mètres durant la plupart de l'année, avec des amplitudes pouvant aller jusqu'à 30 mètres au début de l'été. Par contre, comme les eaux sont riches en nutriments, elles attirent une faune abondante et variée. De jour, on aperçoit communément des tortues, murènes, requins, barracudas, plusieurs espèces de raies, de nombreux poissons de récifs (demoiselles, poissons-papillons, poissons-perroquets, poissons-anges, mérous…). De nuit, poulpes, seiches, langoustes, tourteaux, raies pastenagues, etc. abondent. Les dauphins sont également très nombreux dans les parages immédiats de la capitale et il est courant de pouvoir les observer et/ou approcher. Les plongées s'effectuent surtout sur les récifs, à une profondeur dépassant rarement les 30 mètres. En général, le récif débute à proximité immédiate de la rive, tombe rapidement à 5 mètres, puis descend en pente douce jusqu'à 22 mètres. La température de l'eau est très agréable : de 22 °C en hiver à 30 °C en été, avec une thermocline à environ 15 mètres pour se rafraîchir durant les mois les plus chauds.

▶ **Les îles Daymaniyats** - Nord-est de la capitale, à 18 km des côtes et 25 minutes de bateau minimum du centre de plongée le plus proche (en l'occurrence celui de Global Scuba situé au Civil Aviation Club sur la 18th November Street). Elles sont protégées par le ministère de l'Environnement et sont classées Réserve nationale et naturelle de la vie marine à Oman : un permis est donc nécessaire pour y aller, que ce soit pour la découverte ou la plongée. Afin de se faciliter la vie et d'accélérer les démarches, mieux vaut s'y rendre avec un club de plongée local qui se chargera de l'administratif. Composé d'anciens récifs de fossiles et de chaux, le chapelet est constitué d'une dizaine d'îlots, additionnés de nombreux rochers submergés alignés d'est en ouest. Ceux-ci servent de base à un récif corallien très développé qui s'étend à une profondeur de 20 mètres, dans une eau limpide. Pas moins de 12 sites de plongées ont été répertoriés sur place, parmi de splendides jardins de coraux peuplés de grands poissons pélagiques, tortues, raies, requins, léopards, etc., et parfois même de requins-baleines – particulièrement en août et septembre. Les Daymaniyats sont également l'occasion unique de découvrir 5 des 7 espèces de tortues marines.

▶ **Fahal Island (l'île aux requins)** - Au large dans le secteur de Qurum. Les récifs de l'île aux requins sont parmi les plus beaux du sultanat et offrent la plus importante variété de coraux, et notamment une grande concentration d'acropora tables et cerveaux. Les plongées s'y effectuent en palmant, à travers un tunnel en forme de L qui sillonne entre 3 pinacles surgissant à une profondeur de 17 à 35 mètres. 5 plongées sont couramment organisées aux quatre points cardinaux de l'île, à une profondeur de 12 à 20 mètres en moyenne. Celle de Shallow Reef, à l'est de l'île Fahal, s'effectue au niveau de deux énormes rochers qui s'élèvent côte à côte sous l'eau. Ceux-ci sont couverts de corail mou éclatant, qui attire une faune marine abondante comprenant nudibranches, murènes, raies torpilles… et, au-dessus du site, fusiliers, maquereaux, thons et parfois gros barracudas. Comme son nom le laisse supposer, l'endroit compte également une importante population de requins (requins à pointes noires, requins-citrons…) dont certains peuvent atteindre 4 mètres de long.

▶ **Épave Al Munassir** - Secteur sud de Mascate. Offert au sultanat par la Royale Navy d'Oman dans le cadre d'un projet de récif artificiel, ce bateau de 3 000 tonnes, et de 84 mètres de long par 15 mètres de large, a été coulé, en avril 2003, à 30 mètres de profondeur dans les eaux turquoise de Bandar Khairan. Il attire en toute logique une faune abondante. Plongées de choix !

▶ **Bandar Khairan** - Secteur sud de Mascate. Le site se compose d'une large surface d'une beauté exceptionnelle, dotée d'affleurements rocailleux, de plages désertes et d'îlots auxquels on ne peut accéder que par la mer. La vie sous-marine y est étonnante et compte de très beaux rochers, des murs pittoresques, des récifs festonnés de coraux et poissons exotiques, propices à une douzaine de plongées.

EURO-DIVERS OMAN

Marina Bandar Al Rowdha, Al Saidiya Street, Sidab
✆ +968 9819 4444
www.euro-divers.com
7j/7 8h-17h. 40 OMR la plongée avec l'équipement ; 172 OMR le package de 3 jours avec 6 plongées, etc.

Ce très bon club PADI est dirigé par l'Allemande Karin depuis plus de 10 ans et propose des cours et stages de plongée tous niveaux, y compris au nitrox. L'équipe, compétente et sympathique, parle anglais, italien et allemand, et le centre est pourvu d'une ample gamme de matériel de qualité et de trois bateaux. Deux sorties sont généralement organisées par jour à Bandar Khairan ou Fahal Island, et aux Damaniyat sur demande. Euro-divers propose également des excursions subaquatiques avec masque et tuba et des croisières-dauphins. Une adresse fiable.

EXTRA DIVERS QANTAB

Shangri-La Barr Al Jissah Resort & Spa
✆ +968 9631 9081
www.extradivers-worldwide.com
7j/7 7h30-18h. 44 OMR les 2 plongées du matin, 28 OMR la plongée de l'après-midi et 126 OMR les 6 plongées.

Avec 4 centres dans le pays, Extra Divers est le centre de plongée le plus représenté du sultanat. Celui de Qantab est directement situé sur le site de l'hôtel Shangri-La au sud de Mascate et propose pas moins de 20 spots de plongée à proximité. Fahal Island est accessible en 30 minutes, Bandar Al Khayran en 15 minutes et les fameuses îles Damaniyat en 90 minutes. Extra Divers ne prend que des petits groupes de 4 à 5 plongeurs maxi selon l'expérience de chacun, afin de garantir plus de sécurité et de fun. Cours tous niveaux dans plusieurs langues.

DAYMANIAT SHELLS

Marina d'Al Mouj ✆ +968 9170 3117
www.daymaniat-shells.com
Snorkeling aux îles Daymaniat 28 OMR/adulte et 15 OMR/enfant. Nuit camping dans les îles 95 OMR/adulte et 65 OMR/enfant.

© DAYMANYAT SHELLS

Co-gérée par la charmante Léa, cette entreprise à taille humaine a été créée en 2016 par le capitaine Fahad, comme un rêve enfin accompli. Passionné par la mer, soucieux de l'environnement et fort d'une solide expérience en tant qu'instructeur de plongée et skipper aguerri, Fahad fait découvrir les merveilles de la mer d'Oman à travers une jolie palette de sorties sur son propre bateau. Spécialité maison : les excursions aux îles Daymaniat, à la journée et même à la nuitée avec bivouac en camping sur place aux petits soins de l'équipe, ultra-pro.

GHALA GOLF CLUB

Sortie Ghala/Ansab sur Muscat ExpressWay
✆ +968 9219 4957
www.ghalagolf.com
Ouvert 7j/7 de 6h à 19h. 25 OMR les 9 trous, 40 OMR les 18 trous. Réservation en ligne possible.

Fondé en 1971, c'est le doyen des golfs du sultanat. Au cœur d'un wadi, à 2 pas du centre-ville, avec vue panoramique sur les montagnes et sur Mascate à partir de certains trous, cet ancien parcours de sable s'est engazonné et offre désormais 5 967 mètres de challenge, Par 72. Quelques voiturettes sont à disposition, mais pas trop puisque Ghala prône la marche et figure comme le seul des 5 golfs de Mascate que vous pourrez parcourir entièrement à pied. Sur place : driving range et putting green, Academy de golf, Club House, Pro shop, restaurant et bar.

GLOBAL SCUBA LLC

Civil Aviation Club, 18th November Street
✆ +968 2469 2346
www.global-scuba.com
Plongées blocs et poids à 72 OMR (permis compris) sur 2 sites, 55 OMR le baptême, 26 OMR la sortie snorkeling.

Ce centre est dirigé par une Belge francophone et un Anglais. Le club est situé au sein du Civil Aviation Club (CAC), au nord de Mascate, et comprend une piscine, un restaurant, une aire de jeux pour les enfants et une plage aménagée avec de l'ombre pour les accompagnateurs. Il est spécialisé dans la plongée aux îles Daymaniyat, distantes de seulement 25 minutes en bateau. Seul centre NAUI à Oman, c'est aussi un centre SSI, BSAC et Beuchat. Possibilité d'explorer les différents sites en plongée bouteille ou simplement avec masque et tuba. Large choix de cours.

MARINA BANDAR AL ROWDHA

✆ +968 2473 7286
www.marinaoman.net
Une vingtaine d'opérateurs pour sorties pêche, dauphins, plongée, activités nautiques. Environ 15 OMR sortie dauphins.

Les dauphins sont abondants dans les eaux proches de Mascate et il est quasi assuré de les voir, et d'en observer par centaines même parfois, lorsqu'on participe à une balade en bateau le long de la côte. Quelles que soient les compagnies, le programme est toujours plus ou moins similaire et consiste à voguer du côté de la partie la plus « sauvage » de la capitale, celle qui possède les rivages les plus découpés, à savoir les environs d'Al Bustan, Sidab et du vieux Mascate (section sud-orientale de la ville). Là, pas très loin des hôtels Al Bustan et Shangri-La, une petite marina sert de lieu d'ancrage à des boutres et bateaux de toutes sortes : la Marina Bandar al Rowdha, agrémentée d'un restaurant et d'une piscine. C'est de cet endroit que partent généralement les croisières, qui durent en moyenne 2 à 3h selon le programme et selon que soit incluse ou non une plongée en apnée par exemple. Les dauphins sont quasi toujours de la partie et suivent volontiers les embarcations : spectacle d'autant plus visuel qu'il a lieu sur fond de côte brute et aride ponctuée de montagnes ocre. A l'approche du vieux Mascate, on peut observer les forts Al Mirani et Al Jibali, de même que le palais du sultan, au loin. Plusieurs compagnies sont présentes à la marina, ne pas hésiter à comparer les prix : Al Sansool Cruises (www.alsansool.com - ✆ +968 9679 0191), Marassi Charters (www.marassi-charter.com - ✆ +968 9888 2822), GCC Tours (www.gcctoursmuscat.com - ✆ +968 9901 3424), Az'Zaha Tours (www.azzahatours.com - ✆ 9942 5461), etc.

MUSCAT HILLS GOLF & COUNTRY CLUB

Au sud de l'aéroport, Seeb
✆ +968 2451 4080
Practice : 5 OMR le seau de 50 balles, 9 trous : 30 OMR, 18 trous : 63 OMR. Prêt de clubs. Réservation en ligne.

Ce par 72 de 6 383 mètres de long fut le premier parcours sur gazon du sultanat. Situé sur une propriété royale, il a été dessiné par Paul Thomas sur les hauteurs de Mascate et conceptualisé dans un respect de l'environnement et des paysages omanais, qu'il met en valeur. La complexité du parcours se situe surtout au niveau des greens et des enchaînements entre les trous 15 et 18, qui peuvent vite faire perdre des points. Des leçons sont prodiguées toute l'année sur réservation.

MUSCAT SPEEDWAY

Al Maardih Street, Seeb
✆ +968 2451 0239
Ouvert 6j/7 de 16h à 22h30 ou minuit, fermé le dimanche. A partir de 10 OMR/adulte et 6 OMR/enfant les 15 minutes.

La piste de karting, aussi appelée Muscat Speedway, se trouve dans l'enceinte de l'Oman Automobile Association, dans le quartier de Seeb, à l'entrée de la ville, à proximité de l'aéroport de Mascate et du Oman Convention & Exhibition Center. Différents types de karts, tous bien entretenus, un circuit de qualité et un équipement de protection aux normes vous sont proposés sur place. Si vous êtes fan de bolides et que vous voulez vous défouler, c'est ici qu'il faut venir ! Des courses sont régulièrement organisées. Avis aux amateurs !

PAINTBALL OMAN

Par Sultan Qaboos Street
✆ +968 9850 0777
www.paintballoman.com
7 OMR les 100 balles.

Le paintball est un jeu de divertissement apparu dans les années 70 dans lequel les joueurs éliminent leurs adversaires en les touchant avec des billes de peinture. Ce jeu oppose deux équipes et oblige les participants à établir une vraie stratégie d'attaque pour être performants. Le club de Mascate offre aussi la possibilité de jouer au lasertag, qui obéit aux mêmes règles, mais utilise des lasers plutôt que des billes de peinture. Sans projectile physique, le jeu est moins « douloureux » et devient donc accessible aux enfants dès l'âge de 6 ans.

RAS AL HAMRA GOLF CLUB

Ras Al Hamra Street, Qurm
✆ +968 9910 6039
www.rasalhamragolfclub.com
Ouvert 7j/7 de 7h jusque tard. A partir de 23 OMR le 18-trous et 13 OMR le 9-trous. Quasi le double en hiver.

Ouvert en 1969, Ras Al Hamra était, à l'origine, un parcours entièrement de sable. Il a gardé son esprit désertique, mais a été retravaillé pour proposer aujourd'hui des greens et fairways engazonnés, plantés d'arbres et d'arbustes indigènes. Situé en bord de mer, il offre un paysage typiquement omanais fait de collines rocheuses sur fond de wadi aride. La grande spécificité de ce 18-trous par 71 sur 6 500 mètres est qu'il est entièrement éclairé et peut donc être joué le soir pendant la période chaude. Idem pour le practice. Choix de leçons sur réservation.

SEA OMAN

Marina d'Al Mouj ✆ +968 2418 1400
www.seaoman.com
7j/7 10h-17h. Large palette de prestations : à partir de 45 OMR les 3h de cours de voile, 40 OMR la plongée, etc.

Sea Oman est une entreprise propulsée par Oman Sail, organisation à but non lucratif créée en 2008 à l'initiative du Sultan, pour ranimer le patrimoine maritime d'Oman et promouvoir le sultanat grâce à la voile. Les objectifs initiaux d'établir Mascate comme une destination régulière sur le circuit mondial de la voile en organisant des courses et régates internationales dans les eaux omanaises ont été largement atteints. Chaque année, des marins professionnels de tous horizons viennent à Oman pour participer à des compétitions.

C'est fort de cette connaissance aiguë de la navigation que Sea Oman a vu le jour et propose aujourd'hui aux particuliers de nombreuses activités dans et sous les eaux omanaises. Les fonds marins sont très riches et le littoral souvent spectaculaire. Sea Oman, premier fournisseur de loisirs nautiques du pays, l'a bien compris et offre des produits très divers tels que des cours de dériveur, wakeboard, des cours de bateau à moteur RYA, des cours de plongée PADI ainsi qu'un service complet de marina. Au départ de la marina d'Al Mouj, la location de bateau avec skipper permet de se rendre à la journée jusqu'aux îles Daymaniyat ou de sillonner le littoral si varié de la capitale... à moins d'opter pour une navigation de plusieurs jours à bord d'un catamaran de luxe équipé de 4 cabines (le plus gros modèle de la flotte). Dans ce dernier cas : capitaine aux petits soins, pêche à la ligne, repas à bord et arrêts baignade avec masques et tubas. Nombreuses options disponibles, consulter le site web.

SEARUSH OMAN

Al Saidiya Street ✆ +968 9696 9281
www.searush.om
7j/7 9h30-20h. Croisières en semi-submersible les week-ends et sur demande en semaine. 20 OMR/adulte et 10 OMR/enfant.

En plus de proposer toutes les excursions nautiques habituelles (sorties-dauphins, croisières en boutre, excursions aux Daymaniyat, etc.) Searush est la seule compagnie à offrir une découverte des beautés sous-marines en semi-submersible, cette étrange embarcation dont la coque, c'est-à-dire la partie immergée, est pourvue de parois latérales transparentes favorisant l'observation des profondeurs sans se mouiller un orteil. Confortablement assis sur des tabourets, on observe, en tempo doux, la faune aquatique colorée des récifs longés par le bateau. Atypique !

TWENTY3 EXTREME

✆ +968 9068 9823
www.twenty3extreme.com
Palette d'activités vendues en forfait tout compris (transfert, repas, matos). De 40 à 80 OMR par personne en moyenne.

Leader des circuits-aventures et sports extrêmes (via ferrata, escalade, spéléologie, canyoning, trekking), c'est l'une des rares compagnies à ne travailler qu'avec des instructeurs expérimentés formés aux normes internationales. Qualifiée et écoresponsable, n'opérant qu'avec des petits groupes, Twenty3 Extreme propose des excursions dans tout le sultanat et notamment des sorties à la journée dans les montagnes proches de Mascate – panaché d'adrénaline, d'aventure et de sécurité. Egalement des randonnées faciles axées sur une découverte de la culture locale.

© TWENTY3 EXTREME

© TWENTY3 EXTREME

MASCATE

SIDAB SEA TOURS

Marina Bandar Al Rowdha, Al Saidiya Street
✆ +968 9943 2782
www.sidabseatours.com

7j/7. 17 OMR par personne la sortie dauphins ou croisière dans les fjords au coucher du soleil... Privatisation possible

Créée en 1998, Sidab Sea Tours est l'une des plus anciennes compagnies de Mascate à proposer des sorties en mer et des activités nautiques au cœur et dans les envions immédiats de la capitale. Depuis la marina Bandar al Rowdha où la société est basée (avec possibilité de transfert depuis certains hôtels de la côte), on peut participer à des croisières d'observations des dauphins, balades en bateau au coucher du soleil, parties de pêche, sorties en boutre, etc. Privatisation des embarcations à la demande et excursions sur mesure.

HORMUZ GRAND SPA

Hôtel Hormuz Grand Muscat,
Al Matar Street, Seeb
✆ +968 2435 0656

7j/7, 10h- 22h. Réservation nécessaire. A partir de 30 OMR un massage de 60 minutes, 38 OMR un soin visage, etc.

Le cadre est celui d'un spa d'hôtel 5* chic, spacieux et confortable. C'est l'équipe surtout qui fait la différence : entièrement thaïlandaise et riche de ce savoir-faire ancestral qui fait des masseuses asiatiques des thérapeutes hors pair. Soit l'assurance d'un moment de relaxation totale grâce à un protocole de soin qualitatif, appliqué à la lettre pour la palette des massages comme pour les soins du visage et autres traitements à la carte (bains aromathérapiques, pédicure, manucure...). Pour décompresser complètement, choix de packages de 90 à 180 minutes.

LA ROSHAN

Way 2830, Villa 2270, Shatti Al Qurum
✆ +968 9666 0696

Ouvert 7j/7, 10h-20h et 14h-20h le vendredi. Coupe cheveux 16 OMR, semi-permanent ongles 20 OMR, massage 1h 25 OMR.

Cette belle villa luxueuse blanche abrite un haut lieu de la beauté des pieds à la tête. Autour d'un majestueux escalier s'articulent plusieurs pièces lumineuses et vastes, éclairées de lustres en cristal, dans une ambiance qui se veut chic et exclusivement féminine. Au milieu des Orientales, on vient se faire coiffer, maquiller, masser, on s'offre une pédicure, une manucure, une extension de cheveux... La carte des soins est large et les produits utilisés sont tous de marques internationales qualitatives telles que Thalgo, L'Oréal ou Schwarzkopft. A tester !

SPA SIX SENSES

Al Bustan Palace Ritz-Carlton, Al Bustan Street, Bandar Ar Rawdah ✆ +968 2476 4333
www.ritzcarlton.com

Ouvert 7j/7 de 9h30 à 21h. A partir de 40 OMR les 50 min de massage, 38 OMR un soin du visage, 16 OMR une manucure, etc.

Tel un ancien fort arabe au milieu des aflaj d'un jardin omanais, isolé dans sa propre crique bien à l'écart de l'hôtel, trône majestueusement le spa de luxe du plus luxueux établissement de la ville. Reflet du style traditionnel omanais, il complète admirablement le palace et offre une architecture intérieure semblablement raffinée – plafond en dôme, élégantes allées et colonnes cintrées... Très bien intégré dans sa propre mini-baie, il s'étend sur 3 niveaux matérialisant 3 zones distinctes : un espace dédié aux femmes, un autre aux hommes et une piscine privée pour les dames assortie d'une plage privée de 500 mètres de long. C'est le deuxième spa Six Senses du sultanat et, comme celui de l'hôtel Six Senses Zighy Bay au cœur de la péninsule de Musandam, sa spécificité est d'offrir des traitements adaptés aux besoins individuels. Un tableau donne d'ailleurs à l'entrée les noms et profils de tous les thérapeutes, tout en détaillant la nationalité de chacun(e), sa formation, son expérience. Des cours de yoga et de fitness sont également dispensés pour parfaire le bien-être des clients. Les produits utilisés sont 100 % bio des marques The Organic Pharmacy ou Subtle Energies qui toutes deux privilégient les huiles essentielles et l'aromathérapie ayurvédique. Pas moins de 17 salles de soins composent ce bel ensemble également doté de saunas, saunas infrarouges, Ice douche (pour les dames seulement), salles de hammam et espaces de détente où siroter des jus de fruits naturels ou du thé au gingembre. Un grand lieu.

THE CHEDI SPA

Hôtel The Chedi, par 18th November Street, Ghubra ✆ +968 2452 4400
www.ghmhotels.com/en/muscat/spa-wellness/

Ouvert 7j/7 de 10h à 22h. A partir de 50 OMR le massage ou soin du visage de 60 min., 32 OMR une manucure ou pédicure...

Le Chedi étant un établissement d'exception, son spa ne l'est pas moins. Face à la mer, à l'orée de la piscine la plus longue du Moyen-Orient (103 mètres tout de même), 800 m² d'espaces répartis en 13 suites et plusieurs saunas et hammams conjuguent avec élégance une décoration d'inspiration asiatique et orientale. Parmi la vaste palette de soins, les thérapies holistiques et ayurvédiques sont conçues pour restaurer harmonie et vitalité. On se détend après le traitement dans un splendide lounge de relaxation ouvert sur la mer d'Oman... Temps arrêté.

Encore récemment très confidentielle, la vie nocturne de Mascate se développe doucement dans le sillage de l'implantation de bars ou chaînes d'hôtels internationaux à l'esprit urbain. Attirant des Djs étrangers, des cafés-lounges musicaux et branchés ouvrent ici et là, et l'esprit de la fête flotte dans des hôtels comme le Kempiski ou le W et son Siddharta Lounge by Buddha-Bar. Le taux de fréquentation d'un lieu étant lié à la possibilité d'y consommer ou non de l'alcool, la nuit bat surtout son plein dans les hôtels internationaux. Pour une immersion plus locale, préférer les coffee shops ou les bars des franchises régionales à la mode, souvent bondés les week-ends. Certains lieux sont à expérimenter comme un exotisme : tapis et coussins à même le sol, senteurs et volutes de narghilé... La scène culturelle, encore timide, est surtout l'apanage de l'Opéra qui propose une programmation internationale variée et qualitative.

AL-GHAZAL

Hôtel Intercontinental, Shatti Al Qurum
✆ +968 2468 0000
www.ihg.com
Ouvert 7j/7 de 18h à 3h.

Bienvenue en Grande-Bretagne, dans l'ambiance cuir et boiserie d'un pub anglais. Voici l'endroit où se réunit la communauté anglo-saxonne du pays, le rendez-vous des expats autour d'une bonne pinte fraîche. Ici impossible de s'ennuyer, on peut, selon l'humeur, jouer au billard ou aux fléchettes, suivre le dernier évènement sportif diffusé sur grand écran, participer à une soirée quiz, écouter un concert en live... L'atmosphère est toujours conviviale, le personnel amical et l'on peut même se sustenter sur place de quelques plats *english*.

B.A.B. LOUNGE

Hôtel Shangri-La Barr Al Jissah Resort & Spa, Al Jissah Street
✆ +968 2477 6565
Ouvert de 18h à 1h du samedi au mercredi, jusqu'à 2h jeudi et vendredi, de 16h à 1h samedi.

Au coucher du soleil ou pour un dernier verre, l'endroit est magnifique et unique en son genre. Au grand air, perchée sur le toit du restaurant Bait Al Bahr's, la terrasse s'ouvre en plan large sur la mer, dans un décor montagneux spectaculaire sublimé par le halo des lampes. La carte offre une belle sélection de vins et champagnes, mais comme des mixologues s'affairent derrière le bar, autant opter pour un cocktail. On prolonge l'instant en partageant tapas ou fruits de mer. Certains soirs, un DJ chauffe l'ambiance jusqu'à la fermeture.

CARAMEL RESTAURANT & LOUNGE

Opera Galleria, Shati Al-Qurm ✆ +968 2206 6668
www.caramelgroup.com
12h à 15h et 18h à 2h du samedi au jeudi, 12h à 2h le vendredi. Menu déj. 9 OMR, carte à partir de 15 OMR.

La version omanaise de cette marque sélect présente à Londres et dans les Emirats, joue la carte couture en tenant pavillon dans la chicissime Galleria de l'opéra. Boiseries, parquets, salons de cuir fauves distillent une ambiance chaleureuse, calme au déjeuner (sauf pour le *Friday Brunch*), plus énergique et pailletée au dîner quand DJs et shakers s'embrasent dans le halo graphique des lampes tamisées. Cuisine moderne d'inspiration américaine, superbe terrasse et cave à cigares. Glam !

CLUB SAFARI

Hôtel Grand Hyatt, Shatti Al Qurm
✆ +968 2464 1234
www.hyatt.com
Ouvert 7j/7 de 21h à 3h. Dj résident tous les soirs. Entrée 5 OMR. 2 à 7 OMR la boisson alcoolisée.

Dans l'annexe à droite avant l'entrée du Grand Hyatt, voici un petit temple du divertissement thématisé afro, tendance « l'Afrique est bonne hôtesse ». Peu impressionnés par les reliefs congolo-carton-pâte de ce faux décor d'une version sindbadienne du *Roi Lion*, les bandes de copains copines drinkent et s'enjaillent dans un joli vacarme. Oui, c'est festif, ringard en diable, donc venir en chemise à fleurs façon Magnum en week-end ! Sur le toit, un Grill sustente les faims. Dans le même bâtiment : Habana Sports Bar avec resto, billards, retransmissions sportives.

JOHN BARRY

Hôtel Grand Hyatt, Shatti Al Qurm
✆ +968 2464 1234
www.hyatt.com

Ouvert 7j/7 de 18h à 2h. A partir de 3 OMR la boisson alcoolisée ou le cocktail.

C'est l'occasion de traverser le grandioooose looby du Grrrrrand Hyatt. Contemporain et glamour, le John Barry Bar est l'un des bars-clubs d'hôtel les plus chics de la capitale, tamisé juste ce qu'il faut pour avoir l'envie de se lover dans ses fauteuils profonds ou de partager un moment avec les autres convives dans le halo du bar éclairé. Un snacking-couture (carte de tapas), un cocktail étonnant ou détonant, et voilà une jolie soirée qui commence ou qui s'achève, et pourquoi pas sur la grande terrasse ouvrant sur la piscine et le jardin.

MHBC

Muscat Hills Resort, Al Jissah Street
✆ +968 9121 6645
www.muscathillsresort.com

Bar ouvert 7j/7 de midi à 23h30. Espace shisha 15h-22h du dimanche au jeudi, 18h-22h vendredi et samedi.

C'est un bar de plage comme on les aime : à l'écart de la ville dans une baie, directement sur le sable, avec un mix de musique lounge et de clapotis de vaguelettes en bande-son, et les volutes parfumées des shishas pour l'ambiance orientale. Les montagnes alentour, subtilement éclairées, assurent le décor et participent à la féerie du site. On pioche dans une large carte de cocktails, mocktails, vins du monde et champagnes. Les week-ends et en particulier les derniers vendredis du mois, un DJ international embrase voyageurs et locaux façon Ibiza.

LIQUID SKY

Way 2601, carrefour Al Kharijiyah - Al Shati Street, parc de Qurm
✆ +968 9437 8706

Du samedi au jeudi 12h-15h et 19h-minuit. Espace lounge jusqu'à 3h du matin et vendredi 12h-14h et 19h-2h du matin.

Perché sur la colline au-dessus parc naturel de Qurm, c'est un lieu surtout fréquenté après le boulot ou le week-end. Ambiance lounge décontractée et branchée, déco moderne, des tables hautes avec des tabourets, des canapés et un bar qui en impose. Une carte décline un choix de plats sans créativité – pizzas, burgers, fish & chips, tapas à partager, etc. On vient donc surtout pour prendre un verre ou un cocktail dans une atmosphère musicale qui se veut chic, mais ne l'est pas toujours. Le plus : le deck ouvrant sur les lumières de la ville et la côte.

SAMA TERRAZZA

Hôtel Park Inn by Radisson,
Al Khuwair
✆ +968 2450 7888

Ouvert 7j/7 de 18h à 2h du matin. Terrasse partiellement climatisée en été.

On traverse le lobby du Park Inn et on prend l'ascenseur pour monter jusqu'au dernier étage de l'hôtel. De là, on accède à la Sama Terrazza, l'une des plus belles terrasses sur les toits de la ville, assortie d'un bar avec une vue panoramique. Des fauteuils profonds se prélassent dans le halo tamisé de la piscine – ambiance lounge. L'endroit est sympa et régulièrement fréquenté par la communauté francophone de Mascate. Bières, vins, cocktails, petite carte de snacks, piste de danse, musique live ou d'ambiance, DJ les soirs de week-end.

LIVING ROOM

Hôtel W Muscat, Al Kharjiya Street, Shatti Al Qurum ✆ +968 2212 000
www.marriot.com

Ouvert 7j/7 de 18h à 2h du matin. Autour de 5 OMR un cocktail, à partir de 6 OMR un plat à grignoter ou un dessert.

La passion du design, de la mode et de la musique souffle sur ce nouveau bar à la déco chaleureuse et créative. On est au décoiffant W, chaîne hôtelière qui cultive un art de vivre chic et festif. Fauteuils profonds, poufs, tentures, jeux de boiseries et de matières sont mis en beauté par un éclairage high-tech et des lustres magistraux. Un DJ mixe tous les soirs à partir de 21h et l'on peut dîner sur le pouce de mezze, salade ou club-sandwich, etc. Pris d'assaut les soirs de week-end par une clientèle hétérogène d'expatriés, de voyageurs et d'Omanais.

SIDDHARTA LOUNGE BY BUDDHA-BAR

Hôtel W Muscat, Al Kharjiya Street, Shatti Al Qurum ✆ +968 2212 0000
www.siddhartaloungemuscat.com

Ouvert de 12h à 16h pour le déjeuner, de 18h à 1h/2h en soirée. Fermé mardi et dimanche. Tapas/sushis autour de 10 OMR

C'est l'ovni le plus récent et le plus spectaculaire de Mascate ! Posé sur le toit du très branché W, ce Siddharta Lounge tout en élégance graphique vient offrir à la *nightlife* omanaise sa carte aux influences mediterranéo-asiatiques, son atmosphère glam et festive, ses playlists signatures mixées en direct par le DJ de la maison. Au bar, des mixologues shakent des cocktails détonants et là-bas, au bout de la terrasse, la piscine à débordement semble plonger dans la mer. A vivre !

MASCATE

THE LONG POOL CABANA

Hôtel The Chedi Muscat, Seeb
✆ +968 2452 4343
www.ghmhotels.com
Ouvert 7j/7 de mi-septembre à mi-mai, 9h-23h30. Restauration de 12h à 18h et 19h à 22h30.

Dans l'un des plus beaux hôtels de Mascate, tout en élégance zen et graphique, c'est le plus glamour des restos-bars de la capitale, toutes voiles dehors, et posé au bord de la plus longue et la plus sublime piscine du pays : 103 mètres de pure fraîcheur encadrée de palmiers magnifiques. Entre 2 plongeons en journée, avant un soin au spa adjacent ou encore en soirée au coucher du soleil, on déguste ici des mets light et zen comme le site, farandole de saveurs japonaises et malaisiennes, sushis, sashimis, notes épicées, salé-sucré et cocktails à se damner.

THE PIANO LOUNGE

Shangri-La Barr Al Jissah Resort & Spa, Al Jissah Street
✆ +968 2477 6565
Ouvert de 18h à 2h du mardi au dimanche.

Plus lounge que festif, c'est l'archétype du piano-bar de grand hôtel : un endroit élégant et sophistiqué, où les voix se tamisent au diapason des éclairages. Tapis épais et rideaux lourds adoucissent les sons pour laisser la vedette aux notes atemporelles du piano à queue. On s'alanguit dans des fauteuils profonds et cossus non sans remarquer l'étonnante bibliothèque où miroitent des bouteilles du monde entier. Le service est à l'avenant : chic et discret, et l'on peut sortir fumer en terrasse. Tenue correcte exigée à l'entrée.

ZALE BEACH CLUB & LOUNGE

Hôtel Kempiski, Street 6, Al Mouj
✆ +968 2498 5000
www.kempiski.com
7J/7. 12h30-2h du matin.

Situé sur la grande plage d'Al Mouj dans les jardins du très branché Kempiski, c'est l'un des hauts lieux de la vie nocturne de Mascate. Club de plage animé en journée, l'immense terrasse se transforme en un resto-bar-lounge élégant et branché dès le soir tombé. Des mixologues expérimentés shakent et inventent des cocktails surprenants qui s'évaporent dans la nuit tiède et douce tandis que le rythme des vagues se fond dans les tempos musicaux des Djs. Ca trinque, ça rit, ça discute, ça grignote sans chichi des petits plats à partager.

VOX CINEMA MGM

Muscat Grand Mall, Al Khuwair
https://oman.voxcinemas.com

Ce cinéma est situé au deuxième étage du centre commercial de Muscat Grand Mall et appartient à la chaîne Vox Cinemas, également présente dans d'autres villes du pays. La programmation est consultable en ligne et l'on peut acheter ses tickets à l'avance. Le Grand Mall dispose de trois salles climatisées avec écran et système de sons de dernière technologie. Son atout + : la salle VIP permet aux spectateurs 1) de bénéficier de sièges en cuir ultra larges et ultra confortables, 2) de commander snacks et rafraîchissements sans se bouger... A tester !

VOX CINEMA SHATTI

Way 3005, Shatti Al Qurm
https://oman.voxcinemas.com

Un autre établissement de la chaîne VOX Cinema, proposant majoritairement des films en anglais, souvent sous-titrés en arabe, pour enfants et adultes. Et puisque la chaîne est à la pointe, les salles sont ici dotées d'équipements techniques dernier cri. On apprécie l'immense confort de la salle VIP dotée de multiples options selon les films visionnés, dont des sièges ultra-larges, un son de haute qualité, des effets visuels pour les projections en 3D. Programme des séances sur le site et possibilité de réserver en ligne pour gagner du temps.

YITTI

La baie, magnifique, et qui le faisait le bonheur des expatriés de Mascate le week-end, a été en partie « détruite » par la mise en place d'autobloquants visant à supporter le chantier (avorté ou en stand-by ?) d'un ou plusieurs hôtels, et sans doute aussi de résidences. Quelques canaux ont été creusés, ce qui suppose l'aménagement probable d'une marina... ou pas... et dans combien d'années ? Le site n'est donc plus ce qu'il était, même si un beau bout de plage subsiste et qu'on peut encore contempler la lagune formée par l'embouchure du Wadi Mayh et du Wadi Hulw. Au cœur de celle-ci se dressent quelques rochers aux formes étranges.

BANDAR KHEIRAN

Bandar (du perse *Ban*, fermé - *Dar*, porte) Kheiran est un mouchoir en dentelles de grès ocre posé sur le très bleu de la mer, sans doute le plus beau cadre naturel sauvage de Mascate, accessible par endroits sans 4x4. Les criques, les plages et les dents de pierre vissées dans l'eau forment un ensemble de toute beauté. On s'y rend en excursion par soi-même pour la journée, avec un maillot de bain, à manger et à boire, ou l'on s'alloue les services des prestataires privés nombreux à proposer des transferts à partir de la Marina Bandar Al Rowdah. Pour n'avoir à s'occuper de rien, voire passer la nuit en tente, la plage privée de Jassa Beach est une bonne option.

Transports

A 20 minutes au sud de la marina Bandar Al Rowdah, par la route qui serpente dans les montagnes, on dépasse le complexe du Shangri-La et on atteint d'abord Yitti. Poursuivre vers le sud sur un peu plus de 4 km jusqu'à apercevoir la mer. Un peu plus loin, juste avant d'atteindre le prochain bourg, prendre la route vers la gauche et continuer jusqu'à l'arrêt du goudron, tout en haut de la butte. De là, s'offre un point de vue superbe sur la baie. On peut aussi s'arrêter un peu avant la fin de la route, et se garer dans le dernier virage sur le côté gauche, pour finir à pied la descente sur 500 m et gagner la plus charmante crique de Kheiran, de l'eau transparente, un petit passage marin entre la terre ferme et l'île en face. Pour louer un bateau, faire son marché parmi les différents opérateurs de la Marina Bandar Al Rowdah ou emprunter un Water Taxi.

JASSA BEACH SEA TOURISM

Capital Area Yacht Club ✆ +968 9700 8999
www.jassabeach.com
7J/7. 15 OMR par personne la sortie dauphins, 35 à 45 OMR la journée complète à Jassa Beach, 50 OMR avec la nuitée...

Comme la plupart des prestataires basés à Mascate, cette compagnie propose le B.A.BA des activités nautiques locales : sorties en mer pour aller voir les dauphins, plongée en apnée, croisière en bateau à moteur ou en boutre le long du littoral, pêche au gros... Sa différence et son point fort consistent en Jassa Beach, une superbe plage au creux d'une baie située dans les fjords à proximité de Mascate. Celle-ci a bénéficié d'aménagements pour recevoir les vacanciers dans de bonnes conditions de confort : auvents de paille pour éviter de rôtir, tables et chaises, buffets barbecue, activités diverses comme kayak, plongée en apnée, banana boat, jet-ski, volley-ball, etc. La journée type obéit à une organisation bien rodée : départ de la marina Bandar Rowdha vers 8h pour aller voir les dauphins, balade le long du littoral du côté du vieux Mascate puis le long de la côte en direction du sud de la capitale jusqu'aux fjords de Bandar Khayran, arrivée à Jassa Beach et balade en bateau dans les environs pour découvrir le site (plongée en apnée possible), déjeuner, détente, activités nautiques puis retour à la marina vers 17h (possible aussi à la demi-journée, matin ou après-midi).

Afin de diversifier ses activités, la compagnie organise également des journées d'excursions sur terre (tour guidé de la capitale, canyoning au Snake Canyon, circuit dans le désert...) ainsi que d'originales nuitées en tentes à deux pas du centre-ville sur la plage du Capital Area Yacht Club. Ce dernier fait office de Beach Club privé à la journée.

PLAGES ET CRIQUES ★★

H24, le jour pour se baigner, la nuit pour camper.

A moins d'une heure de Mascate, la capitale omanaise tient son petit paradis naturel comme Marseille a ses calanques. Deux options pour s'offrir ce site superbe : soit on participe à une excursion à la journée avec un des opérateurs de la Marina Bandar Al Rowdha (10h-17h, boissons, abri et repas compris), soit on y va seul en voiture sachant tout de même que les plus belles plages ne sont accessibles que par la mer – donc via un prestataire local. Ces rubans de sable fin solitaires, enchâssés dans les montagnes, constituent le privilège des navigateurs.

SIFAH ★

La plaine côtière de Sifah ne sera jamais plus ce qu'elle était, ce repère pour les excursions du week-end en famille, ce long ruban de sable roux avec le massif en arrière-décor. Depuis plusieurs années, une grande partie du site se trouve propulsé dans le siècle des loisirs avec la création à coups de centaines de millions de dollars d'un ensemble marina + hôtels + golf + restos + bars + appartements et villas. Pour quelques années encore, on s'accommodera d'un chantier gigantesque qui ne devra pas contrecarrer, si l'on préfère la « campagne » à la ville, une envie de séjour au Sifawy Boutique Hôtel, bien à l'écart du gros des travaux, ou même une belle journée de loisirs pas si loin de Mascate, mais complètement dépaysante – sports nautiques et terrestres, golf 9 trous, infrastructures neuves, ambiance balnéaire cool et sans tabou. A contre-courant du reste de la ville, cette enclave neuve et moderne que bien des expatriés se sont appropriée pour leur week-end, et qui est au Sud ce que le quartier d'Al Mouj est au Nord, permet de vivre « à l'européenne ». Elle rassemble en effet une population éclectique et branchée de locaux ayant vécu à l'étranger, de touristes et de plaisanciers à fort pouvoir d'achat puisque la marina met à disposition pas moins de 200 anneaux, dont une trentaine pour de très gros yachts. Le beach club de The Bank et son ambiance méditerranéenne, libérale et festive, est la représentation la plus éclatante de ce nouveau mode de vie qui ne concerne encore qu'une toute petite poignée d'Omanais.

SIFAWY BOUTIQUE HOTEL €€€

✆ +968 2474 9111
www.sifawyhotel.com
Vendu sous forme de package tout compris par Bravo Club en haute saison. Sinon à partir de 70 OMR la chambre double.

Commercialisé en France par Bravo Club qui y propose des séjours d'une semaine tout compris avec quelques animations, cet hôtel est implanté au cœur de la ville nouvelle de Sifah – sa marina, ses restos et bars, son liquid park, ses activités terrestres et nautiques, son golf et d'autres hôtels à venir. Né le premier, Sifawy joue la carte « boutique » avec seulement 67 chambres au design élégant et épuré, avec couleurs franches et boiseries havane. Pour la détente : piscine paysagée, plage privée, restaurant, 3 bars, gymnase et une palette d'activités.

THE BANK BEACH CLUB €€

Marina de Sifah ✆ +968 9736 8425
www.thebank.co
Ouvert 7j/7 de 11h à 2h. 13 OMR les 10 sashimis, 5 à 12 OMR un plat, à partir de 3 OMR une salade, 5 OMR des pâtes...

Posé sur la plage à l'une des extrémités de la marina, The Bank Beach Club est LE resto-bar-lounge branché de Sifah. Banal en Occident, le concept est innovant à Oman et dispose, en plus d'un bar-restaurant à ciel ouvert, d'une immense piscine à débordement bordée de palmiers, avec vue sur la mer d'Arabie d'un côté et les montagnes du Hajar de l'autre. D'inspiration asiatique, le menu propose aussi quelques plats plus internationaux. Belle carte de vins et de cocktails et grosse ambiance les week-ends quand des DJ connus viennent embraser les clubbers.

© 35007

La baie au coucher de soleil.

EXTRA DIVERS SIFAH

Marina de Sifah ✆ +968 9725 9099
www.extradivers-worlwide.com

7j/7. 2 plongées le matin et une l'aprem. 20 OMR/plongée, 33 OMR/2 plongées, 150 OMR/forfait 10 plongées sur 5 jours.

Basée à la marina de Sifah, cette antenne de la compagnie Extra Divers dispense tout le cursus des cours habituels (notamment en français). La proximité des fonds et des coraux, accessibles en 30 minutes, de bateau permet de profiter au maximum de chaque site exploré – comme celui de Ras Abu Doub : ensemble de petites îles dotées de tombants et récifs colorés. La zone est riche à observer grâce au passage régulier de grands bancs de poissons, dauphins, tortues, raies, requins-léopards, rascasses... Egalement snorkeling et croisières d'observation des dauphins.

JEBEL SIFAH GOLF COURSE

Marina de Sifah
✆ +968 2474 9193
www.jebelsifah.com

5h-19h. 12 à 15 OMR le parcours. Booking en ligne possible.

Au cœur du vaste domaine d'Al Sifah, sa marina et ville nouvelle, ce 9-trous par 36 est adapté à tous les joueurs, du débutant au golfeur expérimenté, et offre de beaux panoramas sur les montagnes et surtout sur la mer qu'il borde en partie. A horaires fixes en semaine et le week-end, au niveau des trous signatures, sont aussi organisées des sessions de footgolf, nouvelle discipline à la mode consistant à envoyer un ballon de foot dans un trou en moins de frappes possible selon des règles proches de celles du golf. Egalement une boutique Proshop à la marina.

MARASSI AL JISSAH

Marina de Sifah ✆ +968 2474 0032
www.marassicharter.com

Ouvert 7j/7 de 8h à 18h30. A partir de 8 OMR par adulte le trajet en bateau-taxi ; 200 OMR les 4h de pêche, etc.

Basée à la marina Bandar Al Rowdha avec une antenne à Sifah, cette compagnie est spécialisée dans la location de yachts de luxe pour des croisières à la journée ou de plusieurs jours (grand choix de bateaux avec équipage). Elle propose aussi des parties de pêche au gros, des sorties dauphins, du snorkeling, etc. Vers Sifah, elle opère des trajets en bateaux-taxis et tient sur place une case nautique offrant une palette d'activités pour une belle journée de loisirs balnéaires en dehors de la ville – parc aquatique, wake, SUP, kayak, Hobie Cat, bouées tractées, etc.

LA BATINAH

La région de la Batinah s'étire de Mascate jusqu'à la frontière des Émirats arabes unis, soit une bande de 260 kilomètres de côtes sur environ 40 kilomètres de terres, coincée entre le golfe d'Arabie à l'est et les montagnes du Hajar occidental à l'ouest. De superficie modeste, c'est pourtant une région stratégique et florissante, veillée jadis par de nombreux forts et tours de guet, et dont l'économie repose sur la pêche et l'agriculture. Sur le plan géographique, elle présente deux visages : un littoral monotone et rectiligne dont les îles Damanyat, classées réserve naturelle, sont le joyau ; un intérieur escarpé, dominé de citadelles impressionnantes (visite) et entaillé de gorges et wadis qui composent autant de spots pour les sports de montagne. La région est bien desservie et la disposition des sites à visiter permet d'effectuer une boucle de Mascate à Mascate via les principales curiosités culturelles et naturelles.

La Batinah
40 KM
Altitude (en mètres)
2000
1500
1000
500
200
Voies rapides
Routes importantes
Routes secondaires
Pistes
Villes
Wadi
SHINAS
LIWA
SOHAR
SAHAM
AL-KHABOURA
AL-SUWAIQ
RAS AS SAWADI
ÎLES DAMANIYAT
BARKA
As Seeb
Mutrah
MASCATE
YITI
As Sifah
QURAYYAT
Al Habubiyyah
Al Khufayji
Bidbid
Al Jaylah
Samail
Al Khawd
Al Filayj
Al Wasit
Al Lajal
Wadi Al Maawil
Fort
NAKHAL
Al Ghubrah
AWABI
RUSTAQ
WADI AL-ABYAD
AL HAZM
Al Hawqayn
Wadi Al Abyad
Wadi Bani Kharus
Mashayiq
Al Ghizayn
Diqal
Al Filayj
Al Hayl
Al Ghudhayfrah
Sayh Al Makarim
Jabal Al Hammah
AL HAJAR AL GHARBI
Yanqul
KAHNAT
Al Hayyal
Maqniyat
At Tayyib
Ad Diriz
Al Wahrah
11
10
09

PAGES

171 ## ●● LITTORAL DE LA BATINAH

Le littoral de la Batinah se compose d'une plaine côtière dont l'axe majeur est une route à 2 voies qui dessert une succession de petits villages de pêcheurs ou des villes plus importantes comme Barka, Sohar ou Shinas. Les principaux centres urbains qu'elle traverse sont tous construits sur le même modèle : d'un rond-point, où se concentre l'activité économique de la ville, part une grande artère qui va droit sur la mer et le long de laquelle se distribuent les restaurants, banques et autres commerces. Plus loin, ce sont des habitations, des mosquées et enfin la plage de sable gris qui accueille pratiquement tous les matins un marché aux poissons. Les îles Damaniyat sont le principal et plus beau site touristique de cette bande côtière plate et rectiligne.

171 ### SHINAS

171 ### LIWA

SOHAR

172 Pour la petite histoire ou plutôt la légende, Sohar serait la ville natale de Sindbad le marin, héros-aventurier des Mille et Une Nuits... Plus concrètement, cette ancienne capitale était la plus grande ville d'Oman il y a un millier d'années. Longtemps endormie, c'est aujourd'hui la principale ville de la Batinah, et une métropole en plein essor, bordée d'une belle plage et d'une corniche. Fort et souk se visitent.

175 ### SAHAM

175 ### AL-KHABURAH

175 ### AL-SUWAIQ

SAWADI

176 La station balnéaire de Sawadi est sans doute l'une des principales destinations touristiques du littoral de la Batinah. La plage, longue de plusieurs kilomètres, est recouverte de coquillages colorés, et constitue un spot idéal pour le snorkeling, la plongée avec bouteilles ou le kitesurf. C'est aussi de là que partent la plupart des excursions pour les îles Damaniyat, réserve naturelle classée.

ÎLES DAMANIYAT ★

176 Au large de Barka et de Sawadi et au nord de Mascate, les Damaniyat forment un archipel regroupant une dizaine d'îlots calcaires et plusieurs rochers submergés entourés d'eaux limpides, riches d'un récif corallien bien développé. Classés Réserve nationale et naturelle de la Vie marine omanaise, ces bouts de terre sont un spot de plongée sou-marine et un endroit idéal pour le farniente.

BARKA ★

177 A 80 kilomètres de Mascate, Barka est la deuxième ville de la région après Sohar. Elle est réputée pour ses combat de taureaux, son fort, la maison de Bait Na'man et pour sa fabrique d'Halwa, spécialité de confiserie omanaise à base d'eau de rose, connue dans tout le pays. C'est une étape intéressante sur le littoral de la Batinah.

PAGES

● ● ROUTE INTÉRIEURE DES FORTS ET DES WADIS

179

De la route qui relie Nakhal à Al-Hazm, partent plusieurs pistes menant à des wadis, indiqués sur la gauche et la droite par des panneaux bleus (4x4 nécessaire). Parmi ceux-ci, le Wadi Bani Hauf, le plus emprunté, permet de relier la région de la Batinah à celle d'Al Dakhiliyah. On entre dans le cœur du Hajar occidental, entaillé de superbes gorges dont la plupart offrent de beaux endroits pour camper. Les villes valent aussi le détour, pour leurs forts parmi les plus beaux du pays.

NAKHAL ★

179 Ce village typique, au pied des Monts Hajar, est célèbre pour son fort, l'un des plus impressionnants du Sultanat, bâti sur un éperon rocheux au cœur d'une immense palmeraie. A 2 kilomètres de la citadelle, la source chaude d'Al-Thawarah vaut également une petite visite.

WADI MISTAL

181 Le Wadi Mistal est l'un des plus longs de la région et le seul, avec le wadi Bani Awf où il est possible de passer une nuitée ou deux en guesthouse (au cœur du village traditionnel de Wakan) : un séjour nature, loin de tout, dédié à la randonnée (très beau sentier balisé) ou juste au repos.

181 WADI AL-ABYAD

182 AL-AWABI

WADI BANI KHARUS

182 En plus d'être un wadi charmant ponctué de bassins d'eau claire, plantations en terrasses et villages perchés, le Wadi Bani Kharus est un livre ouvert pour les amateurs de géologie, recélant une multitude de fossiles et de roches très anciennes visibles à l'œil nu.

WADI BANI HAUF ★

182 Spectaculaire, le Wadi Bani Hauf est le plus emprunté des wadis de cette partie du sultanat, car il présente la particularité de relier la région de la Batinah à celle d'Al-Dakhiliyah via le Hajar occidental : un tracé idéal lors d'un road trip de Mascate à Nizwa avec visite en route des forts de la Batinah. A l'intérieur du wadi, le Snake Canyon est considéré comme un haut lieu de la pratique du canyoning et de l'escalade.

RUSTAQ ★

184 En raison de sa position stratégique à l'entrée du wadi Bani Hauf (sas de passage entre les régions de la Batinah et de la Dakhiliyah), Rustaq joua un rôle majeur dans la région et demeure le centre administratif de la Batinah intérieure. Sa forteresse, la plus haute du pays, se visite.

AL-HAZM ★

185 Au même titre que Nakhal ou Rustaq, Al Hazm, village posté sur la route de l'intérieur de la Batinah, vaut une étape pour son fort magistralement rénové. Grâce au texte de l'audioguide en français, le bâtiment offre une plongée intéressante dans le mode de vie des notables d'autrefois et notamment celui de l'Imam Bin Saif II qui fit édifier cette impressionnante et labyrinthique citadelle.

SHINAS

A la lisière des Emirats arabes unis, Shinas ressemble à ces villes frontalières animées. Un important port y a été construit par le ministère de l'Agriculture et de la Pêche dans le but de moderniser l'industrie. Des boutres y sont toujours en service et alimentent en poisson frais les villes des émirats voisins jusqu'aux restaurants de Dubaï. Un peu en retrait de la plage se dresse un fort restauré à visiter. Attention, en franchissant la frontière des Emirats arabes unis, les touristes perdent leur visa omanais qui devra être refait (et donc repayé) au retour, à moins d'être en possession d'un visa à entrées multiples. Voir https://evisa.rop.gov.om

LIWA

A partir de la frontière avec les Emirats arabes unis, le village de Liwa est juste avant celui de Sohar. A la sortie sud de la ville, environ 1,5 km après le centre, on tombe sur un fort magistral. Contrairement aux autres châteaux de la côte de la Batinah, celui-ci n'est pas construit directement en bord de mer. Il a été édifié il y a environ 400 ans. Avant sa restauration de 2000 à 2003 par le ministère du Patrimoine et de la Culture, seule subsistait la tour centrale. Aujourd'hui, la citadelle possède cinq tours d'observation, intéressantes pour les vues imprenables qu'elles offrent sur les villages côtiers des alentours, et notamment celui Harmul.

UN PEU D'HISTOIRE...

La région de la Batinah, qui passe pour avoir été l'une des premières habitées par l'homme, a livré des vestiges humains remontant à plusieurs millénaires. Elle fut reconnue comme l'ancien mystérieux royaume de Magan, soit « la montagne de cuivre », nom qui lui aurait été donné par les Sumériens en référence aux importantes quantités de ce minerai contenues dans le mont Hajar tout proche. C'est à partir du port de la ville de Sohar, la capitale de l'époque, que s'effectuaient les échanges commerciaux avec les régions voisines. Echanges qui se poursuivirent jusqu'à environ 2000 av. J.-C., période à laquelle la ville perdit un peu de son importance en raison de l'effondrement de Sumer. Mais la Batinah parvint tout de même à conserver durant des siècles une vraie dynamique, aussi bien sous occupation perse que sous celle des différents califes d'Arabie après l'islamisation d'Oman. Le Xe siècle en particulier fut très actif pour Sohar, dont le port était connu dans maints pays du monde. Ses richesses suscitaient la convoitise des nations voisines ou éloignées, ainsi que des pirates perses, turcs, irakiens, portugais... Les invasions étaient multiples, comme en témoigne le nombre important de forts qui se dressent dans la région. Elles entraînèrent l'affaiblissement puis l'effondrement de la prospérité d'Al-Batinah à partir du XIIe siècle, époque à laquelle Sohar perdit son statut de capitale. La cité se releva néanmoins et demeura un pôle commercial important jusqu'au XVIe siècle.

Le fort de Shinas.

SOHAR

Pour la petite histoire ou plutôt la légende, Sohar serait la ville natale de Sindbad le marin, héros-aventurier des Mille et Une Nuits… Tout un passé oriental ! Plus concrètement, c'est aujourd'hui la principale ville de la Batinah : une métropole en plein essor qui devrait compter de plus en plus d'hôtels, de magasins et de restaurants dans les années qui viennent. L'arrivée dans l'agglomération est marquée par une succession de ronds-points. Celui dominé d'une mappemonde érigée sur un socle marque l'entrée dans le centre-ville. De là part Sohar Street, entrecoupée elle aussi de trois ronds-points ! La majorité des commerces est regroupée autour du premier rond-point, Al Wiqaybah. C'est ici que se trouve le nouveau secteur commercial de la ville, au tracé en forme de carré. Les magasins sont regroupés en arcades, et la flânerie le long des boutiques de vêtements, sandales, bijoux et autres commerces y est agréable. Le vieux Sohar se trouve à 2 km de là, en bord de mer, fier de son fort bâti au XIIIe siècle et de sa corniche récemment aménagée qui forment un ensemble homogène à dominante blanche. Très peu de magasins ont résisté à la délocalisation et l'on n'y compte plus que quelques tailleurs. La plage de sable fin est l'une des plus belles du pays.

Histoire

Sohar – l'Omana de Pline l'Ancien – est une belle endormie qui, jusqu'au XIIe siècle, jouit d'une renommée internationale. Deux facteurs principaux furent à l'origine de son essor. Située au pied de l'Hajar, la ville bénéficia d'une part de la proximité de gisements de cuivre (métal très recherché dans le monde antique) et développa un commerce avec Sumer (Irak sud). Le minerai était d'abord envoyé vers Umm al-Naar (Abu Dhabi) via le wadi Jizzi, puis distribué par voie maritime entre Dilmun (Bahreïn) et Sumer. D'autre part, comme son port se trouvait au croisement de l'Asie, de l'Afrique et de l'Arabie, il devint une véritable plaque tournante commerciale pour les plus grandes puissances de l'époque et joua le rôle de capitale commerciale du pays du XIIIe au XVIe siècle, jusqu'à l'arrivée des Portugais. Ceci valut à Sohar le surnom de « marché du monde ». Une vocation qui traverse le temps puisque le port industriel, situé au nord de la zone urbaine, est un des plus grands projets de développement de la région du Golfe.

Quartiers

Que l'on arrive du sud (Mascate), du nord (frontière côtière des Emirats) ou de l'ouest (Al Ain – Emirats), Sohar semble sans début ni fin. C'est d'abord et avant tout une voie rapide parallèle au front de mer (Mashal An Nur Street) et à 3 km de celui-ci, interrompue par des ronds-points grandioses. Les hôtels principaux se trouvent dans les quartiers nord de l'agglomération, donc à l'extrême opposé de votre point d'entrée si vous arrivez de la capitale. Pour gagner la « corniche » locale, il faut quitter la voie rapide en direction de l'est, notamment par Sohar Street qui correspond à l'idée que l'on peut se faire de la « rue du centre-ville ».

Se loger

Le développement des installations portuaires, la zone hors-taxes et le chantier de l'aéroport international bousculent la vieille sindbadienne endormie. Sohar n'est pas encore totalement tendance, mais la population expatriée augmente d'année en année, le niveau général des services avec. Ainsi des hôtels, qui, avec ce quatuor récent de chaînes internationales, satisferont une clientèle exigeante.

© MARCIN SZYMCZAK - SHUTTERSTOCK.COM

Fort de Sohar.

SOHAR FISH MARKET

Ouvert 7j/7 dès 7h du matin. Surtout actif en matinée dès le retour des pêcheurs.

De belle taille, le marché aux poissons de Sohar est l'un des plus importants du pays. Il se tient au bord de l'eau dans un vaste bâtiment moderne de couleur blanche à l'architecture caractéristique en forme de boutre. A l'intérieur, en bon ordre, s'alignent les étals de carrelages couverts des multiples poissons que le Golfe d'Oman sacrifie chaque jour aux filets des pêcheurs locaux. Même si l'on n'a rien à acheter, l'endroit vaut le coup d'œil pour ses scènes de vie et de négoce, d'autant que l'endroit est bien moins touristique que le *Fish Market* de Mutrah.

FORT DE SOHAR

Près du bord de mer

Ouvert de 9h à 13h30 du samedi au jeudi, fermé le vendredi. Entrée 1 OMR.

Importante cité marchande sur la route des Indes et ancienne capitale d'Oman, Sohar fut un port incontournable de l'Antiquité jusqu'au XVIe siècle. Aujourd'hui seul son fort/musée témoigne de son faste passé. La citadelle a l'originalité d'être blanche, comme tous les grands bâtiments de la ville, mais à la différence de l'ensemble des forts omanais, de couleur ocre. Elle fut probablement édifiée entre le XIIIe et le XIVe siècle par le prince Baha al-Din Ayaz d'Hormuz. Les princes d'Hormuz n'étaient pas des étrangers dans cette région. Le premier à venir au sultanat fut Mahamad Dram Ku, un descendant direct des rois de Sabah, de la province d'Arabie. Lors des fouilles effectuées dans le fort, on a découvert de nombreux objets de valeur en céramique et en porcelaine témoignant de la fortune de ses habitants. Restauré, le bâtiment défensif abrite aujourd'hui un intéressant musée qui retrace l'histoire de la région et de la ville de Sohar à travers des écrits et l'exposition d'objets anciens. Les salles à visiter occupent trois étages, mais il est aussi conseillé de grimper plus haut, jusqu'au toit de l'une des tours d'où l'on domine la mer et la palmeraie qui s'étend à perte de vue. La chronique raconte que la garnison de 1 000 hommes qui tenait la place rendit les armes sans tirer un seul boulet devant l'envahisseur portugais Afonso de Albuquerque. Sur place, on pourra aussi admirer le mausolée d'un personnage emblématique de l'histoire omanaise, Sayyid Thuwaini bin Said Al Said, sultan d'Oman de 1856 à 1866.

MERCURE SOHAR €€

As Suwayhrah Street, Al Humbar West, Al Batinah Highway ✆ +968 2235 4800

www.all.accor.com

A partir de 34 OMR la chambre double, taxes et petit déjeuner inclus.

© IBIS MUSCAT

Adapté à tous les voyageurs (loisirs ou business), ce Mercure dernière génération, clair et lumineux, ose des codes couleur frais et pepsy, et des touches de déco stylisées, on aime ! Situé à l'entrée sud de la ville, il est facile d'accès depuis Mascate. Ses 152 unités dotées d'une excellente literie, comptent aussi deux suites Famille. Ouvert en continu en journée, le restaurant propose des buffets, du snacking et des plats maison, à consommer à la fraîcheur de la salle ou sur la terrasse. Pour la détente : piscine extérieure, centre de remise en forme, bar.

AL WADI HOTEL €

Al Barakat Street, entrée nord de la ville

✆ +968 2684 0058

www.omanhotels.com

A partir de 30 OMR la chambre double, taxes et petit déjeuner inclus.

En retrait confortable de la très passante voie routière Mascate-Emirats, avec un nom en référence au wadi qui file vers la mer, l'établissement, en sa blanche modestie, déploie ses 78 chambres agréablement modernisées autour d'une jolie piscine, sans que l'architecte ait songé à leur offrir une vue large et plongeante sur ce bassin salvateur. A la réservation, préférer une clé du côté droit du complexe. Propriété d'un groupe omanais riche d'idées en matière d'accueil, le vieil Al Wadi reste fringant. Sur place : restaurant et *Sports Bar* avec ambiance musicale.

SOHAR BEACH HOTEL €€

Al Sultan Qaboos Road

✆ +968 2684 1111

www.soharbeach.com

A partir de 45 OMR la chambre double en haute saison, taxes et petit déjeuner inclus.

Comme disaient les Trigano, le site avant tout ! Eh bien, ce Beach-là mérite son nom puisqu'il est posé sur le sable, seul ou presque, près du wadi Sallan, osant la pelouse, la piscine, le tennis et un joli minois de fortin blanc. La nuit, dos à la mer, vous prendrez une charmante photo de cette bâtisse à tourelles. Malgré une déco globalisée, l'établissement dégage un petit quelque chose de vacancier unique à Sohar. On profite donc de la plage et des installations de loisirs. Pour ceux qui cherchent l'espace, des chalets sont disponibles. Resto, bar.

LA BATINAH

Rencontre à Sohar.

CROWNE PLAZA SOHAR €€€

Falaj Al Qabael
✆ +968 2685 0850
www.ihg.com

75 à 95 OMR la chambre double, taxes et petit-déjeuner inclus.

Loin du centre-ville, mais à 15 minutes de l'aéroport et proche des installations du port, c'est un imposant bâtiment qui aurait pu être un immeuble tout moche s'il n'avait été bien habillé par son architecte. Vaste atrium en puits vertical sillonné par deux ascenseurs vitrés, palette de couleurs reposante à souhait, beige, brun, les surfaces minérales assorties dans un style contemporain, des chambres luxe et, pour se détendre, 2 bars, une piscine de 25 mètres de long et un bowling de 4 pistes caché dans le sous-sol. Egalement un restaurant et un Steakhouse.

RADISSON BLU HOTEL SOHAR €€€

✆ +968 2664 0000

A partir de 82/93 OMR en haute saison (octobre à avril), taxes et petit déjeuner inclus.

Idéalement situé sur le front de mer, à proximité du fort et du port de Sohar et équidistance de Dubaï et Muscat, ce Radisson chic offre aux businessmen les garanties pros de la chaîne et constitue en parallèle une étape confortable pour les touristes, familles incluses – aire de jeux et pataugeoire. Particulièrement vaste, la piscine extérieure ouverte sur la plage est une réussite, de même que le *Fitness Center* et la palette des restaurants aux cadres soignés. Coup de cœur pour l'Al Khaimah Rooftop, son bar à shishas et sa vue splendide sur le golfe d'Oman.

CORNISH RESTAURANT €

Al Bahri Road
✆ +968 7193 2618

Ouvert 7j/7 de 10h à 22h. Compter 5 OMR par personne.

Le Cornish Restaurant est le nouveau resto situé à côté du *Fish Market*. La carte est bien sûr principalement composée de fruits de mer et de poissons frais du Golfe, cuisinés de toutes les façons, mais on peut également commander des plats indiens, arabes, omanais, des salades, des pâtes, des burgers... Le choix est immense et la qualité assurée. Aux salles climatisées, on préfère le toit-terrasse quand il ne fait pas trop chaud, y compris juste pour boire un jus de fruits frais après une visite du marché aux poissons dans son bâtiment moderne en forme de boutre.

LOBNAN AL AKHDHAR €€

Sohar Street ✆ +968 2202 5553

Ouvert tous les jours sauf le jeudi, de 9h à 1h du matin. A partir de 8 OMR le repas complet.

Venu du pays du cèdre, Karim régale les descendants de Sindbad et sert ses poissons grillés et parfaitement épicés, dans une salle joyeuse et bruyante. Il y a un coin Famille, pour ceux qui ont intégré cette pratique comportementale. De temps en temps, un coup de klaxon résonne dans la rue et on vient prendre la commande du conducteur directement à sa fenêtre abaissée. Saveurs levantines toujours aussi séduisantes et fraîches, des salades, des purées légumières, ces brochettes piquantes, un régal. Dry, mais on se réconforte d'une excellente limonade mentholée.

THE RESTAURANT €€

Hôtel Crowne Plaza Sohar, Falaj Al Qabael
✆ +968 2685 0850
www.ihg.com
Ouvert 7j/7 de 6h30 à 22h30. Autour de 13 OMR les 3 plats à la carte.

Prenez le Crowne côté tranquille, c'est-à-dire à l'opposé de la route, visez la terrasse sous les étoiles et voilà pour l'extérieur. En intérieur, on apprécie la déco chaleureuse de la salle. C'est le restaurant principal de l'hôtel, ouvert à tous dès le petit-déjeuner. Le choix est donné entre une carte de salades, mezzés, pâtes, pizzas, plats cuisinés, etc. ou des buffets thématiques pour ceux qui ont grand-faim ou qui aiment goûter à tout. La clientèle locale est fidèle, volontiers élégante, et souvent intéressée par la belle carte des vins.

THE STEAKHOUSE €€€

Hôtel Crowne Plaza Sohar, Falaj Al Qabael
✆ +968 2685 0850
www.ihg.com
Ouvert tous les jours de 11h à 15h et de 19h à 23h. A partir de 10 OMR un steak, sauce et accompagnements.

Dans un cadre contemporain simple et chic au diapason du standing de l'hôtel, se déguste ici la meilleure viande de Sohar. Avis aux carnivores ! Les différentes pièces sont servies grillées avec une sauce au choix et un accompagnement de frites ou de légumes. Egalement quelques plats de la mer pour les appétits plus légers. Mention spéciale pour le Black Angus et sa sauce au poivre vert ou le *surf and turf* – plat combinant viande rouge et produits de la mer. Très belle carte de vins et service efficace. Bref, un sans-faute !

SOUK AL QALA'A

Près du fort
Ouvert du samedi au jeudi de 9h à 13h et de 16h à 22h, et le vendredi de 9h à 11h et de 16h à 22h.

Rénové dans le style des forteresses omanaises, c'est une enceinte fermée qui abrite une vingtaine de magasins sous des arcades, un lieu agréable, mais pas très vivant. En raison du nombre restreint de visiteurs, plusieurs établissements n'ouvrent que sporadiquement. On trouve toutefois des épices, de l'artisanat local (coffres, poterie, etc.), des armes. Le coffee-shop Angel of Shinas semble être là pour redonner un peu de vie à l'ensemble. Quelques tables et chaises sont installées dehors et l'on s'y attable pour boire un verre, se restaurer ou fumer la shisha.

SAHAM

Saham est l'une des villes les plus importantes que l'on traverse au sud de Sohar. Elle aussi possède son fort, appelé Hassin A'souq. Pour y accéder, tourner à la bifurcation Saham puis suivre « A'souq » et traverser le village. La route longe ensuite la côte et arrive directement au fort. Comme beaucoup d'autres, il a été rénové et ouvert au public (8h30 à 14h30, fermé vendredi et samedi ; entrée libre). Son plan d'ensemble est simple : carré avec 4 tours elles-mêmes carrées à chaque angle. La porte d'entrée est tournée vers le front de mer et l'intérieur abrite une mosquée. Avant de quitter Saham, aller voir le marché aux poissons sur la plage.

AL-KHABURAH

Al Khaburah peut mériter une petite pause pour la visite de son fort (8h30 à 14h30, fermé vendredi et samedi), suivie d'une balade à travers son vieux souk construit en pisé (7h-11h et 16h-20h). Ce dernier est un véritable labyrinthe où acquérir toutes sortes de choses inutiles, mais qui ont l'irremplaçable saveur du souvenir...comme cette vannerie artisanale aux motifs rouge, brun et noir que confectionnent les femmes de la région, et que l'on retrouve aussi au marché moderne près de la route principale. D'architecture assez simple, le fort, restauré, repose sur deux esplanades ; il comprend deux tours et offre une belle vue sur la mer et le souk.

AL-SUWAIQ

Au XVIIIe siècle, Suwaiq était un important port de commerce comme ceux de Barka et Sohar. C'est aujourd'hui une petite localité assez dynamique, mais qui a perdu son importance. En suivant la route principale vers la mer, on arrive à un fort qui domine la plage (8h30 à 14h30, fermé vendredi et samedi). Edifié au début du XVIIe siècle par Imam Nasir bin Murshid, fondateur de la dynastie Ya'ruba, c'est une place forte quadrangulaire délimitée par trois tours rondes et un fortin carré. Passé le sabah (= hall d'entrée), on gagne ce qui correspondait aux « appartements » du Wali, doté d'arches ogivales élégantes, de stucs et autres niches décoratives.

MILLENNIUM RESORT MUSSANAH €€€

Wudam Al Sahil
✆ +968 2687 1555
www.millenniumhotels.com

Package tout compris à la semaine via Lookea. Sinon, à la nuitée, à partir de 70 OMR le studio.

Face à une marina taillée pour 400 voiliers, ce vaste hôtel de luxe aux lignes modernes, composé de chambres, studios et appartements, aligne ses pôles de détente et loisirs au bord de la plage : piscines, fitness, palette de sports nautiques et terrestres et spa glamour. Si l'on réserve une semaine tout compris via Lookea, on profite de la dynamique d'un Club (activités, animations, buffets). Pour un week-end ou à la nuitée, c'est une étape balnéaire conviviale à 1h de Mascate.

SAWADI

A une quinzaine de kilomètres avant Barka, une route perpendiculaire à la voie principale et frangée de cocotiers s'élance jusqu'à la mer. La plage de Sawadi est là, immense, bordée de plusieurs îlots qui créent un environnement rocheux idéal pour la plongée. Le plus grand de ceux-ci est dominé d'une tour de guet accessible à pied à marée basse à condition de faire attention à la marée. La plage de Sawadi elle-même est très agréable, couverte de coquillages et très fréquentée des locaux le week-end. C'est probablement la plage la plus accueillante de la côte nord, et surtout un point de départ pour les excursions journalières vers les îles Damaniyat.

LA BATINAH

AL SAWADI BEACH RESORT AND SPA €€

Suwadi Beach Road
✆ +968 2697 0700
www.alsawadibeachresortandspa.com

A partir de 80 € la chambre double, taxes et petit déjeuner compris.

Situé à 40 minutes en bateau des îles Damanyiat, cet hôtel relax est posé sur la plus belle plage de la Batinah. Récemment rénové dans un style globalisé et classique, il offre une centaine de chambres confortables avec terrasse ou balcon, dont 60 vue jardin et 40 vue mer. Ces dernières sont idéales pour les familles, car plus grandes et communicantes. Tourné vers les sports nautiques, l'hôtel compte un club de plongée géré par Global-Scuba. Egalement, spa, tennis, gym, piscine...

ÎLES DAMANIYAT ★

Au large de Barka et Sawadi et au nord de Mascate, les Damaniyat forment un archipel regroupant une dizaine d'îlots calcaires et plusieurs rochers submergés. Ceux-ci sont formés d'anciens récifs de fossiles et de chaux qui émergent de l'océan. Alignés d'est en ouest sur une surface de 203 km², ils servent de base à un récif corallien très bien développé, s'étendant à une profondeur de vingt mètres dans des eaux limpides. En raison de la richesse de leurs fonds, ces bouts de terre ont été classés Réserve nationale et naturelle de la Vie marine d'Oman. Ils offrent une vingtaine de sites de plongées (avec masque et tuba ou bouteilles) et forment de splendides jardins de coraux peuplés de poissons de récif colorés, de grands pélagiques, de tortues, de raies, etc. Côté terre, l'archipel accueille aussi une importante population d'oiseaux, surtout migrateurs. On visite généralement les îles à la demi-journée ou la journée, au cours d'excursions à partir de Mascate (notamment de la marina d'Al Mouj au nord de la capitale avec les compagnies Mola Mola Diving Center ou Daymaniat Shells ; compter 1h de traversée) ou de Sawadi. Dans un souci de préservation des îles et de leurs espèces, noter qu'il est interdit de débarquer dans la réserve entre mai et octobre.

Faune et Flore

L'archipel des îles Damaniyat forme de splendides jardins de coraux peuplés de nombreux poissons. Il sert également de site de reproduction pour un grand nombre de tortues à écailles (carette) et une importante population d'oiseaux. Entre avril et septembre, les migrateurs font escale : sterne commune, goéland railleur, phaéton à bec rouge, traquet, balbuzard pêcheur. Pour le snorkeling, deux secteurs sont particulièrement recommandés : la zone d'herbiers de la baie située au sud-ouest de l'île principale et qui est un spot idéal pour observer les tortues marines, notamment les vertes, nombreuses à venir se nourrir et se reposer sur place. L'autre secteur est la petite baie peu profonde située au nord-est de l'île principale. Là, au milieu d'un récif corallien préservé, même si peu coloré, on peut observer une grande variété de poissons, notamment le poisson-chirurgien zébré, le poisson-clown à 2 bandes, le poisson-papillon d'Arabie, le diagramme moucheté ou le baliste Picasso arabe. Avec un peu de chance, on pourra même surprendre une murène ou un poisson-ange à croissant, à la robe d'un bleu éclatant, sans doute l'un des plus beaux poissons de la mer d'Arabie. Des tortues sont également fréquemment observées dans la baie. Ces deux spots sont les plus connus des Damaniyat, mais de nombreux autres sites de qualité

Les îles Damaniyat.

sont dispersés un peu partout dans l'archipel. Lors de la traversée vers les îles, il est courant de rencontrer des requins-baleines, nombreux dans le golfe d'Oman surtout en août et septembre. Si les conditions de mer le permettent, vous pourrez vous mettre à l'eau pour observer le plus gros poisson au monde. Le requin-baleine est une espèce en danger, mais en respectant une charte d'approche de l'animal vous pourrez vivre une expérience incroyable, le rêve de tout plongeur ! Si la taille moyenne de ce « géant des mers » est de 5 à 12 mètres, certains spécimens peuvent mesurer jusqu'à 20 mètres de long et peser jusqu'à 30 tonnes. On estime l'espèce vieille de 400 millions d'années. Malgré sa taille impressionnante le requin-baleine est totalement inoffensif pour l'homme et peu farouche avec les humains.

BARKA ★

Barka est la seule ville à accueillir des combats de taureaux. Ceux-ci ont lieu généralement deux fois par mois, les vendredis après-midi, sauf pendant l'été et le Ramadan. Pour connaître les dates et horaires, le plus simple est de se renseigner auprès des locaux. La ville est surtout animée le matin lors du marché aux poissons de bord de mer, en face du fort et à côté du souk. Barka est aussi connue pour sa fabrique d'Halwa, cette confiserie omanaise à base d'eau de rose, de cardamome et de safran ; mais le principal attrait reste le château Baït Na'Man, une imposante maison de marchands fortifiée du XVIIe siècle qui faisait office de caravansérail.

BAIT NA'MAN

Ouvert du samedi au mercredi de 9h à 13h30. Entrée : 500 bz par personne.

Cette imposante maison à l'allure d'un château fort fut construite au XVIIe siècle par Imam Bil Arab bin Sultan et son frère Imam Saif bin Sultan. C'était une sorte de caravansérail, un lieu de passage et de rencontre pour les armées et les voyageurs entre Rustaq et Mascate. Restaurée en 1992, la maison déroule une succession de pièces d'habitations ornées, bien plus que la moyenne des citadelles, de meubles et accessoires anciens qui laissent imaginer le mode de vie des Omanais au temps jadis et leur système de défense. Visite intéressante.

Fort de Barka.

LES COMBATS DE TAUREAUX DE BARKA

Sont-ce les navigateurs portugais au XVIe siècle ou bien des voyageurs maures venus d'Espagne ? Personne ne sait vraiment qui est à l'origine de cette tradition de la côte omanaise. Comme le disait, en connaisseur, Ernest Hemingway, « le taureau de combat est au taureau domestique ce que le loup est au chien ». Voyez ces bêtes de près d'une tonne, l'oreille large, la corne méchante, la bosse grasse pleine de calories, en fait des zébus descendants du *Bos primigenius namadicus* ! Elevés au lait, entraînés à la marche d'endurance et à la nage, ils se livrent au combat (« mnattah «) avec parfois une rage stupéfiante. Ces batailles se déroulent sur des terre-pleins ou dans de petites arènes d'environ 100 mètres de diamètre bordées de gradins. Les bêtes s'affrontent deux par deux. Le principe consiste à faire reculer le taureau adverse hors d'un cercle défini, comme on expulse un boxeur du ring, ceci en moins de 3 minutes. Quand on dépasse les 5 minutes, les bêtes sont considérées comme des traîne-sabot. Même si les combats sont impressionnants, le sang coule rarement. Le vainqueur, que les non-initiés et ceux qui décryptent mal l'arabe hurlé dans un mégaphone auront du mal à identifier, voit sa valeur augmenter, tout comme la fierté et la notoriété de son propriétaire. La foule, composée uniquement d'hommes, crie, s'interpelle, s'anime au plus fort de l'affrontement et se pétrifie d'horreur lorsqu'un des taureaux fait mine de foncer dans le public, en priorité sur les Français lecteurs du *Petit Futé*...

FORT ★

A deux pas de la plage,
en face du marché au poisson
✆ +968 9638 8302

Ouvert du samedi au jeudi : 8h-13h. Entrée 500 baizas.

Bien restauré, l'édifice possède une tour de défense de plus de 450 ans offrant un beau panorama sur les environs. La construction s'est fait en plusieurs étapes ce qui explique pourquoi la porte principale, taillée dans un seul morceau de bois, n'a que 350 ans. Les différentes pièces, dont le salon arabe, sont décorées de tapis, de lampes à huile. La salle du tribunal abrite des bijoux et des vieux fusils. Parmi les imams qui s'y succédèrent, Ahmed bin Sad fut celui qui osa faire les plans d'une tour polygonale. Avec humour, on parle d'inspiration cubiste !

AL NAHDA RESORT & SPA €€€

Par Highway 13 vers Nakhal sur 1,8 km.
✆ +968 2688 3710 - www.alnahdaresort.com

Ouvert d'octobre à mars. Chambre double à partir de 50 OMR.

Sur douze hectares de jardins et de vergers, c'est un ensemble très étendu comptant 109 suites spacieuses et cossues, des équipements sportifs nombreux (tennis, gym, aire de jeux...), un restaurant, 2 bars, des boutiques et un spa ouvrant sur un sanctuaire zen & fun avec parc aquatique et piscine gigantesque. Entre centre de balnéo et mini-parc de loisirs, Al Nadha est une étape un peu kitsch, un lieu atypique de détente, une évasion ludique ou encore une base pratique pour partir à la découverte des forts et des wadis de l'arrière-pays.

DUNES BY AL NAHDA €€€

Wadi Al Abiyad Sand Dunes
✆ +968 9723 5700
www.dunesbyalnahda.com

Ouvert d'octobre à mars. A partir de 160 OMR la chambre double en demi-pension.

A 50 minutes de Mascate, dans les sables du wadi Al Abiyad, Dunes est un camp de 50 tentes de grand luxe dressées au sommet d'un petit promontoire : une échappée totale pas si loin de la ville où s'adonner, en couple ou en famille, à de multiples activités de plein air – glissades sur les dunes, balade à dos de dromadaire, quad, surf, cerf-volant, etc. Plus inédits encore : le golf 9 trous et le spa atypique où recevoir des soins à base de sable comme ce sublime traitement inspiré de l'Egypte ancienne. Vaste restaurant ouvert sur la nature, piscine.

NAKHAL ★

A une heure de route et une grosse centaine de kilomètres de Mascate, le village de Nakhal se dresse fièrement au milieu de palmeraies superbes, qui lui valent d'ailleurs son nom, dérivé de *nakhell* en arabe : le palmier-dattier. L'endroit est réputé pour son fort, Husn Al Heem, construit sur un piton rocheux au pied du Hajar occidental culminant là à 1 588 mètres. La citadelle a été construite bien avant l'ère islamique pour protéger les vastes plantations de dattiers. Au-delà de sa structure elle-même, elle offre également un autre atout de taille : de beaux points de vue sur les environs. A 2 km du fort en se promenant dans la palmeraie, on tombe sur une autre curiosité : les sources d'eau chaude d'Al-Thawarah.

© PATRIK DIETRICH - SHUTTERSTOCK.COM

Nakhal.

SOURCE D'EAU CHAUDE D'AL-THAWARAH

A 2 km du fort. Traverser le village de Nakhal. A une mosquée sur la droite, suivre la direction d'Ayn A'Thawarah.

Son nom est un dérivé du mot arabe qui signifie « bouillir ». On y accède par une palmeraie qui laisse entrevoir le sommet des montagnes à travers les feuillages. On arrive à un falaj en provenance de la source d'eau chaude située un peu plus haut. Garer sa voiture et continuer à pied. On parvient à l'entrée d'un wadi où la source est enclose dans un bassin que prolonge un cours d'eau. L'eau y est tiède et les locaux l'utilisent volontiers pour se laver ou faire leurs ablutions.

SIDR : LES ÉPINES DU CHRIST

« Alors Pilate prit Jésus, et le fit battre de verges. Les soldats tressèrent une couronne d'épines qu'ils posèrent sur sa tête, et ils le revêtirent d'un manteau de pourpre. » (Evangile de Jean).

Connu depuis des temps immémoriaux, utilisé dans l'Égypte pharaonique, mentionné dans le livre des trois grandes religions monothéistes, le *Ziziphus spina christi* est ce jujubier qui aurait fourni les épines de la Couronne du Christ. C'est un petit arbre à feuilles caduques, au port érigé, à la ramure grêle en zigzag pourvue d'épines acérées. Composés de trois noyaux soudés, ses fruits sont jaunes. Nicolas Mésarités, garde des trésors des chapelles du Sacré Palais de Constantinople vers 1200, pouvait observer la Couronne quotidiennement : « Elle n'est pas rude d'aspect, ni blessante ou pénible au contact et, si l'on obtient de la toucher, elle n'est que souplesse et douceur. Ses efflorescences ne ressemblent pas à celles des haies clôturant les vignes qui, comme les voleurs le font par leur rapines, tirent à elles le bord de la tunique et sa frange, ou parfois même écorchent et blessent la cheville du promeneur qu'elles accrochent et ensanglantent de leurs piquants féroces : non, certes, nullement, mais elles sont comme les fleurs de l'arbre à encens, qui ont à leur naissance l'aspect de pousses minuscules, comme les chatons de l'osier, comme des bourgeons qui paraissent. »

En 1238, Byzance est gouvernée par Baudouin de Courtenay, un empereur latin. En grande difficulté financière, il décide de mettre les reliques en gage auprès de banquiers vénitiens pour en obtenir des crédits. Saint Louis, roi de France, intervient alors et dédommage les Vénitiens. Le 10 août 1239, le roi, suivi d'un brillant cortège, accueille vingt-deux reliques à Villeneuve-l'Archevêque. Le 19 août 1239, la procession arrive à Paris ; le roi délaisse alors ses atours royaux, endosse une simple tunique et, pieds nus, aidé de son frère, porte la Sainte Couronne jusqu'à Notre-Dame de Paris avant de déposer l'ensemble des reliques dans la chapelle du palais. Pour les conserver, il édifie un reliquaire à leur mesure : la Sainte Chapelle. Durant la Révolution française, les reliques seront déposées à la Bibliothèque nationale. Suite au Concordat de 1801, elles seront remises à l'archevêque de Paris qui les affectera au trésor de la cathédrale Notre-Dame de Paris le 10 août 1806 où elles se trouvent toujours aujourd'hui.

FORT DE NAKHAL ★

Nationale 13

Ouvert de 9h à 16h, et le vendredi de 8h à 11h. Entrée 500 bz.

Le sultanat d'Oman est réputé pour ses nombreux forts, mais celui de Nakhal se démarque particulièrement. C'est l'un des plus grands et des plus beaux du pays et surtout l'un des seuls à être édifié sur un promontoir rocheux de forme irrégulière. Les fondements du bâtiment actuel, comme ceux de la plupart des forts omanais, sont très anciens et remontent à bien avant l'Islam. Mais les bases de l'ouvrage tel qu'il figure aujourd'hui datent de trois époques successives, au cours desquelles la citadelle fut renovée et agrandie jusqu'à atteindre sa surface actuelle de 3 400 m² : la deuxième moitié du XVIIe siècle (période de prospérité et de calme relatif sous la puissante dynastie des Ya'ariba, régnante de 1650 à 1744), 1834 et 1990.

Entouré d'un mur de 30 mètres de haut et protégé de six tours, le fort forme aujourd'hui un ensemble harmonieux, bien aménagé et évocateur des modes de vie passés. Il rassemble la plupart des caractéristiques propres aux bâtiments défensifs omanais : sa seconde porte d'entrée est ainsi surmontée d'une ouverture par laquelle les gardiens versaient de l'huile chaude sur les visiteurs inopportuns (penser à lever la tête pour observer cette curiosité). Les salles de réunions sont au nombre de deux : l'une en bas pour l'hiver ; l'autre en haut pour l'été, bien plus fraîche grâce à un système de courant d'air idéal pendant la saison chaude. Elles sont décorées de poutres peintes (motifs ornementaux et versets coraniques), de coffres et de livres, comme autrefois. Les bouts de bois fichés dans le mur, servaient surtout à accrocher les armes. Les portes d'accès étaient basses, de façon à ce que chaque visiteur soit obligé de se baisser en signe d'humilité et de respect pour le chef, le Wali. Le fort compte aussi deux puits (dont l'un sur les toits), deux salles de stockage des dattes, deux sorties secrètes, un dédale de pièces (dont celle privée du Wali avec lit, coffre, bijoux en argent) et une multitude d'escaliers, comme toujours.

Les plus courageux pourront, avec précaution, grimper, par une échelle de fortune tout en haut de la tour est, à partir de laquelle se déploie un beau panorama sur la palmeraie et les contreforts des monts Hajar. Et les amateurs d'armes à feu auront plaisir à trouver exposées, dans la tour du milieu, différentes armes datant des XVIIIe, XIXe et XXe siècles. Prendre aussi le temps de déambuler en extérieur sur les toits pour apprécier à quel point le fort épouse la forme de la roche sur laquelle il a été construit et qui a dicté en grande partie sa conception architecturale.

WADI MISTAL

Le Wadi Mistal est l'un des plus longs de la région et le second, avec le Wadi Bani Awf, où il est possible de séjourner en guesthouse. A environ 16 kilomètres de Nakhal, on quitte la nationale 13 pour s'enfoncer à travers les roches du djebel Akhdar. En suivant le cours du wadi jusqu'au bout, on débouche, 40 kilomètres plus loin, au cœur du cirque du Gubrah Bowl. A partir de là, plusieurs villages sont signalés dont celui de Wakan. Situé à 2 000 mètres au-dessus du niveau de la mer, il est l'un des villages les plus fleuris du sultanat. Si la route est carrossable jusqu'à Gubrah Bowl, un 4x4 devient nécessaire pour les 2,5 km de portion étroite et pentue jusqu'à Wakan. A l'entrée du village, une plateforme d'observation offre une vue spectaculaire sur le Wadi Mistal et les montagnes avoisinantes. Scénique, le hameau est le point de départ d'un fameux sentier de randonnée (W25, W24a et W24b pour faire la boucle) qui mène au village de Haddash en 7h de marche. Sans aller si loin, il est simplement possible d'emprunter l'allée pavée qui traverse le hameau en longeant un falaj pour atteindre la palmeraie, quelque 700 marches plus haut. L'agriculture est l'activité principale des habitants de Wakan qui entretiennent de belles plantations en terrasses où se récoltent raisins, abricots et pamplemousses. Au cœur du wadi, on admirera de nombreux spécimens de *Ziziphus spina-christi*, le Sidr local, dont le miel est extrêmement réputé, offrande naturelle ou compensation pour avoir été le « fournisseur » des épines de la Sainte Couronne.

WADI AL-ABYAD

A une vingtaine de kilomètres de Nakhal, tourner vers le nord en direction de As Sibaykha. Le goudron s'arrête et invite à serpenter en 4x4 entre les bassins d'eau naturels sur une dizaine de kilomètres. On sera parfois surpris par la couleur laiteuse de l'eau, due à la calcite en suspension, et à laquelle le nom du wadi fait référence - même si, lors de notre passage, les bassins étaient clairs. Quand la piste devient trop étroite, continuer à pied le long du lit de la rivière jusqu'au village d'Al Abyad, distant d'une bonne heure de marche. Le sentier est tracé et constitue une belle balade ponctuée de plantations et de bassins. Baignade possible.

SAMA HERITAGE WAKAN €

Dans le vieux village de Wakan, à 2 000 mètres d'altitude ✆ +968 9112 6369
www.samaresorts.com
60 OMR la chambre standard double en demi-pension, 75 OMR la Deluxe, 95 OMR Famille. Accessible uniquement en 4x4.

Au cœur du wadi Mistal et du village ancien de Wakan, dans un paysage de rocs et de plantations étagées, ce petit hôtel occupe un ensemble de maisons traditionnelles en pierres et pisé, rénovées dans le respect de l'architecture locale. En tout, ce sont 16 chambres 2 à 4 personnes nichées dans un dédale d'escaliers et de semi-niveaux entouré de verdure, pour un séjour en immersion totale. L'isolement ne cède en rien au confort : salle de bain dans chaque unité, clim et chauffage, restaurant. Sentiers de randonnée fléchés à proximité et points de vue panoramiques.

© SAMA WAKAN

© SAMA WAKAN

AL-AWABI

Le village d'Al Awabi se situe sur la route 13, la route de l'intérieur, celle qui relie le littoral aux montagnes et wadis. Le hameau se trouve à peu près à mi-chemin entre Nakhal (à 35 km) et Rustaq (à 27 km). Bien que ne présentant pas un grand intérêt touristique, il est photogénique et typique des villages de la Batinah. En le traversant, on découvre les ruines d'un petit fort ainsi que des maisons anciennes. Al-Awabi et ses environs proches sont aussi les voies d'entrée de deux wadis très empruntés par les Omanais et les voyageurs : le Wadi Bani Kharus et le Wadi Bani Awf - exclusivement réservés aux personnes équipées d'un 4x4.

WADI BANI KHARUS

L'entrée du wadi Bani Kharus se trouve dans le village d'Al Awabi, à gauche du fort. On distingue très facilement la route, récemment bitumée, qui s'éloigne du centre du village. Comme la plupart des wadis de cette partie du sultanat, le wadi Bani Kharus s'ouvre sur des parois escarpées et un canyon étroit, désormais praticable en voiture. Davantage que les oueds voisins, il est connu pour ses merveilles géologiques, notamment la multitude de fossiles marins qu'il est facile d'observer sur place. Les parois du canyon elles-mêmes sont un livre de géologie à ciel ouvert et recèlent des roches de plus de 600 millions d'années, parmi les plus anciennes d'Oman, visibles à l'œil nu. A 2 kilomètres de l'entrée, on pourra également observer des pétroglyphes représentant des animaux et des guerriers à cheval. On pense que ces dessins gravés auraient plus
de 1 500 ans.

Au-delà de ces trésors qui font le bonheur des géologues, le wadi est charmant et il est très agréable d'en parcourir les quelque 25 kilomètres qui relient l'entrée au village d'Al Alya, petit paradis au cœur de cet environnement minéral avec sa palmeraie, son falaj et ses bassins d'eau claire. En chemin, plusieurs hameaux composent de photogéniques tableaux faits de cultures en terrasses, de plantations luxuriantes délimitées par des murets de pierres sèches, de maisons anciennes surplombant la verdure... Certains de ces villages ne sont accessibles qu'à l'effort d'une marche, comme ce petit trek de 3h aller-retour entre Al Alya et la palmeraie d'Ad Dar.

WADI BANI HAUF ★

C'est sans doute le wadi le plus intéressant de la région et le plus emprunté, surtout depuis qu'une route a été construite dans son prolongement pour traverser le Hajar occidental et redescendre du côté de Nizwa, ce qui est idéal lors d'un circuit découverte de l'intérieur des terres. Compter tout de même 3h pour la traversée avec quelques pauses photos spectaculaires. Située à 41 km de Nakhal et 11 km de Rustaq, l'entrée du Bani Hauf (ou Bani Awf) est indiquée sur la route principale, à environ 4 km après le village d'Awabi. Le début de la route est bordé de plantations de maïs et de palmiers-dattiers. Quelques maisons plus ou moins dispersées se dressent ici et là, alimentées en eau et électricité malgré leur isolement. La voie sinue le long du lit de la rivière parfois bordée d'aflaj, entre des parois très escarpées, avant de grimper dans les montagnes en dominant la vallée et longeant quelques beaux précipices ! Bien que les six premiers kilomètres soient goudronnés, un 4x4 est nécessaire, d'autant que certains passages sont vraiment très pentus et étroits. Mais les directions sont clairement indiquées et conduisent à de charmants hameaux généralement verdis de cultures en terrasses. A condition de savoir conduire un 4x4 en zone rocailleuse, il est donc possible de faire la traversée soi-même et sans guide.

Au bout d'une trentaine de kilomètres, on parvient à un embranchement : à droite, le village de Bilad Sayt, à gauche celui de Hat. Pour traverser le Hajar, il faut suivre la direction de Hat. Il serait cependant dommage de ne pas faire un crochet par le joli hameau de Bilad Sayt, à seulement 1 km. Depuis une entrée de gorge étroite, on rejoint celui-ci à pied en une trentaine de minutes. Construit en hauteur, Bilad Sayt domine ses cultures et sa palmeraie, et offre une palette de couleurs incroyables. De ce village part le sentier balisé W8 puis W9 en direction de la célèbre oasis de montagne de Misfah. C'est une marche de deux jours, avec une ascension jusqu'au plateau du Hajar en 4h et, le lendemain, la redescente sur Misfah en 6h. Les moins courageux reviendront sur leurs pas et prendront la route de Hat. 250 mètres après la bifurcation s'ouvre, sur la gauche, l'entrée des gorges du Serpent, ici appelées Snake Canyon ou Wadi Bimah : un haut lieu pour la pratique de l'escalade et du canyoning. Ne jamais s'aventurer seul dans ces gorges qui nécessitent dès les premiers 500 mètres une descente en rappel. Se rendre plutôt 500 mètres plus loin, sur la droite, où de petites gorges, accessibles

à tous, offrent de jolies parois. On emprunte un escalier qui longe la roche pour entrer au cœur de ces « mini-gorges du Serpent » équipées de voies d'escalade (c'est la même entrée de gorge que celle qui mène au village de Bilad Sayt à pied).
Quand on poursuit la traversée du Hajar, la route se met à grimper, non sans passer d'abord devant un très curieux terrain de foot synthétique planté au milieu de nulle part. Au bout d'une quinzaine de kilomètres après Hat, on parvient à un plateau matérialisant la sortie du wadi et agrémenté de deux guesthouses. Nous voici dans la région d'Al-Dakhiliyah. Le village d'Al-Hamra se trouve à environ 18 km.

BAIT BIMAH €

Wadi Bani Awf, Bima 611
✆ + 968 9792 9964
http://baitbimah.omantrekkingguides.com
20 OMR/personne en dortoir, 25 OMR en chambre double en demi-pension. Déjeuner à 4,50 OMR. Fermé de mai à fin septembre.

Uniquement accessible en 4x4, Bait Bimah est un petit ensemble de maisons traditionnelles situé près du village de Bilad Sayt. Ce refuge à 2 pas du fameux Snake Canyon est un excellent point de départ pour de nombreuses activités (canyoning, trekking). Entouré de murs de pierre, l'endroit offre un confort simple, mais correct (clim) en chambres avec salle de bains privée ou dortoirs avec sanitaires communs. Au restaurant en dur, on préfère les tablées en plein air où goûter à une cuisine locale de toute fraîcheur. Adorable coin majilis sous un arbre.

SNAKE CANYON

Snake Canyon est un canyon étroit et profond situé au sein du Wadi Bani Hauf dans le sud-ouest de la Batinah. Il doit probablement son nom à son tracé sinueux évoquant la forme d'un serpent, mais certains pensent plutôt qu'il est dû à l'effective présence de serpents dans le canyon. Il n'est de fait pas rare de croiser des reptiles, petits, mais potentiellement venimeux, dans les oueds du sultanat. Ne pas confondre Snake Canyon avec Little Snake Canyon, un autre canyon situé à une dizaine de kilomètres de Bimah en direction de Al Awabi. Snake Canyon est célèbre pour son paysage spectaculaire : ses falaises vertigineuses, ses sentiers étonnamment étroits et ses piscines, plus ou moins bleues et remplies selon les saisons. C'est un terrain de jeux incroyable pour tout amateur de trekking ou de canyoning. Bien qu'impressionnant, ce canyon ne présente pas de difficultés techniques et se descend dans toute sa longueur en 3 ou 4 heures. A certains endroits, il est si étroit que l'on peut toucher en même temps les deux parois ! Deux rappels d'une vingtaine de mètres chacun sont à effectuer dans le haut du canyon avant d'enchaîner sauts, marche et nage. Bien évidemment, ne jamais s'embarquer dans le canyon un jour de pluie ou d'orage et bien s'assurer que le guide avec lequel on part possède toutes les assurances nécessaires. Dans les villages du coin, de nombreux jeunes proposent leurs services, forts d'une connaissance exhaustive de l'endroit, mais dépourvus de formation technique adaptée et d'assurance en cas de pépin.

Wadi Bani Hauf.

RUSTAQ ★

La ville de Rustaq, située à 159 km de Mascate, fut autrefois la capitale de la région et est aujourd'hui le centre administratif de la partie intérieure de la Batinah. Comme Sohar, elle a joué un rôle déterminant dans l'histoire de cette partie du pays, en raison de sa position stratégique à l'entrée du wadi Bani Hauf qui commandait l'accès au djebel Akhdar. C'est une agglomération construite en longueur, dont la plupart des magasins et restaurants se trouvent dans la rue principale. Elle mérite une halte pour trois raisons : son fort impressionnant, le plus haut du pays; une balade dans le vieux souk; la source d'eau chaude d'Ayn Al Kasfah.

SOUK DE RUSTAQ

Le souk de Rustaq est l'un des marchés les plus populaires de la Batinah et même du sultanat. Dès les premières lueurs du jour, il s'anime, offrant toutes sortes de produits artisanaux et objets traditionnels, des khandjars, des bijoux bédouins, mais également des nattes en palme, des poteries, des tissus, divers produits agricoles et même du miel local, réputé goûteux ! Les locaux affluent de toute la région pour dénicher là des produits de qualité et assister à la vente des moutons et du bétail qui a lieu le vendredi sur une petite place réservée à cet emploi.

FORT DE RUSTAQ ★

Centre-ville

Ouvert de 9h à 16h sauf le vendredi de 8h à 11h et de 14h à 16h. Entrée 500 bz.

Le plus haut fort d'Oman est entouré de remparts qui comprenaient autrefois pas moins de douze tours. Construit sur la roche, ses murailles semblent faire corps avec celle-ci. C'est un édifice imposant qui a fait l'objet de soigneuses restaurations. Il est entouré d'une nature abondante et offre une très belle vue sur les alentours, et notamment sur les contreforts des montagnes. On raconte qu'il était jadis connecté à la citadelle d'Al Hazm, distante d'une vingtaine de kilomètres, par un tunnel. L'entrée est possible par quatre portes différentes : Al-Ya'arubi, Al-Wasut, Al Sharjah et la porte principale. L'ouvrage jouxte un falaj vieux de plus de 130 ans. Les premiers édifices de l'ensemble furent construits en 1250, à partir de ruines perses. Le fort fut ensuite agrandi au fur et à mesure des années et, en 1650, il fut remanié par Nasir bin Murshid. C'est une construction aux dimensions impressionnantes, où il est facile de se perdre dans le dédale des pièces, portes, escaliers et souterrains (nombreux et sombres). Quand on a la chance ou malchance se s'y trouver seul, on prendrait presque peur dans l'enfilade des salles si nues ! Au dernier étage se trouve le tombeau des membres de la famille de feu le Sultan Qaboos de la dynastie des Al-Bu Said. Contrairement aux autres forts, celui-ci ne bénéficie d'aucun véritable aménagement intérieur, et c'est bien dommage : pas de panneau explicatif, pas de mobilier, pas d'objets ni accessoires anciens. Mais quelle masse derrière cette enceinte dentelée de plus de 200 créneaux !

Fort de Rustaq.

LA BATINAH

LES NOMS DE FAMILLE

Les noms arabes sont tous structurés de la même façon et indiquent la famille et le clan d'une personne. En général, le premier nom est celui de la tribu d'appartenance ou d'une personne importante du Coran. Il est suivi de *bin* pour un garçon (= fils de...) ou *bint* pour une fille. A la suite de quoi vient naturellement le nom du père. Le troisième nom est celui de la tribu ou de la famille. Il est précédé de *Al* pour les familles importantes. Une particularité omanaise : quand les femmes se marient, elles conservent leur nom de jeune fille, ce qui n'est pas le cas dans le reste du monde arabe. Quant à *bin*, il peut également s'orthographier « ben » en français.

SOURCE CHAUDE AYN AL KASFAH

A 1,5 km du centre

Cette source émerge dans une sorte de petit cratère rond de quelques mètres de diamètre, juste à côté d'une mosquée blanche. L'eau y surgit à 45 °C et se trouve ensuite aiguillée dans un falaj, en partie aménagé de « cabines » individuelles que les locaux utilisent pour se tremper ou faire leurs ablutions. L'eau aurait des vertus médicinales et sa forte teneur en soufre serait conseillée contre l'arthrite et les rhumatismes. Le site est assez rudimentaire et peu propice au bikini.

AL-HAZM ★

A environ 20 km de Rustaq, Al Hazm se trouve le long de la voie 11, route perpendiculaire à la route côtière et permettant d'effectuer une boucle Mascate-Mascate en passant par l'intérieur de la Batinah (Nakhal, Al Awabi, Rustaq puis Al Hazm) avec retour par le littoral. Ce village vaut le détour pour son fort impressionnant, parmi les plus célèbres du pays - il serait sur la liste indicative d'inscription au Patrimoine mondial de l'UNESCO. Il a été construit par l'imam Sultan Bin Saif II (d'ailleurs enterré sur place) au début du XVIIIe siècle. On y découvre les espaces domestiques et ceux de vie de l'imam tels que majlis et école coranique.

FORT D'AL-HAZM ★

7j/7, 9h-16h du samedi au jeudi, 8h-11h le vendredi. Entrée 500 bz. Audioguide en français disponible à l'accueil.

Parfaitement restaurées et entretenues, les différentes salles de cette citadelle sont en plus aménagées de multiples objets et accessoires d'époque. L'audioguide en plusieurs langues, dont le français, alterne les explications et les légendes, facilitant et poétisant la déambulation dans le dédale habituel des pièces, couloirs, cours et demi-niveaux. Construit en 1711 par l'imam Sultan bin Saif de la dynastie des Ya'ariba, le bâtiment, haut de 17 mètres et où se mêlent le bois et le calcaire, est une merveille de l'art architectural islamique. Il se distingue par des murs d'au moins trois mètres d'épaisseur, d'énormes portes dominées d'ouvertures d'où les gardes pouvaient déverser du miel de dattes bouillant sur les envahisseurs potentiels, et par un nombre plus important que la moyenne de passages et tunnels secrets. Le rez-de-chaussée abrite la prison : une pièce ronde avec une colonne centrale autour de laquelle les prisonniers tournaient sans fin dans le noir. On pénètre ensuite dans la salle de stockage où on laissait mûrir les dattes pour en récupérer le jus. Au premier étage se trouvent les appartements du sultan, composés de différents salons, pièces et chambres, et notamment d'un lit construit en hauteur et équipé d'un système permettant de s'échapper en cas de danger soudain. Un tunnel souterrain court au long de cette suite, éclairé uniquement par quelques faisceaux de lumière. Les tours du fort sont joliment sculptées, à l'instar des plafonds de certaines pièces... S'orienter grâce à l'audioguide.

LA BATINAH

PASSEPORT

NIZWA ET LE HAJAR OCCIDENTAL

A quelques encablures de Mascate, on délaisse les côtes pour pénétrer le cœur du sultanat et les montagnes du Hajar occidental : ses forts et châteaux, ses canyons vertigineux, ses oasis luxuriantes, ses villages pittoresques, ses sommets fièrement pointés vers le ciel. Cette diversité séduit aussi bien les amateurs d'histoire que les amoureux des hauteurs. A 3 010 mètres, le Jebel Shams est le plus haut du pays et offre avec le Jebel Akhdar de vastes espaces pour la randonnée et les sports de montagne. Dans cette région appelée Al-Dakhiliyah, le tourisme est d'autant plus simple que les principales curiosités se distribuent à petite distance de la ville de Nizwa, moteur économique de cette partie du sultanat et ancien fief des intellectuels du pays. Des plafonds peints du merveilleux Château de Jabreen à l'austérité de la citadelle de Bahla, en passant par les villes et villages oasis, la région est l'une des plus attractives du pays.

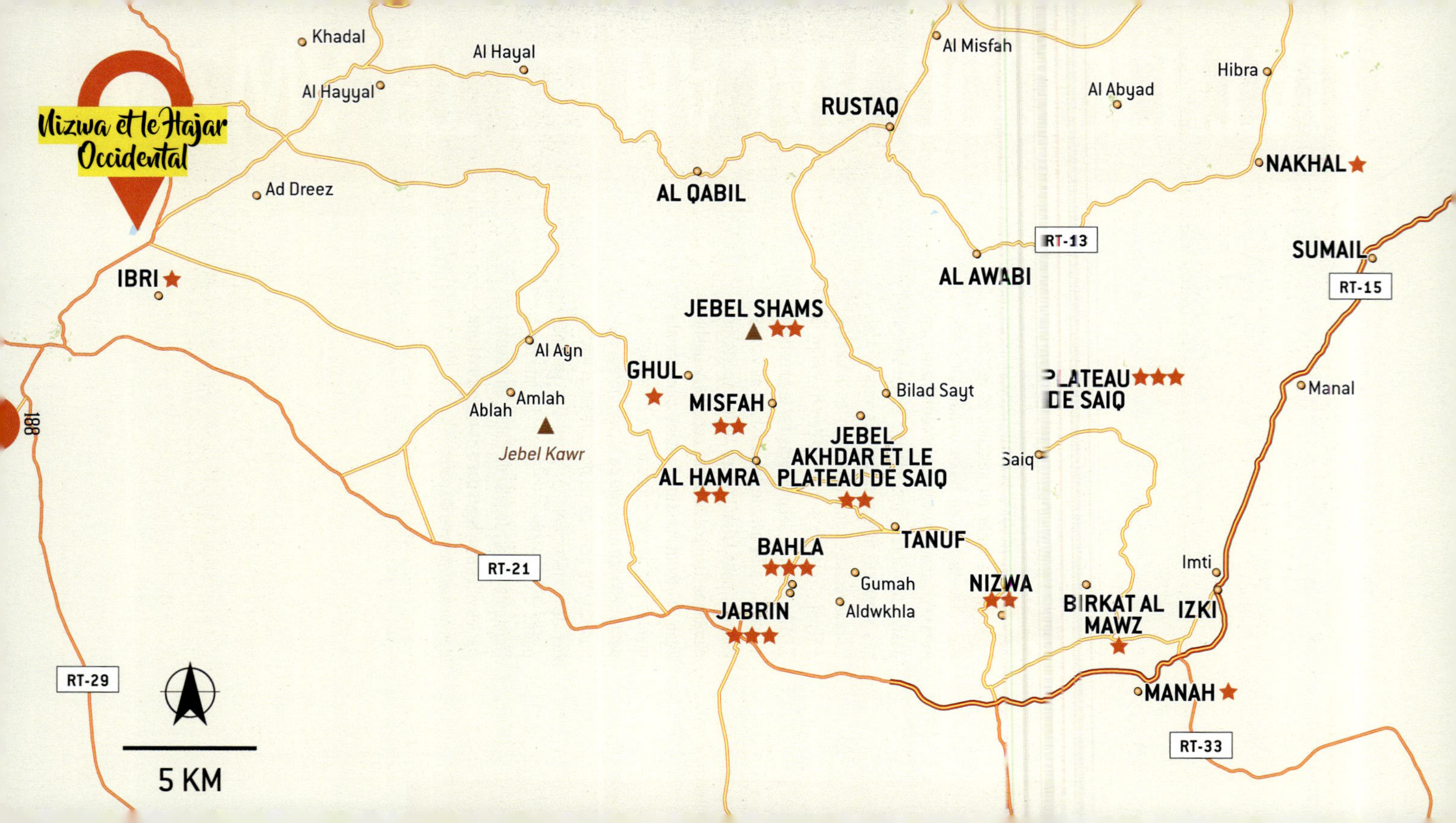

Nizwa et le Hajar Occidental
Khadal
Al Hayal
Al Hayyal
Ad Dreez
IBRI
RUSTAQ
Al Misfah
Hibra
Al Abyad
NAKHAL
AL QABIL
RT-13
AL AWABI
SUMAIL
RT-15
JEBEL SHAMS
Al Ayn
GHUL
MISFAH
Amlah
Ablah
Jebel Kawr
Bilad Sayt
PLATEAU DE SAIQ
Manal
JEBEL AKHDAR ET LE PLATEAU DE SAIQ
AL HAMRA
Saiq
TANUF
BAHLA
RT-21
Gumah
Aldwkhla
JABRIN
NIZWA
BIRKAT AL MAWZ
Imti
IZKI
MANAH
RT-33
RT-29
5 KM

PAGES

191 ## ●● DE MASCATE À NIZWA

On passe de Mascate à Nizwa par la brèche naturelle de Sumail, en faisant une pause éventuelle dans cette dernière ville pour sa très ancienne mosquée, à Izki rapidement pour ses tombes d'un autre âge, à Birkat Al-Mawz pour son fort et son falaj. Rien de majeur, il faut bien le reconnaître, les principaux sites naturels et culturels du Hajar commençant surtout à Nizwa, étape incontournable de tout voyage en terres d'Oman.

191 ### SUMAIL

191 ### IZKI

BIRKAT AL-MAWZ ★

192 Birkat Al-Mawz est connu pour son falaj qui fait partie des quatre aflaj omanais classés au patrimoine de l'Unesco. On peut le longer à pied (balade d'une vingtaine de minutes) et en profiter pour visiter le petit fort attenant.

MANAH ★

192 Très ancien, pétri d'histoire, de folklore, de savoir-faire artisanaux, le wilayat de Manah est en train de devenir un lieu incontournable de la région. En plus de la tour-citadelle verticale d'Al-Fiyqin, il abrite le plus vaste ensemble de maisons anciennes rénovées, additionné de 4 très vieilles mosquées. L'extraordinaire Oman Across Ages Museum devrait sous peu compléter ce bel ensemble.

NIZWA ★★

193 Ancien fief des intellectuels et des guides religieux, Nizwa est la ville la plus visitée du sultanat avec Mascate. Son centre historique abrite l'un des forts-musées les plus intéressants d'Oman, ainsi qu'une vieille ville charmante et un souk authentique, particulièrement fréquenté le vendredi matin pour le marché aux bestiaux. Bien placée, la cité se trouve à proche distance des principaux sites et monuments du Hajar.

201 ## ●● DE NIZWA À BURAYMI

La route qui, de Nizwa, mène à la frontière émirienne de Buraymi, traverse ou passe à proximité de sites et monuments superbes, visités par un nombre croissant de voyageurs : l'impressionnante caverne d'Al Hoota, le fort de Bahla classé à l'Unesco, le château de Jabrin, le vieux village d'Al-Hamra et son musée vivant, l'adorable hameau perché de Misfah et ses plantations étagées. Plus à l'écart des sentiers battus, à une petite quarantaine de kilomètres avant Ibri, le site historique et archéologique de Bat, Al-Ayn et Al-Khutm dévoile une immense nécropole datée du IIIe millénaire avant J.-C.

201 ### TANUF

BAHLA ★★★

203 La cité de Bahla est l'une des plus anciennes du Sultanat dont les origines remontent sans doute au troisième millénaire av. J.-C. Elle est surtout connue pour son fort, l'un des plus anciens et des plus imposants du pays, forteresse magistrale qui, pendant des années, fit l'objet d'une rénovation majeure par l'Unesco – citadelle et vieille ville sont classées. En dehors de cela, Bahla est connue pour ses poteries.

PAGES

206 **JABRIN ★★★**

Jabrin abrite l'un des fleurons omanais et sites les plus visités du sultanat : le superbe Château de Jabrin, trésor du XVIIe siècle, orné de meubles et objets anciens, et de magnifiques plafonds peints rénovés qui font la réputation de ce bâtiment historique.

206 **AL-HAMRA ★★**

Au coeur de sa palmeraie, la vieille ville d'Al Hamra, très belle et assez bien conservée, vaut qu'on s'y arrête. Plusieurs maisons de notables ont été rénovées et l'une d'elles, Bait Al Safah, a été transformée en musée vivant où observer les gens du village reproduire les gestes et métiers d'autrefois.

207 **MISFAH ★★**

Perché dans ses montagnes, Misfah est le village le plus touristique d'Oman, un charmant ensemble de venelles et maisons anciennes rénovées, accrochées à flanc de roches. Le système d'irrigation du falaj y est omniprésent et vient alimenter en eau les superbes plantations en terrasses dont il est possible de faire le tour avec un guide. Guesthouse, restaurants, petits musées en font une étape incontournable.

211 **BURAYMI**

212 **IBRI ★**

Ibri est la ville d'étape la plus proche (environ 37 km) du site archéologique et historique de Bat, Al-Khutm et Al-Ayn classé à l'Unesco : une vaste nécropole datée du IIIe millénaire av. J.-C. et formant, avec ses trois sites distants de plusieurs kilomètres les uns des autres, un ensemble cohérent et bien préservé, dans un environnement minéral qui n'est pas sans beauté.

214 ●● LES MONTAGNES DU HAJAR OCCIDENTAL

Les principaux massifs du Hajar sont ceux du Jebel Akhdar (ou montagne verte) et du Jebel Shams (ou montagne du Soleil), le plus haut à 3 010 mètres. Très scéniques et sillonnés de chemins muletiers, leurs paysages de roches brutes, canyons, falaises, plateaux désertiques, villages typiques et plantations en terrasses se prêtent particulièrement au trekking et à la randonnée, d'autant que l'altitude favorisent des températures clémentes, même en été. La région présente également d'excellentes dispositions pour l'escalade, le VTT, le canyoning et la spéléologie.

214 **JEBEL SHAMS ★★**

Plus haute montagne du pays, à 3 010 mètres, le Jebel Shams est surtout connu pour son canyon, formidable exemple d'érosion qui se découvre à pied, par des chemins de randonnée balisés de différents niveaux – dont un facile adapté à tous.

216 **JEBEL AKHDAR ET LE PLATEAU DE SAIQ ★★**

Accidentée et tourmentée, mais aussi verdoyante et dotée d'adorables villages, cette barrière rocheuse est l'une des plus belles d'Oman. Elle se prête particulièrement à la randonnée et aux sports de montagne. Le Plateau de Saiq et ses plantations en terrasses font notamment l'objet d'une balade facile, prisée des voyageurs. Le jebel Akhdar est également réputé pour ses fabriques traditionnelles d'eau de rose.

SUMAIL

La trouée de Sumail divise le Hajar en deux chaînes distinctes, l'une à l'ouest (Hajar occidental), l'autre à l'est (Hajar oriental). D'un point de vue historique, c'est un point stratégique de communication qui a permis de faciliter les échanges entre les régions de la Batinah et d'Al-Dakhiliyah, mais aussi entre la côte (Mascate et ses environs) et les terres intérieures (Nizwa et Bahla notamment). La passe fut également l'objet de batailles meurtrières, comme en témoigne le grand nombre de bâtiments défensifs érigés dans cette partie du pays. Rien qu'entre Seeb et Nizwa, pas moins de 31 tours de guet, dont certaines sont encore en bon état et visibles de la route, montaient vaillamment la garde sur la brèche ! A environ 80 kilomètres de Mascate, la ville de Sumail elle-même vaut le détour pour son impressionnante oasis dotée d'une des plus importantes palmeraies du pays : un vrai poumon d'oxygène ! Pas moins d'une quarantaine de variétés de dattes y seraient cultivées, dont l'excellente fardh, l'une des plus goûteuses et des plus recherchées. Au cœur de la vieille ville, dans une ruelle au-delà du vieux souk, se dresse aussi la plus ancienne mosquée d'Oman, celle d'Ad Midmar, encore appelée Mazin bin Ghaduba as-sa'idi du nom du premier Omanais converti à l'islam à La Mecque par le prophète Mahomet. Notre homme est enterré dans le village et sa tombe est toujours visible, à côté du falaj s'écoulant en face du fort, de l'autre côté de la route. La mosquée fut édifiée en 628. De taille modeste, elle est d'une grande simplicité.

IZKI

Izki est campée à environ 115 km de Mascate. Appelée autrefois Jarnan, cette cité accueillit avec enthousiasme l'islamisation et fut rebaptisée Izki, terme dérivé du mot *zakah* : l'impôt purifiant ou « aumône légale » dont le montant est déterminé dans le Coran en fonction des biens possédés par chacun. Izki abrite le Falaj Al-Mulki, le plus ancien du pays, dont les 360 canaux irriguaient autrefois l'immense palmeraie du secteur. C'était l'un des plus importants réseaux d'eau d'Oman qui s'est malheureusement dégradé au fil du temps. Subsistent de beaux vestiges, dont un superbe exemple de tunnel en pierre. Izki possède également une ancienne nécropole.

TOMBES DE ZUKAIT

De Muscat, prendre la seconde sortie Izki/Al Mudhaibi. Environ 10 kilomètres aller-retour de la route principale.

Comme celles de Bat, les tombes de Zukait témoignent de l'expansion d'une civilisation ancienne présente sur le territoire omanais dès 3000 av. J.-C.. En surplomb du village, le site compte plusieurs tours cylindriques de pierres serrées sans mortier, percée chacune d'une entrée et surmontée d'un toit composé de pierres plates (tombeaux ruches). Les missions archéologiques menées dans les environs immédiats témoignent de l'existence ancienne d'une vaste nécropole de style hafit, composée de centaines de sépultures semblables à celles de Zukait.

BIRKAT AL-MAWZ ★

Birkat al-Mawz est scindé en deux sections : la partie moderne et ses habitations récentes, le vieux hameau en partie abandonné. Fortifié, celui-ci est construit en escaliers à flanc de colline. Quelques-unes de ses maisons de terre ocre ont été restaurées et s'enorgueillissent de belles portes en bois sculpté. Un falaj traverse le village et alimente les palmeraies environnantes. Ce n'est pas n'importe lequel, mais l'un des quatre Aflaj omanais classés à l'Unesco. À la sortie du nouveau village se trouve le château fort Bait al-Radidah. Construit au XVIIe siècle, il a été rénové et se dresse devant les montagnes encadrant l'embouchure du Wadi Muaydin.

MANAH ★

Pétri d'histoire et de constructions anciennes, le wilayat de Manah est en train de devenir l'un des hauts lieux de la région de la Dakhiliyah. Réhabilité dans les règles de l'art pendant plusieurs années, le village ancien d'Harat Al Bilad est désormais ouvert aux curieux qui pourront s'y imprégner de l'architecture et l'atmosphère des cités d'autrefois – maisons ouvragées, ruelles, remparts, etc. Des cafés, galeries et boutiques d'artisanat local devraient sous peu agrémenter l'ensemble. A proche distance, le fort d'Al-Fiyqin se dresse tel un impressionnant bastion vertical (visite possible). À venir : le fabuleux Oman Across Ages Museum.

FALAJ AL KHATMEEN

La particularité du falaj de Birkat al Mawz, au même titre que quatre autres aflaj omanais, est d'être classé sur la liste du patrimoine mondial de l'Unesco. *Aflaj* est le pluriel du mot *falaj* et signifie « diviser en parts » en arabe. Ce système d'irrigation typiquement omanais a été inventé il y a 4 500 ans, pour répartir l'eau de façon la plus équitable possible entre les habitants. Il repose sur des notions de collectivité et de dépendance mutuelle, et se trouve en partie guidé par des observations astronomiques. Les ruines les plus anciennes retrouvées sur le territoire datent de 500 apr. J.-C. Le principe est assez simple : l'eau circule par gravité sur des dizaines de kilomètres depuis les sources souterraines jusqu'aux maisons et aux terrains cultivés. Autrefois, chaque falaj comportait des tours de guet pour le protéger, mais aussi des mosquées et d'autres édifices. Celui de Birkat al Mawz est marqué par une stèle en pierre avec des explications en français à proximité du fort. L'agencement global montre que le falaj descend de la montagne et fut, à l'époque, construit de telle sorte que le premier à l'utiliser soit le gouverneur de la région. Se garer sur le parking devant la stèle et monter quelques marches. En haut de celles-ci, on peut remarquer une petite mosquée à droite, construite en 1649, toute simple et sans minaret. Une balade le long du falaj permet de traverser l'ancien village désormais abandonné et son oasis de palmiers-dattiers. Pour faire une boucle, revenir au parking par la route principale.

FORT D'AL-FIYQIN

© CATHYLINE DAIRIN

La forteresse d'Al-Fiyqin se distingue des autres bastions omanais par sa verticalité et son aspect de tour carrée colossale. Établie dans une plaine fertile, elle dépasse, par sa hauteur impressionnante, les maisons anciennes et la végétation de l'oasis, offrant ainsi en son sommet et à partir de ses meurtrières et ouvertures diverses, une large perspective sur les environs – ce qui permettait autrefois de repérer l'ennemi et favorise aujourd'hui de belles photos ! Construit il y a 400 ans et bien rénové, le bâtiment défensif s'étage sur quatre niveaux.

HARAT AL BILAD ★

Accès libre.

Incontournable et tout récemment ouvert au public après des années de travaux, ce vieux village cerné de remparts, l'un des plus anciens d'Oman, est le plus vaste ensemble de maisons et bâtiments à avoir bénéficié d'une rénovation totale, c'est-à-dire englobant l'entier hameau. En tout, ce ne sont pas moins de 376 maisons et 250 puits datés de plus de 900 ans en arrière qui ont été scrupuleusement rénovés de façon à permettre aux visiteurs de s'immerger dans l'Oman du temps jadis et d'appréhender de façon plus précise l'architecture et le mode de vie des Omanais d'autrefois. Si l'on peut observer de vieux hameaux et des maisons anciennes de terre et d'argile à bien des endroits du sultanat, aucun ensemble ne bénéficie d'une telle cohésion ni d'un tel niveau esthétique. Au-delà du charme des ruelles, des passages voûtés et portes basses ouvragées, on pourra admirer quatre mosquées très anciennes : Al Sharah, Al Ain, Al Rahba et Al Aa'li, probablement construites au tout début du XVIe siècle. Un rempart et des tours encerclent et protègent le village, auquel on accède par quelques portes dont la très belle Bait Al Hisn, côté sud, encore appelée Hisn Najad du nom d'un des plus célèbres étudiants du wilayat. Si le plus gros des travaux est achevé, l'endroit devrait bénéficier rapidement d'améliorations et attractions supplémentaires sous la forme de cafés, boutiques d'artisanat local, restaurants et guesthouses. A proche distance, l'ouverture attendue d'Oman Across Ages Museum viendra admirablement compléter la visite.

NIZWA ★★

Historiquement, Nizwa a toujours été le fief des poètes, des intellectuels et des guides religieux. En ce sens, elle bénéficie d'une place spéciale dans le cœur des Omanais, qui y voient une cité glorieuse, ayant joué un rôle majeur dans les progrès de la civilisation du pays. Capitale du sultanat aux VIe et VIIe siècles, elle fut l'une des premières villes à se convertir à l'islam, comme en témoignent les mosquées Shawadinah et Sa'al, deux des plus anciennes du monde musulman, édifiées respectivement en 623 et 629. Par la suite, du milieu du VIIIe siècle au milieu du XIIe siècle, Nizwa fut la capitale successive de plusieurs imams. Elle connut également une période florissante sous le règne des Ya'ruba, au pouvoir dans tout le pays de 1624 à 1744. Cette dynastie puissante mit fin à l'occupation portugaise, dynamisa le commerce, mit un terme momentané aux guerres intestines entre les tribus côtières et celles de l'intérieur et favorisa le développement des lettres et des arts, dont Nizwa était le bastion. Les Ya'ruba encouragèrent également le développement des infrastructures et furent, entre autres, à l'origine de l'édification du très beau château de Jabrin (à quelques kilomètres de Nizwa).
De nos jours, Nizwa est toujours une ville dynamique qui ne manque ni de charme ni d'intérêt. Elle est construite au bord de deux wadis : Abyad et Kalbu. Son oasis, longue de 8 km, englobe l'ancienne ville, dont l'animation et les principaux bâtiments sont concentrés autour du souk. Protégé de remparts, ce dernier est bâti dans des tons et un style similaire à celui du fort qui le jouxte, une citadelle massive parmi les plus intéressantes et les mieux aménagées du pays – nombreux panneaux informatifs et musée bien fait sur la culture omanaise.

Musiciens et danseurs célèbrent la fête nationale à Nizwa.

LA TOUR IMPRENABLE

Monumentale, la tour-citadelle du fort de Nizwa s'élève à 30 m de haut pour un diamètre de 36 m et des fondations qui s'enfoncent de 30 m dans le sol. Elle se compose surtout d'une plateforme circulaire qui pouvait accueillir 23 canons sur 360°. Détail novateur pour l'époque : l'accès se faisait par un escalier truffé de pièges. Etroit, ce dernier n'autorisait le passage des envahisseurs qu'à la queue leu leu et comptait 7 virages à angle droit respectivement fermé par une porte de 10 cm d'épaisseur. Devant chacune, une trappe en bois cachait un trou profond. Au-dessus, un autre trou permettait aux gardes de déverser du sirop de dattes bouillant sur les envahisseurs !

© CLAUDIOVIDRI - SHUTTERSTOCK.COM

La ville moderne, elle, s'étend sur une quinzaine de kilomètres et compte suffisamment d'infrastructures (hôtels, restaurants, commerces, banques, etc.) pour rendre le séjour facile et agréable.

Se loger

A ce jour, Nizwa ne possède pas d'établissement de luxe, mais propose un hébergement de charme dans son cœur historique où plusieurs demeures du XVIe siècle ont été transformées en maisons d'hôtes traditionnelles à deux pas du fort et du souk – une expérience authentique. En dehors de la vieille ville, plusieurs petits et moyens hôtels pas désagréables et quelques résidences pas chères juste pour dormir s'alignent le long de la route principale. Ville d'étape, on se pose rarement plus de quelques nuits à Nizwa et surtout pour visiter et sillonner les environs, particulièrement riche en curiosités naturelles et/ou culturelles... Noter que les montagnes environnantes comptent plusieurs établissements de bon standing, dont quelques hôtels de luxe comme l'Anantara Al Jabal Al Akhdar Resort ou l'Alila à moins d'une heure en voiture de Nizwa.

Se restaurer

L'axe routier principal menant au centre-ville aligne plusieurs restaurants aux cadres pas forcément folichons (carrelages et éclairages crus), mais à la nourriture des plus correctes. Pour un buffet international digne de ce nom, cap sur les hôtels Al Diyar ou Falaj Daris situés à une toute petite poignée de kilomètres du fort et du souk. Les centres commerciaux des environs abritent également au sein de leur food-court des enseignes de cuisine internationale dont certaines peuvent faire l'affaire comme Maï Thaï au Nizwa Grand Mall (✆ 9944 6217). Quitte à plonger dans l'histoire du pays, autant faire escale dans les vieux quartiers, dans le nouveau resto de cuisine omanaise établi dans la vieille ville, face à Heritage Inn : Al Aqr Traditional Restaurant. Notre table préférée, en vérité un humble coffee-shop, demeure toutefois des plus simples et occupe fièrement la plus jolie placette de la ville, à l'arrière des souks et à l'extrémité de la petite rue menant pile à l'entrée du fort : Al Qalaa Coffee Shop.

Shopping

Les produits les plus intéressants s'acquièrent au souk, ouvert tôt le matin et jusque tard le soir avec une pause d'environ 4 heures au plus fort de la chaleur en cœur de journée (11h30-15h30 globalement). Y acheter ses dattes et son halwa. Sinon, quelques boutiques ont accaparé la petite rue qui relie l'entrée du fort à celle, arrière, du souk. C'est là que vous pourrez acheter cartes postales et livres. Pour des emplettes plus générales (vêtements, articles de la vie de tous les jours, nourriture...) dans un espace climatisé à fort taux d'enseignes internationales, faire cap vers le Nizwa Grand Mall à l'entrée sud de la ville, le long de la route principale, ouvert de 9h à 22h et doté d'un Carrefour.

Transports

En moyenne 170 kilomètres séparent Mascate de Nizwa, mais le total dépend beaucoup du quartier duquel on démarre. Prendre la route n° 1 jusqu'à l'aéroport de Seeb, puis la n° 15 directement jusqu'à Nizwa. Ou, si l'on vient d'un quartier plus central comme Qurm, emprunter la Muscat Express Highway, une 6 voies qui file droit vers l'intérieur et évite toute la section nord de la capitale. Compter environ 1h30 de trajet. A Nizwa même, on peut facilement se déplacer à pied surtout dans le cœur historique de la ville. Cependant, pour visiter les environs ou simplement se rendre à son hôtel, souvent excentré, il est commode de disposer d'un véhicule. Comme dans les autres agglomérations, les taxis sont nombreux.

MARCHÉ AUX BESTIAUX ★★

Devant la citadelle

Uniquement le vendredi matin. Le plus tôt est le mieux, entre 7h et 9h pour le cœur de l'animation.

On se lève tôt, comme les Omanais : point de bon négoce sous de rudes chaleurs. L'immense parking, déjà, donne le ton avec ses dizaines de fourgonnettes remplies de chèvres, moutons et vaches. A Nizwa, tous les vendredis, ce sont les bestiaux que l'on marchande ! Au centre de la place, assis en cercle, une pléiade d'acheteurs potentiels regardent défiler les vendeurs, qui promènent le bétail à la longe, en attendant d'être accostés. Tout se passe très vite et il faut exercer son oeil de néophyte pour tâcher de comprendre le rituel de la négociation : un acheteur intéressé demande le prix de la bête au passage du vendeur et attend parfois plusieurs tours avant d'entamer une tractation, toujours assez rapide et accompagnée d'une vérification de la bonne vitalité de l'animal (état des dents, du ventre, des pattes). Bourdonnement des conversations commerciales, alpagage, marchandages, dans l'odeur du bétail et les couleurs de l'Orient. Chaque bout de place est une scène de vie, quasiment un tableau : vieux nomades aux regards sans teint, quasi aveugles à force de soleil, hommes en costumes traditionnels les mains posées sur des cannes, rares bédouines aux visages protégées d'une burqa. Le sultanat profond et traditionnel : le spectacle de la vraie vie, une plongée culturelle dans un pan du quotidien au milieu de la poussière soulevée par les sabots des bêtes. Ne pas oublier son appareil-photo pour de superbes clichés, notamment des visages, et profiter de l'effervescence pour capturer des attitudes sans jamais être insistant.

CANYON ADVENTURES AND TOURS

✆ +968 9941 2660

www.canyonadventurestours.com

Vaste palette de produits et donc de prix – voir web. A partir de 25 OMR/personne/ excursion d'une demi-journée.

© CANYON ADVENTURES & TOURS

Spécialiste des montagnes et villages du Hajar, ce réceptif à taille humaine 100 % omanais organise des excursions en petits groupes par les moyens les plus nature qui soient : trekking, méharée, cyclisme, mais aussi escalade, canyoning – disciplines requérant un encadrement technique et pro, ce qui est le cas. Passionnée, l'équipe propose aussi une exploration des facettes culturelles et naturelles du pays à tarif compétitif et à la demande – de la demi-journée à plusieurs jours.

AL DIYAR HOTEL €

A 3 km du centre, à l'angle de la route vers Ibri

✆ +968 2541 2402

www.aldiyarhotel.com

Simple/double à partir de 30/40 OMR taxes et petit déjeuner inclus. Appartements pour 4/6 à 90/110 OMR.

C'est l'hôtel de province par excellence, avec son personnel historique et lymphatique, de vastes dalles lustrées, une piscine centrale sans verdure autour et des chambres et appartements spacieux, entièrement rénovés donc d'un très bon rapport qualité-prix. A l'entrée de Nizwa, la situation n'est pas mal d'autant que l'établissement dispose aussi d'un petit gymnase et d'un grand restaurant fréquenté par les locaux autant que les touristes – grand buffet et plats à la carte de qualité. Demandez une chambre dans la nouvelle aile à l'arrière du bâtiment, plus calme.

NIZWA HERITAGE INN €

Vieille ville, derrière le fort

✆ +968 9213 7335

A partir de 28 OMR la chambre double en haute saison, taxes et petit déjeuner compris.

Au cœur de la vieille ville, un petit hameau de plusieurs maisons du XVIe siècle a été restauré dans les règles de l'art, comme un héritage d'une autre époque. Chaque demeure y dispose de quelques chambres, parfois borgnes, mais toutes confortables, climatisées, avec salle de bain privée attenante ou sur le palier. Les majilis y sont des lieux tranquilles où se poser et bouquiner, et certaines maisons disposent même d'un rooftop extérieur d'où admirer l'oasis de Nizwa. Possibilité de privatisation pour de petits groupes ou des familles. Coup de cœur !

FORT DE NIZWA ★

Coeur de la ville

✆ +968 9093 9090

Ouvert 7j/7 de 8h à 20h avec un break de 11h30 à 13h30 le vendredi. 5 OMR/adulte. Visites guidées toutes les 30 minutes.

Rénovée de façon magistrale, la citadelle de Nizwa est l'une des plus impressionnantes et des plus intéressantes du pays. Les bases du bâtiment actuel datent du milieu du XVIIe siècle, époque à laquelle le fort fut édifié sous l'impulsion de l'Imam Sultan bin Saif Al Ya'rubi. Sa construction dura une douzaine d'années, de 1649 à 1661, et l'édifice bénéficia par la suite de rénovations et transformations régulières au fil des siècles. Protégé d'un rempart, l'ensemble de la structure englobe à la fois un château et une tour fortifiée, disposés côte à côte autour d'une large cour. Le premier servait de résidence et de lieu pour les services administratifs. La seconde était uniquement défensive. Il est probable que le château ait été construit bien avant la tour. Stratégiquement implantée au cœur de la ville, la citadelle permettait de surveiller les voies marchandes de l'intérieur du pays, de même que l'oasis et les sources des montagnes proches.

Elle servait de résidence à des hommes de loi, ainsi qu'à des étudiants venus de tout le sultanat étudier l'islam à Nizwa. En plus de sa cour intérieure, elle comptait une multitude de dépendances que l'on visite aujourd'hui et qui ont conservé leurs meubles et objets anciens : salles des prisonniers, des étudiants, salle de prières et salle de discussions, mais aussi bibliothèque, école coranique, pièces pour le stockage des dattes, etc., autant d'espaces rénovés et bien documentés où l'on apprend à mieux comprendre la vie au cœur des forts omanais.

Complément à la visite, l'ancienne prison rassemble aujourd'hui une intéressante collection d'objets du passé, commentés et illustrés par de nombreux textes didactiques. Là, dans le labyrinthe formé par les anciennes cellules, sont exposés des costumes et bijoux traditionnels, des cafetières et ustensiles ménagers, d'anciennes clefs et serrures, des pots et paniers, des armes diverses, etc. Une salle est consacrée au système des aflaj, une autre à la teinture de l'indigo, une autre encore à l'histoire du sultanat depuis la formation de la péninsule arabique et sous l'éclairage du développement mondial (frise comparative). C'est bien ficelé et l'on en ressort plus riche qu'on est entré, d'autant que la scénographie est agréable et que des écrans ajoutent de la vivacité à l'ensemble en diffusant de petits films documentaires sur les différentes thématiques présentées. Après cette somme d'information, on sera peut-être tenté par une pause thé ou café dans le coffee shop aménagé dans la cour ; à moins de partir à l'assaut des toits de la forteresse, pour prendre en photo le dôme et le minaret de la superbe mosquée adjacente : l'une des vues les plus prisées des peintres locaux et un cliché de choix, dans un camaïeu d'ocre-brun sur fond de montagnes. De la tour-citadelle, un panorama superbe embrasse au nord le djebel Akhdar, au sud les maisons de terre de la vieille ville, à l'est le souk et la mosquée, à l'ouest l'oasis de Nizwa alimentée par le falaj Daris, l'un des plus longs du pays. En redescendant, d'autres possibilités de photos superbes s'offrent à nous. Depuis 2019, la cour de la citadelle accueille un musée vivant. Sous les arcades ou à l'ombre de grandes tentes, des Omanais en costumes traditionnels reproduisent les métiers d'autrefois. Le secteur des couturières et particulièrement attractif, car c'est l'occasion, rare, de pouvoir prendre des femmes en photo dans leurs habits colorés.

Musée vivant du Fort de Nizwa.

LE SOUK ★

Derrière les remparts à côté du fort

Surtout actif le matin et l'après-midi après 16h. Fermé pendant l'heure de la grande prière du vendredi midi.

Construit à l'emplacement de l'ancien marché, le nouveau souk de Nizwa, tout d'ocre vêtu et protégé de remparts, couvre une superficie de 7 600 m². Son architecture traditionnelle et sa fréquentation par les locaux bien plus (ou à minima autant) que par les touristes en font un lieu de promenade très agréable, surtout en début de matinée et fin de journée, moments où l'animation bat son plein. L'organisation en quartiers obéit à un agencement qui se veut avant tout fonctionnel. En direction du fort, autour d'une adorable petite place centrale que l'on reconnaît à son grand nombre de poteries accrochées ou posées à même le sol, se tient le secteur des artisans, composé de plusieurs boutiques sous des arcades. On y trouve principalement des pots et des jarres, mais aussi des armes anciennes, des antiquités, des objets et bijoux en argent, des paniers et tapis tressés en feuilles de palme... Un peu à l'écart, au niveau d'une autre petite place pile dans l'axe de l'entrée du fort, une porte mène à une grande salle rectangulaire couverte, traversée de deux allées piétonnes (East Souk), où s'alignent des échoppes tenues par de vieux Omanais. Celles-ci ferment les unes après les autres faute de fréquentation ou de personnes pour les reprendre, et l'endroit, jusqu'à nouvel ordre, est désormais bien calme. Le parcourir quand même pour son ambiance faussement surannée, mais véritablement authentique, et la paix profonde qui se dégage de ces espaces en clair-obscur où les rayons du soleil ne pénètrent pas jusqu'aux plafonds aux poutres décorées. Une autre section, comme intouchée, conserve un charme ancestral : il s'agit comme d'un mini souk dans le souk, avec des arcades anciennes non rénovées, des échoppes étroites, tout un bric-à-brac de produits très locaux proposés par des commerçants d'un autre âge.

En s'éloignant du fort, on traverse trois marchés couverts destinés aux denrées alimentaires : l'un pour les viandes, l'autre pour les poissons, le troisième pour les fruits et légumes – tous bien agencés et répondant à des normes d'hygiène d'un bon niveau général comme c'est le cas partout au sultanat où la propreté des espaces commerçants obéit à des normes drastiques. Plus loin, tout au fond de l'espace marchand, un dernier hangar abrite le marché aux dattes où s'amoncellent les sacs de toile ou sacs en jute, comme au temps jadis. Le prix du fruit s'y négocie au plus serré en fonction des variétés et de la qualité des récoltes. On peut acheter directement auprès du chaland ou au sein d'une grande boutique (7j/7, 6h-12h et 16h-20h) présentant pas moins de 12 variétés de dattes vendues autour de 1 à 3 OMR le kilo (possibilité de goûter) et quelques autres produits (miel, sirop de datte, épices...). Juste en face se tient l'un des magasins les plus connus et les plus fréquentés du Tout-Nizwa : la fameuse Halwa Factory de la famille Al-Saifi où se pressent non seulement les gens du coin, mais aussi tous les locaux de passage. Certains feraient même le déplacement de très loin pour acquérir ce qui est considéré comme le meilleur Halwa du pays voire de tout le Golfe !

On quitte alors l'espace clôturé par les remparts pour déboucher sur une place en plein air, où se tient, tous les vendredis matin, un très pittoresque marché aux bestiaux. Tout aussi local et traditionnel, mais situé à l'opposé, à l'extrémité de la rue menant à l'entrée du souk, ne pas manquer non plus le marché aux armes anciennes du même vendredi matin.

© OT OMAN

Le Souk de Nizwa.

FALAJ DARIS HOTEL €€

A 4 km du centre
✆ +968 2541 0500
www.falajdarishotel.com

A partir de 60 OMR la chambre double en haute saison, taxes et petit déjeuner inclus. Wifi gratuit, parking.

Dans l'esprit d'un petit fort, c'est un établissement tout à l'horizontale, doté de 2 cours intérieures avec chacune une piscine centrale, entourée, comme un chemin de ronde, par la procession des chambres. Hébergement de bon confort dans 55 chambres et 2 suites avec clim, TV, mini bar, entièrement rénové en 2020. Sur place : aire de jeux pour les enfants, restaurant de cuisine internationale, bar avec licence, salle de gym. Gage de qualité, c'est le francophone Pierre Sabbagh, un ancien de l'hôtel Al Bustan Ritz Carlton, qui assure la direction.

© FALAJ DARIS HOTEL

© FALAJ DARIS HOTEL

ANTIQUE INN €€

A partir de 40 OMR la chambre double en haute saison, taxes et petit déjeuner inclus. Chambre familiale 70 OMR.

Charmante, cette nouvelle guesthouse est nichée dans une maison ancienne du vieux Nizwa, à 200 mètres du fort et des principales curiosités. Le dédale des escaliers et les demi-niveaux mènent à des chambres aménagées simplement (bons matelas à même le sol), mais jolies et confortables (clim' et salle de bains privée) avec des touches de déco locale. Superbe vue sur les maisons anciennes et la palmeraie à partir du rooftop orné de tapis et du restaurant aux chaises et tables en matériaux bruts. Au rez-de-chaussée, on prend le café et les dattes dans le majilis.

INTERCITY HOTEL NIZWA €€

Hayl Farq
✆ +968 2522 9999
www.intercityhotel.com

A partir de 50 OMR la chambre double en haute saison, taxes et petit déjeuner inclus.

Tout nouveau, par un groupe hôtelier allemand avec tout ce que cela suppose en termes d'organisation et de standing, c'est le plus grand établissement de la ville, de surcroît bien situé (moins de 2,5 km du centre historique) et attenant au Grand Nizwa Mall (pour d'éventuelles courses de dernière minute). A tarif comparativement attractif, on bénéficie de chambres et suites neuves, lumineuses et modernes, et d'espaces communs dans un esprit lounge et « maison » (resto, bar). Egalement piscine extérieure, fitness centre, conciergerie, location de voitures, etc.

NIZWA HOTEL APARTMENTS €€

Route 21, Hay Al Tourath ✆ +968 2543 1558

A partir de 58 OMR l'appartement 1 chambre et 76 OMR l'appartement 2 chambres, taxes incluses. Parking.

C'est une résidence hôtelière comme il en existe bien d'autres au sultanat, bien conçue, hyper nickel, dans un style décoratif classique ni fun ni glamour, mais qui n'altère en rien la vocation première de ce type d'endroit : assurer le gîte et le couvert pour une étape d'une nuitée ou deux dans des infrastructures spacieuses (70 m² minimum), propres et bien aménagées. Idéale pour les familles ou les groupes d'amis, la résidence offre un choix d'appartements de 1 à 2 chambres, 2 salles de bains, cuisine, salon, TV, clim... Sur place : resto, salle de gym.

GOLDEN TULIP NIZWA €€€

Hai A Thurat 611
✆ +968 2543 1616
A partir de 75 OMR la chambre double en haute saison, taxes et petit déjeuner inclus.

A une vingtaine de kilomètres du centre-ville, c'est l'hôtel le plus haut de gamme du secteur. Avec ses 120 chambres calibrées et bien équipées, ses 4 bars et cafés, son restaurant, sa vaste piscine, son immense lobby, ses tentes de style arabe en extérieur pour se relaxer dans la douceur du soir, il assure une étape confortable de standing international. On ne va pas à Nizwa à pied, mais on se pose au frais et calme, et les enfants ont de l'espace pour s'amuser. Egalement plusieurs salles de réunion pour le tourisme d'affaires.

AL QALAA COFFEE SHOP €

7j/7 6h30-14h et 16h-22h30. 100 bz/thé, 500 bz/ jus de fruits frais minute, 300 à 500 bz/ sandwich local ou kebab maison.

Monsieur Aboobacker tient cette gargote depuis plus de 20 ans, sans relâche chaque jour, avec la même gentillesse et le même souci de bien faire. Les tables sont posées là, à l'ombre du ficus, au calme de cette jolie placette... On commande directement au comptoir, tout est frais, pas cher et goûteux. C'est le meilleur rapport qualité-prix de la ville et la première place sur le podium du charme et de l'accueil – surtout pour les voyageurs qui viennent avec le Petit Futé ! Chaque vendredi matin, ne pas manquer le marché aux armes anciennes juste devant.

GOLDEN TULIP NIZWA

Hai A Thurat 611
✆ +968 2543 1616
Ouvert 7j/7, horaires variables selon les bars, mais globalement de 18h à 2h du matin.

L'hôtel, excentré de Nizwa d'une vingtaine de kilomètres, possède 4 bars où des groupes de danseuses se produisent parfois en soirée. C'est le seul véritable endroit un peu « international » du secteur avec l'Intercity, plus proche du centre-ville. Pub chaleureux à l'ambiance british chic, l'Al Wasit Bar offre une sélection de cocktails et liqueurs, servies en musique. L'endroit est sympa pour un dernier verre, mais pas très festif, préférez peut-être le bar de la piscine de l'hôtel ou le *Sports Bar* pour boire un verre en jouant au billard ou au baby-foot.

NIZWA FORT COFFEE SHOP €

✆ +968 2541 2825

Ouvert 7j/7 de 9h à 22h. Compter 1,50 OMR le petit déjeuner et environ 1,50 OMR pour un sandwich ou une salade.

Pour les lève-tôt du vendredi qui sont venus à l'aube voir le fameux marché aux bestiaux, cette adresse est une aubaine ! Plusieurs sortes de petits déjeuners y sont servis : du *healthy* avec céréales, yaourts et fruits, aux plus internationaux (avec œufs, bacon et saucisse) en passant par la version locale avec pain arabe, miel de dattes et quelques mets d'ici. En journée, avant ou après la visite du fort, à l'ombre de la terrasse ou la fraîcheur de la clim', on y grignote une sélection de snacks ou l'on y fait une pause pour un café glacé et récupérer du wifi.

BAWABAT AL QANTAQ GOLDEN RESTAURANT €

✆ +968 9129 0768

Ouvert 7j/7 de 7h à 23h30. petits prix, autour de 2 OMR le plat en moyenne.

Longer l'arrière de la mosquée vers les bijoutiers jusqu'à la banque de Mascate, prendre tout de suite la première ruelle à gauche et là, tout au fond, on trouve cette petite adresse qui ne paye pas de mine, mais où la qualité de l'accueil remplace celle de la déco. Abstraction faite de l'aspect caverneux du lieu et de l'absence de fenêtre, on se laisse emporter par la gentillesse du patron, et par une carte comme toute très variée déclinant des plats indiens copieux à petits prix.

AL AQR TRADITIONAL RESTAURANT €

Al Aqr Street dans le vieux Nizwa

✆ +968 9557 9557

Ouvert 7j/7 de 8h à 23h30. Compter 5 OMR par personne en moyenne.

Dans les ruelles du vieux Nizwa, c'est le plus joli restaurant de la ville : une table typique occupant plusieurs niveaux d'une maison ancienne très joliment rénovée. On y mange à l'omanaise, assis par terre sur des coussins, ou alors à table – en terrasse ou à la clim'. Ambiance familiale, service sympa et plats copieux. Shawarma, kebab ou poisson grillé, chaque mets est toujours servi avec du houmous, du pain arabe et le sourire. Touristique, certes, mais encore authentique.

MARSA ALSAIYAAD RESTAURANT €

Derrière la place du marché aux bestiaux

✆ +968 9142 0900

7j/7, 9h-15h et 17h-23h. A partir de 200 bz une salade, 2 OMR un plat de pâtes ou un poisson grillé, 4 OMR la langouste.

Après la poussière du marché aux bestiaux, cette adresse et sa grande terrasse « verte » ou sa salle climatisée font figure de pause rafraîchissante pour un jus, un *lemon mint*, un café... Spécialisée dans les poissons et fruits de mer, la table expose les prises du jour sous vitrine façon brasserie locale. On choisit à la carte ou au comptoir et le chef prépare le plat à notre façon : grillé, à la vapeur, épicé, etc. Il y a même de la langouste en saison ! Accueil attentif et sympa.

AL MANDI AL DHAHABI €

Face au souk, de l'autre côté de la route

✆ +968 2541 4121

Ouvert 7j/7 de 7h à minuit. A partir de 3 OMR le plat.

On apprécie la terrasse ombragée de ce resto indien sans prétention pour faire une pause relaxe après avoir piétiné au milieu des biquettes et sillonné les allées du souk. De là, le spectacle continue et l'on voit défiler le peuple des commerçants, agriculteurs descendus des hauts plateaux, touristes en pantalon cargo, suivis ou précédés parfois d'un pick-up lourdement chargé d'une bosse de dromadaire. On commande un biryani et un jus frais tandis que l'on suit des yeux tous ces hommes qui se pressent vers la mosquée. Accès wifi gratuit.

OMANI CRAFTSMAN'S HOUSE

Ouvert 7j/7 de 9h à 13h et de 16h30 à 21h (vendredi compris).

C'est LA boutique artisanale de Nizwa, juste à l'entrée du fort, pour ceux qui n'auraient pas le temps d'aller au souk ou pas le goût de la négociation. Elle est repérable à ses poteries en devanture, façon d'attirer les locaux et pas seulement les touristes, car allez donc ramener une jarre de 50 cm de diamètre ! Sinon, tous les classiques sont à portée de CB : bijoux bédouins en argent, tapis, khanjars, cannes, etc. A la tombée de la nuit, les lanternes allumées de la terrasse rendent l'endroit très photogénique avec le minaret en arrière-plan.

TANUF

Le village de Tanuf a été détruit en 1959, lors d'un bombardement de la Royal Air Force britannique au cours de la guerre du djebel Akhdar qui opposa Mascate aux Omanais de l'intérieur. Quelques maisons anciennes ont néanmoins résisté aux attaquants et dressent leurs fiers vestiges à flanc de montagne. De la route principale en direction de Bahla et avant l'embranchement pour Tanuf, la vue sur le hameau étagé est charmante et compose une belle photo. Ne pas hésiter à aller se promener au cœur du vieux village, entre les ruines des maisons pour la plupart anciennes de plus de 300 ans. Le falaj, dont le tracé est toujours celui d'origine, a été construit contre la falaise, à une hauteur pouvant atteindre dix mètres.

Tanuf est aussi connu pour sa marque d'eau minérale éponyme (usine d'embouteillage sur place). Celle-ci provient du wadi tout proche qui se faufile entre les montagnes du djebel Shams et qu'on ne peut atteindre qu'avec un véhicule tout terrain. Le canyon, profond, est impressionnant, et encadré de falaises qui peuvent atteindre jusqu'à mille mètres de haut ! On passe d'abord un barrage avant de s'enfoncer par une piste carrossable au cœur de l'entaille sur environ 4 km, jusqu'au village d'Al Far duquel partent plusieurs chemins de randonnée. Les environs proches sont également creusés de nombreuses cavernes parmi les plus larges du monde. Celle d'Al Hoota, à quelques kilomètres de Tanuf, se visite et constitue une curiosité atypique et intéressante sur la route des forts, des villages et des oasis de montagne.

THE POOL VILLA €€

A environ 8 kilomètres de Tanuf
sur la route Nizwa-Ibri

A partir de 60 OMR la villa pour 2, taxes et petit déjeuner inclus.

Récent, nickel, facile d'accès sur la route principale reliant Nizwa à Bahla, cet établissement offre la fonctionnalité d'un hébergement en villas de une à trois chambres avec séjour, cuisine équipée, terrasse, barbecue, jardin et piscine privée. C'est sûr, la déco est locale, et donc carrelée avec pelouses synthétiques en extérieur. Mais on apprécie l'espace, supérieur à celui d'une chambre d'hôtel, et le luxe de pouvoir disposer de son propre bassin. Petits déjeuners servis en villa à la demande, boutique où se fournir en produits divers, location de VTT.

AL HOOTA CAVE ★

Rwadah-Hamra Road, Western Hajar
✆ +968 2542 2197
www.alhootacave.com

Ouvert 7j/7 de 9h à 17h, dernière entrée à 16h. Visite guidée d'environ 45 minutes. 7 OMR par adulte.

Le Sultanat d'Oman compte de nombreuses cavernes dont certaines sont parmi les plus larges du monde à l'image des grottes de Salma et de Teyq, profondes de plusieurs centaines de mètres. Située sur la pente sud du djebel Akhdar, la cavité d'Al Hoota est la seule de la Péninsule arabique à être ouverte au grand public. Elle a la forme d'une gorge souterraine accessible par deux entrées : l'une à 1 040 mètres au-dessus du niveau de la mer à proximité du village d'Al Hoota, l'autre à 810 mètres d'altitude entre la vallée de Tanuf et la ville d'Al Hamra. L'entrée que l'on emprunte est artificielle et située tout près de l'accès naturel inférieur. Elle a été créée de façon à rendre la grotte accessible au plus grand nombre. Les promoteurs n'y sont pas allés de main morte et ont doté l'espace de plusieurs équipements de pointe : train pour éviter les 400 mètres de marche en plein soleil jusqu'à l'entrée, passerelles et marches sécurisées par des barrières, éclairage subtil et bien pensé, etc. Grâce à ces infrastructures, la visite peut se faire sans altérer l'équilibre de l'environnement et dans de bonnes conditions de confort malgré un taux d'humidité atteignant parfois 90 % à l'intérieur. Afin de renforcer les mesures visant à minimiser tout impact négatif sur cet écosystème délicat, seules des visites guidées sont organisées par petits groupes. C'est donc sous la houlette d'un pro qu'on part à l'assaut de ce fabuleux ensemble géologique très ancien (plus de deux millions d'années) et de ses immenses cavités aux parois, sols et plafonds garnis de stalactites, stalagmites, gours et autres formations. Comme pour la plupart des autres grottes d'Oman, ce système géologique complexe témoigne d'une époque fluviale et de mouvements tectoniques, mais aussi surtout d'un important phénomène d'érosion à l'origine des anfractuosités que l'on observe.

Découverte en 1960, la grotte d'Al Hoota est longue de 5 km, même si seuls 500 mètres se visitent. Elle est creusée dans du calcaire gris, des roches dolomitiques granuleuses et des couches argileuses. Son plus grand hall court sur 150 mètres et son plus haut plafond culmine à 65 mètres. On y recense plusieurs espèces endémiques rares d'insectes et de crustacés, ainsi que des chauves-souris. La grotte principale est également en partie traversée par le plus grand des lacs souterrains d'Al Hoota, long de 800 mètres, large de 10 mètres et profond de 15 mètres. Ce dernier bénéficie d'une ventilation naturelle. Phénomène rare, y évoluent des poissons dépigmentés et aveugles nourris par des déchets organiques transportés par les inondations en période de pluies. Il s'agit d'une espèce endémique, le *Garra Bareimiae*, que l'on peut avoir la chance de contempler à partir d'une esplanade spécialement aménagée à cet effet. Sur place : boutique et restaurant.

▸ **Exposition géologique**. Pour initier ou prolonger l'aventure, se rendre dans le petit musée attenant rassemblant plus de 150 variétés de pierres (granit, quartz, limestone, chlorite, etc.), bois fossilisés ou pétrifiés, coraux, etc. Des stations interactives expliquent certains miracles de la nature (dérive des continents, formation des stalactites...) quand des aquariums permettent de découvrir et observer des espèces animales qui vivent dans la grotte d'Al Hoota : poissons, petits crustacés, larves de moustiques et *water beetles*.

NIZWA ET LE HAJAR OCCIDENTAL

Al Hoota.

BAHLA ★★★

La ville de Bahla est l'une des plus anciennes cités du sultanat, dont les origines remontent sans doute au troisième millénaire av. J.-C. Elle était autrefois entourée d'une muraille de plus de 12 km percée de 7 portes, dont plusieurs vestiges subsistent aujourd'hui. Elle est surtout connue pour son fort, l'un des plus anciens et le plus imposant du pays, classé, avec l'ensemble de la vieille ville, au patrimoine mondial de l'Unesco depuis 1987. En dehors du fort, le village lui-même vaut le détour, notamment pour son souk où se négocient bestiaux, épices, bijoux, tapis, khanjars (de grande qualité ici)... Cet espace marchand animé est agencé autour d'une place et de son jujubier centenaire, à l'ombre duquel les hommes aiment à palabrer.

L'arbre protégerait la ville des mauvais esprits, les djinns... allez savoir ! En traversant le souk et en suivant une ruelle qui monte vers les vieux quartiers, on parvient au secteur des potiers, qui font la réputation de Bahla depuis toujours en raison de la qualité de l'argile présente dans les environs proches. Il reste quelques échoppes son où observer les artisans, des hommes exclusivement, en plein travail, parfois encore sur des tours manuels. C'est ici que l'on fabrique deux des pots les plus utilisés à Oman : celui à haut col pour stocker les dattes et celui à fond rond avec corde accrochée au goulot pour conserver de l'eau.

Se restaurer

Pas de table touristique, mais une ribambelle de coffee shops dans la rue principale adjacente au fort, à l'hygiène irréprochable et aux mets bons et pas chers.

ATELIER DE POTIER DES AL-ADWI

Si l'artisanat de la poterie existe depuis des siècles à Oman, comme en témoignent les différents forts et musées du pays où sont exposés jarres, pots, brûle-parfums, etc., les ateliers traditionnels n'existent quasiment plus. Celui de la famille al-Adwi est l'un des plus authentiques, riche d'un savoir-faire qui se transmet de père en fils depuis plusieurs générations. L'ensemble couvre 1 200 m² et abrite aussi une petite salle où sont exposés des outils anciens et des argiles.

BAHLA HOTEL APARTMENTS €

Al Maamoorah ✆ +968 2542 1017
http://bahlahotelapartments.info
A partir de 25 OMR la chambre double avec le petit déjeuner. Parking. Wifi gratuit.

L'hôtel d'étape et de bord de route par excellence, le Formule 1 du Hajar, sans autre vocation que de pourvoir le voyageur d'un lit correct et d'une clim', d'une douche avec eau chaude, d'une TV avec chaînes satellitaires après une journée de visite ou de trekking. On y retrouve les caractéristiques habituelles de ce genre d'établissement local : architecture massive, carrelage clinquant, goût net pour les lumières crues, effets de déco auxquels le cœur d'un Européen ne peut que rester imperméable. Chambres ou apparts jusqu'à 6 personnes, resto en sous-sol.

FORT DE BAHLA ★★★

whc.unesco.org

Ouvert 7j/7 de 9h à 11h le vendredi, de 9h à 16h les autres jours. Entrée 500 bz.

Le fort de Bahla, qui a bénéficié de 24 ans de rénovation, est le plus imposant du pays. Ses façades sud, est et nord-ouest mesurent respectivement 112,5 m, 114 m et 135 m de long. En surplomb du village, l'édifice se compose de plusieurs sections. La partie la plus ancienne et la plus monumentale, Al Qasaba, à l'angle sud-oriental, est une entité à part entière, séparée du reste et dotée de sa propre entrée. Elle compte 3 tours, la plus vieille porte de la citadelle et 5 étages de salles multiples dont une enfilade de 3 majlis aux plafonds très hauts absolument majestueux. Le reste de l'espace est occupé par une vaste cour qui dessert plusieurs ensembles de constructions avec leurs puits, leurs lieux de prière, leurs tours, leurs murs défensifs, leurs innombrables pièces et leurs espaces anciennement réservés au service public : Bait al-Jabal édifiée au XVIIIe siècle, Bait al-Hadeeth ajouté au milieu du XIXe siècle, et Bait al-Qaed.

S'il a bénéficié d'une rénovation magistrale, le fort, véritable Chambord du Moyen-Orient, est à ce jour complètement vide (pas de meubles, ni tapis, ni objets...) et ne compte quasiment pas de panneaux explicatifs. Qu'à cela ne tienne, car le tout est impressionnant de gigantisme et c'est un plaisir étourdissant que de se laisser happer par le dédale des plateformes en demi-niveaux, escaliers, cours, pièces de toutes tailles, puits, niches, alcôves, et tout l'arsenal d'un bâtiment défensif traditionnel – chemin de ronde, tours de guet, remparts, meurtrières... sans oublier les toits multiples comme autant de perspectives sur cette construction majeure et l'oasis qui l'entoure.

Fort de Bahla

La citadelle dut sa prospérité à la tribu des Banu Nabhan qui dominèrent la région centrale d'Oman et firent de Bahla leur capitale du XIIe siècle jusqu'à la fin du XVe siècle. À partir de là, ils établirent des relations avec les autres tribus de l'intérieur. Bahla fut notamment le centre de l'Ibadisme (la religion d'Etat) sur lequel se fondèrent les anciens imamates omanais et dont l'influence se retrouve à travers l'Arabie, l'Afrique et au-delà. Fièrement dressé au cœur de son oasis, entouré de plantations irriguées par le système du falaj, le bâtiment offre un éminent exemple de place fortifiée oasienne de l'époque médiévale islamique, et illustre le savoir-faire des premiers habitants pour utiliser l'eau à des fins agricoles et domestiques. Avec ses tours arrondies, ses parapets crénelés et son imposante muraille (*sur*) périphérique, la citadelle atteste du statut et de l'influence de l'élite dirigeante qui l'occupait. Les vestiges de lotissements familiaux en brique crue avec leurs maisons vernaculaires traditionnelles (*harat*) et mosquées associées, les salles d'audience (*sabla*), les thermes, ainsi que les demeures des gardiens du fort (*askari*), évoquent un modèle d'établissement humain lié à l'emplacement du falaj.

L'importance de l'implantation est aussi mise en valeur, à toute proche distance, par la très ancienne mosquée du Vendredi et son mihrab richement décoré et par les vestiges du vieux marché (*souq*) à demi couvert, comprenant un ensemble d'échoppes à un étage, ouvertes sur des allées étroites, le tout enclos derrière un rempart extérieur. L'emplacement du souq en facilitait la surveillance depuis le fort dressé sur son escarpement rocheux. Les vestiges de portes, étagères et maillages de fenêtres en bois sculpté et artistiquement incisé témoignent d'une tradition artisanale riche et prospère.

JABRIN ★★★

Sur la route d'Ibri, à 5 km de Bahla, voici Jabrin ou Jibreen, ville moyenne désormais connectée à l'ère de la vitesse puisqu'également située sur le tracé de l'autoroute 15 en provenance de Mascate. Un hôtel moderne (le Jibreen Hotel) pourra éventuellement dépanner les voyageurs. En périphérie se cache un des trésors omanais du XVIIe siècle, le château de Jabrin, qui figure dans le peloton de tête des monuments les plus visités du sultanat. Magistralement rénové, orné de meubles et objets anciens, ce fleuron omanais est surtout connu pour ses splendides plafonds peints décorés d'arabesques, de poèmes, de versets du coran et motifs divers.

AL-HAMRA ★★

Fief de la tribu des Al Ibriyins, peuplade très active au moment des guerres tribales qui déchirèrent l'intérieur du sultanat pendant les années 1950, Al Hamra vaut le détour pour sa vieille ville, assez bien conservée : pas de fort, mais des tours de guet sur les collines, et de belles maisons en terre aux plafonds ornés de poutres décorées. Une partie de celles des anciens notables font actuellement l'objet d'aménagements et accueillent déjà des voyageurs. Une autre demeure a été transformée en musée vivant et figure depuis des années au rang des immanquables du secteur d'autant qu'on peut y photographier des femmes en vêtements traditionnels.

MUSÉE DE BAIT AL SAFAH ★

A quelques mètres de la petite place à l'entrée de la vieille ville.
© +968 9901 0373
7j/7 8h30-17h. 2 OMR/personne la visite guidée, 5 OMR avec le buffet du midi au Bait Al Safah Restaurant juste à côté.

Au cœur du vieux hameau, c'est une maison de 3 siècles d'âge, toute en torchis, dont les différentes pièces racontent la vie des Omanais du temps jadis : un musée, mais vivant, où quelques personnes du village, vêtues de leurs atours traditionnels, s'attachent à reproduire les gestes et métiers d'autrefois - fabrication de la farine, élaboration d'une poudre médicinale, cuisson des galettes locales (crêpes fines aux bords dentelés, à déguster en guise de pain), etc. Là, une pièce assure le storage des dattes comme « à l'époque », une autre expose des vêtements et costumes traditionnels omanais, une encore des meubles et objets d'antan, etc. Un métier à tisser rappelle qu'au sultanat, on confectionne des coussins et tapis, les mêmes sur lesquels on vient s'asseoir dans le majlis : la pièce de réception où s'accueille l'hôte du jour et de passage, et se déguste la datte avec le café à la cardamome. La brise circule à travers les multiples ouvertures, les étagères sont ornées de livres et de poteries, ces dames causent en jetant des regards sous capes... Tout à côté, dans les jardins, un homme fait démonstration de la cueillette des dattes : en appui sur une sorte de courroie de laine qui l'assure pendant son ascension, il monte dans les frondaisons, très haut dans les palmes. Autre belle photo, c'est l'un des avantages du lieu, les clichés y sont autorisés, on peut donc y faire des portraits de femmes... ou juste s'immerger. A vivre ! Sur place, dans une autre demeure ancienne juste à côté : grand restaurant-buffet.

Musée de Bait Al Safah.

AL HAMRA GUESTHOUSE €

Ad Dakhiliyah
✆ +968 9883 0332
Compter 40 OMR pour 2 personnes, taxes et petit déjeuner inclus.

Dans la partie moderne du village d'Al Hamra, Ahmed et sa famille reçoivent au rez-de-chaussée de leur propre maison où ils ont aménagé 3 chambres – 2 avec deux lits simples et une familiale pour 4. La simplicité du lieu n'empêche pas tout le confort moderne : wifi gratuit, climatisation, salle de bains privée et mini frigo dans chaque chambre. On est dans le Oman d'aujourd'hui. Au global, on retient la gentillesse d'Ahmed et la situation géographique pratique plutôt que le ronron du frigidaire ou le néon bleu au-dessus du lit… Cuisine commune à disposition.

BAIT ALJABAL HOSPITALITY INN €

Au coeur du vieux village de Al Hamra
✆ +968 9911 3744
A partir de 35 OMR pour 2 personnes, taxes et petit déjeuner inclus.

Au cœur du vieux village, pas très loin du musée Bait Al Safah, ou dans la palmeraie voisine à la fraîcheur des jardins, ce sont plusieurs maisons anciennes entièrement restaurées dans le respect de leur architecture originelle : murs en pisé, plafonds anciens, petites fenêtres et magnifiques portes en bois. C'est l'occasion de vivre Oman comme au temps jadis dans un environnement authentique et préservé. Chambres confortables avec sanitaires communs ou privés, restaurant sur place.

THE VIEW €€€

Piste 4x4 de Hail Al Shas sur 7,3 km jusqu'à 1 387 m ✆ +968 9723 3189
www.theviewoman.com
A partir de 110 OMR la chambre double en demi-pension. 35 OMR l'aller-retour pour ceux qui n'ont pas de 4x4.

A 1 400 m en surplomb de la vallée d'Al Hamra c'est un éco-lodge luxueux dont les chambres sur pilotis flirtent avec le vide. Le panorama est grandiose sur les montagnes, la vue des environs immédiats est austère et, au fond, on aperçoit les villes basses d'Al Hamra et de Bahla. Frissonnant ! Même vertige à partir du restaurant, prolongé d'une terrasse à flanc de ravin. Au choix : à l'avant, chambres *Premier* avec vue 100 % dégagée et baignoire accolée aux baies vitrées ; à l'arrière, chambres *Superior* à l'angle de vue plus limité, mais même standing.

MISFAH ★★

Une montée de 5 km conduit à un parking à l'entrée du village. Y laisser sa voiture, car le hameau n'est accessible qu'à pied. Perché à 1 000 mètres d'altitude, le village de Misfah est exceptionnel : tout en pentes et ruelles, construit à flanc de montagne avec des maisons taillées dans la roche. Plutôt que d'y passer en coup de vent, nous conseillons d'y dormir au moins une nuit pour prendre le temps de se balader dans ses venelles qui, toutes, donnent sur le système d'irrigation, alimentant dans sa partie haute les « douches publiques » et, plus bas, les cultures de dattiers. Charme du gazouillis de l'eau et de la fraîcheur de cette oasis habitée, vivante, plantée de cultures (notamment des citronniers pour lesquels le lieu est connu) et qui chaque année se développe un peu plus pour accueillir les voyageurs. Aménagé à l'origine d'une seule guesthouse implantée au bas et donc au cœur du village (une situation de choix qui ne conviendra pas aux personnes ayant du mal à se déplacer), Misfah compte désormais plusieurs maisons d'hôtes établies plutôt à l'entrée, avant l'arche qui mène aux rues étroites et aux plantations. D'autres aménagements sont à venir, Misfah étant le porte-drapeau d'une nouvelle forme de tourisme intégré impliquant les communautés locales. Village le plus visité du sultanat, c'est un endroit charmant où il fait bon s'asseoir et laisser le temps s'égrener. Il est agréable aussi d'y marcher (plusieurs sentiers balisés), surtout le long des aflaj et des plantations, pour capturer des attitudes et des bribes de vie.

Musée de Misfah.

CHATEAU DE JABRIN ★★★

A 4 km au sud de Jabrin
9h-16h du samedi au jeudi, 8h-11h le vendredi. Entrée 500 bz. Audio-guide sur demande et hautement recommandé.

Edifié en 1670 pour servir de résidence secondaire à l'imam Bil'arab bin Sultan, le château de Jabrin est l'un des fleurons du sultanat, réputé pour ses plafonds peints, ses murs décorés d'arabesques aux motifs astrologiques, ses moucharabiehs en stuc ou en bois, ses portes magnifiquement sculptées : un bel exemple d'architecture omanaise. A sa grande époque, plus de 300 personnes vaquaient et venaient entre les murs crénelés de son enceinte, membres de la famille de l'imam et petit personnel. L'ensemble fut magistralement restauré de 1979 à 1983, et les habitants des environs délocalisés et relogés un peu plus loin, afin de faire place nette pour un parking. Pour découvrir ce palais résidentiel fortifié, rien de tel que les audioguides mis à disposition à l'entrée et permettant de s'orienter dans le dédale des escaliers, corridors et salles en enfilade.

Après la porte principale et une première cour, franchir une seconde porte de bois taillée d'un seul tenant et vaillamment gardée par deux canons. Tout de suite à gauche, un petit escalier mène à la salle des gardes. Juste après, un passage étroit conduit au tombeau de l'imam Bil'arab bin Sultan. Marcher jusqu'à la sépulture puis revenir sur ses pas. On pénètre alors dans la cour intérieure du château, prolongée d'un hall. La visite commence par celui-ci, au fond à gauche. En levant et en écarquillant bien les yeux, on devine des fentes pratiquées de chaque côté du plafond : ces interstices permettaient de surveiller les allées et venues à l'entrée du bâtiment. Si un indésirable essayait de passer le hall, on déversait sur lui de l'huile bouillante ou du miel de dattes très chaud en signe de « malvenue ». S'ouvre ensuite la pièce où étaient gardées les provisions. Admirer les coffres ainsi que les paniers en feuilles de palme et les jarres qui servaient au stockage du blé, des épices, du poisson séché...

Un escalier au fond du hall, à gauche, conduit au premier étage et à plusieurs salles de réception ornées de coussins à même le sol et de tapis aux ornements superbes. La bibliothèque et ses porte-Coran en bois sculpté se trouvent à ce niveau. Prendre le temps d'observer les plafonds gravés ou peints qui font la réputation de Jabrin et ont été restaurés avec brio : arabesques, motifs ornementaux, versets du Coran, poèmes. Quelques marches montent jusqu'à la salle de bains des femmes, tandis que d'autres redescendent à la tombe de l'imam.

Pour gagner le deuxième étage, on emprunte l'escalier principal, le seul dont le plafond soit constitué d'ogives magnifiquement gravées. Attention ! Sa quatrième marche est truquée et peut se retirer. Plusieurs vilains envahisseurs y laissèrent leurs mauvaises intentions et leur liberté. On comprend l'importance de ce piège quand on sait que les marches débouchaient directement dans les appartements de la famille du Sultan. On découvre les pièces des invités, jouxtée de la petite Salle des secrets ou *najwa*, où se chuchotaient les propos d'ordre confidentiel. Là encore, contempler les plafonds aux poutres joliment colorées. L'escalier qui mène au troisième étage donne sur les toits, tout en coins et recoins, avec vue panoramique sur la belle palmeraie adjacente. D'un côté, la salle de prières, de l'autre celle de lecture où s'enseignaient les fondements de l'islam.

C'est par une porte au fond de cette salle que l'on redescend de l'autre côté du château. Quelques marches plus bas, se diriger vers la gauche, où un escalier mène au deuxième étage de l'aile droite. Cette partie de l'édifice s'articule autour d'un superbe patio, en surplomb des cuisines. La première pièce à gauche est la salle de conférences dont la particularité était de posséder un double fond à chaque angle. Pouvaient y être postés des espions à l'ouïe fine, à l'écoute des conversations susurrées en aparté ! La deuxième pièce est la salle à manger, et la troisième, la salle de justice dotée d'une porte d'à peine 40 cm de haut par laquelle on faisait sortir les prisonniers… Autre curiosité : la salle des chevaux, qui était dévolue à l'animal personnel du maître des lieux. Une particularité qui en dit long sur l'adoration des Omanais (et des populations masculines arabes en général) pour les équidés. Au rez-de-chaussée se trouve la cuisine et, au fond de celle-ci il y a une pièce spéciale où se confectionnait le miel de dattes. Les fruits étaient empilés sur plus de deux mètres de haut dans de grands sacs en palme tressée, puis pressés. Le jus qui en sortait coulait dans une rigole au bout de laquelle il était récolté.

Ceux que la restauration des plafonds peints intéresse liront l'article consacré à celle-ci dans la revue *Icomos Information* I-1988 sur www.icomos.org. L'auteur et directeur des travaux, Jean Claude Bourret relate les étapes de cette complexe et fascinante réhabilitation. On apprend ainsi que « les peintres qui ont décoré les plafonds originels de Jabrin disposaient d'un grand nombre de motifs : calligraphiques, floraux, géométriques, entrelacs, arabesques, rosettes, étoiles, polygones, spirales, lignes courbes entrelacées, cadres, etc. » et que « trois couleurs dominantes réparties à égalité sur la surface ornementale étaient employées ». Pour la rénovation, ont été utilisés des « pigments en provenance de Roussillon, Gargace et Rustrel (dans le Vaucluse) où se trouvent les carrières de pigments dont les teintes étaient les plus proches des peintures des plafonds de Jabrin. Certains pigments ont toutefois été trouvés sur place, au pied du Djebel Akhdar ».

Entrée du Château de Jabrin.

BAIT AL-MISFAH FOR BEEKEEPING

Quelques centaine de mètres avant l'entrée du vieux village.
✆ +968 9944 2104
Ouvert 7j/7 de 8h à 17h.

Le miel est récolté depuis toujours au Sultanat et fait partie de l'alimentation omanaise. Celui de palmier-dattier est le plus courant et se reconnaît à sa couleur claire et dorée. Mais il existe aussi du miel à base de fleurs, d'acacia ou de jujubier entre autres, le plus prisé étant celui qui se récolte dans les montagnes du Hajar. On apprend beaucoup dans ce petit musée, tenu avec cœur par Ahmed, l'apiculteur de Misfah. Possibilité de goûter et d'aller voir les ruches. Boutique.

MISFAH TRADITIONAL GALLERY

Ouvert 7j/7 de 8h à 17h30. Entrée 2 OMR par personne, gratuit pour les clients de Misfah Hospitality Inn.

C'est avec une fierté non dissimulée qu'Abdullah al Abri, natif de Misfah, a créé ce petit musée pour mettre en avant sa maison d'enfance et ainsi faire comprendre la vie d'autrefois à travers une exposition d'objets anciens ayant appartenu à sa famille : ustensiles de cuisine, vêtements, outils, jarres et paniers, etc. Guidée, la visite permet de découvrir l'organisation d'un habitat typique et se termine sur le toit par un café et des dattes. Lieu de mémoire intéressant et touchant.

CANYON ADVENTURES & TOURS

✆ + 968 9941 2660
www.canyonadventurestours.com
25 OMR par personne la visite culturelle guidée de Misfah, 45 OMR pour le circuit des plantations ou un trek de 5h, etc.

Spécialiste du Hajar et du village de Misfah, ce réceptif 100 % omanais offre une découverte immersive des spécificités du hameau, notamment ses plantations en terrasses et son système d'irrigation ancestrale. C'est l'occasion, sous la houlette d'un guide expérimenté, de découvrir et comprendre *in situ* le fonctionnement du falaj – cette répartition de l'eau obéissant à des règles précises. Les tours se font en petits groupes, le matin ou l'après-midi, et les soirs de pleine lune.

MISFAH CAMPING SITE €

✆ +968 9988 8617
5 OMR par personne quand on amène son équipement, 25 OMR pour un chalet aménagé pour 2.

Etabli de l'autre côté du canyon, à l'entrée du nouveau village et non de l'ancien, qui reste accessible à pied et n'est pas si loin, ce camping récent offre une alternative aux hôtels du secteur et aux guesthouses implantées au cœur du vieux hameau ou à la lisière de celui-ci. Bien aménagé, il dispose de sanitaires, d'une aire de jeux pour les enfants et d'emplacements pour les campeurs disposant de leur propre matériel. Pour ceux qui en sont dépourvus et recherchent un hébergement en dur à petit prix, choix de cinq chalets tout neufs.

HISSEN AL MISFAH €€

✆ +968 9217 3611
A partir de 40 OMR la chambre double en haute saison, taxes et petit déjeuner inclus.

Impossible de manquer cette nouvelle guesthouse campée, telle une citadelle, en haut d'un piton rocheux menant la garde sur l'entrée du vieux village. On rêve immédiatement d'accéder au restaurant panoramique qui offre la vue attendue sur l'oasis et le hameau. A l'intérieur par contre, le carrelage casse le charme. Si les chambres pour 2 à 5 personnes sont confortables avec salle de bains privée ou commune, elles ne distillent pas l'atmosphère locale et joliment surannée des autres établissements. Les choisir en dernier recours ou juste passer pour un café.

MISFAH HERITAGE €€

A l'entrée du village
✆ +968 9888 5110
46 OMR la chambre double en demi-pension. Fermé pendant la période du Ramadan.

Située juste à l'entrée du village, en surplomb de l'oasis, cette maison a été restaurée de façon remarquable. C'est le propriétaire Abdullah Alabri en personne qui accueille chaque voyageur avec le rituel du café et des dattes. Son objectif est de proposer à chacun une expérience omanaise sincère et authentique. L'ensemble se compose de chambres simples, mais jolies et confortables (salles de bains communes, clim), et d'un beau majilis d'où admirer la vue. Les repas se prennent à une terrasse ombragée et sont servis sous forme de petit buffet de plats omanais.

MISFAH OLD HOUSE €€

Au bas du village. Suivre la ruelle principale puis prendre à droite. ✆ +968 9361 1500
www.misfaholdhouse.com
Simple/double à partir de 35/55 OMR en demi-pension ; 5 OMR de plus pour une salle de bains privée.
Au cœur du village, c'est la première maison traditionnelle à avoir été transformée en maison d'hôtes, initialisant, des années avant tout le monde, ce type de tourisme à Oman : une bien jolie pension en vérité dont l'authenticité n'a pas été altérée par le succès. Répartie sur plusieurs niveaux, la demeure, tout en coins et recoins, abrite plusieurs chambres pour 1 à 7 personnes avec matelas à même le sol, clim', salle d'eau commune sur les paliers ou salle de bains privée. Jolie terrasse couverte noyée dans les palmiers et resto sur le toit. Charmant !

CHEMIN DE RANDONNEE W9

Du parking à l'entrée du village de Misfah, suivre les trois bandes jaune-blanche-rouge matérialisant le sentier W9. La voie descend dans le hameau et mène à un bassin. Quelques marches plus bas, le chemin se scinde en deux. A droite, une randonnée de 6 heures environ, de bon niveau et avec pas mal de dénivelé, conduit à la jonction avec le chemin W8 qui mène au village de Bilad Sayt au cœur du Wadi Bani Hauf. Même sans faire cette balade, s'engager quelques minutes sur ce sentier pour descendre dans le wadi jouxtant le village de Misfah et remonter en face afin d'avoir une vue panoramique du vieux hameau accroché à sa paroi, à-demi caché par la végétation et dominé des ruines d'une tour défensive hiératique : une vue et une photo 5 étoiles ! Sinon, si l'on s'engage côté gauche à la jonction peu après le bassin, une agréable promenade d'une heure aller-retour à flanc d'une gorge verdoyante, débouche à l'endroit où l'eau sort de la terre pour venir alimenter le falaj. Le chemin est facile, même si les pierres, polies par les nombreux passages, sont parfois glissantes. Ne pas hésiter, une fois qu'on a rejoint le falaj, à marcher directement sur les bords de celui-ci, larges d'environ 20 centimètres, pour éprouver la sensation presque infantile d'avancer en équilibre comme au bord d'un trottoir, sauf que là, la construction puise ses origines des siècles en arrière. Oui, flâner au long du falaj, c'est un peu capter l'essence du sultanat, ce qui l'abreuve : l'eau nourricière canalisée pour apporter la vie.

BURAYMI

A 120 km de Sohar et 150 km d'Ibri se trouve le poste-frontière d'Al Buraymi. L'oasis a la particularité d'être traversée par les deux territoires : les Emirats arabes unis (secteur d'Al Ain) et le Sultanat d'Oman. Cette situation stratégique entre Sohar et le Golfe, au confluent des routes caravanières, lui valut plus d'un conflit, comme en témoigne la présence des forts d'Al Hillah et d'Al Khandaq, tous deux ouverts au public. Elle fut occupée très tôt, sans doute dès 1 500 ans av. J.-C, comme le laisseraient supposer les monticules funéraires des environs. Al Buraymi fut aussi la première cité d'Oman à être touchée par l'Islam. Ville frontalière, elle n'a rien d'extraordinaire, en dehors de ses bâtiments défensifs anciens et de son marché aux dromadaires.

Transports

Le poste-frontière EAU-Oman établi en pleine ville est un des plus actifs de la région et attirent de nombreux Omanais séduits par les centres commerciaux à l'américaine d'Al Ain et par la vie nocturne potentiellement amusante du versant émirien. Pour eux, pas trop de problème, le passage se fait rapidement. Pour les visiteurs étrangers, c'est une autre paire de manches : il faut descendre de son véhicule, se garer, entrer dans le bâtiment, faire viser sa sortie d'Oman, puis de l'autre côté, refaire le même circuit pour cette fois demander le visa d'entrée aux Emirats, qui est gratuit pour les Occidentaux. Même procédure en sens inverse, lors du voyage retour.

IBRI ★

En arrivant à Ibri par la route venant de Mascate, on remarque deux grands ronds-points séparés par une route à double voie. C'est autour de cet axe principal que s'organise la ville, construite en carré. Celle-ci a toujours bourdonné d'une certaine activité commerciale en raison de sa position stratégique entre l'agglomération d'Al Buraïmi à la frontière des Émirats d'un côté et de Nizwa et l'intérieur du pays de l'autre. Les banques et commerces importants sont regroupés autour du deuxième carrefour. De là, le centre-ville est indiqué sur la droite et même à une rue où s'alignent boutiques, restaurants, coffee-shops... Plus loin s'étend la palmeraie.

IBRI OASIS HOTEL €€

Sortie nord en direction de Buraimi
✆ +968 2569 6172
Simple/double à partir de 30/40 OMR en haute saison avec le petit déjeuner.

Ancré à une dizaine de kilomètres de la ville, après le centre sportif et l'université, l'Oasis a la chance d'être un des seuls hôtels dans le coin, donc le meilleur dans les environs immédiats. Côté chambres, optez pour la vue montagne afin d'éviter le parking, ou, si elle est dispo, réservez la 110 dans la petite tour de l'angle gauche, joliment architecturée, décorée et éclairée. Comme ici on ne vous refuse rien, il y a même le Room Service ! Restaurant buffet et à la carte, du matin au soir tard, avec large sélection de bières, pour quelques riyals.

RUINES D'AL SULAYF

A l'entrée de la ville quand on vient de Nizwa ; rue à gauche dans la palmeraie près de la mosquée

En surplomb face à la ville moderne, sur son éperon au sud, ce village fortifié a été abandonné il y a un demi-siècle lorsque le falaj s'est asséché. Au soir tombant, dans le sillage d'un gardien volubile connaissant trois mots d'anglais mais ayant eu la présence d'esprit d'enregistrer des infos historiques dans son vieux Nokia, nous arpentons les ruelles et les anciennes maisons d'un caravansérail du XIe siècle offert aux termites, mais en cours de sauvetage. On grimpe là-haut pour bénéficier d'une vue à 360° sur la région. Fantomatique échappée vers le passé.

ARAB WORLD RESTAURANT €

Ibri Hafeet Road
✆ +968 2569 0192
Ouvert 7j/7 de 9h à 1h30 du matin en continu.

Cette chaîne de restaurants très populaire est bien implantée dans tout le Sultanat. On y mange de façon traditionnelle, à l'arabe, dans des petits box, assis par terre sur des tapis. Femmes et hommes sont généralement séparés sauf lors des repas en famille. Les touristes font ce qu'ils veulent. La cuisine, d'influence arabe et indienne, est variée, copieuse et de qualité, à tarifs vraiment bas ce qui ne gâche rien. Faire abstraction de la façade extérieure massive et de l'éclairage cru, et venir partager ici un pan de la culture locale.

Site archéologique de Bat.

SITES ARCHEOLOGIQUES DE BAT, AL-KHUTM ET AL-AYN ★

Sites distants de plusieurs kilomètres les uns des autres. 4x4 préférable, mais pas impératif. Entrée libre.

Le Jebel Misht en toile de fond, dans un paysage d'une saisissante et immédiate noblesse, vingt et une tombes « nid d'abeille » se dressent sur une arête caillouteuse, sentinelles de l'éternel repos depuis plus de 3 000 ans (4 000 à 5 000 ans selon d'autres sources). Nous sommes sur le site d'Al-Ayn, devant l'un des plus beaux spectacles naturels et historiques d'Oman. Ce site – et l'ensemble qu'il compose avec les nécropoles, habitats ruraux et tours de Bat et de Al-Khutm – fut le premier du pays à être accepté dans le registre du Patrimoine mondial à valeur universelle de l'Unesco et ce n'est pas un hasard. Pour l'atteindre, on quitte l'axe principal reliant Bahla à Ibri pour rouler vers Amla pendant 21 km. Puis, par un sentier de chèvres sans aucun fléchage, on gagne les tombes, semblables à des têtes d'obus alignées sur le ciel bleu au pied du Misht, cet alien géologique de grès semblable – d'où son nom – à un gros peigne. Afin de protéger l'endroit, les autorités n'ont jamais fait d'effort de signalisation et communication et bien peu d'Omanais en connaissent l'accès, pourtant aisé.

Datant du IIIe millénaire av. J.-C. (certaines même du IVe), les sépultures d'Al Ayn sont probablement un peu plus récentes que les cairns à chambre unique identifiés sur les pentes du Jebel Hafit aux Emirats. Décrites pour la première fois ici en 1975, elles se caractérisent par de multiples cloisons concentriques en pierres serrées sans mortier, sur une plate-forme basse. On suppose que ces tombes étaient destinées à des personnages importants tels que des hommes de loi. Les défunts étaient enterrés avec des offrandes, des fleurs, de l'eau destinées à agrémenter leur séjour futur. Par ailleurs, la découverte sur place de couteaux provenant de l'ancienne Egypte semble témoigner de l'importance des échanges économiques pratiqués dans la région à cette époque.

A environ 25 kilomètres à l'ouest dans l'océan minéral, sur un trajet offrant de somptueux panoramas sur les chaînes montagneuses, les tombes de Bat sont plus éparpillées et moins bien conservées que celles d'Al Ayn. Elles constituent cependant, selon l'Unesco, « un témoignage caractéristique et unique de l'évolution des pratiques funéraires en vigueur pendant le premier Age de bronze de la péninsule d'Oman. Le pays de Magan était le principal centre d'extraction du cuivre, que l'on exportait vers la Mésopotamie 3 000 ans av. J.-C. Le site protohistorique s'étend au nord du village et de la palmeraie de Bat : au nord du confluent d'une petite rivière et du Wadi al Hijr, on trouve cinq tours de pierre, des structures très représentatives du premier Age de bronze dans la péninsule omanaise. L'une des tours a été entièrement dégagée et on a évalué sa construction entre 2595 et 2465 av. J.-C. Depuis la tour, qui sert de point de repère du site, on distingue tout de suite, sur une pente vers l'est, une série de maisons rectangulaires avec une cour centrale et, vers le nord, une vaste nécropole qui peut être divisée en deux parties distinctes. La première est située au sommet d'une pente rocheuse. Ses tombes faites de pierres sèches – dont certaines datent du 4e millénaire – sont disséminées le long du chemin reliant Bat à Al Wahrah. La deuxième partie, bien plus concentrée, s'étend sur des terrasses de culture du riz, au sud-est du wadi et comprend plus de 100 tombes en pierres sèches, selon une structure en nid d'abeilles ; ces tombes semblent être disposées selon un plan d'ensemble. Les plus anciennes sont tournées vers le nord. Elles n'ont qu'une entrée et une chambre funéraire et étaient une sépulture commune à un petit nombre de défunts. Vers le sud, les sépultures deviennent plus imposantes. Elles ont deux entrées ouvrant sur une, deux et parfois quatre chambres funéraires et étaient destinées à une grande quantité de défunts. »

Selon l'Unesco toujours, il apparaît que, « comme dans beaucoup d'autres civilisations anciennes, les monuments de l'ancienne Oman étaient généralement construits avec des pierres taillées régulièrement. Les vestiges d'anciennes carrières d'où les matériaux de construction étaient extraits sont uniques à Bat et à Al-Ayn, ainsi que les nombreux ateliers qui témoignent des opérations complètes, depuis les carrières, jusqu'à la maçonnerie et les techniques de construction des bâtiments. Les activités de sondage continu et systématique augmentent constamment les types et le nombre de monuments et de sites qui doivent être documentés et protégés, et qui comprennent des villages et plusieurs tours, des carrières associées à des ateliers de maçonnerie de pierre de l'Age du bronze, des nécropoles de l'Age du bronze, un fort et des tombes de l'Age du fer, et deux mines de silex du néolithique connectées avec des zones d'ateliers pour la fabrication d'outils de pierre ».

Afin de protéger le site et d'en faciliter et promouvoir la compréhension, le ministère de la Culture et du Patrimoine omanais a lancé en 2004 un grand projet d'étude en collaboration avec plusieurs musées internationaux. A terme, à une date encore indéterminée tant il est difficile d'obtenir ce type d'information au sultanat, certaines tombes seront restaurées, un musée et centre des visiteurs construits. Nous le signalons au cas où, par malchance, le site se trouvait temporairement fermé ou protégé de barrières lors de votre passage...

JEBEL SHAMS ★★

Autrement dit « la montagne du soleil » : un nom qui doit son origine à la beauté des levers et couchers de l'astre dans cette partie très escarpée du sultanat. Un véhicule normal permet de grimper sur plusieurs kilomètres et d'atteindre le plateau de Shams, par la bonne piste à droite, juste avant la base militaire. Le panorama, grandiose, s'ouvre sur un canyon – formidable exemple d'érosion – et la vue plonge à travers des falaises étroites que l'on peut suivre sur plusieurs kilomètres. En continuant la piste principale tout droit, on passe devant 2 campements – un premier sur la gauche et un second sur la droite – puis on arrive, 2 km plus loin, à un village installé au milieu de nulle part : un environnement hostile pour une poignée d'habitants, avec les femmes qui tissent la laine et confectionnent de petits articles (bracelets, porte-clefs) qu'elles proposent aux touristes. A partir de là partent deux chemins de randonnée, dont le fameux W6a qui mène à un village abandonné construit à flanc de canyon (voir l'encadré) : impressionnant !

Se loger

A ce jour, seuls trois « resorts » ont apprivoisé cet environnement sauvage pour proposer aux vacanciers une nuit confortable dans un vrai lit avec une bonne douche chaude. Des aires de camping, indiquées à partir de la route, sont aussi aménagées sur le plateau. Penser à bien s'équiper en hiver car les températures nocturnes peuvent descendre assez bas. On pourra conseiller deux nuits, afin d'avoir une journée complète de balade à pied, à VTT ou en 4x4 dans ce paysage hors du commun.

Djebel Shams.

GHUL

Au pied de la montagne, le village abandonné de Ghul abrite encore de belles maisons anciennes entourées de palmeraies. Il est parfaitement intégré au paysage et se confond par endroits avec la roche. De ce hameau part le wadi Ghul, qui, au bout de 5 kilomètres de piste permet d'atteindre le merveilleux village de tisserands de Nakhar. Les habitants y sont très accueillants et vendent des tapis qu'ils tissent sur place. Ensuite, les falaises se rapprochent et il faut poursuivre l'aventure à pied. Plusieurs itinéraires de 4h à plusieurs jours sont balisés.

JEBEL SHAMS RESORT €€

Plateau de Shams à 1 972 mètres d'altitude
✆ +968 9938 2639
www.jebelshamsresort.com

A partir de 50 OMR la tente double en demi-pension et 70 OMR le chalet double en demi-pension.

A quasi 2 000 mètres d'altitude, ce campement fait figure de refuge étoilé. Il se compose de constructions cubiques climatisées et/ou chauffées (selon la saison), de type « station scientifique sur Mars » (des *chalets*, disent-ils) avec salles de bains et lits corrects. Pour la touche locale, on peut aussi dormir dans de grandes tentes avec sanitaires privés. Sur place : restaurant, piscine, palette d'activités (trekking et VTT surtout)... et l'espace entier pour marcher en liberté. L'établissement est accessible sans 4x4 (déconseillé quand même en Mini Cooper).

SUNRISE RESORT €€

Plateau d'A'Sarah à 2 250 mètres d'altitude
✆ +968 9410 0900
www.sunriseresort-om.com

A partir de 50 OMR la tente double en demi-pension, 65 OMR le chalet.

Que la route, puis la piste, est longue, belle et vertigineuse, jusqu'à cet altiplano que l'on prend volontiers pour le toit du sultanat ! A plus de 2 200 mètres d'altitude, les réveils hivernaux se jouent à 4° max, et l'été on s'offre un petit 15° ou un 24° au grand soleil. Comme dans les deux autres resorts un peu plus bas, on trouve le binôme chalets + tentes, les premiers spacieux, avec la tv, clim-chauffage et une salle de bain, les secondes pourvues de lits moins confort et d'une douche-wc extérieure mais privative. Restaurant et piscine. 4x4 obligatoire.

GRAND CANYON D'OMAN OU WADI NAKHR

Chemin caillouteux et sans ombre, mais peu de dénivelé. Mettre de bonnes chaussures et emporter de l'eau.

On compte plusieurs chemins de randonnée dans le djebel Shams. Mais l'un des plus faciles et des plus beaux est celui qui mène au village abandonné de Sap Bani Khamis (ou As Sab). Pour accéder au départ de la balade, il faut suivre la piste principale jusqu'au village d'Al Khitaym : un ensemble d'habitations plus ou moins de bric et de broc, où les chèvres sont plus nombreuses que les hommes. Là, se diriger vers le bord du ravin pour repérer le balisage : un sentier, le W6a, part vers la droite en direction du wadi Ghul, dans la vallée, une marche de plusieurs heures avec un dénivelé de 1 150 mètres - on passe de 1 900 à 750 mètres d'altitude. L'autre sentier, le W6, marqué comme le précédent par trois bandes jaune/blanche/rouge, part sur la gauche et longe le grand canyon sur quatre kilomètres : incroyable ancien chemin muletier que celui-ci, comme suspendu au-dessus du vide, et pourtant suffisamment large pour n'être pas vertigineux ! À gauche se dressent les parois abruptes de la falaise dont on se demande, chaque fois qu'une vue panoramique le permet, comment et où elles peuvent accueillir un chemin. À droite, une entaille profonde découvre le fond de la vallée et quelques villages.

Aucun arbre n'ombrage le chemin ou si peu. Sauf à partir tôt, il faudra donc accepter d'effectuer la randonnée en plein cagnard, au milieu des cailloux. Un désavantage toutefois compensé par le faible dénivelé et la bonne signalétique. Au bout de 1h15 de marche dans un paysage XXL, on parvient au hameau abandonné de Sap Bani Khamis : un impressionnant ensemble de maisons accrochées sous un aplomb rocheux à quelques mètres du vide. Celles-ci sont plutôt bien conservées et furent sans doute délaissées il y a une quarantaine d'années seulement, au profit de terrains un peu moins hostiles, sur le plateau. Elles furent édifiées il y a environ 400 ans, à l'aide de matériaux exclusivement trouvés sur place : bois d'olivier et d'acacia, pierres sèches. Le choix de l'emplacement, presque impensable pour nous autres Occidentaux, fut justifié par l'isolement (la meilleure des protections contre les ennemis) et par la proximité d'une source d'eau située sur le plateau supérieur et accessible assez rapidement à pied par une faille abrupte. Quinze familles vivaient sur place, essentiellement de l'élevage (chèvres, moutons, ânes) et de l'agriculture (pastèques, oignons, chili, tomate, blé...), comme en témoigne la présence de terrasses agricoles aménagées.

SAMA HEIGHTS RESORT JEBEL SHAMS €€

Plateau de Shams à 2100 mètres
✆ +968 9272 1999
www.samaresorts.com

75 OMR la Sultan Tent pour 2 en demi-pension, 60 OMR la chambre, 85 OMR le Grand Chalet.

A proximité des sentiers de randonnée W4 et W6, sur un vaste plateau offrant une vue plongeante sur un canyon et les montagnes, c'est le plus luxueux des établissements du secteur, à tendance écolo. En harmonie avec l'immensité minérale du site, l'hébergement se répartit en bungalows de pierres sèches, grands chalets avec vue, tentes de luxe... chacun avec salle de bains privée et clim et/ou chauffage. Sur place : resto, biblio, aire de jeux et centre d'activités (VTT, trek, yoga...).

© SAMA HEIGHTS

© SAMA HEIGHTS

NIZWA ET LE HAJAR OCCIDENTAL

JEBEL AKHDAR ET LE PLATEAU DE SAIQ ★★

Jebel Akhdar, autrement dit « la montagne verte », nom tirant son origine du grand nombre de cultures recouvrant les pentes du djebel. Accidentée, tourmentée, entaillée... mais aussi verdoyante et riche d'adorables villages, cette barrière rocheuse est l'une des plus belles d'Oman. Le plateau de Saiq, à 2 000 mètres d'altitude, est sa section la plus peuplée. On y cultive de nombreuses variétés d'arbres fruitiers, tels que grenadiers, citronniers, pêchers, pommiers et cerisiers. Le plateau est aussi connu pour ses cultures en terrasses, d'oignons et surtout de roses. Ces dernières, en pleine inflorescence au mois d'avril, sont exploitées pour la fabrication d'eau de rose, que les locaux utilisent pour ses vertus médicinales, mais aussi comme parfum d'ambiance dans les maisons. Sur le plan purement touristique, le Jebel Akhdar, comme le Jebel Shams, présente de vrais attraits pour la randonnée : des températures clémentes même en été (rarement au-dessus de 30 °C), plusieurs sentiers balisés dont certains traversent de pittoresques villages dans un décor grandiose entrecoupé de gorges ébène. Depuis quelques années, la région bénéficie d'un bon développement et compte plusieurs hôtels, dont certains de très grand luxe.

Transports

Information importante : pour partir randonner ou camper dans le Djebel Akhdar, ou même simplement pour y accéder si l'on a prévu d'y séjourner, il est impératif d'avoir un 4x4. Sinon, impossible de passer : une barrière gardée par des policiers empêche l'accès à la route très pentue en épingles qui mène au plateau.

JABAL AKDHAR HOTEL €€

3 kilomètres avant Saiq à 2 134 mètres d'altitude.
✆ +968 2542 9009
www.shanfarihotels.com
A partir de 50 OMR la chambre double, taxes et petit déjeuner inclus.

L'hôtel, construit en bord de route, se voit de loin. Il est assez récent, bien que déjà vieillot d'allure, et est bâti à l'écart des villages du plateau de Saiq. il offre une vue panoramique sur le djebel Akhdar à travers ses nombreuses baies vitrées. Les 26 chambres, correctes, sont équipées de TV, clim', minibar et aussi d'un radiateur car ici les nuits sont plutôt fraîches, voire froides en plein hiver. Sur place, petit café et restaurant servant une cuisine simple mais bien faite. Pas d'activités proposées. Venir, dormir, partir. Personnel aimable.

ALILA JABAL AKHDAR €€€

✆ +968 2534 4200
www.alilahotels.com/jabalakhdar
Accès en 4x4 uniquement. Double à partir de 165 OMR, taxes et petit déjeuner inclus.

A 2 000 mètres d'altitude sur un site exclusif, la longue route bordée de montagnes s'arrête net et plonge sur un canyon. L'Alila se tient là, comme fondu dans son environnement minéral : promesse d'un séjour ressourçant dans des suites de style écolo-chic, sobres et raffinées. Du restaurant à flanc de falaise comme de la piscine à débordement, un panorama XXL s'offre à nous. A l'intérieur, l'ambiance se fait cocooning : piscine chauffée, bar cosy, salons voluptueux, immense cheminée, spa d'exception. Egalement un fitness et une palette d'expériences qualitatives.

Paysage du Jebel al Akhdar.

BALADE SUR LE SENTIER DES ROSES

C'est une très jolie promenade, facile, bien qu'il faille descendre et monter, et d'une vraie diversité au cœur d'un paysage de montagnes aux parois brutes et arides et de gorges qui donnent le vertige, mais que la présence humaine a apprivoisées et rend bien plus douces. A flanc de roches, se succèdent de pittoresques villages, des ruelles typiques, des mosquées miniatures, des vergers, des jardins, des arbres qui croulent sous les fruits, des buissons qui embaument de fleurs... et, omniprésents, les aflaj : gages de fraîcheur et de zénitude, doux son cristallin de l'eau qui bruisse. On démarre du premier village (Al Aqur) et on marche jusqu'au quatrième (Sayq) en suivant le balisage, trois bandes de couleur – circuit W18b. On peut aussi partir de n'importe lequel des 4 hameaux pour raccourcir la marche, vu que tous sont accessibles par une route asphaltée. Le fléchage commence à gauche du parking d'Al Aqur au niveau d'une ruelle qu'on longe jusqu'au bout (signes sur les poteaux). On suit alors le falaj qui descend vers les cultures en terrasses. De beaux panoramas s'ouvrent sur les montagnes environnantes, masquées parfois par la verdure, jusqu'au second village d'Al Ayn, où les indications se font un peu trop rares pendant un laps de temps. Pour ne pas perdre sa voie, prendre à gauche dans le hameau et traverser un semblant de galerie. Marcher jusqu'à une petite mosquée au dôme bleu, passer à droite de celle-ci et descendre dans le wadi. Sur la gauche, sommeille un petit bassin d'eau verte : idéal pour une pause fraîcheur. Quelques mètres avant, de l'autre côté du lit de la rivière, de grosses marches en pierres montent vers le troisième village (Ash Shirayjah), de nouveau bien fléché. Ensuite, il faut longer la route pendant environ 600 mètres, avant de se trouver de nouveau sur un chemin jusqu'à Sayq. Compter environ 3h aller-retour (8 km en tout), mais ne pas hésiter à faire quelques diversions pour s'enfoncer davantage dans les rues des hameaux afin de capter quelques scènes de vie... Descendre aussi le long des cultures en terrasses jusqu'au bord du canyon pour le panorama ; ou fouiller les cailloux pour y dénicher des fossiles marins, très nombreux dans le secteur et vieux de plus de 270 millions d'années. Petit conseil à l'attention des dames : on ne va pas visiter la mosquée et l'on randonne épaules et genoux couverts, par respect des populations locales, rurales et traditionnelles. Débardeurs et shorts à éviter, même en saison chaude.

WADI BANI HABIB ★

C'est l'un des plus jolis endroits du jebel Akhdar, pas trop fréquenté à ce jour. Des escaliers ont été aménagés, à gauche et à droite du parking. Prendre de préférence ceux de droite, ils conduisent au fond du wadi, incroyablement vert et luxuriant. Marcher dans le wadi sur une centaine de mètres : de part et d'autre du lit de la rivière asséchée poussent de multiples arbres fruitiers ou non, protégés de murets en pierres sèches. Monter à droite quelques grosses marches en pierres pour atteindre la partie basse du premier village ; particulièrement scénique, ce dernier est littéralement accroché aux parois de la montagne, paysage qui vaut bien une photo. Le hameau n'est plus habité et ses maisons quoiqu'assez bien conservées ne sont pas très stables. Il est plaisant d'y déambuler et de profiter de la fraîcheur des vieux murs en prenant garde tout de même aux risques d'éboulements. La balade se poursuit en redescendant dans le wadi sur environ 200 mètres jusqu'à arriver à une mosquée préservée, mais interdite aux touristes. 50 mètres après la mosquée, grimper les marches de l'escalier en pierre à droite pour accéder à un second village abandonné, lui aussi perché, et duquel la vue sur le premier hameau vaut le détour. Au sommet et à l'arrière des quelques maisons et ruelles, le regard plonge sur un second lit de rivière, comme parallèle au premier et planté d'autant de cultures. La balade est préférable en fin de journée quand la lumière du soir vient iriser l'ocre des façades anciennes. Retour au parking par le même chemin.

© SULTANAT D'OMAN

ANANTARA AL JABAL AL AKHDAR RESORT €€€

✆ +968 2521 8000

www.anantara.com

A partir de 175 OMR la Premier Canyon View Room pour 2, taxes et petit déjeuner inclus en haute saison.

C'est le resort le plus luxueux du Hajar. De style minimaliste, sa sobre architecture est tout entière vouée à sublimer le site : ce canyon vertigineux que viennent tutoyer une piscine à débordement, 82 chambres sublimes, 33 villas avec piscine privée et le *Diana's Point* – plateforme suspendue au-dessus du vide. Service et infrastructures sont au diapason : restos gastros, spa d'exception, vaste palette d'expériences et activités – dont via ferrata, tyroliennes, tours culturels...

AL QALAA €€€

✆ +968 2521 8000

www.anantara.com

Ouvert du mardi au samedi de 18h30 à 23h, y compris aux clients extérieurs sur réservation. En moyenne 30 OMR/personne.

Inspiré de l'architecture d'une tour de la péninsule de Musandam, Al Qalaa est LE restaurant signature du palace des montagnes. Ici, se décline un doux raffinement oriental : ambiance chaleureuse digne des Mille et Une Nuits, fauteuils rouges, moucharabiehs pour cloisonner l'espace, lanternes orientales en cascades, lumières tamisées... La carte, d'inspiration arabe, met particulièrement l'accent sur des recettes omanaises ancestrales, revisitées avec des produits locaux issus des fermes environnantes et de la mer d'Oman. Carte des vins exceptionnelle.

SAHAB RESORT AND SPA €€€

Village de Saiq, à 2 000 mètres d'altitude

✆ +968 2542 9388

www.sahabresort.com

A partir de 94 OMR la chambre double taxes et petit déjeuner inclus.

En plongée directe sur le wadi Muaydin, Sahab est le seul boutique-hôtel du secteur. Rénové en 2018, il dispose de 27 chambres de grand confort redécorées dans des tonalités douces et agencées en U autour d'un jardin de plantes endémiques. La piscine donne largement sur le canyon, comme le bar et les tables posées au bord du vide. Mais on peut aussi manger à l'intérieur dans le restaurant cosy. Au diapason du site, l'URU Spa offre une gamme de soins revitalisants. En journée, on profite de la palette d'excursions et activités : pique-nique, trek, escalade, VTT.

ANANTARA SPA

✆ +968 2521 8091

https://www.anantara.com/en/jabal-akhdar

Ouvert 7j/7 de 10h à 22h. Compter 60 OMR le massage de 60 minutes.

En jeu de boiseries sombres, ce spa des montagnes dégage une atmosphère immédiatement chaleureuse – peignoirs épais et lits douillets dans les salles de relaxation. Sous enseigne asiatique Anantara, les soins sont forcément qualitatifs et les installations de haute volée : 5 salles de traitements, salon de coiffure, salle de vapeur au sel de l'Himalaya, sauna, piscine intérieure, douches à affusion avec pluies tropicales ou polaires. Coup de cœur pour le soin à l'huile de rose du Hajar et le massage aux pierres chaudes à base d'encens et d'huile d'olive locale.

SAMA HOTEL €€€

✆ +968 2250 7681

www.shanfarihotels.com

Chambre double à partir de 65 OMR taxes et petit déjeuner inclus.

Cet hôtel offre 60 chambres neuves avec vue, dont 14 en rez-de-jardin avec grande terrasse privée. L'agencement en U favorise un maximum d'ouverture sur le site : du restaurant avec terrasse panoramique, de la piscine chauffée en bord de ravin, de l'espace barbecue pour grignoter une brochette en regardant le ciel (*sama* en arabe). Bien que confortable, l'ensemble est plus haut et plus massif que la moyenne et donc davantage formaté pour les groupes (salle de conférence) ou les familles (grande aire de jeux, chambres communicantes). Fitness, tour d'observation.

CÔTE DES TORTUES

La région de la Sharqiyah surprend par sa diversité et ses contrastes : villes en pleine expansion, déserts de sable, de sel et de cailloux, plages infinies ourlées d'une mer turquoise, wadis luxuriants, îles sauvages dont celle de Masirah – spot international de kitesurf. Sa partie côtière s'étend de Qurayyat au nord à Al-Ashkharah au sud. Certaines curiosités valent à elles seules un séjour à Oman, comme la Réserve de Ras al-Jinz, l'un des principaux sites mondiaux de reproduction de la tortue verte, ou les superbes wadis Tiwi et Shab et leurs vasques d'eau douce où se baigner dans des paysages majeurs. La région peut se targuer d'un réseau routier bien développé, à l'image de l'autoroute récente qui relie les environs de Sur à la capitale en moins de deux heures, en desservant plages, oasis et sites culturels. En termes d'hébergements, la diversité prime, sauf pour l'hôtellerie de luxe, à ce jour inexistante.

Côte des tortues
QURAYYAT
Hay Ad Daher
Al Karieb
Daghmar
Wadi Serin
DIBAB
Bimma
RT-17
FINS
Golfe d'Oman
Ash Shab
WADI TIWI
Wadis hab
WADI SHAB
Wadi Tiwi
QALHÂT
Jebel Khadar
SUR
RAS AL HADD
RAS AL JI
Ras al Jinz Turtle Nature Reserve
RT-23
RT-23
Al Kamil Wal Wafi
Désert de Wahiba
Mer d'Oman
JALAN BANI BUHASSAN
JALAN BANI BUALI
Vers ÎLE DE MASIRA
RT-35
Vers MASIRAH
Vers AL-ASHKHARAH
5 KM
Ras Hilf
Masirah
Sur Masirah
Île de Masirah

PAGES

●● LA SHARQIYAH

223

La configuration de la Sharqiyah se traduit par un paysage abrupt au nord puisque le Hajar occidental longe la côte jusqu'à Ras al-Hadd, village à partir duquel se succèdent criques, gorges et falaises. Au sud, le sable et le désert l'emportent et dessinent des paysages de dunes à l'intérieur, de lagunes et plages infinies le long du littoral. Plusieurs sites sont à ne pas manquer : Ras Al Jinz pour sa réserve de tortues, Wadi Tiwi et ses hameaux pittoresques, Wadi Shab et son extraordinaire caverne à ciel ouvert, la ville de Sur, seule du sultanat à perpétuer la tradition séculaire de construction de boutres.

223

QURAYYAT

DIBAB

223

Les environs de Dibab recèlent une curiosité géologique qui peut valoir une pause au cours d'un road trip ou d'une journée d'excursion sur le littoral de la Sharqiyah : Bimmah Sinkhole, un gouffre naturel creusé par l'effet conjugué de l'eau et de l'érosion et dans lequel il est possible de descendre et même de nager.

224

FINS ★

SHAB ★★★

224

À 40 km de Sur, le Wadi Shab est l'un des plus accessibles et l'un des plus impressionnants du Sultanat. Succession de piscines naturelles d'un vert émeraude incroyable, plantations et aflaj, blocs de roche et parois abruptes dessinent les paysages de ce fabuleux wadi qui conduit, comme une récompense de randonneur, à la découverte d'une grotte (plus si) « secrète » et d'une cascade.

TIWI ★★

225

Tiwi est un village côtier célèbre pour son wadi éponyme, l'un des plus connus du sultanat. Issu du Hajar oriental, le Wadi Tiwi débouche dans le Golfe d'Oman à hauteur de Tiwi, d'où son nom. Il est aussi appelé la gorge aux neuf villages et offre aux randonneurs une belle immersion dans la vie rurale du pays. Baignade et canyoning rendent également le lieu incontournable.

Wadi Shab.

PAGES

227 **QALHAT**

Ancien port médiéval des Princes du royaume d'Ormuz entre le XIe et XVe siècle, la cité de Qalhat est un site archéologique d'importance, classé à l'Unesco depuis 2018 et fermé momentanément au public. De l'autoroute, se contenter d'admirer le Mausolée de Bibi Maryam perché sur sa butte.

227 **SUR ★**

Sur, ville portuaire typique et pleine de charme, ne ressemble à aucune autre. Ses principaux attraits sont liés à son passé. On pourra visiter : les forts de Bilad et de Sunaysilah, la vieille ville éclatante de blancheur de Al Ayjah et surtout les chantiers navals encore en activité et qui perpétuent la construction séculaire des boutres traditionnels. La corniche est aussi un lieu de flânerie agréable.

232 **RAS-AL-HADD ★**

En langue arabe *Ras al Hadd* est le premier endroit où le soleil se lève et, de fait, on peut avoir la chance d'un beau coucher de soleil sur la plage de ce village de pêcheurs. En dehors de cette particularité, l'endroit est connu pour être un site de ponte des tortues vertes et caouannes, même s'il faut se rendre dans la réserve de Raz al Jinz à une dizaine de kilomètres pour une sortie organisée. Village-étape.

233 **RAS AL JINZ ★★**

Présent sur toutes les brochures, étape incontournable de la plupart des circuits de découverte du sultanat, Ras al Jinz est un spot international de reproduction des tortues vertes. Librement accessible quelques heures en journée, hérissée de roches aux formes étonnantes, la plage est belle mais surtout dédiée aux sessions d'observation du processus de ponte qui ont lieu deux fois par nuit au cœur de la réserve classée.

236 **AL-ASHKHARAH**

238 **● ● L'ÎLE DE MASIRAH**

238 **MASIRAH ★**

A 18 km de la côte, l'île de Masirah propose une retraite exclusive aux amateurs de paysages isolés et lunaires, sur fond de mer turquoise et plages de sable blanc. Outre ses plages sauvages, elle est un site de reproduction de tortues marines (Cacouanne surtout) et le paradis des kitesurfers, notamment de mai à septembre pendant la période du khareef, cette mousson venant d'Inde.

QURAYYAT

Situé à 85 km de Mascate, ce petit port de pêche mérite qu'on s'y arrête pour son ambiance, sa jolie plage de sable et son fort du XIXe. Il est scindé en trois quartiers : la ville moderne juste à l'entrée quand on arrive de Mascate ; le hameau de pêcheurs de Sahel auquel on accède par une petite route qui traverse des salines ; et le quartier ancien de Murrah qu'entoure une palmeraie. C'est dans ces deux derniers secteurs que l'on prendra le temps de flâner et d'observer les pêcheurs ; certains sont encore équipés de barques de fortune. La tour que l'on aperçoit en face de la plage, dressée sur une petite île, est accessible à pied à marée basse.

FORT DE QURAYYAT

Centre-ville

Ouvert de 8h30 à 14h30, fermé vendredi et samedi. Entrée libre.

Construit au XIXe siècle pour défendre la ville de Qurayyat et gardé par deux anciens canons de fabrication portugaise, le fort se dresse à côté du souk, le long de la route principale qui traverse la ville. Récemment restauré, il est typique des structures défensives qui jalonnent la côte d'Oman, avec de hauts murs crénelés et une tour de guet ronde. Cuisine, salons, objets, tout est à sa place, et permet d'imaginer la vie des habitants d'autrefois. Remarquez la beauté de la porte d'entrée ou des récipients provenant de Chine, et le coffre « made in Zanzibar ».

WADI DAYQAH

Jalonnée de plantations en terrasses et de rochers polis et lisses, cette oasis est constamment chargée en eau et offre une succession de bassins coincés entre deux falaises : un spot pour la baignade ! Les habitants de Mascate ne s'y trompent pas qui viennent régulièrement s'y prélasser le week-end. Grâce à leur orientation, les parois du canyon offrent une ombre propice où il fait bon se reposer ou randonner pendant quelques heures – chemin pédestre au niveau de l'ancienne route caravanière qui reliait le port de Qurayyat à l'intérieur des terres.

UN PEU D'HISTOIRE...

La Sharqiyah, dont Sur est la ville principale, compte 260 000 habitants. Son essor et sa prospérité lui viennent de son port dont les chantiers navals connurent leur plus brillante période au XVIIe siècle. Les ghanjah et les baghlah qui en sortaient sillonnaient les océans et entretenaient un fructueux négoce avec l'Afrique, l'Inde et l'Asie. A cette époque, les habitants de Sur étaient marins, pêcheurs ou fabricants de boutres. C'est en 1829 que les échanges avec l'Afrique de l'Est s'intensifièrent, suite à la visite du sultan Said bin Sultan dans l'île de Zanzibar. Des produits africains arrivaient aux ports de Sur et d'Al-Ashkharah et on exportait les dattes de la région vers l'Afrique et l'Inde. Par la suite, la séparation entre Oman et Zanzibar, en 1861, et l'arrivée de la concurrence des bateaux à vapeur de la marine marchande indo-britannique provoquèrent le déclin de la région. Aujourd'hui, à la suite de la découverte d'importantes ressources en gaz en Oman, une usine de liquéfaction du gaz a été construite à Qalhat. Le gaz est exporté au Japon et en Corée. Ce projet, qui a insufflé un nouvel élan à la région, répond aux objectifs du plan 2020 : donner à chaque entité régionale une réalité économique et en favoriser la diversification.

DIBAB

Sur la route 17 reliant Mascate à Sur se trouve le petit village de Dibab. Juste avant de franchir le wadi, il est possible de quitter l'autoroute pour emprunter une voie côtière goudronnée qui va jusqu'à Fins : un chemin des écoliers qui offre l'accès à de jolies petites plages baignées d'une eau turquoise. Au sud de Fins, la route devient une piste et continue à serpenter en amont des criques et du sable jusqu'aux abords de Tiwi. Dibab possède une grande plage, mais c'est surtout pour son gouffre naturel que le lieu est intéressant. Bien que très (trop) touristique, Bimmah Sinkhole est une curiosité qui peut valoir une courte étape.

BIMMAH SINKHOLE

A 6 km au sud de Dibab, suivre Hawiyat Najam Park

Accès libre de 8h à 20h. Venir en semaine car le week end c'est bondé. Sur place : parking, WC, kiosques ombragés.

Le Hawiyat Najam Park abrite un curieux gouffre naturel de forme ronde, profond d'une vingtaine de mètres et large d'environ 40 mètres. Ce dernier est alimenté en sous-sol par l'eau des montagnes, mais aussi par celle de la mer toute proche. Son origine exacte n'est pas connue, mais résulterait *a priori* de l'action conjuguée de l'eau et de l'érosion, même si les anciens aiment à raconter que le trou aurait été creusé par la chute d'un bout d'étoile. Un escalier descend au cœur du gouffre et permet de se baigner dans une eau salée limpide.

WHITE BEACH ★

24h/24, le jour pour s'y baigner, la nuit pour y camper.

Elle est blanche comme l'étincelle, sertie de petites falaises. Bleu vert, l'eau est sublime. A 1h15 de Mascate et 30 minutes de Sur, voici une chouette plage au soleil ! Le week-end, l'endroit est pris d'assaut, préférez la semaine. Sur l'autoroute, rien n'est indiqué et nombreux sont les voyageurs qui ne feront qu'en entendre parler et la confondront avec les plages de galets plus loin. A Fins, le sable blanc domine même si des galets clairs recouvrent aussi partiellement la plage). Un conseil, surveillez bien le défilé des bourgs côtiers sur la carte.

FINS ★

La côte, par ici, est loin d'avoir livré ses secrets enfouis. Au fil des campagnes, les archéologues découvrent des traces d'habitat traditionnel, et notamment des abris de pêche en pierres ajustées, témoignage d'une vie passée. A un peu plus de 3 km au sud du village se déroule l'une des plus célèbres plages de la région du nom de White Beach. Encadrée de falaises, cette longue étendue de sable immaculé, recouverte de minuscules galets blancs, est baignée d'une eau turquoise translucide. Même s'il y a parfois du monde, c'est un endroit agréable où venir se poser et se baigner après une excursion dans les wadis ou pour planter sa tente pour la nuit.

SHAB ★★★

Face au grand large, Shab, petit village de pêcheurs, est surtout connu pour son incroyable wadi, l'un des plus fameux d'Oman. Accessible à pied, ce bel univers minéral recèle, pour ceux qui acceptent de se mettre à l'eau, un « secret » qu'on se repasse « d'aventurier à aventurier », et à découvrir après une petite randonnée mêlant marche tranquille et baignades dans des bassins spectaculaires... Malheureusement l'endroit n'est plus aussi magique qu'autrefois, car il est devenu aujourd'hui très touristique. Mais abstraction faite des nombreux curieux des week-ends et jours fériés, le paysage reste grandiose et mérite véritablement le détour.

Randonnée dans Wadi Shab.

WADI SHAB ★★

Traversée en bateau à 500 bz par personne l'aller-retour.

C'est l'un des wadis les plus connus du sultanat pour ses superbes vasques d'eau douce d'un bel émeraude. Comme toujours, on vous conseille de prendre vos précautions avant de vous aventurer. Ne vous engagez pas sans chapeau de soleil, crème solaire et bien sûr de l'eau, car la chaleur peut être écrasante ; et surtout, vérifiez la météo pour vous assurer qu'aucun orage n'est prévu ce jour-là, car les risques d'inondation et de noyades sont réels dans les wadis. Pour accéder aux piscines les plus reculées, il faut d'abord franchir le bras de la rivière à la nage ou plus simplement en bateau. Des gamins proposent cette traversée de quelques mètres. En face, un sentier de terre noyé dans les palmiers mène au cœur du wadi en longeant la rivière. Très vite, l'eau disparaît et l'on se retrouve à marcher dans la caillasse, entre des montagnes aux parois abruptes. Gros blocs de pierre et touches de verdure : un environnement sauvage et assez magistral, surtout quand l'eau se montre de nouveau, sous forme de vasques ponctuelles d'un vert incroyable ! Les plus belles se trouvent dans le fond, à environ 40 minutes de marche sur un pseudo chemin que l'on perd et retrouve au petit bonheur la chance (mais, impossible de s'égarer, puisqu'on est pour ainsi dire « coincé » dans le lit asséché de la rivière). Au bout d'environ 20 minutes, garder la droite et monter de quelques mètres en surplomb en suivant la paroi de la falaise et notamment un pipeline noir. Le chemin redescend naturellement et il faut alors marcher jusqu'à repérer quelques constructions de pierres abandonnées, un peu en hauteur, sur la gauche. Plus loin, s'alignent plusieurs bassins bordés de petites plages de cailloux ou sable grossier : un cadre idyllique pour passer quelques heures. Le point d'orgue de la balade est là. Pas vraiment secret : dans les milieux avertis, on parle tous de « la fameuse caverne du wadi Shab ». Mais quand même, si l'on ne sait pas, on ne trouve pas ! C'est à la nage qu'on y parvient, en suivant les bassins jusqu'au fond, là où la montagne forme une sorte de cul-de-sac. Légèrement sur la gauche, s'offre comme une entaille, un couloir de quelques mètres qui n'autorise que le passage de la tête (le reste du corps reste immergé, ce qui permet de progresser en nageant). On s'y engage avec un peu d'appréhension, le regard rivé sur la lumière, au fond. Et d'un coup, c'est la récompense : une caverne à ciel ouvert dans laquelle chute une adorable cascade ! Un bassin de quelques mètres de diamètre, mais d'une profondeur abyssale, serti dans son écrin de roches.

TIWI ★★

Sur la route côtière à une quinzaine de kilomètres de Fins, Tiwi est un village tortueux et étendu, dont les différents hameaux se répartissent entre le littoral et le fameux wadi qui fait la réputation touristique du lieu. Là, de part et d'autre du lit de la rivière, comme accrochés aux flancs des montagnes, neuf hameaux se nichent au cœur d'une végétation luxuriante faite de palmiers dattiers et de cultures diverses. On randonne de l'un à l'autre, non sans prendre le temps de se baigner dans les vasques naturelles. Autrefois accessible uniquement par une piste, la première section du wadi est désormais desservie par une nouvelle route bien large.

FALAJ PANORAMIQUE À TIWI...

L'intérêt du wadi Tiwi, en dehors de ses bassins de baignade, repose sur la présence humaine. L'endroit multiplie les scènes de vie et offre une vraie diversité paysagère via une alternance de panoramas naturels et de territoires aménagés par l'homme. Au-delà de se baigner dans les vasques, il ne faut pas hésiter à s'engager dans les ruelles des hameaux pour tenter d'apercevoir des femmes en vêtements colorés partant laver leur linge à la rivière ou des vieillards en disdashas en train de palabrer sous un arbre ancestral... Une jolie balade consiste, à partir de l'entrée du wadi, à rouler ou marcher jusqu'à un premier village en hauteur (lit de la rivière sur la gauche), qu'on traverse et duquel on redescend à pied pour franchir le wadi et monter jusqu'à un second village (lit de la rivière sur la droite). Là, après avoir gravi une partie de la route principale en lacets, on parvient, sur la droite, à une petite place plantée d'un vieil arbre (ne pas la confondre avec un tout petit espace de forme triangulaire entouré d'un muret blanc, c'est un peu plus loin et plus haut). Traverser la place, continuer tout droit dans la ruelle en face, longer l'arrière d'une petite mosquée et, en contrebas d'un muret sur la gauche, repérer le début d'un falaj. Marcher le long de celui-ci... La balade, charmante, domine le fond du wadi (sujets au vertige, s'abstenir !) et offre des vues panoramiques sur les montagnes ; on y croise des locaux vaquant à leurs occupations quotidiennes et on y traverse des cultures.

WADI TIWI ★★

4x4 obligatoire si l'on souhaite s'enfoncer assez loin.

Bien plus large que son voisin le Wadi Shab, le Wadi Tiwi permet que l'on s'y engage en voiture. On y accède par une route récente, puis par une piste qui longe la rivière à travers les plantations de dattiers, bananiers, figuiers. Il est important d'être très prudent en conduisant, car certains passages sont assez cassants ou d'une étroitesse froisse-portes. Un conducteur qui ne se sent pas à l'aise avec son tout-terrain devra se contenter de la route d'accès, plate et bien goudronnée. De façon régulière, il est possible de garer sa voiture sur les côtés pour une pause baignade – opter pour un endroit discret, car les locaux ne sont pas habitués à voir des Européennes en maillots de bain, même si cela est toléré. Si l'on aime marcher, on peut aussi découvrir le wadi à pied, à l'assaut des hameaux et cultures en terrasses entourées de murets spécifiques à Tiwi appelé également « les gorges aux neuf villages ». Pour visiter tous les hameaux, compter une à deux journées à pied selon le rythme adopté ou plusieurs heures de voiture.

La route de montagne, qui se fait de plus en plus escarpée et étroite, s'enfonce dans le wadi sur 36 kilomètres et permet d'atteindre le tout dernier village de Mybam : la citadelle du wadi, perchée à 800 mètres d'altitude. L'ensemble, composé de maisons en terre et en pierre et de constructions défensives édifiées sur un piton rocheux, est assez bien conservé.

En chemin, à une vingtaine de kilomètres de l'entrée du wadi, on pourra s'arrêter au niveau de la pancarte matérialisant un départ de randonnée pour le très pittoresque village de Saymah (environ 1h30 de marche aller-retour). Accroché au flanc du djebel Bani Jabir, celui-ci recèle une ancienne tour ronde défensive utilisée également comme silo à grains.

Plusieurs belles piscines naturelles agrémentent le wadi. Depuis le petit village d'Umq Bir part d'ailleurs sur 6 kilomètres un canyon aquatique superbe à descendre, avec de nombreuses vasques et de longs biefs à nager. D'une durée d'environ 7 heures, ce canyoning est spectaculaire et s'adresse à des personnes endurantes et expérimentées accompagnées d'un guide (www.omantrekkingguides.com).

Aux randonneurs chevronnés acceptant de vivre en autosuffisance pendant trois jours, est aussi offerte la possibilité ultime de relier le Wadi Tiwi au Wadi Bani Khaleed par le plateau de Hallut. Cette marche de bon niveau ne peut se faire qu'en compagnie d'un guide de montagne connaissant bien la région. Elle offre un beau panorama sur la mer d'Oman et toute la côte à partir d'un balcon rocheux à 1 900 mètres d'altitude.

© TRABANTOS - SHUTTERSTOCK.COM

QALHAT

A 25 km au nord de Sur, Qalhat est l'un des plus vieux villages d'Oman, décrit par Marco Polo et Ibn Battuta. Le bourg originel était construit en haut de la falaise dominant la baie. Seuls des remparts sont encore visibles et attestent de l'ancienne importance de ce lieu fondé par les Perses dès le IIe siècle. Des XIe et XVe siècles, du temps du règne des princes d'Ormuz, Qalhat était un très important port de commerce qui exportait des chevaux, des dattes et des perles et importait des épices d'Inde. La ville ancienne fut malheureusement détruite au XVIe siècle par les invasions portugaises successives et probablement aussi par un tremblement de terre. Ne subsistent aujourd'hui que quelques vestiges, dont le mausolée de Bibi Maryam et d'antiques nécropoles. En raison de leur importance, ces ruines ont été placées, depuis 2018, sous la haute protection du Patrimoine mondial de l'Unesco qui y effectue des fouilles et a engagé des travaux de restauration qui prendront sans doute plusieurs années.

Selon l'Unesco : « le bien englobe l'ensemble de la cité ancienne de Qalhat délimitée par ses remparts intérieurs et extérieurs, sur une étendue de 35 hectares, ainsi que les zones situées hors les murs où sont les nécropoles. Les vestiges et monuments qu'il contient sont la parfaite illustration d'une ville portuaire du royaume d'Ormuz dont ils reflètent l'héritage, l'architecture et l'aménagement. ».

MAUSOLÉE DE BIBI MARYAM

Site classé à l'Unesco depuis 2018 et momentanément fermé au public. Projet d'un parc archéologique en cours.

Sur une butte se dressent les vestiges du mausolée de Bibi Maryam, une sainte femme. Ces derniers sont les mieux conservés de l'ancien port médiéval de Qalhat. L'intérieur du mausolée abrite quatre niches qui étaient à l'origine encadrées de riches carreaux de faïence qashani importés de Perse. Il devait aussi comprendre une mosquée, qualifiée par l'explorateur Ibn Battuta de « très belle ». Selon la légende, seul ce monument résista à la secousse qui rasa la cité. Le site devint un lieu de pèlerinage avant d'être classé à l'Unesco et fermé au public.

SUR ★

A Oman, le nom de Sur évoque immédiatement les boutres (*dhows* en anglais), ces fameux bateaux qui ont fait la renommée de la région et la prospérité de la ville, et dont la fabrication perdure aujourd'hui – visite des chantiers conseillée. Métropole dynamique, Sur est née du regroupement de quatre villages situés à l'embouchure du wadi Fulaij : Sharayah, Sarray Salah, Ayga et Bilad Sur. Son activité économique reposait sur le commerce avec l'Afrique, à l'époque où Oman commença à s'intéresser à ce continent, dès le VIe siècle. C'était aussi une plaque tournante du commerce des esclaves jusqu'en 1822, date à laquelle Said bin Sultan mit fin à cette activité. De nos jours, la ville se finance essentiellement grâce à son usine de liquéfaction de gaz naturel (L.N.G.).

Sur le plan touristique, c'est une agréable cité balnéaire, hérissée de collines couleur ocre surmontées de tours de guet, et partiellement bâtie de part et d'autre d'une lagune qui lui confère un charme fou. Ce bras de mer, qui se vide en partie à marée basse, est traversé d'un pont suspendu reliant la ville moderne au vieux quartier de Al-Ayja, ses maisons blanches aux portes sculptées et son phare. Si la promenade est agréable, lui préférer l'animation du souk en fin de journée. Toute l'activité économique se trouve là : restaurants, coffee shops, agences de voyages, petits hôtels, cordonniers, barbiers. Une fourmilière où l'on n'hésitera pas à s'engager pour boire un cocktail de fruits frais en terrasse et saisir des scènes de vie.

Tourisme

Bien que la ville soit assez touristique, elle est dépourvue de vraie bonne table en dehors des buffets des hôtels. Une mention tout de même pour la jolie situation du Sahari restaurant dont la vaste terrasse s'alanguit en bord de la lagune (mais peu d'ambiance en journée).

Le plus chouette resto de Sur, non en termes de plats, mais de site, se trouve au bord du canal d'embouchure, face à la mer. Alhawash Restaurant, c'est son nom, et il décroche la palme d'or du meilleur panorama « gustatif » de toute la région.

Transports

Le bus part de Mascate, de la gare routière de Ruwi. Compter un peu plus de 3 heures de trajet et 8 OMR aller-retour. En voiture, deux possibilités s'offrent à vous : par l'intérieur en 3h30 ou par la côte en 2h. Choisir évidemment cette seconde option qui offre d'agréables points de vue sur la mer et permet de faire des haltes de curiosités en route selon le temps dont on dispose.

© CATHYLINE DAHIN

La ville de Sur.

AL SHIYA BEACH

Par temps calme, cette plage sauvage et isolée est un spot à la fois de baignade et de camping. Encastrée entre deux falaises, le sable clair est bordé d'une mer émeraude à l'eau translucide, qui composent un paysage idyllique pour quelques heures de farniente à l'écart de la ville ou une nuitée au grand air lors d'un road trip en direction de ou au retour de Ras al-Jinz par exemple. Par météo ventée, une houle se forme et la baie devient capricieuse – éviter la baignade. L'accès est facile depuis Sur si l'on suit toujours la route la plus proche de la mer.

LA CORNICHE ★

Centre-ville

C'est la « croisette » locale où flâner aux heures douces si l'on dort sur place. L'endroit longe la plage et s'anime surtout en fin de journée, quand les joueurs de foot prennent le sable d'assaut et que les pêcheurs viennent vendre leurs prises. La corniche s'égaye alors d'une belle effervescence, très locale et essentiellement masculine. A marée haute, à l'approche du port, vous pourrez observer le ballet des bateaux de pêcheurs et des boutres qui entrent et sortent. Petit conseil à ces dames : comme toujours, porter des vêtements couvrants.

AL AYJAH ★

Emprunter le pont suspendu

Sur et Al Ayjah sont séparées par le canal maritime qui alimente les eaux de la lagune. Depuis des siècles, les boutres entrent et sortent, les marins s'embarquent, les ouvriers sculptent les poupes en fer à cheval. Pour traverser, il fallait une barque ou bien faire le grand tour par le fond de la lagune, soit une dizaine de kilomètres. Mais l'Etat, qui en Oman vous l'avez constaté ne compte pas pour les travaux d'infrastructure routière, a décidé en 2010 d'offrir à Sur le premier pont suspendu du pays. Pour aborder Ayjah, on conseille aux marcheurs, si la température s'y prête, de laisser le véhicule côté Sur et de traverser, à pied, ce magnifique ouvrage de 204 mètres de long. Enquête faite, ses architectes sont, sans surprise, les Allemands de Schlaich-Bergermann, leaders mondiaux des ouvrages à portée suspendue, auteurs notamment de nombreux stades de la coupe du monde de foot en Afrique du Sud, mais aussi du projet de passerelles piétonnes du Mont Saint-Michel. Au débouché du pont, se diriger vers la gauche pour atteindre rapidement le petit fortin blanchi à la chaux implanté au centre du village (Al Hamooda Fort, ouvert du dimanche au jeudi de 8h30 à 14h30, entrée 500 bz). Ensuite, nous conseillons une déambulation en liberté et au gré des envies, en passant par les rives de la lagune et en remontant jusqu'au phare pour une vue superbe sur les eaux d'une couleur invraisemblable. L'atmosphère calme et surannée du village tranche avec l'animation et le style global de la ville de Sur juste en face, c'est l'intérêt du lieu.

Mais pourquoi ce bourg longtemps isolé, à la barbe de l'agglomération ? Et pourquoi ce développement architectural très différent ? Les historiens nous apprennent qu'Al Ayjah, comme Al Ashkhara un peu plus au sud, est une terre wahhabite, chose extrêmement rare en Oman. Ainsi, en 1928, les cheikhs rebelles des Beni Bu Ali établirent ici un poste de douane indépendant et hissèrent un drapeau pour marquer leur souveraineté. Ils adoptèrent la règle du sunnisme wahhabite à la Saoudienne, comme le firent un peu plus tard dans le Golfe les Qatariens. L'affaire, évidemment, ne fut pas du goût du Sultan, qui demanda un coup de main aux Britanniques pour faire rentrer ces agités dans le rang - un bras de fer qui dura tout de même 24 mois. Les révolutionnaires sont un lointain souvenir, mais le rigorisme religieux est toujours d'actualité dans cette partie spécifique de la ville, ce qui explique la présence systématique du voile facial chez les femmes. Songez donc, mesdames, à ne pas faire la visite en tenue ibizienne.

Al Ayjah.

LE CHANTIER DES DHOWS

Rivage à droite du pont suspendu
✆ +968 9931 7656
Ouvert 7j/7, de 8h à 17h. Accès libre.

Même si Sur ne produit plus qu'un ou deux boutres par an, des ouvriers indiens réparent ici ces fameuses embarcations qui ont fait la réputation et la prospérité de la ville dès le Ier millénaire avant notre ère. Les deux modèles les plus populaires étaient alors le baggala et le ghanja. Aujourd'hui, la tradition se poursuit dans les règles de l'art, et les ghanjas, voiliers de taille plus modeste, sont encore construits selon les méthodes ancestrales, le calfatage se faisant à la graisse de requin et au plâtre. Des instruments électriques sont par contre employés pour la coupe des boutres, que six travailleurs parviennent à achever en 5 mois pour un coût moyen de 40 000 OMR. Les chantiers produisent également des Sharks, bateaux de bois élancés que l'on manie à l'aviron, comme des yoles ou des outriggers. Spécifiques à Sur, ces embarcations sont utilisées tous les ans en février, lors du *Special Day*, pour des courses extrêmement populaires. En continuant la route qui longe la lagune, vous apercevrez un magnifique exemplaire de dhow construit à Sur il y a plus de soixante-dix ans, et désormais sorti de l'eau et érigé au sol comme une statue ou plutôt comme un témoin muséal du passé : le Fatah al-Khair. S'il n'est pas possible de monter à bord pour visiter l'intérieur, il est intéressant de s'approcher des flancs du bateau pour observer les finitions. Traditionnellement, les navires étaient fabriqués à la main, sans clous, et des cordes tissées manuellement étaient utilisées pour consolider les jointures.

FORT DE BILAD

Route 23 vers Mascate par l'intérieur
Ouvert de 8h30 à 14h30 en semaine, fermé vendredi et samedi. Entrée 500 bz.

Le fort a été construit dans les terres, sans doute au tout début du dix-neuvième siècle sous Sayyid Said Bin Sultan, afin d'assurer la protection contre les attaques des tribus de l'intérieur du pays. Il consiste en une vaste cour intérieure, flanquée de quatre tours massives, dont une surmontée d'une inhabituelle tour plus fine, élancée comme une cheminée. Tout un petit quartier s'est constitué dans les environs, ce qui ajoute à l'intérêt de la visite, si toutefois vous trouvez la porte ouverte. L'ensemble accueillait l'administration du wali jusqu'en 1976.

FORT DE SUNAYSILAH

Entre le centre et le Sur Plaza
Ouvert de 8h30 à 14h30 en semaine, fermé vendredi et samedi. Entrée 500 bz.

Edifié sur une élévation dominant toute la baie de Sur, ce château fortifié a été construit il y a 350 ans, du temps du règne de Nasir bin Murshid Al Ya'rubi, l'iman qui chassa les Portugais du coin en 1648. L'architecture en est simple : un carré flanqué de quatre tours. On peut observer les anciennes fondations laissées à découvert ainsi que la porte d'entrée en bois de sidr, le jujubier fournisseur des épines de la Sainte Couronne. La visite est assez rapide, mais vaut le déplacement pour la vue que l'on a depuis le chemin de ronde.

LE PORT A BOUTRES

Plusieurs bateaux s'alignent les uns à côté des autres. Négocier le tarif, autour de 7 OMR les 20 minutes.

Aménagé au calme de la lagune, l'endroit vaut surtout le détour pour ses boutres traditionnels en bois. Certains marins y proposent des balades, soit au large de Sur, soit jusqu'à Ras al-Hadd. Une option plus courante consiste à faire le tour de la lagune sur une barque à moteur pour aller voir les bateaux, mais aussi les collines hérissées de tours de guet. Négocier le tarif et la longueur de la promenade sur place, auprès des gamins ou pêcheurs qui sont disponibles. Attention, l'activité est sujette aux caprices de la marée !

RESORT SUR BEACH HOLIDAY €€

Front de mer, sortie ouest à 2 km
✆ +968 2553 0300 - www.surhotelsoman.com
A partir de 35 OMR la chambre double, taxes et petit déjeuner inclus.

Du temps de sa splendeur lointaine, avec plus de cent chambres vue mer, c'était le Majestic de la Côte des tortues. A l'inverse des forts centenaires du sultanat, qui eux sont restaurés, le Beach tombait tranquillement en petite ruine, rongé par les vents du large. La rénovation d'il y a quelques années, sans le transformer en « resort » véritable, l'a transformé en bon hôtel d'étape avec des chambres nickel et spacieuses, un peu de verdure autour de la piscine, une salle de sport, un resto et un bar. De quoi passer somme toute une nuit confortable.

AL JUMHOUR HOTEL APARTMENTS €

Rue derrière Bank Muscat Souq Branch
✆ +968 2554 4990
A partir de 20 OMR/la chambre double avec taxes et petit déjeuner.

Comme son nom l'indique, l'hôtel propose de véritables appartements dotés d'un coin salon, d'une cuisine équipée et de chambres à coucher plus ou moins nombreuses. C'est la solution idéale quand on est en famille ou en groupe. Le sol est en marbre, les chambres sont bien agencées et décorées avec un certain soin. L'hôtel est situé dans le centre mais à l'écart du brouhaha (petite rue perpendiculaire à la zone commerçante). Pas de restaurant sur place.

SUR PLAZA HOTEL €€

Route 23 vers Mascate par l'intérieur
✆ +968 2554 3777
www.omanhotels.com
Autour de 40 OMR la chambre double, taxes et petit déjeuner inclus.

Le Sur Plaza est le meilleur hôtel de la région, sans discussion. Cela ne l'excuse pas d'être un peu tristoune, avec sa façade à petites fenêtres rectangulaires et cette forme en H qui ne trouve pas le moyen d'avoir des chambres vue piscine, sauf par-delà les souffleries du resto. Tant qu'à faire, évitez les clés côté voie rapide parmi les 92 chambres qui, elles, sont tout confort, rien à dire ni redire : tous les atouts d'un 3 étoiles où bien dormir. Egalement : 2 restos dont l'un en terrasse au bord de la piscine, bar-pub avec licence d'alcool, gym.

AL-AYJAH PLAZA HOTEL €€

Al Ayjah
✆ +968 2554 4433
www.alayjahplazahotels.com
A partir de 35 OMR la chambre double et de 60 OMR la familiale.

C'est l'auberge dry, mais on fera avec, car elle nous semble en fait sur le podium de Sur. De l'autre côté du pont « Eiffel », une bâtisse de 6 étages aux reflets bronze s'adosse à un éperon rocheux et offre, sur un de ses côtés, une vue plongeante sur les eaux de la lagune. On réserve justement là, une chambre au quatrième ou cinquième étage parmi les 43 que compte l'hôtel. Pour shisher et dîner avec vue sur l'eau, on choisira entre le restaurant du deuxième étage ou le Sahari à deux pas de là, la plus grande terrasse en extérieur de Sur.

ZAKI FRIED CHICKEN €

Main Street, à 300 m du souk, près de la station-essence du centre
✆ +968 9324 7772
Ouvert 7j/7 de 12h à 2h. Tout petits prix : quelques baisas ou rials selon le plat choisi. Egalement à emporter.

L'oncle du Kentucky n'a qu'à bien se tenir, Nando's peut pleurer dans son mouchoir mozambicain, voici ZFC, grand-vizir local de la volaille rôtie, suprême mamamouchi du kebab et d'une ribambelle de plats indiens, arabes et chinois ! Facile à trouver car repérable depuis la route principale avec ses couleurs, en gris et rouge flambant. On s'arrête rapido près du rond-point pour commander à emporter ou l'on s'installe à l'intérieur, dans la grande salle climatisée où ça dépote comme chez McDonald's ! Zaki est un repère trop connu pour être ignoré.

ALHAWASH RESTAURANT €

A coté du pont Al Ayjah, juste en face du phare
✆ +968 9941 8497
Ouvert 7j/7 de 8h à 23h30 sauf vendredi 8h-11h30 et 13h-23h30. Compter 5 OMR par personne.

C'est le plus beau site de Sur : en surplomb de la baie turquoise, face au quartier d'Al Ayjah, sur l'autre rive, avec ses maisons traditionnelles blanches et son phare fièrement dressé. On pourra choisir de manger au frais dans la grande salle à l'esprit omanais et pourquoi pas, à la mode arabe, assis sur des tapis. Mais il serait dommage de ne pas profiter de la vue offerte à partir des deux grandes terrasses couvertes et protégées. La cuisine, plutôt indienne, est variée et de qualité, comme en témoigne la présence de nombreux locaux. Grand choix de poissons.

BILAD AL SHAM GARDENS RESTAURANT & COFFEE SHOP €

Ouvert 7j/7 de 8h à 4h du matin. Autour de 800 bz un jus frais, 300 bz une tourte ou un sandwich, 2 OMR un plat.

Typique et exclusivement fréquenté par les locaux, ce grand restaurant tenu par un Syrien propose toute la palette des plats indiano-orientaux habituels et aussi des burgers, des pizzas… bref, les classiques d'un coffee-shop. La salle intérieure climatisée n'est vraiment pas terrible, mais la terrasse, légèrement en retrait de la grande route, pourrait, aux yeux des voyageurs qui aiment « l'exotisme », avoir le charme des lieux animés un peu foutraques.

SAHARI RESTAURANT €

Al Ayjah
✆ +968 2554 1423
A partir de 3 OMR, shishas.

Une immense terrasse au bord de l'eau, des tables et des bancs de bois pour boire un jus de fruits frais ou se restaurer d'un biriyani, de nouilles chinoises, de poissons grillés ou encore de pizzas, tel est le cadre de ce resto plus animé le soir qu'en journée quand les hommes viennent y fumer la shisha. Au calme, la terrasse s'étale au pied de l'hôtel Al-Ayjah Plaza, avec vue reposante sur le Léman local, cette lagune qui vit se construire, au fil des siècles, tant et tant de boutres lancés sur toutes les mers d'Afrique et d'Asie.

SUR SEA RESTAURANT €

Centre-ville, par Souq Street
✆ +968 2554 2516
Ouvert 7j/7 de 11h30 à 13h30 et de 17h à Minuit, le vendredi dîner uniquement. A partir de 3 OMR par personne.

Dans le centre animé et le secteur du souk, ce restaurant avec terrasse sur la rue propose une carte variée de plats arabes, chinois et indiens. Rien de révolutionnaire, la carte est globalement la même que celle des autres restos du coin, avec poisson frais puisqu'on est en bord de mer, crabes et crevettes tous les jours, langouste selon arrivage, des plats omanais traditionnels, le meilleur biryani de Sur paraît-il… Bref, une bonne cantine en centre-ville, qui a le mérite d'être là quand on se balade à l'heure du déjeuner.

ZAKI RESTAURANT €

Ash Sharqiyah Region 411 Sour
✆ +968 25 545221
Ouvert 7j/7 de 6h à 1h du matin. Compter 2 OMR par personne.

Ce restaurant situé juste au pied de Zaki Hotel Apartment est très fréquenté des locaux, gage certain de qualité. Y venir pour se sustenter, mais aussi pour l'ambiance, les rencontres, la gentillesse du personnel… La carte est internationale et très variée avec peut-être une prédilection pour la cuisine indienne, mais on trouve aussi du poisson grillé, du houmous ou des burgers. Attention aux plats parfois très épicés pour les personnes sensibles. Cadre sans chichi, mais excellent rapport qualité-prix. Une adresse sûre à Sur !

SAHARI RESTAURANT

Rive droite de la lagune
✆ +968 2554 1423
Ouvert 7j/7 de 9h à 1h du matin. Petits prix.

Ce n'est pas la folie, mais c'est un endroit agréable, surtout en soirée quand il fait doux. A tout dire, c'est sans doute l'endroit le plus sympa de la ville pour boire un verre et fumer une shisha. On est en extérieur, sur une terrasse en bord de lagune : de l'espace, le clapotis léger d'une fontaine, des volutes aromatisées pomme, menthe ou cerise… Les touristes se mêlent aux autochtones, des hommes surtout, vêtus de leur costume traditionnel et venus là pour discuter, fumer ou regarder le foot… On est à Sur, ville conservatrice. Atmosphère locale.

CÔTE DES TORTUES

RAS-AL-HADD ★

Ras al-Hadd se trouve à la pointe orientale du sultanat, à la jonction du golfe d'Oman et de la mer d'Arabie. L'endroit est formé de plusieurs criques d'un bleu exceptionnel, que dessinent et découpent des rochers aux formes parfois tortueuses. Mais cette partie de la côte, de Ras al-Hadd à Al-Ashkharah, est surtout réputée pour ses tortues marines, qui viennent par centaines, à la faveur de la nuit, déposer leurs œufs avant de repartir au lever du jour. Ce patrimoine naturel d'exception a valu au secteur, et notamment à 45 kilomètres de littoral, d'être classé en réserve en 1996. Il faut néanmoins pousser jusqu'à Ras al Jinz, à une dizaine de kilomètres au sud de Ras al Hadd, pour pénétrer une vraie zone protégée, sans construction ni possibilité d'accéder à la plage en voiture, de se baigner ou d'y pique-niquer. C'est là, à partir du centre d'accueil de la Ras Al Jinz Turtle Reserve, que l'on pourra partir à la rencontre de ces reptiles d'un autre temps.

Dans un autre registre, les environs de Ras al Hadd comptent plusieurs sites archéologiques témoignant de plus de 6 000 ans d'histoire – sites funéraires et anciens villages de pêcheurs pour la plupart. Ces derniers sont la preuve d'échanges entre les communautés marines et celles des oasis reculées du lointain désert. Ils racontent aussi l'histoire du négoce avec la Mésopotamie, l'Inde, l'Afrique et la Chine. Des fouilles effectuées par des archéologues français – très présents dans la région – ont mis à jour d'importants vestiges, notamment celui du plus vieux bateau omanais jamais retrouvé ou encore du brûleur d'encens le plus ancien de la Péninsule, daté du deuxième millénaire av. J.-C.

Se loger

La majorité des touristes qui résident à Ras al-Hadd le font dans le but unique d'aller passer une soirée à Ras al Jinz pour observer les tortues. L'endroit peut toutefois mériter deux nuitées pour ses jolies plages. Dans ce cas, optez pour le Turtle Beach Resort, délocalisé et reconstruit un peu plus loin donc neuf, ou poussez jusqu'au Centre de Visite et de Recherche de Ras al-Jinz qui possède une dizaine de chambres et 12 tentes de luxe – mais, attention, l'accès à la très belle plage est fermé à partir de 13h30.

Transports

Depuis Sur, compter une quarantaine de kilomètres. La route est belle, rapide. On apercevra le lagon de Khawr al-Garamah qui abrite des mangroves, très beau coin pour une photo avant d'arriver à Ras al-Hadd.

IL Y A PLUS DE 4000 ANS...

Ras al-Hadd, occupé dans la première moitié du IIe millénaire, et Ras al-Jinz, où nous ne connaissons que l'occupation de la seconde moitié du IIe millénaire, sont nos deux sources principales sur l'âge du bronze ancien du Ja'alan. Ras al-Jinz occupait la périphérie d'une plage au fond d'une petite baie. Une partie au moins des maisons, habitées d'octobre à mars environ, était en briques crues. La pêche, plus particulièrement celle des thunninés, y était intensive tout comme le traitement par séchage, fumage et salage du poisson, dont témoignent des dizaines de milliers de fragments osseux, mais aussi les restes de très nombreux fours et foyers. Les tortues vertes étaient tuées pour leur graisse et leur viande de même que l'étaient les dauphins, à un degré moindre. Les mammifères terrestres incluent principalement des animaux domestiques (chèvre, mouton, chien, âne et bovins), la chasse étant marginale. Les coquilles et notamment les moules ne sont consommées que de façon occasionnelle. Conus sp. et Pinctada margaritifera sont utilisés pour le façonnage d'anneaux. Des dattes sont importées des oasis de l'intérieur. La poterie inclut environ 30 % de tessons originaires de l'Indus, pour l'essentiel des jarres de transport à pâte rouge micacée et engobe noir. Le silex, abondant sur le site, semble n'avoir servi qu'au travail de la coquille, le reste de l'outillage, notamment les hameçons, étant façonné en cuivre.

Sources : Évolution paléogéographique du Ja'alan à l'Holocène moyen, revue Paléorient 2005

Ras-Al-Hadd.

FORT

Tout droit au rond-point puis 1,5 km sur la gauche

Ouvert de 8h30 à 14h30, fermé vendredi et samedi. Entrée libre.

A l'extrémité orientale du sultanat, le fort du cap est un balcon sur le monde. Aux XIe et XIIe siècles, nous étions là dans une des places maritimes et commerciales les plus importantes de la côte alors que Sohar filait vers sa décadence et que Qalhat n'avait pas encore pris le relais. Construite au XVIe siècle, restaurée en 1989, la citadelle compte trois imposantes tours dont celle de l'ouest porte le nom de Sindbad, légendaire marin. L'intérieur du fort est vide, mais de la tour principale, la vue sur la ville, la mer et les lagunes est très belle.

RESORT RAS AL HADD HOLIDAY €€

Rive droite de Khawr Al Hajar

✆ +968 2556 9111

www.surhotelsoman.com

A partir de 49 OMR la chambre double, taxes et petit-déjeuner inclus.

Ce « resort » n'est pas vraiment sur la plage mais plutôt dans la plaine qui la précède, ce qui est énervant quand on n'est pas prévenu et qu'on cherche la mer, la serviette sur le bras, l'ambre solaire calée dans l'élastique du maillot. En ce bout du monde improbable, voici donc un immeuble de type caserne et néanmoins confortable, avec 37 chambres nickel, un resto, un bar. Il y a même une grande piscine au niveau de l'entrée et non côté mer, allez comprendre !

TURTLE BEACH RESORT €€

✆ +968 2554 4900

www.tbroman.com

A partir de 65 OMR la chambre Hamoor double avec le petit-déjeuner, 70 OMR en demi-pension, taxes comprises. Parking.

Agencé en U, le resort aligne 56 bungalows en dur, mais couverts de feuilles de palmes, donc agréables à l'œil. Spacieuse, avec clim, TV, salle de bains (et salon en plus pour les suites de la catégorie Royal Hamoor), chaque unité est dotée d'une terrasse vue mer ou lagune. Petite préférence pour les clefs 202 à 205 et 206 à 213, au plus près de l'eau. Le restaurant et sa terrasse donnent aussi sur la mer, et un bar aligne quelques bouteilles appréciables. Sur place : plusieurs activités nautiques payantes et une aire de jeux pour les enfants.

RAS AL JINZ ★★

Ras al Jinz est une baie au sable d'argent encerclée de superbes falaises. La plage est bordée et comme coupée en deux par des rochers aux formes étranges : saisissant ! Peu de chance toutefois de s'y prélasser des journées entières, car l'endroit est un spot international de reproduction de la tortue verte. Pour lutter contre les va-et-vient intempestifs des 4x4 et préserver l'habitat naturel des reptiles, le gouvernement, en plus de classer l'endroit en zone protégée, a décidé d'en limiter l'accès. Un Centre de Visite et de Recherche barre l'entrée de la plage et l'approche des tortues fait l'objet d'un contrôle draconien. On se rendra donc à Ras al Jinz dans le but unique d'observer ce miracle de la nature – étape incontournable d'un circuit de découverte des richesses naturelles du sultanat. Si Ras al Jinz est l'endroit le mieux organisé pour assister à la ponte et/ou à l'éclosion, avec même un hôtel pour les passionnés qui souhaitent résider sur place et être les premiers sur le site, il faut savoir qu'on peut voir des tortues ailleurs au sultanat, notamment en grand nombre sur l'île de Masirah. En l'absence d'un guide professionnel, les chances sont cependant plus minces.

Transports

La route d'une quarantaine de kilomètres qui relie Sur au carrefour en T aux abords de Ras al Hadd est belle et scénique, et longe ponctuellement de superbes lagunes. A la jonction finale, soit on prend à gauche sur 4 km vers Ras al Hadd, soit on file à droite sur 5 km puis, après le relais radio, à gauche sur 6 km en direction du littoral de Ras al Jinz.

© OT OMAN

Ras Al-Jinz.

CÔTE DES TORTUES

RAS AL-JINZ TURTLE RESERVE ★★

✆ +968 9655 0606

www.rasaljinz-turtlereserve.com

7j/7 vers 21h et 5h (horaires variables selon la saison) sur réservation. 8 OMR/adulte, 2 OMR/enfant de 5 à 12 ans.

La réserve des tortues couvre une surface terrestre et maritime de 120 km², dont 45 km de côtes. Les deux sorties guidées, organisées vers 21h et 5h, durent environ deux heures chacune, incluant quelques informations scientifiques, les consignes de sécurité, les 20 minutes de marche aller-retour dans le noir pour accéder à la zone de ponte, et le temps d'observation lui-même, en groupe de 20 personnes au maximum (ce qui est déjà beaucoup, d'autant que d'autres groupes sillonnent la même plage, passant d'une scène à l'autre). Ces visites sont les mêmes que celles incluses dans le forfait hébergement de ceux qui ont réservé une chambre sur place et qui bénéficient de la priorité sur les autres clients et d'un temps d'attente plus court, c'est l'avantage, notamment pour la sortie du petit matin, car dans ce dernier cas, les guides ne réveillent les vacanciers que si des tortues ont été repérées. Les clients séjournant à l'extérieur de la réserve doivent, eux, se présenter au centre 30 minutes avant en soirée ou au petit matin, et s'être inscrits au préalable.

La meilleure saison court de mai à septembre, pendant les mois chauds. Mais on voit des tortues toute l'année, plusieurs centaines à la fois en juillet qui est le mois à privilégier par les vrais passionnés, parfois simplement une ou deux par jour en saison basse.

Qu'on soit passionné de faune ou non, la vision de ces monstres sacrés est assurément un spectacle inoubliable. Une leçon d'éternité qui, quand le site n'est pas blindé de groupes, se trouve accrue par l'atmosphère un peu étrange de l'endroit et de l'expérience. Peut-être parce qu'on se rend sur la plage de nuit, que les vagues claquent contre des rochers à l'allure fantomatique, qu'il faut se taire et marcher avec précaution comme lorsqu'on pénètre dans un lieu sacré. Et quand le plancton phosphorescent est en période d'éclosion, que chaque vague dépose sur le sable comme des milliers de lucioles et que les tortues empruntent ce chemin de lumière pour regagner l'océan, là, franchement, séquence émotion !

▶ **Pour compléter la visite,** nous conseillons de faire un tour au petit musée établi dans le centre d'accueil, bien fait et volontiers interactif pour les enfants. Celui-ci est scindé en deux sections : l'une dédiée aux différentes espèces de tortues de la région et à la lutte contre leur extinction ; l'autre aux explorations archéologiques entreprises dans la région depuis 1982 suite à la découverte accidentelle d'un fragment de poterie datant de l'âge de bronze – possibilité de voir sur place des objets en cuivre ou céramique, des bijoux, des cartes, des maquettes...

▶ **Pendant la journée, l'accès libre et non guidé à la plage** n'est autorisé que de 8h à 13h30 et seulement à pied, non pour contempler les tortues qui restent en mer, mais pour aller voir les trous creusés par celles-ci, ainsi que les traces laissées par leurs nageoires dans le sable. Que l'on se rassure : le risque de marcher sur des œufs est plus que réduit puisque ceux-ci sont enfoncés d'au moins 50 centimètres dans le sol. Mais il est bien sûr interdit de creuser, comme il est interdit de faire des pique-niques. Au-delà de son intérêt scientifique, la plage est un agréable lieu de promenade et de farniente. On peut se baigner en prenant garde à ne pas trop s'éloigner du bord, car les courants peuvent être forts. En plein été, il est déconseillé de s'aventurer en mer en raison de la houle.

Sur la plage de Ras Al-Jinz.

© RAS AL JINZ TURTLE RESERVE

RAS AL-JINZ TURTLE RESERVE €€€

✆ +968 9655 0606

www.rasaljinz-turtlereserve.com

Simple/double à partir de 69 OMR en haute saison, petit déjeuner et taxes inclus, 89 OMR pour une tente.

Moins un hôtel que 19 chambres dans une structure de type base scientifique destinée à l'écotourisme : pas de jardin, pas de piscine, peu de fenêtres pour limiter les nuisances. A quelques centaines de mètres, 12 tentes de luxe offrent un confort similaire (salle de bains privée, salon, clim') dans une ambiance un peu moins monacale et avec l'atout d'une terrasse. On est au cœur de la réserve, c'est l'avantage. Egalement restaurant, boutique, musée. Plage accessible de 8h à 13h30.

SAMA RAS AL JINZ €€

✆ +968 9749 4004

www.samaresorts.com

60 OMR la chambre standard double en haute saison et demi-pension, taxes incluses ; 80 OMR la Deluxe.

A seulement 4 km du Visitor Centre de la réserve des tortues, ce nouveau petit hôtel composé de 20 bungalows de style traditionnel, offre le charme d'une décoration soignée à base de matières brutes, locales et naturelles. On apprécie l'espace des Deluxe prolongées d'une superbe salle de bain avec baignoire, et la douche à ciel ouvert des Standard tout aussi coquettes. Belle terrasse devant chaque unité et restaurant sur place. Pas vraiment d'activité, on est là pour voir ces demoiselles à carapaces. Hôtel d'étape plus que de loisirs.

© SAMA RAS AL JINZ

© SAMA RAS AL JINZ

SEA-GIANTS €

Ras Al Jinz Visitor Centre

✆ +968 9655 0606

Ouvert 7j/7 de 12h à 15h et 19h à 21h. A partir de 8 OMR par personne le repas. Réservation recommandée.

Installé dans le centre d'accueil de la réserve, seul restaurant à plusieurs kilomètres à la ronde, le Sea-Giants accueille la clientèle des tortues et les passants qui ont la dent. La salle, moderne, peut recevoir une soixantaine de personnes dans une ambiance teintée d'excitation avant l'aventure et assez particulière, le soir, quand toutes les ouvertures sur l'extérieur sont calfeutrées pour que les lumières n'aillent pas perturber le cycle de reproduction naturel des reptiles. Carte de plats internationaux et locaux, menu tout prêt, buffet.

AL-ASHKHARAH

Au sud de Ras Al-Jinz, on parvient au village wahhabite d'Al-Ashkharah, bastion de la tribu des Bani Bu Ali. Ce bourg, où l'on peut encore admirer quelques belles portes anciennes, se vide en grande partie pendant l'été quand ses habitants partent poiur 3 à 4 mois récolter les dattes à l'intérieur, dans l'oasis de Bilad Bani Bu Ali. C'est à partir d'Al-Ashkharah que commence le vrai « grand sud » d'Oman, avec cette extraordinaire nouvelle voie rapide entre mer et désert qui dessert notamment l'embarcadère pour l'île de Masirah. La route, quasi non fréquentée, est idéale pour quelques jours d'aventure facile et de bivouac, loin des chemins empruntés...

AL ASHKHARA BEACH RESORT €

Sortie sud de la ville ✆ +968 9408 2424

www.ashkhara.com

A partir de 30 OMR la chambre double avec le petit déjeuner.

Etonnant pays qui installe là, en rade de la localité, un beau bâtiment tout en longueur ocré, à 100 mètres de la plage infinie, avec la mer devant. Un seul étage, des chambres simples mais équipées du nécessaire, spacieuses et claires, la TV, la piscine, le tout largement au-dessus du niveau des auberges proto-miteuses des bleds aux portes du désert. Pour ceux qui font le grand tour par la côte puis les Sharqiya Sands ou inversement, et auraient besoin d'une douche et d'un restaurant, c'est une adresse qui tient la route. BBQ et aire de jeux pour les enfants.

CÔTE DES TORTUES

© ATANA STAY ASHKARA

© ATANA STAY ASHKARA

ATANA STAY AL ASHKARA €€

✆ +968 2556 6555

Simple/double à partir de 37 OMR en haute saison, taxes et petit déjeuner inclus. 8 OMR/personne pour la demi-pension.

Formatée pour les *digital natives*, ludique, branchée, facile à vivre, cette nouvelle marque sœur de la chaîne Atana offre des espaces conviviaux qui s'articulent autour d'un lounge central et son resto – lieu de vie, de partage et de rencontre. On est hors des sentiers battus, le désert dans le dos et la mer devant, au bord de cette côte encore vierge qui file vers le sud et offre des conditions idéales pour l'aventure et la pratique du kitesurf, autant d'expériences instagramables. Dans les 44 chambres, on apprécie le confort d'un bon 3*. Piscine, salle de jeux.

© ATANA STAY ASHKARA

© ATANA STAY ASHKARA

MASIRAH ★

A 18 kilomètres de la côte, l'île de Masirah, encore peu fréquentée des voyageurs, est un spot idéal pour les sports de voile et sa réputation auprès des kitesurfers n'est plus à faire, tout comme est reconnu son statut de spot international de reproduction des tortues marines, cacouannes surtout. Bien que peu développée, l'île compte une petite ville, Hilf (8 000 habitants), construite en longueur en bord de mer. C'est l'unique lieu de ravitaillement en essence et nourriture, sauf à se servir directement dans l'océan ou à aller acheter son poisson auprès des autochtones. Les autres villages ne sont que des hameaux de maisons de pêcheurs, voire de simples pancartes plantées au milieu de nulle part. De taille moyenne (65 km de long par 17 km maximum de large), Masirah se caractérise par un relief monotone fait de quelques points hauts (Jabal Madrub à 256 m) dominant des roches ophiolitiques et d'interminables étendues de sable blanc sur fond de mer turquoise. Deux bonnes heures sont nécessaires pour faire la traversée du nord au sud en voiture, dans un décor qui change au fil des kilomètres : mont, sable, criques, wadi. L'extrémité nord de l'île n'est pas accessible, car occupée par les ex-installations de la RAF devenues une base militaire omanaise « ultra-secrète » depuis 1980. On conseille de rester deux ou trois jours sur place pour prendre le tempo de l'île et avoir le temps de musarder au hasard des pistes.

Faune et Flore

Masirah possède une richesse non négligeable en matière de faune. En plus de coquillages assez rares, l'île compte de beaux massifs coralliens abritant une multitude de poissons colorés. Des hérons et des flamants roses ont élu domicile dans certains secteurs et la plupart des plages sont des sites internationalement reconnus de reproduction des tortues marines. Masirah compterait ainsi la plus forte population mondiale de tortues caouannes, avec pas moins de 30 000 femelles recensées (cœur de saison pour la ponte : juin à août). Sur l'île, il n'est pas rare de croiser également des dromadaires, des ânes ou des chèvres.

Pratique

Le débarquement se fait à Hilf, le seul village de l'île, à l'extrême nord de la côte ouest. Tous les commerces de Masirah se trouvent dans sa rue principale, parallèlement au bord de mer. Pour y accéder en sortant du bateau prendre à droite, puis première à gauche et encore à gauche. Epiceries, restaurants, cybercafé... Pour les problèmes mécaniques et réparations en tout genre, s'aventurer dans les rues adjacentes. De Hilf part la route du tour de l'île que l'on conseille, suivant le soleil, de faire dans le sens des aiguilles d'une montre. Pour le kitesurf et la glisse au vent, c'est la côte ouest. Celle-ci est la plus protégée et bénéficie de lagunes d'eau peu profonde et de vagues moyennes et régulières, propices aux débutants. Pour voir des tortues et trouver les plus belles plages, du sable clair, des coquillages, de vrais petits coins de paradis, c'est à l'est, et surtout au sud immédiat du cap Al Ya, la terre la plus orientale de Masirah. En plus de la route circulaire, l'île est dotée de deux ou trois transversales, dont une bien pratique pour ceux qui n'ont pas le temps du grand tour, au centre, dans la plus petite largeur.

CÔTE DES TORTUES

Masirah abrite une grande variété d'espèces animales.

© MASIRAH ISLAND RESORT

© MASIRAH ISLAND RESORT

© MASIRAH ISLAND RESORT

MASIRA ISLAND RESORT €€€

A 7,5 km de Hilf ✆ +968 2550 4274
www.masiraislandresort.com
Simple/double à partir de 56 OMR d'octobre à avril, taxes et petit déjeuner inclus. 8 OMR/ personne la demi-pension.

Le resort de l'île aux tortues est le plus luxueux. On salue le confort des 22 chambres, suites et chalets familiaux de cet établissement moderne, sa piscine, son fitness, son terrain de beach-volley... On passe à l'un des deux bars prendre un apéro et on file au resto The Dhow en espérant côtoyer quelques humains. Là, tout autour, le cycle inchangé de la reproduction se déroule. Repérage *Futé* : les chambres du premier comprennent un balcon privé et offrent une vue panoramique sur la mer d'Arabie. Bonus du séjour : le musée sur les trésors naturels de Masirah.

© MASIRAH ISLAND RESORT

© MASIRA ISLAND RESORT

Se loger

Pour un contact nature, plantez votre tente à peu près n'importe où, excepté sur les 25 km de la côte Est réservés aux tortues. La côte Ouest présente l'avantage d'offrir des criques un peu en retrait de la piste, garantie d'une plus grande tranquillité. Ne pas s'étonner d'avoir à partager son petit bout de territoire avec des dromadaires ou des chèvres. Pour un hébergement digne de ce nom, opter pour le Masira Island Resort tout confort en bord de mer, qui abrite une intéressante galerie d'information sur la faune et la flore. Astuce Petit Futé pour les kitesurfers : réserver via info@kiteboarding oman.com pour bénéficier d'offres kite-package très intéressantes.

Se restaurer

Pas de vrai restaurant, mais seulement quelques échoppes servant du poulet, des kebabs et autres plats locaux à tarif abordable. Pour s'attabler plus stylé et avec un verre de vin, viser l'unique resort.

Transports

- **Voiture**. Il faut aller jusqu'à Shana'a pour prendre le bateau. De Mascate, compter 450 km par l'intérieur via Nizwa, Sinaw et Muhut. Option un peu plus longue, mais conseillée : le tout côtier, voie goudronnée de bout en bout, Mascate-Sur-Shana'a. On s'offre ainsi « l'autoroute du désert », bordée de dunes d'un côté et de la mer de l'autre, et particulièrement scénique à partir d'Al-Ashkharah. Le « port » de Shana'a se limite à une simple plate-forme d'embarcation.
- **Traversée**. La compagnie nationale qui dessert l'île de Masirah est la National Ferries Company.
Pour les horaires de traversée se référer au site www.nfc.om ou appeler le bureau +968 9811 1162. Il y a plusieurs allers-retours par jour depuis Shannah 7j/7. Compter 16 OMR par voiture la traversée en aller simple que vous paierez directement à bord, car il n'y a pas de réservations à l'avance. Le voyage dure normalement entre 1h et 1h30. Atypique, la croisière est un délicieux moment d'échappée vers un ailleurs très ailleurs.
- **Taxi**. Il n'y a pas ou peu de taxis sur Masirah, mais personne ne vous laissera longtemps au bord du chemin.

PLAGES DE RAS AL YA ★

Côte est, au sud de Ras Al Ya,
à environ 22 km de Hilf

Aucun commerce alentour, prévoir de l'eau.

Certains moments, au fil du voyage, sont immédiatement précieux, certifiés inoubliables. Sur cette île rendue lointaine par la lenteur brinquebalante de son ferry, à un demi-millier de kilomètres de la capitale et comme à des années-lumière du temps présent, voici un de ces moments rares. Ils ne figurent sur aucun catalogue de voyagiste agréé, ne sont pas fléchés, encore moins répertoriés dans les guides. Ils sont un précipité de simple nature à la naissance du monde, un choc sauvage. Deux solutions : vous dormez à l'hôtel à 13 km au nord et vous y venez en excursion à la journée, ou bien vous y passez la nuit pour avoir peut-être la chance d'apercevoir, au tout petit matin, les dames caouannes (*Loggerhead* en anglais). Pour bivouaquer ou se baigner, on préférera éventuellement descendre 6 km plus au sud, sur l'autre plage magnifique ornée d'une épave, avec l'avantage d'un ruban de sable moins large rendant la mer plus facile d'accès en approche automobile. Le plus grand respect est demandé aux voyageurs qui devront faire preuve d'un vrai sens des responsabilités afin de ne pas perturber le processus de ponte et entraîner un retour prématuré à la mer : ne pas marcher n'importe où la nuit sur les plages où les tortues se reproduisent (risque d'écraser les petits ou de couper la route aux reptiles), ne pas braquer de lampes torches ni utiliser de flashs, ne pas parler de façon intempestive, ne pas encercler les animaux ni tenter de les approcher. De façon globale : rester discret, à distance et ne toucher à rien.

DANAT AL-KHALEEJ HOTEL €

Côte ouest - A 2 km de l'embarcadère de Hilf en allant vers le sud
✆ +968 2550 4533
www.danat-hotel.com

A partir de 30 OMR la chambre double, taxes et petit déjeuner inclus. Wifi gratuit.

Situé sur la plage, à 2 km du port, c'est certainement la meilleure option pour ceux qui ne souhaitent pas ou ne sont pas équipés pour camper mais veulent profiter de la mer. Pas mal aussi si vous arrivez avec le dernier ferry et qu'il est tard, pour éviter de planter la tente de nuit : vous vous réveillerez devant l'onde et partirez à la conquête de l'île dès le lendemain. L'ensemble se compose de 23 chambres et 2 appartements confortables avec clim, un restaurant et un coffee shop. Sur demande, sortie observation des tortues, tour en bateau, location de voiture.

MASIRAH BEACH CAMP €

Côte Ouest,
à 33 km de l'embarcadère
✆ +968 9255 5338

A partir de 18 OMR/nuit pour 1 cabane simple et 36 OMR/nuit pour 1 cabane de luxe.

Ici, pas de grosse infrastructure, juste un campement sommaire assez isolé situé sur la côte ouest de l'île et composé de cabanons préfabriqués recouverts de bois colorés, dont 10 avec sanitaires communs et sans clim et 2 plus luxueux avec lit king size, air conditionné et salle de bains privée. Son atout : il est posé à 100 mètres du spot de kite, ce qui permet d'échapper à la civilisation et de profiter au maximum du site. Pour les amoureux de la nature et de la glisse, c'est idéal. Possibilité de prendre les repas au petit resto du camp.

KITEBOARDING OMAN

✆ +968 9910 0194
www.kiteboarding-oman.com

Ouvert d'avril à sept. Large choix de stages et forfaits, leçon à partir de 37 OMR par heure et par personne.

En 2007, l'Allemand Alexander Friesl ouvre la première école de kite certifiée VDWS au Moyen-Orient. Depuis, Kiteboarding Oman a développé d'autres spots dans le pays et la compagnie est devenue LA référence en kite du sultanat. Le matériel est loué aux personnes qui peuvent prouver leur qualification via une licence VDWS, IKO, BKSA ou ISAF. A ceux qui n'en possèdent pas, un « check-kite » est proposé par un instructeur. Des cours sont aussi prodigués : rigueur, qualité, plaisir et flexibilité en sont les maîtres mots. A la demande : package-hébergement.

UN PARADIS POUR LE KITESURF !

En plus d'être un joyau de la mer d'Arabie pour ses immenses plages de sable blanc sur fond turquoise et ses faune et flore extraordinaires (notamment ses immenses colonies de tortues marines), l'île de Masirah est aussi surtout un spot de kitesurf de réputation et niveau mondiaux. Située au nord de l'océan Indien, dans l'axe des queues de mousson qui remontent vers l'Inde pendant l'été de mai à septembre (= meilleure période pour le kite), l'île bénéficie de vents forts et réguliers durant 5 mois consécutifs – avec une moyenne quotidienne de 25 à 45 nœuds durant le point culminant, de fin juin à mi-août. Orientés sud-ouest, ces vents balaient la zone, offrant aux riders des journées entières de navigation. Ils amènent des vagues, mais aussi des températures plus agréables que sur le continent à la même période : jamais plus de 35°C, souvent moins, contre des maximales de 50°C à Mascate ; et une eau délicieuse à 29°C en moyenne.

Masirah offre également une grande diversité de spots dans un rayon de 25 minutes en voiture. Si la côte ouest, plus protégée, bénéficie de lagunes peu profondes et de vagues de taille moyenne propices aux débutants, la côte est voit se former des vagues plus puissantes, particulièrement hautes aux moments forts de la mousson.

Ces différents atouts (températures, vents onshore et offshore, diversité des spots alternant vagues pour les plus expérimentés et plans d'eau pour les freestylers ou intermédiaires) font de Masirah l'une des meilleures destinations du globe pour le kitesurf.

© SIMONKR

CÔTE DES TORTUES

PASSEPORT

LE DÉSERT

Les Sharqiya, encore appelés Wahiba Sands du nom de la principale tribu locale, sont un désert mouchoir de poche suffisamment grand pour vous avaler tout net : 120 kilomètres par 90, 12 000 km² de féérie ondulatoire, soit largement assez d'espace pour infuser dans vos veines de voyageur cette sensation particulière d'immensité atemporelle. Pour atteindre cet environnement unique de sable et de silence, on passe par plusieurs sites et villages situés aux portes du désert. C'est l'occasion de découvrir encore des citadelles et des fortins, une mosquée aux 52 coupoles, le superbe Wadi Bani Khalid et ses piscines naturelles couleur émeraude... Ensuite, cap sur les dunes au pays des Bédouins pour rejoindre en 4X4 l'un des camps aménagés, participer à des activités (ski sur sable, balade à dos de dromadaire, promenade ou randonnée, rencontre avec les tribus locales, etc.) ou planter sa tente au milieu de nulle part.

Ruine de
IBRA
QALHAT
Wadi Shab
Wadi Tiwi
Al Mudayrib
AL QABIL
WADI BANI KHALID
AL-WASIL
Bidiyyah
Al Filayj
Al Aflaj
MINTARIB BIDIYYAH
23
Jabal Al Madar
AL KAMIL WA AL WAFI
Falaj Al Mashayikh
JAALAN BANI BU HASAN
JAALAN BANI BU ALI
Midayfa
Al Jadidah
DÉSERT DES SHARQIYA SANDS
Qurun
As Siffayy
Khuwaymah
Qudaymah
32
Ash Shiruq
Qurun Al Jurayn
Qihayd
Le désert
Madayrah
Ras Ar Ruways

PAGES

247 ●● LES PORTES DU DÉSERT

En provenance de Mascate ou des montagnes, on roule jusqu'aux portes du désert : un ensemble de villages alignés à la lisière des sables, qui constituent autant de points d'entrée vers les différents camps et lodges, ou de points de civilisation où faire un plein et se ravitailler quand on a prévu de tenter l'aventure soi-même. Sur la route, avant de quitter le bitume et de rejoindre les dunes, quelques curiosités peuvent valoir un arrêt.

247 **JAALAN BANI BU ALI**

Territoire intérieur des wahhabites installés à Aylah en face de Sur, ce village vaut une courte escale pour sa modeste, mais très belle et très ancienne mosquée aux 52 coupoles. Visite possible en dehors des heures de prière.

247 **JAALAN BANI BU HASSAN**

Longtemps ce village fut l'ennemi de son voisin, Jaalan Bani Bu Ali, comme en témoigne le nombre de forts, de tours de guet et de murs d'enceinte dans la région. Parmi ces bâtiments défensifs, la citadelle de Jaalan Bani Bu Hassan, rénovée, mérite une visite pour son équilibre formel et son environnement préservé.

247 **AL-KAMIL**

248 **WADI BANI KHALID ★★**

Facile d'accès et aménagé pour la baignade et le tourisme, le Wadi Bani Khalid avec ses bassins naturels couleur émeraude, est l'un des plus fréquentés du pays. Avec ses larges vasques d'eau, ses montagnes qui se resserrent jusqu'à former un canyon vertigineux, il attire aussi bien les voyageurs que les Omanais qui aiment à s'y rendre en famille. Privilégier les vasques du haut, plus isolées.

249 **MINTARIB BIDIYYAH**

Aux portes du désert, dernières poches de civilisation avant les sables, ces deux villes, au même titre que les suivantes, Al Wasil et Al Qabil, offrent surtout un intérêt d'ordre pratique : faire un plein, dégonfler les pneus du 4x4, acheter le nécessaire si l'on a prévu de bivouaquer. Sinon, c'est là que les camps privés donnent RV aux clients qui ont besoin d'un transfert.

249 **AL-WASIL**

Al Wasil est un carrefour routier aux portes du désert. Le village ne présente aucun intérêt en lui-même si ce n'est qu'il est le point de départ d'une piste menant à plusieurs camps des sables plébiscités par les voyageurs internationaux.

249 **IBRA ★**

Ancienne cité des notables zanzibarites, Ibra mérite une double halte : pour sa vieille ville fortifiée aux vestiges assez bien conservés ; pour son souk, qui, le mercredi matin, présente la particularité d'être réservé aux femmes – ce qui n'empêche pas les voyageurs masculins étrangers d'avoir le droit d'y flâner.

PAGES

252

AL-MUDAYBI

Al-Mudaybi présente une vieille ville encore assez bien conservée qui peut d'autant plus mériter une petite pause que l'endroit n'est pas du tout touristique : vestiges de remparts, maisons de terre, portes anciennes, arches, tours de guet...

252

SINAW

Dominée par des tours de guet, la vieille ville de Sinaw, aujourd'hui désertée, se dresse sur une corniche et peut mériter une halte que l'on combinera avec une visite du typique marché bédouin, où acquérir aussi bien du tissu et des parfums que du poisson ou un dromadaire !

253

●● LES SHARQIYA SANDS

Bien que de taille modeste en comparaison de son immense voisin le Rub Al Khali, le désert des Sharqiya Sands est suffisamment vaste pour permettre l'aventure des sables à tous les niveaux : pour une nuitée facile dans un camp déjà établi pas trop loin des routes d'accès (palette de choix dans toutes les fourchettes de prix), pour quelques jours de pure immersion en camp mobile avec un réceptif local, ou alors en bivouac et totale autonomie dès lors que l'on sait conduire un 4x4 et se repérer avec un GPS. Dans tous les cas, le désert omanais tient ses promesses : espace, lumière, beauté, isolement, silence.

253

DÉSERT DES SHARQIYA SANDS ★★

Sharqiya Sands.

JAALAN BANI BU ALI

Jaalan Bani Bu Ali, territoire intérieur des wahhabites aussi installés à Aylah en face de Sur, fonctionne donc en miroir avec Jaalan Bani Bu Hassan, le village d'après, ibadite. On trouvera intérêt à une courte escale dans les deux. Traditionnelle, Jaalan Bani Bu Ali compte tour de guet et citadelle, un souk du vendredi, mais mérite surtout le détour pour son ancienne et curieuse mosquée, à l'architecture unique : 52 dômes et coupoles supportées par un jeu de piliers. Classée et entièrement restaurée, la mosquée Jami Al Hamoda aurait été construite au XIe siècle. De taille assez modeste, elle peut se visiter en dehors des heures de prières.

MOSQUEE AUX 52 COUPOLES

A gauche après le fort,
suivre sur quelques centaines de mètres

Classée et entièrement restaurée, la mosquée Jami Al Hamoda aurait été construite au XIe siècle. De taille assez modeste, elle rappelle le profil des mosquées sahéliennes. Dépourvue de minaret, elle se caractérise par ses 52 coupoles qui la rendent unique. Sa cour est traversée d'un falaj qui sert aux ablutions. La mosquée n'est pas ouverte aux non-musulmans, mais il est quand même souvent possible d'y entrer en dehors des heures de prière (et de sieste !). Essayer de prendre de la hauteur pour réaliser un fabuleux cliché de la toiture.

AL DABI TOURIST MOTEL €

A côté de la station Shell
✆ +968 2555 3307
Chambre double à partir de 20 OMR.

Seul hébergement à la ronde avec le Hanaa Resort, Al Dabi Tourist Motel sera peut-être votre lieu de salut, un soir tard quand la route semble trop longue pour atteindre des territoires plus sophistiqués. Et dans le genre, rassurez-vous, il y a pire. On grimpe vers sa chambre, c'est visuellement correct, les appliques électriques penchent un peu, la lumière verticale offre généreusement le look Nosferatu, la salle de bains fera l'affaire sans trop chercher de près. Pour dîner, choix entre les chips à la station-service voisine ou le resto yéménite pas trop loin.

JAALAN BANI BU HASSAN

Situé sur la route d'Al-Ashkharah, ce village ibadite a entretenu pendant de nombreuses années une querelle avec une tribu rivale dont le village est distant de quelques kilomètres : les Bani Bu Ali, sunnites wahhabites. Le nombre de forts, de tours de guet et de murs d'enceinte dans la région permet de se faire une idée de ce que furent ces rivalités ! Rénovée, la citadelle est l'une des plus belles de la région. Elle mérite d'autant plus une visite que l'endroit est souvent ignoré du tracé habituel des touristes pressés de rejoindre les sables. Les environs sont visuellement scéniques et variés : désert à l'ouest, montagnes à l'est.

FORT

Remonter en direction du nord sur 1 km
8h-14h, fermé vendredi et samedi. Entrée 500 bz.

En robe ocre-rose, sur fond de palmeraie, voici un somptueux décor orientaliste. Largement ignoré des flux de visiteurs cornaqués, le fort de Bu Hassan nous apparaît comme le plus achevé et le plus équilibré de tous dans cette région. Ses fondations dateraient du IXe siècle, époque de l'Imam Al Muhana bin Jaifar. Sur celles-ci, Sayyid Said bin Sultan (1804-1856) édifia cette magnifique bâtisse restaurée en 1992. Les environs, le fort, le cadre d'une palmeraie parfaite, sans enseignes au néon et vendeurs de portables trafiqués. Séquence photo.

AL-KAMIL

Al Kamil est une ville de jonction située à un important carrefour entre Al Ashkharah d'un côté (sur la route côtière en direction du grand sud), Sur de l'autre (à l'est, sur la route de Mascate ou de la réserve des tortues), Ibra à l'intérieur des terres et Mascate dans la foulée. Cette situation en fait un lieu vivant et animé où l'on pourra s'arrêter pour faire des courses et acheter de quoi pique-niquer dans le Wadi Bani Khalid tout proche. Comme la plupart des points stratégiques, les hauteurs d'Al Kamil sont surmontées de tours de guet et la ville possède un fort. La réserve de gazelles d'Al Saleel se trouve à une douzaine de kilomètres.

AL SALEEL NATIONAL PARK

Visite possible avec un réceptif local dans le cadre d'un circuit. La réserve sert surtout de centre d'études.

Sur une superficie de 220 km², la réserve du parc naturel d'Al Saleel est en grande partie couverte de forêts d'acacias. Cet habitat est idéal pour plusieurs espèces de gazelles dont la gazelle d'Arabie (*Gazella gazella cora*) ou la gazelle des sables (*Gazella subgutturosa*), espèce rare en grand danger d'extinction. Le parc abrite également des chats sauvages d'Oman ou chats du sable (*Felis margarita*), espèce remarquablement adaptée à des environnements arides ; et aussi des renards roux d'Arabie (*Vulpes vulpes arabica*), des aigles d'Egypte, des vautours, etc.

WADI BANI KHALID ★★

A environ 260 km de Mascate, sur la nationale qui mène à Sur, entre Bidiyyah et Al Kamil, une bifurcation sur la gauche indique la direction du wadi Bani Khalid, l'une des plus belles oasis du pays (hors week-end où l'endroit est souvent saturé). La route part à l'assaut des montagnes puis redescend jusqu'au wadi. Aménagé par les autorités comme une sorte de parc aquatique naturel, le site offre toutes les facilités d'accès (trop, aux yeux de certains) : parking, coffee shop et passerelles pour rejoindre facilement les bassins couleur émeraude qui font la réputation de l'oasis. La baignade y est agréable et facile, sur fond de falaises ocre.

WADI BANI KHALID ★★

Nombreux aménagements sur place : parking, snack, kiosques...

Un village suspendu aux pentes brûlantes, noyé dans les palmes vertes, forme ici une des plus saisissantes cartes postales d'Oman. La facilité d'accès par la route goudronnée, le parking aménagé, le coffee-shop touristique, les piscines naturelles que traversent des passerelles modernes et sécurisées, voilà une destination majeure de la famille omanaise et des voyageurs. De là, suivant le sentier de grande randonnée, les marcheurs traversent la chaîne en 14 heures. Il faut nettement moins d'energie pour lezarder sur les grandes roches et plonger dans l'eau verte. En semaine, quand c'est plus tranquille, ce parc aquatique offert par la nature et relifté par l'homme est une excursion recommandée. Pour profiter du lieu, prenez une serviette et une tenue de bain, qui pour les dames doit être couvrante comme le rappellent les affiches. Entre le parking et les piscines, sinue un sentier de chèvres. Ne pas hésiter à s'éloigner un peu de la foule en remontant le cours du wadi pour plus de tranquillité. La gorge se resserre pour former un canyon assez vertigineux. Après le passage parfois délicat de plusieurs gros blocs de calcaire et la traversée de plusieurs bassins dont le niveau d'eau varie selon les saisons, on arrive à une grotte (Miqil Cave), extrêmement étroite. Celle-ci se tient à mi-hauteur de la paroi. A la suite d'un couloir étroit qui exige de ramper, elle s'ouvre sur une vaste cavité sombre, prolongée de voûtes et de galeries. Même si l'endroit est balisé, mieux vaut y venir avec des gens du coin ou un guide.

Wadi Bani Khalid.

MINTARIB BIDIYYAH

Marché bédouin et place forte des temps anciens, Al Mintarib se trouve aujourd'hui en retrait de l'axe goudronné côté dunes. Sur les cartes, sa localisation est rendue difficile par le développement d'un gros bourg voisin autour du carrefour routier et de la pompe à essence, Bidiyah, que l'on repère facilement. Si ce dernier hameau ne présente d'autre intérêt que fonctionnel (faire un plein et des courses), Al Mintarib présente davantage d'attraits et fait l'effort d'un semblant de centre-ville avec une *rest house*, une citadelle et un petit musée où sont rassemblés quelques témoins du temps jadis – vêtements, armes, objets quotidiens...

FORT

8h30-14h30. Fermé vendredi et samedi.
Entrée 500 bz.

Un fort au désert, sentinelle solitaire face à l'immensité. Un peu d'imagination nous aidera à concevoir son rôle éminent dans cet avant-poste aux rives de la mer de sable, quand il servait d'abri et de place de commandement sous les Bani Nabhan du XIIIe siècle. Sur ces fondations très anciennes, Al Hawari bin Malik (1406-1428) fit édifier de hauts murs et une tour qui ne dépasse pas de l'ensemble. Plusieurs fois reconstruit, rénové à la fin du XXe, ce noble et simple fortin offre surtout l'occasion de grimper dans ses hauteurs pour embrasser le paysage dunaire.

ORIENTAL NIGHTS REST HOUSE €

Intersection de la route du Wadi Bani Khalid
✆ +968 9900 6215
Chambre double à partir de 20 OMR.

Une villa blanche, son escalier monumental, le verger derrière, la route 23 devant, le décor est planté ! Première bonne nouvelle, ce n'est pas un vieil immeuble truffé de climatiseurs bancals, mais une maison indépendante, peinarde, au jardin. Second motif de réjouissance, des chambres ultra-correctes, climatisées, une fenêtre ouvrant sur les feuillages, un néon quand même pour le teint déterré de rigueur dans le monde arabe. Egalement restaurant, parking privé et wifi.

AL-WASIL

A peine visible sur les cartes routières, il s'agit, à l'instar de la ville d'Al Qabil quelques kilomètres plus loin, d'un carrefour tout au plus avec quelques commerces et de l'essence. Sa seule raison d'être dans ces pages est de figurer dans le duo de tête des portes du désert : les grandes dunes sont là, droit devant. Plusieurs camps sont approvisionnés d'ici et c'est encore ici que les guides et chauffeurs viennent chercher la clientèle sans 4x4 pour les hébergements suivants : Nomadic Camp, Desert Retreat Camp, Desert Nights Camp, Arabian Oryx et Sama Al Wasil Desert Camp. Si vous arrivez en avance au rendez-vous, préparez-vous à tourner en rond.

IBRA ★

Ibra était autrefois divisée en deux pour des raisons de mésententes tribales. Un quartier (Alayat) était le fief de la tribu des Al-Maskri, un autre (Sufalat) celui des Al-Harthy. Elle vivait surtout de l'agriculture (dattes, fruits et légumes variés), comme en témoignent encore aujourd'hui les étals du souk. Ce dernier est réputé pour ses kandjars en argent, ses portes sculptées sur place, et cette particularité d'être exclusivement réservé aux femmes les mercredis matin – ce qui élève l'endroit au rang de curiosité touristique. Une halte à Ibra est aussi l'occasion de visiter Al-Manzifat – une vieille ville fortifiée aux très beaux vestiges.

VIEILLE VILLE D'AL-MANZIFAT

Al-Manzifat est une cité ancienne entourée d'un mur défensif. S'il n'en reste que des ruines, celles-ci ont fière allure et conservent quelques semblants de voûtes décorées de motifs orientaux et plusieurs maisons à deux étages trouées de fenêtres ouvragées. Ces demeures forment les contours de l'ancienne cité des nababs de Zanzibar. Vu l'étroitesse de certaines ruelles, laisser la voiture et y flâner à pied en admirant les tours de guet en terre crue en haut des collines.

© SYLVIE LIGON

Femmes au marché d'Ibra réservé aux femmes.

SOUK D'IBRA

Prendre la rue parallèle vers le sud sur 3 km
Dès 6h du matin.

Pour acheter des melons et du poisson séché, une porte en bois sculpté ou un magnifique khanjar, c'est là, au marché d'Ibra, considéré comme le second plus important du pays après celui de Mascate. A fréquenter au top du buzz, le jeudi matin. La veille, mercredi, l'espace est réservé aux femmes, même si la présence discrètes de touristes est tolérée à la lisière. Dans ce qui ressemble de loin à un invraisemblable fouillis sont commercialisés tous les articles du quotidien de la femme orientale : encens, eau de rose, parfum, tissus, vêtements pour enfants, sacs...

IBRA MOTEL €

Naseeb Rd
✆ +968 2557 1666
Chambre double à partir de 15 OMR.
C'est en plein centre que l'on remarque cette étonnante façade de style Art déco percée de quatre balconnets en fer forgé, signalant donc les quatre chambres avec vue urbaine sur un total de seize. A l'intérieur, un lobby saumon duquel grimpe un escalier à balustrade rouge et noir. Chambres tout confort, dans un jus seventies collector, avec ici ou là, des meubles peints à la Tyrolienne. Côté salles de bains, on a le choix entre les douches de plain-pied et d'hallucinantes baignoires à sabot pour se faire propre plié en trois. Le tout d'une modestie chiquissime.

AL SHARQIYA SANDS HOTEL €€

A 8 km au sud d'Ibra
✆ +968 2558 7099
www.sharqiyasands.com
Chambre double à partir de 15 OMR.
Dans le rôle du grand hôtel d'Ibra, avec bar, billard et même une piscine entourée d'une vraie pelouse s'il vous plaît, demandez l'Al Sharqiya Sands Hotel. Isolé en pleine caillasse au grand sud de la ville, il attire efficacement les locaux tentés par les liqueurs et les équipages touristiques en étape, ceci sans prétentions d'extrême séduction. Une vingtaine de chambres confortables, climatisées, un resto, un plongeon dans le bassin, un petit verre au bar (quoique, c'est tellement tristoune), un gros dodo et vite on poursuit sa route.

AL-MUDAYBI

Après la bifurcation pour Al-Mudaybi sur la route principale, prendre au premier carrefour à gauche. De là, une porte mène à l'intérieur des remparts de la vieille ville. On arrive directement au souk autour duquel se répartissent d'anciennes habitations dont certaines sont encore habitées. Ne pas hésiter à s'enfoncer parmi ces maisons qui présentent de magnifiques portes, sculptures et arches. Des enfants, vêtus d'habits traditionnels, courent à travers les ruelles, tandis que les anciens palabrent à l'ombre d'un vieil arbre. Quatre belles tours émergent de la palmeraie entourant le village et apportent à l'ensemble un charme supplémentaire.

SINAW

La ville de Sinaw est indiquée à droite sur la route principale, il faut la traverser pour continuer en direction de Masirah. Une fois entré dans le village, au premier rond-point (celui d'Oman Arab Bank), prendre à droite pour accéder au souk. C'est un marché fermé, délimité par deux grandes portes métalliques. Ses boutiques, collées les unes aux autres, proposent bijoux, épices, vêtements, tissus ou... dromadaires ! Au centre du souk se tient le marché aux fruits et légumes. L'ambiance y est très animée, surtout le matin quand les locaux font le plein.
En sortant du marché, traverser la route et prendre la rue qui monte à droite. Elle conduit au vieux Sinaw. Le bourg ancien, dressé sur une corniche, est composé de trois quartiers distincts que l'on rejoint à pied en suivant le chemin qui s'enfonce dans la palmeraie et longe les habitations. Chacun de ces quartiers est dominé par une tour qui veille sur des maisons désormais entièrement désertées, même si encore en assez bon état. Du vieux Sinaw, la vue embrasse les étendues de sable ocre-orangés des Sharqiya Sands : un spectacle hors du temps qui vaut bien une petite halte. Ceux qui continuent la route en direction du sud pourront profiter de cette pause à Sinaw pour régler d'éventuels problèmes ou pallier certains oublis. La majorité des magasins et autres services se trouve dans la rue principale qui traverse la ville : Internet café, banques, restaurants, supérettes, coffee shops... Sinaw est aussi, sur la route vers Duqm, la dernière station-service à cuves toujours pleines.

DÉSERT DES SHARQIYA SANDS ★★

Un désert de sable qui vient flirter avec la mer, un nom qui est celui de la tribu (les Wahiba, appellation d'usage longtemps donné aux Sharqiya Sands) qui le peuplait, une enclave de poche (150 km de long sur 90 km de large) qui a tout d'une grande : des mirages, des dunes magistrales (certaines atteignent plus de 100 mètres de haut), des immensités sans ligne d'horizon. Un océan de couleurs aussi, qui donne plutôt dans l'ocre et les dégradés d'orange, et que la luminosité du soleil se plait à faire varier. Chaque instant y est un tableau : l'aube, quand la brume matinale se dissipe avec hésitation ; le midi, quand le bleu du ciel tranche avec le rouge du sable ; le couchant, quand le soleil égrène des traînées de rose et de parme violine ; la nuit, enfin, pure, profonde, si silencieuse que c'en est troublant, pesant presque… si lumineuse qu'on en est transcendés.

Pour profiter pleinement de l'aventure, quelques heures ne suffisent pas, il faut y passer la nuit. Rien de plus simple aux Sharqiya où plusieurs campements fixes et bien aménagés attendent les voyageurs d'un soir, avec leurs lots d'activités adaptées à ce biotope unique : balade à dos de dromadaire, quad, safari en 4x4, luge ou ski ou sur sable, balade pédestre à l'aube et au soleil couchant pour s'imprégner d'immensité… La découverte des Sharqiya Sands est aussi l'occasion d'une incursion en terre bédouine qui permet d'appréhender la culture et le mode de vie actuel des peuplades initialement nomades et désormais semi-sédentaires. Foin des antiques caravanes ! Les nouveaux Bédouins vivent dans des maisons en dur aux portes du désert ou dans des campements échafaudés avec de grands pans de toile, des morceaux de bois et du grillage. De gros 4x4 sont garés à proximité et les antennes paraboliques sont fréquentes. Les tribus des Sharqiyas, en raison de la proximité du désert avec la mer et les oasis, subsistent, en plus de l'élevage, soit de la pêche, soit de la récolte des dattes, rarement du commerce nomade. Les femmes descendent néanmoins assez souvent au marché d'Ibra pour y vendre leurs tissages : tapis faits main surtout, mais aussi porte-clefs, sacs et bracelets en laine de mouton… autant de souvenirs locaux à acquérir à prix raisonnable lors de la visite à une famille – activité systématiquement proposée quand on passe la nuit au milieu des sables.

Se loger

La meilleure façon de découvrir le désert est d'y camper. Rien de plus facile aux Sharqiya, où il est autorisé et possible de planter sa tente absolument partout, à condition bien sûr de respecter la tranquillité des familles bédouines. Cependant, ne jamais se risquer dans les sables à une seule voiture et toujours partir avec quelqu'un d'expérimenté. La nuit tombe vite et on n'est jamais à l'abri d'un ensablement prolongé. En ce qui concerne l'équipement, penser au moins à prendre des vêtements assez chauds pour le soir et de l'eau en quantité suffisante. Comme les Sharqiya ne sont pas immenses, les plus baroudeurs pourront tenter la traversée en longueur, de Al Mintarib, aux portes des sables, à Khuwaymah en bord de mer : une expédition à effectuer de préférence avec une agence locale et à deux 4x4 minimum, à moins bien sûr d'avoir l'habitude de ce genre d'aventure et de posséder tous les équipements et atouts nécessaires (mais les deux 4x4 restent impératifs).

LE DÉSERT

© SYLVIE LIGON

Les dunes de Wahiba (Wahiba Sands).

SAMA AL AREESH DESERT CAMP €€

Al Kabil

✆ +968 9177 4033

www.samaresorts.com

55 OMR le chalet pour 2 en demi-pension.

Le groupe Sama réussit le pari d'offrir des unités typiques à l'orée des dunes accessibles sans 4x4. On est aux portes du désert, dans un environnement de sable où se fondent ces 10 jolis bungalows ocrés couverts de feuilles de palme. Clim et salle de bain privée font le tout confort, terrasse et canapé assurent la contemplation. Restaurant de style traditionnel et plusieurs activités : *sandboarding* (surf des dunes), balade à dromadaire, 4X4 à l'assaut des moutonnements sableux.

© SAMA AL ARRESH

© SAMA AL ARRESH

Sinon, pour profiter au mieux de l'expérience sans avoir à monter une expédition ni prévoir matériel et nourriture, le plus simple consiste à partir en camp mobile avec un réceptif local (comme Enjoy Oman, Gulf Jewels Tours, Al Koor Tourism, The Guide Oman...) dont certains proposent même des traversées à dos de dromadaires en quelques jours. L'option la plus fréquente consiste toutefois à dormir dans un campement fixe. Le sultanat en compte plusieurs où passer au minimum une nuitée (sinon, difficile de percevoir la magie des sables), agrémentée d'une ou plusieurs activités. Tous se tiennent au cœur et creux des sables, accessibles uniquement en 4x4 par des pistes plus ou moins roulantes. Des transferts, en supplément, sont proposés aux moins téméraires.

Transports

On commence à apercevoir les sables à partir d'Al Qabil : quelques plaques égarées au milieu des cailloux et au pied des montagnes d'abord, puis des dunettes, puis de vraies formations moutonnantes qui appellent à l'exploration. Bien que de petite taille en comparaison de son voisin proche, le Rub Al-Khali, le désert des Sharqiya Sands est suffisamment grand pour vous avaler tout net : 12 000 km² de féérie ondulatoire et constamment mouvante puisque les dunes migrent vers l'intérieur des terres d'une dizaine de mètres par an. Jetez un coup d'œil sur Google Earth pour vous faire une idée de cette drôle de géographie qui, d'en haut, prend la forme oblongue d'une carapace de tortue ou d'une mangue. Les stries, parallèles sur un axe nord-sud, correspondent à l'alternance d'un cordon longitudinal, d'une vallée puis du cordon suivant. Bienvenue dans le désert à rayures ! Naturellement, les camps visités et sélectionnés dans ce guide sont établis dans le creux des « vallées », lesquelles, tels des boyaux quasi rectilignes, montent vers une des « portes du désert », soit, d'ouest en est : les villages d'Al Wasil et de Bidiyyah/Mintarib. Le premier dessert Nomadic, Desert Retreat, Desert Nights, Arabian Oryx et Sama Al Wasil. Le second mène à Wahiba Bedun Rustic Camp, Al Raha, Safari Camp et Thousand Nights. Il faut alors pénétrer le désert au niveau de la piste menant à ce campement : soit une dizaine ou une vingtaine de kilomètres en tout, sauf pour Thousand Nights situé plus au cœur des sables à 40 kilomètres de distance. Un vrai casse-tête en forme de jeu de pistes, en l'absence de panneaux indicateurs, de cartes bien documentées, de plans fiables fournis par les hôteliers, etc. Question pratique : est-il raisonnable de se lancer seul, avec sa petite famille, dans un 4x4 de location vers le camp que l'on a réservé ?

MAGIC CAMPS WAHIBA SANDS €€€

www.magic-camps.com

Réservation auprès d'un des T.O. et agences de voyages partenaires : Club Med, Beachcomber, Solea, Nautil Voyages...

Sur une palette de grège et d'ivoire, c'est le plus beau camp de tentes des Sharqiya, nature-chic sans ostentation. Ecrin écolo et bohème cerclé de hautes dunes, il s'étire sur un site exclusif : simple d'accès, mais isolé de tout. C'est l'élégance au désert : dîner fin, service attentif et discret, palette d'expériences (yoga, astronomie, etc.), hébergement sous forme de tentes bédouines doubles (l'une pour la chambre, l'autre pour la salle de bains privée) et une déco qui aurait jadis avalé plusieurs pellicules d'un appareil argentique. Coup de cœur 2020 !

SAMA AL WASIL DESERT CAMP €€

✆ +968 2448 9653

www.samaresorts.com

65 OMR la tente double en demi-pension, 60 OMR le chalet en dur pour 2, 95 OMR la Family room pour 4.

Grand, c'est l'un des plus jolis camps du désert fait de chalets tout confort (salle de bains privée) prolongés de charmantes terrasses sur pilotis avec tapis et coussins de sol. A l'écart, au pied de la dune immense, quelques tentes de luxe à la déco soignée accueillent les amoureux. Dans un autre espace, on bouquine et on ripaille sous une grande tente bédouine. Activités : quad, dromadaire, marche, 4x4, *sandboarding* et des traversées guidées du désert des Sharqiya à la demande.

© SAMA AL WASIL DESERT CAMP

© SAMA AL WASIL DESERT CAMP

Oui, si tous les éléments suivants sont rassemblés : un téléphone portable chargé avec le numéro du camp ou de l'agence de réservation en mémoire ; plusieurs bouteilles d'eau ; un plein d'essence ; des pneus sévèrement dégonflés (15 à 18) pour augmenter la portance sur le sable mou ; une connaissance correcte du mode de transmission long court d'un 4x4. Très optionnel, le GPS est avant tout rassurant, du moins quand on sait s'en servir.

WAHIBA BEDUN RUSTIC CAMP €

A env 13 km de la nationale

✆ +968 9886 0385

50 OMR pour 2 en demi-pension.

Ce petit camp tout mignon sur la butte orange à gauche de l'axe de circulation possède quelques tentes aménagées de tapis colorés, d'un coin salon, de lits, et de salles de bains rustiques, mais privatives. Il est tenu par une famille locale qui habite sur place, c'est l'atout. Isolement modéré puisqu'on est en surplomb d'une piste empruntée par les 4x4, mais on vit ici une expérience bédouine authentique, agrémentée d'activités de trekking, de balade à dos de dromadaire, d'initiation aux danses traditionnelles... Accueil gentil et prévenant d'Obaid.

DESERT RETREAT CAMP €€

A 16 km de la nationale

✆ +968 9933 2264

Double en demi-pension à 60 OMR. Transfert jusqu'au camp 25 OMR. Activité 10 OMR par personne.

Humaid vous donne rendez-vous à la station-service d'Al-Wasil et vous guide jusqu'à son camp ou vous emmène dans son propre 4x4. A l'arrivée, le thé et les dattes vous attendent, car l'hospitalité est la clé de cet endroit à taille humaine, simple et plus authentique que la moyenne. Le cadre est superbe et sert d'écrin à une grosse vingtaine de tentes traditionnelles en peau de biquette avec salle de bain à ciel ouvert, agencées en cercle au pied d'une dune. On grimpe là-haut dans le soleil couchant, on se promène à dos de dromadaire, on fait du *dune-bashing* (4x4).

© THOUSAND NIGHTS SHARQIYA SANDS CAMP

© THOUSAND NIGHTS SHARQIYA SANDS CAMP

© THOUSAND NIGHTS SHARQIYA SANDS CAMP

THOUSAND NIGHTS SHARQIYA SANDS CAMP €€

A 44 km de la nationale ✆ +968 9944 8158
www.thousandnightsoman.com
A partir de 100 OMR la Sheikh Tent standard pour 2 adultes en haute saison et demi-pension, taxes incluses.

Grand, c'est le camp proposant l'offre la plus diverse : tentes de différents standings d'un très grand confort, villas en dur dans un style omanais cossu. Le seul aussi à disposer d'une piscine et à offrir une telle palette d'expériences : balade à dromadaire, fat bikes, randonnée à cheval, tir à l'arc, initiation aux traditions bédouines, marche guidée, aire de jeux, volley, enclos d'observation des gazelles, etc. Resto et café à la déco charmante, bibliothèque. Une valeur sûre.

© THOUSAND NIGHTS SHARQIYA SANDS CAMP

© THOUSAND NIGHTS SHARQIYA SANDS CAMP

HUD HUD TRAVELS €€€

✆ +968 9980 2922

www.hudhudtravels.com

A partir de 1 750 OMR par tente pour 2 nuits/3 jours tout inclus (transfert, nuitées, repas, boissons non alcoolisées).

C'est le camp le plus luxueux d'Oman. Non pas fixe, mais mobile, à réserver en exclusivité pour un séjour haut de gamme dans des sites de choix (désert, montagne, plage) sans autre infrastructure aux alentours. On dort dans des tentes de grand confort à la décoration exquise et tout est au diapason : l'efficacité et la discrétion du service, l'excellence des prestations, la qualité des visites et excursions, le raffinement de la table. C'est l'occasion de célébrer un moment tout spécial ou de faire un voyage à la carte mémorable, chic et hors des sentiers battus.

© HUD HUD TRAVELS

© HUD HUD TRAVELS

NOMADIC DESERT CAMP €€

A 19 km de la nationale ✆ +968 9933 6273

www.nomadicdesertcamp.com

Tente double à environ 70 OMR en demi-pension, balade à dos de dromadaire incluse.

Accessible par une piste facile, dans une vallée encadrée de deux lignes dunaires, le Nomadic Desert Camp décroche le trophée du charme vrai, une fois accepté le principe de la grande simplicité de ces huttes de palmes pourvues de petits lits, avec douches et toilettes communes à ciel ouvert. Ici, pas d'électricité, donc pas de climatisation. Outre le cadre naturel superbe, ce camp tenu par une famille locale de bédouins offre une denrée précieuse : l'échange humain. Activités : balade à dos de dromadaire et tour en 4x4 dans les dunes.

SAFARI DESERT CAMP €€

A 25 km de la nationale

✆ +968 9240 0047

Autour de 55 OMR la tente double en demi-pension.

Une autre adresse charmante des Sharqiyas. Même principe que chez les voisins : vous y allez vous-même avec votre 4x4 et les coordonnées GPS ou on vous escorte depuis la station-service. Côté hébergement, choix de tentes ou de petites huttes en dur. A l'intérieur, literie confortable et décoration soignée de style arabe, mais salle de bains à ciel ouvert avec eau froide, brrr. Pas d'électricité permanente, le générateur est coupé après le dîner donc pas un bruit, hormis le feu qui crépite. Activités : dromadaire, quad, 4x4 dans les dunes.

DESERT NIGHTS CAMP €€€

A 11 km de la nationale

✆ +968 9281 8388

www.desertnightscamp.com

Autour de 150 OMR la tente Deluxe double en demi-pension et haute saison, taxes comprises.

C'est le camp fixe le plus luxueux du désert. Un ensemble raffiné de bungalows chapeautés de toile de tente pour le look authentique, en fait de véritables suites avec banquettes de style arabe, coussins soyeux, tapis, salle de bains moderne... Six d'entre eux sont destinés aux familles et pourvus de deux chambres. Pour les plus petits budgets, des chambres standard existent. Une même recherche de distinction est déclinée au restaurant Two Dunes et au bar Oasis, seul comptoir alcoolisé des Sharqiya. Salon TV, bibliothèque, billard et belle palette d'activités.

AL-WUSTA

Al Wusta est la seconde région d'Oman par la taille, mais la moins peuplée avec 1 % de la population globale. Elle couvre l'entier centre du sultanat, de la frontière avec l'Arabie saoudite à l'est à la mer d'Arabie à l'ouest. Elle est bordée par les régions d'Al-Dhahirah, Al-Dakhiliyah et Ash Sharqiyah au nord et par le Dhofar au sud. C'est dans ce secteur que se trouvent les plus importants gisements de pétrole du pays, ainsi que ceux de gaz et de minerais. Aride et peu touristique, peu développée encore en dehors de Duqm (cœur pétrochimique d'Oman et grande ville portuaire), la région se caractérise par des déserts de sable et de rocaille dont une petite partie a été transformée en réserve à oryx. Composé de falaises, de lagunes et de plages infinies, le littoral est le joyau de la région, et l'occasion d'un road trip en 4x4 et bivouac, le long d'une côte encore vierge et sauvage – celle, inchangée, des pêcheurs et du vent.

Ghalat
RT-31
Hijj
MASIRAH
Filim
Dawwah
KHALUF
Sur Masirah
RT-32
Qaryat'Umq
Ile
de Masirah
HAIMA
Réserve sultanienne
des Oryx d'Arabie
Mer
d'Oman
DUQM
RAZ MARKAZ
RT-39
RAZ MADRAKAH
Al Jazir
Baie
de Sawqrah
Lakabi
SAWQRAH
Mer
Arabique
Al-Wusta
20 KM

PAGES

●● LA ROUTE CÔTIÈRE

262

Les plages désertiques d'Oman n'ont pas encore été exploitées par l'industrie du tourisme et tout reste encore à découvrir, en particulier le long des centaines de kilomètres de côtes qui descendent vers le sud et composent le littoral d'Al Wusta. Seul Duqm prend son essor et dessine, par la construction d'un port géant, une partie de l'avenir économique du pays. Quelques hôtels peuvent y faire figure d'étape providentielle. Les amateurs d'ornithologie prendront le temps d'observer les immenses colonies d'oiseaux migrateurs qui peuplent les lagunes marécageuses de la région. Exceptée la longue route goudronnée qui longe la côte, seules des pistes mènent aux plages.

DUQM

262

Même si Duqm compte quelques hôtels, ce n'est pas une ville touristique à proprement parler, mais plutôt le cœur logistique et pétrochimique du pays. Y faire étape pour bénéficier d'un hébergement confortable en bord de mer sur la longue route côtière reliant Mascate à Salalah, c'est l'attrait principal. Le Rock Garden y fait figure d'unique curiosité.

KHALUF ★

262

La plage de Khaluf est réputée pour ses « sugar dunes » : mini-désert de sable blanc dont les dunes de quelques mètres de haut viennent mourir à la lisière d'une plage immense, tout aussi blanche et entièrement couverte d'oiseaux marins. Le paysage est à couper le souffle et vaut le détour dans cette partie de la côte, véritablement idyllique quand les visiteurs ne sont pas trop nombreux.

263

RAS MARKAZ

RAS MADRAKAH

263

Sauvage et isolé, Ras Madraqah possède plusieurs belles plages bordées d'une mer translucide qui sont autant de spots où planter sa tente. À l'approche de ces anses, on traverse un paysage lunaire fait de roches sombres aux formes étranges indéfinissables.

264

SAWQRAH

●● LES ORYX DE JAALUNI

266

Le centre de la région d'Al-Wusta est traversé dans sa longueur par la route reliant Mascate à Salalah. Le paysage est désertique et la route file sur des kilomètres sans présenter de grandes variétés de paysages. A la hauteur du village de Hayma, une bifurcation part vers l'est. C'est en suivant ce goudron, puis cette piste, que l'on accède au sanctuaire des oryx. On est ici à mi-chemin entre Mascate et Salalah. En continuant tout droit, on arrive à Salalah après 500 kilomètres.

266

GHABA

HAYMA

266

Hayma ne présente aucun intérêt si ce n'est que c'est la ville la plus proche de la réserve sultanienne des oryx d'Arabie, endroit désormais ouvert au grand public, bien que perdu au milieu de nulle part et assez peu organisé. C'est la seule section du sultanat où il est possible d'observer cette superbe gazelle du désert aux traits magnifiques et aux cornes de 90 centimètres de long.

DUQM : LE NOUVEAU PIVOT GÉOSTRATÉGIQUE ?

Avant, il y avait trois baraques en tôle, une pompe à essence et voilà. Boosté par les investissements internationaux, le voisinage des puits de pétrole du Jiddat Al Harasis et l'extension des chantiers navals, cales sèches et autres quais sur 2 250 mètres, Duqm se prend déjà pour la grande ville portuaire et industrielle qu'elle sera après-demain, une fois achevé le programme orchestré par les Belges du port d'Anvers, partenaires stratégiques associés. Intégrés aux plans Oman Vision 2020 et Oman Vision 2040, l'agglomération et ses environs seront tout bientôt le cœur logistique du secteur énergétique et pétrochimique du pays. Des zones hors-taxes et des partenaires étrangers font partie des développements, les Chinois dans le pôle de tête puisque ce sont eux qui ont décroché le contrat pour bâtir la ville industrielle qui comprendra à la fois des industries légères comme une usine de couverture par exemple et des industries lourdes comme une usine de méthanol et d'Oléfine. Duqm aura son brise-lames de 8 km, sa raffinerie, ses tankers, tous les ingénieurs et les manœuvres qui vont avec, et un hôpital, des centres commerciaux, des restaurants…

Selon l'étude d'Alexandre Mouthon publiée le 5 mars 2016 sur diploweb.com, *Géopolitique d'Oman : les choix d'une pétrochimie discrète* : « Le gigantesque hub aéroportuaire de Duqm lancé en 2008, marque une accélération de la stratégie d'ouverture économique. Il porte l'espoir d'augmenter les capacités de raffinage et de stockage (…) La zone de stockage additionnée au volume de raffinage prévu en ferait un des plus grands hubs énergétiques du monde. Il faudrait passer d'un réseau d'oléoducs national à l'exploitation d'un réseau international. Ainsi, une partie du pétrole des autres monarchies de la région, connectée à Duqm, pourrait se trouver raffiné, stocké et chargé sur la côte omanaise au lieu de devoir franchir les détroits d'Ormuz et de Bal el-Mandeb (…) Le détroit d'Ormuz est, sans conteste pour Oman, le pivot de l'intérêt géostratégique de son territoire, mais plus seulement. Si le quart de la production mondiale de pétrole brut y transite et que le trafic devait poursuivre sa croissance, l'avenir économique d'Oman passe par la mise en valeur de son territoire terrestre. Les hydrocarbures saoudiens, émiratis, qataris et iraniens pourraient trouver, via Oman, une nouvelle route terrestre, modérant ainsi leur dépendance maritime. »

KHALUF ★

A 10 km du village de pêcheurs de Khaluf, au bout d'une piste, surgissent d'étonnantes dunes de sable blanc ou *sugar dunes* – paysage inédit. Celles-ci dessinent comme un ourlet immaculé entre la plage et le désert orange. Le bleu profond de la mer d'Arabie contraste avec la blancheur du sable et compose un spot idéal où se baigner, se promener ou bivouaquer. Lorsqu'on marche sur la plage immense et comme à perte de vue, il n'est pas rare de voir s'envoler devant soi des nuées d'oiseaux marins : un spectacle magique, d'autant plus inoubliable que le cadre est sublime ! Petit bémol toutefois pour les détritus qui nuisent parfois à la beauté du site.

DUQM

Boosté par les investissements internationaux, le voisinage des puits de pétrole et l'extension des chantiers navals, Duqm est une grande ville portuaire et industrielle. L'agglomération et ses environs sont le cœur logistique et pétrochimique du pays. Pas de développement lié au tourisme même si l'ouverture d'un aéroport et d'hôtels de bon standing permet d'accueillir les voyageurs qui viennent faire là, surtout, une étape confortable (douche et dîner) sur la longue route entre la capitale et le Dhofar. Seule attraction en plus de la plage, le Rock Garden : ensemble de (dé) formations rocheuses où l'on observe l'effet du vent et de l'érosion.

THE ROCK GARDEN

Entrée nord de Duqm,
3 km avant le centre-ville

Attention, site parfois fermé. Pour les photos, privilégier la lumière de début ou de fin de journée. Parking.

Sculpté par le vent et l'eau pendant des millions d'années, ce curieux ensemble de roches de calcaire et de grès aux formes étonnantes couvre une superficie d'environ 3 km² et a été identifié comme l'un des 25 sites les plus importants du sultanat en termes de géologie. Un projet de développement touristique est en cours et un parking a été aménagé. C'est une fantaisie créatrice comme seule la nature peut en produire avec des roches en forme de chevaux, de champignons, etc. Ne pas faire le déplacement exprès, y passer si l'on est dans le secteur.

CITY HOTEL DUQM €€

✆ +968 2521 4900
www.cityhotelduqm.com
A partir de 56 OMR la chambre double, taxes et petit déjeuner inclus en haute saison.

Le City Hotel est l'option la plus économique pour celui qui recherche le confort d'un vrai hôtel. L'extérieur ressemble davantage à un bâtiment administratif omanais, tandis que l'intérieur arbore un style plus contemporain - mais ne s'attendre à rien de très folichon tout de même, même si les chambres jouent sur un camaïeu de couleur brune et ivoire agréable. L'hôtel vise surtout une clientèle d'affaires même s'il dispose de suites Deluxe pour les familles. Sur place : restaurant, salle de gym, salle de loisirs avec billards, jeux divers et bar dry.

PARK INN BY RADISSON HOTEL & RESIDENCE DUQM €€

Front de mer, entre l'aéroport et le port
✆ +968 2208 5700 -
www.parkinn.com/hotel-duqm
Appartement simple/double à partir de 100/110 OMR en haute saison (octobre à avril), taxes incluses.

Étape moderne et fonctionnel sur la longue route entre Mascate et Salalah, cet établissement récent se caractérise par des unités spacieuses sous forme de chalets et appartements 1 à 2 chambres avec kitchenettes équipées, balcon ou terrasse, Internet à haut débit, TV à écran plat... Le complexe, équipé pour les businessmen, accueille volontiers les familles, d'autant qu'il est doté d'une agréable piscine, d'une grande plage, de deux restaurants et d'un *Pool Lounge* au bord des flots.

CROWNE PLAZA DUQM €€€

Front de mer entre le port et l'aéroport.
✆ +968 2521 4444
www.crowneplaza.com
A partir de 70 OMR la chambre double, taxes et petit déjeuner inclus en haute saison.

Campé au milieu de rien, sur la plage tout de même, c'est le plus bel établissement de la région, fort de 213 chambres avec balcon vue mer. La forme du bâtiment, en U ouvert sur la plage, protège la terrasse et la vaste piscine extérieure tout en conférant un peu plus d'intimité au lieu. A l'intérieur, les chambres sont spacieuses et la déco est classique, mais moderne, dans des tons sable et bruns avec quelques touches arabisantes. Sur place : deux restos dont une table marine, un pub avec billard, une salle de sport et plusieurs salles de réunions.

RAS MARKAZ

À très exactement 49 kilomètres de la station Shell de Duqm (à peu près le seul véritable point de repère de la ville), une bifurcation indique Ras Markaz à 14 kilomètres. La route se termine en cul-de-sac sur une belle plage, délimitée par des falaises de calcaire. L'approche est assez spectaculaire : après avoir roulé pendant une douzaine de kilomètres, on parvient à une hauteur d'où l'on domine les falaises et la plage. Si l'on souhaite bivouaquer, se diriger tout au bout de la plage : au fond sur la droite se trouve un escarpement rocheux qui forme un cirque et abrite un cours d'eau vert émeraude, alimentant quelques plantations.

RAS MADRAKAH

Les alentours de Ras Madrakah se différencient des autres endroits de la région par la présence de reliefs montagneux de couleurs sombres, aux formes étranges. Pour gagner les plus belles plages, laisser le village sur sa droite au premier rond-point puis suivre la route jusqu'à une poissonnerie. La voie se transforme en piste et s'enfonce dans un paysage lunaire. On arrive enfin sur une plage de sable blanc, où l'eau, d'une limpidité incroyable, forme un saisissant contraste avec la roche noire. Ras Madrakah possède trois autres superbes plages du même acabit. Pour y accéder, revenir 2 km avant la poissonnerie et prendre à droite cette fois.

Plage de Ras Madrakah.

VERS LE GRAND SUD...

ROAD TRIP GRANDEUR NATURE DE RAS AL JINZ À SALALAH

La route côtière du grand Sud, bien que d'une vraie beauté, attire encore peu de touristes qui préfèrent filer directement en avion à Salalah. Sauvage, altier, infini, le tracé du littoral est pourtant un périple à part entière à effectuer en 2 à 7 jours – minimum 3 idéalement –, mais en 2 jours c'est possible. Ne pas s'attendre à croiser beaucoup de monde, les camions et autres usagers empruntant plutôt l'axe intérieur, plus court, par Adam, Al Ghabah, Hayma, etc. Le vent, la roche, le sable et l'immensité seront donc vos principaux compagnons de voyage en ces espaces encore vierges !

Sur le plan logistique, un 4x4 est nécessaire, seul moyen d'accéder aux plages et plus beaux endroits. On trouve de l'essence régulièrement, mais ne jamais attendre la dernière minute pour faire le plein. Pour les nuits, on peut poser sa tente n'importe où, ce ne sont pas les beaux spots qui manquent. La route est aussi émaillée de petits motels, simples, mais assurant le basique.

Ci-dessous une liste des endroits les plus intéressants afin de donner quelques lignes directrices. Il est d'autres sites, d'autres spots pour qui disposerait d'un temps plus élastique. S'il n'est pas compliqué de suivre la route côtière avec une bonne application et un GPS, nous conseillons un chauffeur-guide qui pourra sortir des sentiers battus, couper par les plages et les lagunes, conduire jusqu'aux panoramas les plus spectaculaires, conseiller les meilleurs sites de bivouac... Kilométrage total entre Ras al Jinz et Salalah : 1 240 km. Pour raccourcir en cas de fatigue on pourra prendre l'axe qui mène directement à Salalah à partir d'Al Jazir (1 050 km dans ce cas), ce qui serait dommage, car la portion de fin, récemment bitumée au plus près de la mer, est la plus belle.

- **Ras al Khabbah**. Juste avant le panneau indiquant l'entrée du village, emprunter une piste sur la gauche jusqu'à atteindre le bord des falaises.
- **Al Ashkharah**. Au large oscille une myriade de boutres traditionnels en bois...
- **Qurum**. Pas d'intérêt en soi, sauf que de là part la route d'accès la plus facile qui mène à *Woodland* : une longue piste bordée de part et d'autre d'une forêt d'acacias anciens.
- **Ar Ruways.** Quitter la route asphaltée pour rejoindre le bord de l'eau à travers un vaste espace caillouteux nu et carrossable. De là, vue superbe sur des falaises de sable pétrifié.
- **Filim**. Vaste étendue de lagunes plus ou moins asséchées selon la saison. Oiseaux.
- **Khaluf**. Sur une dizaine de kilomètres carrés, superbe moutonnement de dunes blanches venant mourir sur une plage immense couverte d'oiseaux marins.
- **Duqm**. Chantier monumental, grande ville portuaire et industrielle en devenir. L'unique possibilité d'une vraie pause hôtel, resto, piscine. Plage assez belle. Une curiosité géologique : *The Rock Garden*.
- **Madraqah**. Plusieurs belles plages cerclées de rochers. A l'approche de celles-ci, paysage lunaire.
- **PinkLagoon.** Succession de lagunes couvertes d'oiseaux en saison, dont certaines de couleur rose.
- **Ash Shuwaymiya**. Beau wadi très large bordé de parois claires et de bassins émeraude. Pour y accéder, on aura roulé pendant une vingtaine de kilomètres sur le plateau de Shalim – beaux panoramas dans la descente. A partir de là, on pourra choisir de s'enfoncer dans le wadi sur 30 km ou retourner sur ses pas jusqu'à l'immense plage de Shuwaymiya. C'est à la fin de celle-ci, au bout d'une dizaine de kilomètres, que l'on rejoint la portion de route la plus récente menant à Salalah par la côte. Particulièrement scénique, celle-ci doit composer avec des canyons et des montagnes qui obligent parfois à s'écarter du littoral, à s'ouvrir sur des ravins, à tutoyer des chaos de roches brunâtres (ne pas manquer les nombreux points de vue indiqués par des panneaux *View Point*) pour retrouver plus tard le bord de mer embelli de lagunes, de baies, de rochers...
- **Hasik.** 5 à 6 kilomètres avant le village, sur le côté droit de la route, parois aux formations calcaires et bassin d'eau. On est à 197 km au nord de Salalah. La route côtière gagne encore en beauté : les roches s'habillent de tonalités changeantes, les criques invitent à une pause baignade, des plages de sable blanc somnolent au pied de falaises, la mer regorge de poissons...
- **Mirbat.** Retour à la civilisation – plage, hôtels, fort.
- **Taqah**. Le Cancún du Dhofar, entièrement voué aux vacances et aux loisirs – résidences, hôtels, marina, restos, etc. Pas très loin, les vestiges du port et de la cité de Sumhuran, fondés au IIIe siècle av. J.-C., nous ramènent plus de deux millénaires en arrière, à l'époque de la route de l'encens.

LAGUNE DE DHIRIS

A 45 km au sud de Madrakah

A l'approche du village de Juwayrah (Al Jawarah), une pancarte indique (si elle y est toujours !) « Wadi Banaf » ; à la hauteur de celle-ci, on aperçoit des palmiers sur la gauche, tourner vers la mer et continuer la piste qui mène au lagon. En contournant la lagune par la gauche, la piste conduit à la plage. Ce coin, souvent appelé le lagon aux 3 palmiers, est probablement le plus fréquenté de la région par les campeurs. Le sable y est un peu moins fin et doux qu'ailleurs, mais il s'étend sur des kilomètres. Présence de flamants et autres volatiles.

SAWQRAH

Situé à la frontière sud du Jiddat Al Harasis, le pays des Harasis et des oryx, le village de Sawqrah se trouve à un jet de pierre du cap du même nom. C'est un simple repère sur la carte et sur la route qui mène au village suivant d'Ash Shuwaymiyyah, petit port de pêche aussi connu pour son activité de tressage de paniers, à 138 kilomètres de là. On file vers ce but pour découvrir son magnifique wadi, non sans avoir traversé auparavant, pendant une vingtaine de kilomètres, le plateau de Shalim. Long d'une trentaine de kilomètres environ et particulièrement large, le wadi est extrêmement scénique et d'autant plus attractif que peu fréquenté encore.

LAGUNE DE KHAWR GHAWI

Bord de mer à 8 km de la nationale

Khawr Ghawi est séparée de la mer par un banc de sable long de 6 kilomètres que l'on peut remonter jusqu'à son extrémité. À cet endroit, la plage n'est pas aussi attrayante que celle de Dhiris, mais la lagune présente un paysage sauvage et permet d'observer de très nombreux oiseaux (spatules, flamants, balbuzards pêcheurs, bécasseaux cocorlis, etc.). En hiver, ceux-ci viennent par milliers peupler le sanctuaire qui devient alors très photogénique, d'autant que la palette des couleurs – sable ivoire et lagune turquoise sur fond de ciel bleu dur – est très belle.

GHABA

La route en plein désert, quelques maisons, et voilà : rien qu'un hameau de plus comme il en existe des centaines au sultanat, planté au milieu de nulle part au bord d'une nationale, sans aucun charme ni attrait ni raison d'y faire étape sauf pour couper une longue route et trouver refuge dans une *guesthouse* ou *resthouse* (= le motel local). On est sur la route de l'intérieur numéro 31 reliant Mascate à Salalah, monotone est bien longue si l'on a quitté un peu tard Nizwa ou le désert des Sharqiyah par exemple. En poursuivant, éviter de prendre vers l'ouest : au bout, c'est *no-go* l'Arabie Saoudite. Pompe à essence, eau minérale, chips et motel.

L'ORYX D'ARABIE

En danger d'extinction, la plus grande des antilopes arabes (environ un mètre vingt au garrot) possède une fourrure blanche qui la protège contre le soleil. Celle-ci est ponctuée de zones plus sombres au niveau des pattes, du thorax, de la queue et de plusieurs endroits de la tête. Mâles et femelles possèdent deux cornes longues, fines et droites pointant vers l'arrière et pouvant mesurer jusqu'à 90 cm de long ! Pour permettre la survie dans des espaces chauds et arides, la température corporelle de l'oryx peut s'élever jusqu'à 45 °C (empêchant ainsi la transpiration), tandis qu'un système de « réfrigération » permet de refroidir le sang avant qu'il n'alimente le cerveau.

AL GHABA REST HOUSE €

Nationale 31

✆ +968 9935 8639

Double à partir de 20 OMR.

C'est une guesthouse sans prétention (façon petit motel aux US) comme il en existe des dizaines au sultanat, notamment dans les coins un peu reculés. Campée au bord de la nationale, elle tente de remplir sa mission d'hébergement de secours et par défaut, pour couper la longue route entre Mascate et Salalah quand on présente des signes de fatigue trop importants. Puisqu'on a même la TV, on est sauvé. Comme d'habitude dans ces aimables gargotes, il est prudent de demander à voir la chambre avant de payer, de vérifier que l'eau coule et que le lit est fait.

HAYMA

Hayma est le centre administratif du Jiddat Al Harasis, cette immense plaine où furent abattus en 1972 les derniers oryx blancs en liberté de la planète et où, désormais, ils revivent. A l'image de bien des bourgs «modernes» et sans âme éparpillés dans les coins reculés du sultanat, on y retrouve tout ce qui peut tenir lieu de «centre-ville» : une station-service, quelques petits supermarchés, des coffee-shops en pagaille et un hôtel modeste. La région est assez ventée, ce qui renforce cette impression de bout du monde. Rien de spécial à y faire, on y passe avant de rejoindre la réserve des oryx ou pour faire une pause sur la route Mascate-Salalah.

AL-WUSTA

Réserve Sultanienne des Oryx d'Arabie.

RÉSERVE SULTANIENNE DES ORYX D'ARABIE

Se présenter à la barrière d'entrée en journée et faire la visite avec le guide sur place.

Le Jiddat al Harasis est l'écosystème et la section du sultanat qui, en 1962, fut choisi pour qu'y soit réintroduit l'oryx blanc d'Arabie. Couvrant environ 27 000 km², soit l'équivalent de la Bretagne, c'est un plateau de 100 à 150 mètres de haut, borné, à l'est, par un escarpement. La dépression attenante de Huquf est séparée du littoral marin par les collines de Janaba d'une hauteur de 300 mètres. Le sol est essentiellement du calcaire karstique. C'est une région importante dans le contexte de l'Arabie, car il associe une zone côtière aux eaux froides avec – chose inhabituelle – un paysage désertique boisé d'acacias qui s'enfonce au sud dans les dunes de la mer de sable d'Arabie centrale. Tout cela se trouve en étroite proximité et fonctionne comme un écosystème divers et productif.

En 1962, le Fonds mondial pour la nature, l'Union internationale pour la conservation de la nature et la Société de protection des animaux joignent leurs énergies pour éviter l'extinction de l'oryx blanc d'Arabie. Une mission d'Indiana Jones de la corne est dépêchée au Yémen pour capturer les derniers animaux en liberté. On attrape deux femelles et un mâle, bientôt rejoints par 6 autres bêtes offertes par les cheikhs du Golfe, et on les confie aux bons soins des vétérinaires du zoo de Phoenix dans cet Arizona au climat adapté. En 1980, bien remis sur pattes et en transe copulatoire, les oryx sont transportés par l'aviation omanaise jusqu'au Jiddah Al Harasis, là même où les derniers de leurs congénères en liberté avaient été chassés en 1972. Le sultan sanctuarise l'immense zone, crée un centre de contrôle et de gestion de la vie sauvage, fait placer des colliers électroniques sur les oryx et a la fierté de voir le site entrer au Patrimoine mondial et universel de l'Unesco en 1994. Cette reconnaissance ne dure pourtant pas. En 2007, l'Unesco, fait rare dans son histoire, décide de radier le sanctuaire à oryx de sa liste. La raison en est le rétrécissement drastique de la zone protégée, réduite de 90 % pour un projet de prospection d'hydrocarbures, et le mauvais entretien global de la réserve. Victimes du braconnage et de la dégradation de leur habitat, les oryx, de 450 individus qu'ils étaient parvenus à être, sont retombés à 65, dont seulement quatre couples reproducteurs.

Actuellement, même si la réserve sultanienne occupe un territoire extrêmement réduit par rapport à sa taille initiale (soit 2 824 km² de terrains variés – plaine sablonneuse, pentes rocailleuses, dunes...), son habitat est bien moins dégradé qu'il ne le fut à une époque. Son rétrécissement, voulu par les autorités et opéré sans informer les instances onusiennes, a, au-delà de l'Unesco, déclenché une polémique assez vive entre les amis de la nature et l'État omanais. Aucune publication locale ne vous en dira plus. Certains visiteurs s'étonnent encore, dans les forums, de ne plus trouver de détails sur la fameuse « Réserve protégée par l'Unesco », de trouver encore moins d'infos d'accès. Beaucoup se perdent en chemin, dans ce désert immense, ou ratent le dernier virage à droite et finissent par tomber sur, oui !, des puits de pétrole. La situation est en train de changer depuis que l'État a décidé, en décembre 2017, dans le cadre d'un développement accru et planifié de l'écotourisme, d'ouvrir le site au public. Longtemps écartée des routes touristiques, la réserve pourrait donc bien devenir, dans les années qui viennent, l'une des attractions importantes de cette partie du pays où peu de véhicules s'aventurent encore ce qui peut être une forme d'attrait. De plus, le sanctuaire n'abrite pas que des oryx, mais permet également, si l'on est chanceux, d'observer d'autres espèces indigènes comme la gazelle d'Arabie (elle aussi en danger), le renard de Rüppell, le hérisson d'Ethiopie, la gerboise, la gerbille, le varan du désert, la vipère des sables, ainsi que de nombreux oiseaux – paruline à gorge jaune, sirli du désert, courvite isabelle, moinelette à front blanc, etc.

Dans l'attente de développements plus importants, la question est : faut-il faire 500 kilomètres pour voir cela ? Jusqu'à récemment, l'accès n'était autorisé qu'aux titulaires d'un permis délivré par le conseiller à la protection de la nature du diwan. Ce papier était le signal d'ouverture de la porte clôturée, au-delà de laquelle, au bout d'une dizaine d'autres kilomètres, on atteignait un petit centre de contrôle et des bâtiments préfabriqués tenus par du personnel assermenté peu anglophone. Là, un garde, en général un Harasis, vous accompagnait vers les enclos où se promènent les oryx. Le soleil était juste écrasant, les infos minimales, le spectacle naturel perturbé par les grillages... Aux dernières nouvelles, il semblerait que l'accès soit facilité et que certains guides parlent anglais... A l'heure où nous bouclons cependant, nous n'étions parvenus à obtenir aucun numéro de téléphone, encore moins de site web et pas d'informations pratiques dignes de ce nom. Nous savons que la réserve se visite en 4x4 sous l'encadrement strict des gardes du site, a priori omniprésents. Aucune raison, donc, si vous décidez de vous y rendre, que vous ne puissiez pas entrer. Le plus simple consiste quand même sans doute à y aller avec un réceptif local, dans le cadre d'un circuit à la carte par exemple. D'une dizaine qu'ils étaient à l'origine, les oryx sont désormais 750.

AL-WUSTA

PASSPORT

LE DHOFAR

Bordé de l'Arabie saoudite au nord-est et du Yémen au sud-est, le Dhofar occupe l'entier sud du sultanat. Plus vaste région du pays, elle ne rassemble pourtant que 9,4 % de la population totale, essentiellement regroupée dans la ville balnéaire de Salalah et ses environs proches. Plages de sable blanc, cocoteraies luxuriantes, hauts massifs montagneux, forêts d'arbres à encens, sites culturels majeurs et désert du Rub Al-Khali font de cette partie d'Oman une destination touristique privilégiée et variée. A la richesse des paysages et du patrimoine, s'ajoute un microclimat exceptionnel et atypique pour cette partie du monde qui, pendant la saison d'été, sous l'effet d'un phénomène de mousson, transforme le Dhofar en région d'eau et de verdure quand le reste du pays et les nations voisines suffoquent. Cette particularité confère au sud de multiples visages comme autant d'atmosphères à expérimenter.

Le Dhofar
ARABIE-SAOUDITE
YÉMEN
Vers RUB AL-KHALI
RT-31
RT-39
RT-39
RT-39
RT-45
RT-47
SHISR
Al Mazyunah
Mudayy
THUMRAIT
Madinat Al Haq
SALALAH
TAQAH
MIRBAT
SADAH
HASIK
Jabal Samhan Nature Reserve
Ash Shuwaymiyyah
Shalim
Lakabi
Al Kahil
ÎLES AL-HALLANIYAT
Mer d'Oman
MUGHSAYL
RAKYUT
Dhalkut
20 KM

PAGES

● ● RÉGION DE SALALAH

273

La région de Salalah, principalement connue pour ses immenses plages de sable blanc bordées de cocotiers s'est largement développée depuis quelques années au profit d'un tourisme essentiellement balnéaire. Pourtant, de nombreux sites historiques comme le tombeau de job, les cités antiques de Sumhuran et d'Al Balid, des curiosités géologiques telles que les geysers de Mughsayl ou des particularités naturelles comme le Wadi Dawka et ses arbres à encens, etc. sont autant d'attractions touristiques majeures à ne pas manquer. Toutes peuvent se visiter à la demi-journée ou la journée depuis Salalah ou Taqah qui sont les deux centres de villégiatures touristiques du Dhofar.

SALALAH ★★

273 Principale ville du Dhofar, Salalah n'est pas belle en soi mais s'alanguit au bord d'une plage de toute beauté, noyée dans la végétation tropicale. Plusieurs sites culturels valent le détour.

AL-MUGHSAYL

287 A 35 kilomètres de Salalah, la plage sauvage d'Al Mughsayl s'étire sur 5 kilomètres de long. Tout au bout, au pied d'un promontoire rocheux, l'eau s'infiltre dans des cavités et forme des geysers sous l'effet de la pression. Le site est surtout intéressant pendant la période de la mousson et à marée haute quand la mer est formée.

RAKYUT ★

287 A environ 120 kilomètres de Salalah, le village de Rakyut se mérite et se rejoint via une route en épingle impressionnante qui, en 5 kilomètres, fait grimper à 1 000 mètres d'altitude. Une expérience ! Quelque cinquante kilomètres plus loin, la plage de Rakyut offre un cadre sublime.

TAQAH ★★

288 A une trentaine de kilomètres de Salalah, Taqah est le second pôle balnéaire de la région : le Punta Cana local sous forme de marina géante assortie de boutiques, restaurants, hôtels-clubs... La plage et sa cocoteraie offrent un cadre idyllique pour un séjour de bains et de loisirs – à condition d'aimer le concept. A proximité, la cité antique de Sumhuran est une visite incontournable.

Vue sur la ville de Taqah.

●● DÉSERT DU RUB AL-KHALI

Encore appelé Empty Quater ou Quart vide, le Ruba al-Khali est la plus grande étendue ininterrompue de sable du monde, à cheval sur 4 pays. À Oman, il occupe une partie du centre et du sud du territoire, et constitue LA sortie dans le désert des voyageurs en villégiature balnéaire dans le Dhofar. Sauf à limiter son approche à la cité mythique d'Ubar, à environ 105 kilomètres de Salalah, ou à être expert en conduite et orientation dans le désert, toute incursion dans le Rub al-Khali ne peut se faire qu'accompagné, aux bons soins d'un guide expérimenté ou d'un réceptif local. Si des bivouacs peuvent être organisés, un seul camp « fixe » tout récent affilié à l'écolodge de Souly Bay, accueille à ce jour les voyageurs.

RUB AL-KHALI

Désert des déserts, le Rub al-Khali est une immensité sauvage qui, sauf pour les voyageurs coutumiers de ce type d'aventures, ne peut s'explorer seul sans les services d'un guide expérimenté. Seul un camp y est implanté, sinon c'est bivouac à la demande sous la houlette des réceptifs locaux ou sortie à la journée puis retour sur le littoral le soir.

SHISR ★

Le village de Shisr, perdu aux portes des sables, ne présente aucun intérêt hormis le fait qu'il est construit sur le site d'une des plus importantes cités caravanières de l'antiquité, la légendaire Atlantide des sables d'Ubar : Iram dans le Coran - plaque tournante du commerce de l'encens au temps où cette précieuse résine faisait la richesse de ses régions productrices. Les rares vestiges encore visibles se visitent.

SALALAH ★★

Salalah est la ville principale du Dhofar et la deuxième du pays, avec 197 169 habitants. Assiégée de montagnes imposantes, envahie d'une végétation luxuriante, la ville se développe en bordure de mer, le long d'une plage immense. Les constructions, espacées, dépassent rarement les six étages, les plages sont bordées de cocotiers, les rues de bananiers, les cultures abondent autour du centre urbain : une bouffée d'oxygène ! Pendant la mousson, un festival culturel, le Khareef, ajoute encore à l'attrait de la ville. Au carrefour d'un axe de curiosités, Salalah est l'endroit idéal pour séjourner et rayonner dans la région. Le soir est un moment privilégié pour découvrir la ville qui s'anime autour de ses souks et de ses terrasses, à l'heure du barbecue et/ou de la shisha.

© CATHYLINE DAIRIN

Cordonnier de Salalah.

Pratique

Les voyages à Salalah peuvent s'organiser depuis Mascate par le biais des réceptifs qui possèdent généralement des filiales dans le Dhofar et peuvent effectuer les réservations d'hôtels, locations de voitures, excursions, etc., à partir de la capitale. C'est le cas notamment d'Al Koor Tourism, Enjoy Oman, Gulf Jewels Tours, Majan Light... Ces agences proposent généralement des tours de la ville de Salalah, des excursions dans les montagnes, la visite de la côte jusqu'à Mirbat à l'est (vieille ville de Taqah, vestiges de Sumhuram...) et/ou Rakyut à l'ouest (tombe du prophète Job, cavités rocheuses de Mughsayl, arbres à encens...). Il est possible aussi d'aller à Ubar, l'excursion pouvant se faire en une journée ou être prolongée par une sortie dans le désert de Rub al-Khali, avec nuitée en tente.

Quartiers

Salalah s'articule autour de plusieurs quartiers, alignés d'ouest en est : Al-Wadi, plutôt résidentiel et densément peuplé ; le nouveau Salalah, où se concentre la majorité des ministères, à proximité du centre-ville, du nouveau souk et des nouveaux centres commerciaux ; Al-Haffa, en bord de mer, la vieille ville fréquentée pour son souk ; et, enfin, Ad Dahariz, un quartier tranquille aux nombreuses petites échoppes. Parallèles à la mer, s'étendent les deux rues les plus importantes : Sultan Qaboos Street au sud le long de la côte, et 23rd July Road au nord. Sa dimension moyenne confère à la ville un caractère à la fois animé et convivial.

Se loger

Salalah possède de nombreux hôtels, gîtes et appartements, dans toutes les fourchettes de prix, et devrait continuer à accroître son offre. Nous proposons une sélection serrée qui privilégie au maximum les établissements de bord de mer sachant que le centre-ville, assez peu attrayant à nos yeux, en compte bien d'autres, généralement propres et confortables, mais sans grand charme. Cette capacité d'accueil, vaste et diversifiée, s'explique par le grand nombre de visiteurs qui affluent dans la région pendant la saison humide. Durant cette période, en particulier de fin juin à début septembre, les tarifs ont tendance à gonfler ! Pensez à bien vous renseigner à l'avance et surtout à réserver, car la plupart des établissements affichent rapidement complet, surtout si vous cherchez une vue marine. Notez que certains hôtels ou guesthouses sont situés à plusieurs kilomètres de la ville, loin des zones commerçantes et des restos. Prévoyez une voiture de location, sauf si vous voulez cocooner sur la plage du soir au matin et du matin au soir.

Sortir

A Salalah, de nombreux restaurants dans toutes les catégories de prix permettent de se sustenter facilement. Les principaux se trouvent dans la 23rd July Street et dans le quartier d'Ad Dahariz. De chaque côté d'Atin Road, en continuant après le théâtre, toute une série d'échoppes propose des barbecues à de tout petits prix, dans une ambiance sympa et populaire. Et près du littoral, dans le soir éclairé par une myriade de néons, des marchands de fruits, dans de petites « cabirotes » en bois, offrent une dégustation à la bonne franquette de noix de coco, papayes et mangues... Typique et délicieux ! Pour une restauration de plus haute volée dans un cadre romantique ou plus aseptisé, se rendre dans l'un des trois hôtels de luxe de la ville, dont le superbe Anantara.

LE DHOFAR

AUX TEMPS ANCIENS...

LES PREMIERS HOMINIDÉS (HOMO ERECTUS), VENUS D'AFRIQUE DE L'EST, ARRIVÈRENT AU DHOFAR IL Y A ENVIRON UN MILLION D'ANNÉES.

Certains sites archéologiques conservent les traces de leur passage, particulièrement au Yémen et dans l'ouest de l'Arabie Saoudite. Des études récentes indiquent que des hominidés actuels (Homo sapiens) parvinrent au Dhofar aux alentours de 1 000 000 avant le présent, comme le montrent les découvertes faites dans le Nedjd, particulièrement autour de la région de Shisr. Entre 20 000 et 8000 ans BP, le sud de l'Arabie traversa une phase d'aridité extrême, qui conduisit à l'abandon de la majeure partie de la péninsule. À la période néolithique, aux alentours de 6000 avant notre ère, des nomades pastoraux arrivèrent dans le sud de l'Arabie. Ces peuples de langue sémitique venus du Levant occupèrent graduellement la plus grande partie de la péninsule. Ils gardaient des troupeaux de bovins, de moutons et de chèvres, activité dont ils ont laissé des traces facilement reconnaissables : leurs outils en silex, qu'on retrouve dans tout le Nedjd près des anciens cours d'eau et lacs. Ce sont ces peuples qui établirent les anciennes longues routes commerciales. Ils se lancèrent tout d'abord dans le négoce de l'encens depuis le Dhofar, en réponse à une demande originaire du sud de la Mésopotamie. En 3200 av. J.-C., avec l'apparition de l'écriture, des traces attestent de l'augmentation de ce commerce, en volume comme en fréquence. L'identité ethnique exacte des marchands est inconnue, mais des types de silex reconnaissables rattachent avec précision ce commerce au Dhofar. Pour la région du Dhofar, l'âge du bronze (2200-1300 av. J.-C.) fut une période de repli. La population se retira au pied des collines et dans la plaine de Salalah, près de sources permanentes. Elle entretenait des liens étroits avec les villages yéménites de l'âge du bronze. C'est à cette époque que commença la domestication des dromadaires. Le commerce maritime, sans doute du cuivre, reliait Masirah au Dhofar. Les paléo-lagunes et les terrasses des plateaux connurent pour la première fois une exploitation intensive, tandis que l'encens continuait d'alimenter un important commerce. L'âge du fer (1300-300 av. J.-C.) fut le témoin de la réémergence des populations locales, gardant des bovins, des chèvres et désormais aussi des dromadaires, et cultivant également des plantes propres au Dhofar, telles que le sorgho et le millet, selon un mode de vie qui n'est pas sans rappeler celui des peuples Mahra contemporains. L'expansion des États du sud de l'Arabie donna naissance à un réseau formel d'échange de l'encens qui s'étendit vers l'ouest, ainsi qu'à une demande permanente du nord du Yémen et de l'est de l'Arabie.

En 300 avant notre ère, le site de Shisr s'était intégré à ce réseau. Le Periplus du Geographia de Ptolémée (IIe siècle av. J.-C.) offre une image claire de la région et de ses habitants. Les fouilles conduites à Shisr et dans la plaine de Salalah montrent que l'État Atramite de Shabwa (Khor Rori/Sumhuram) et les peuples indigènes prenaient tous part au négoce de l'encens. Les Arabes omanais, venus du Yémen dans un périple vers le nord-est, arrivèrent à cette époque dans la région, et s'intégrèrent eux aussi à ces interactions complexes dans les relations sociales et la vie économique. Les Parthes de Perse eurent eux aussi une influence sur le Dhofar, comme le démontrent les vestiges matériels découverts à Shisr et sur la côte de Salalah. D'après les preuves historiques et archéologiques réunies, il a été suggéré que Shisr pourrait être Ubar ou l'Omanum Emporium de Ptolémée, tandis que Khor Rori a été associé au Moscha limen du Periplus Maris Erythraei (Ier siècle de notre ère). À l'époque islamique, le commerce intérieur continua de prospérer, peut-être alimenté par la demande en encens et en chevaux. Les liens instaurés avec l'Inde des milliers d'années auparavant demeuraient forts. La région côtière du Dhofar prenait part à un commerce international longue distance, spécialement sous la dynastie abbasside. Les criques et ports fortifiés, ainsi que les petits peuplements, témoignent de ces liens entre la mer Rouge et l'Afrique de l'est à l'ouest et l'Inde et la Chine à l'est. Al-Balid et Mirbat continuèrent de prospérer, atteignant leur apogée au milieu de la période islamique. En 1450, les invasions turques et portugaises entraînèrent une interruption dans le réseau créé à l'âge du fer et à l'époque islamique.

Sources : unesco.org

Sortir

Pour boire un cocktail de fruits ou fumer la shisha dans une ambiance sympa et locale, nous conseillons la Ad Dahariz Road en bord de mer : multitude d'échoppes, de gargotes et de cafés. Pour un cocktail alcoolisé, pas d'autre choix que les grands hôtels ou l'Oasis Club (près du port industriel).

Transports

▶ Avion. Salalah dispose d'un aéroport récent et est relié à Mascate par plusieurs vols quotidiens.

▶ Voiture. 1 000 km séparent Mascate de Salalah par la route de l'intérieur. Le paysage montagneux des environs de la capitale cède peu à peu la place à un long désert, plat et rocailleux. Çà et là apparaissent quelques dunes de sable, un chameau traverse... et la route continue sans qu'on n'y rencontre beaucoup d'âmes. Une ambiance insolite et des rencontres impromptues ponctuent ce long tracé au milieu de quasi nulle part, qui pourra présenter un parfum d'aventure pour ceux qui en ont le temps ! Quelques mises en garde cependant : la route est à peu près en bon état, mais le parcours est parfois très venté. De plus, la chaleur et l'étendue du paysage réduisent la faculté d'appréciation des distances et des formes. Mieux vaut prévoir large en carburant, surtout entre Adam et Hayma. Et éviter de faire le trajet seul. Ceux qui le souhaitent trouveront des hôtels sur la route, à peu près propres et très bon marché, notamment à Hayma, Qatbit, Ghaba et Ghaftain. Une autre solution, beaucoup plus longue (1 300 km en tout), consiste à suivre le chemin des écoles qui file le long de la côte, beaucoup plus variée que l'intérieur, via Sur et Duqm. On emprunte ainsi l'extraordinaire « autoroute du désert » au nord de l'île de Masirah, et on passe la nuit en bord de mer dans l'un des hôtels de Duqm. Puis on suit le bandeau de bitume jusqu'à Salalah, dans des paysages côtiers qui gagnent en beauté plus l'on se rapproche du sud.

▶ Bus. Un bus part quotidiennement matin, midi et soir pour Salalah de la gare routière de Ruwi à Mascate, et idem dans l'autre sens. Compter 10 à 12h de trajet pour 7,50 OMR l'aller et 11 OMR l'aller-retour. Les véhicules, confortables et climatisés, font des arrêts fréquents. Il est préférable de réserver sa place deux jours avant. MWASALAT : ☒ +968 2329 2102.

AIN RAZAT ET AIN HAMRAN

A 8 km de Salalah. Attractif pendant la période de mousson quand l'eau s'écoule et que la nature est luxuriante.

Pour accéder à Ain Razat, prendre la direction de Mirbat puis, peu après Salalah, la source est indiquée à 8 km sur la gauche. On arrive au pied du djebel Al-Qara ; de nombreuses sources coulent le long de la paroi pour finir dans un même bassin, lui-même relié à un système de falaj chargé d'irriguer la région. Un parc, ouvert les week-ends seulement, a été aménagé à cet endroit. Les sources de Hamran sont situées un peu plus loin. Récupérer d'abord la route pour Mirbat puis suivre celle qui part sur la gauche vers Ain Hamran jusqu'à un cul-de-sac.

LE DHOFAR

© ASHRAF HAMDAN - SHUTTERSTOCK.COM

Salalah.

MUSÉE DE L'ENCENS ET CITE D'AL BALID ★★

A 5 km à l'est du centre-ville ✆ +968 2320 2577
Ouvert de 9h à 21h en semaine, de 15h à 21h vendredi et samedi. Entrée 2 OMR par voiture puis 500 bz par personne.

Situé en bord de mer, à deux pas du cœur de la ville, près d'un khor fournissant de l'eau douce en provenance des montagnes, Al Balid forme un vaste ensemble de 1 600 mètres sur 400 mètres. Site hors du commun, il est classé au patrimoine mondial de l'Unesco depuis 2000 sous le terme générique de Terre de l'encens. Les fouilles archéologiques qui y furent entreprises dès 1952 révélèrent en 1970 les vestiges d'une cité ancienne identifiée comme celle de Zafar que visita Marco Polo en 1295. Elles montrèrent également qu'il s'y trouvait précédemment un peuplement datant de l'âge du fer. Celui-ci subsista probablement longtemps après, en dépit de l'absence de mention spécifique dans le *Geographia* de Ptolémée. Son importance à l'époque islamique ne fait aucun doute et sa refondation dans sa géographie actuelle semble remonter au XIe siècle. La cité commença à connaître un certain déclin au XIIe siècle. Au XIIIe siècle, elle fut annexée et partiellement détruite en plusieurs occasions, à la fois par les souverains arabes et par les envahisseurs perses. Ibn Battuta, l'infatigable Tangérois, la découvre en 1331. On y exportait des chevaux, de l'huile de poisson et surtout de l'encens. C'est de là que pendant des siècles partirent les caravanes en direction du nord : Pétra, Alexandrie, et au-delà, Sumer, la Perse et la Grèce. C'est aussi dans le port d'Al-Balid qu'étaient chargées les cargaisons d'encens qui remontaient la mer Rouge.

Les fouilles ont permis la mise au jour des décombres d'un palais et d'une grande mosquée. On peut également encore voir l'endroit où étaient lavés les corps des défunts avant d'être enterrés dans le cimetière, juste à côté. À la fin du XVe siècle, les changements radicaux qu'avaient imposés aux schémas commerciaux les Portugais et les autres nations marchandes européennes scellèrent le destin de la ville.

Le seul site entièrement fouillé est celui de la grande mosquée du Xe siècle, qui mesurait 40 mètres sur 48,5 mètres et était entourée d'une plateforme extérieure sur tous les côtés sauf à l'est, où se trouvait la plateforme pour les ablutions. La salle de prière principale était bordée de plusieurs rangées de colonnes octogonales, 144 en tout, qui soutenaient le toit dont la construction n'est pas connue. Ces colonnes (l'une d'elles est conservée au musée), réduites dans leur hauteur, sont encore visibles aujourd'hui, en se dirigeant vers l'ouest, vers la droite, à partir de l'entrée du parc. Grâce à l'action visionnaire des autorités et avec l'appui de l'archéologue Michael Jansen de l'université de Aachen en Allemagne, Al Balid est une cité enfouie qui ne l'est plus totalement. A pied, et partiellement à bord d'un petit bateau, on peut arpenter les ruines par des chemins bien délimités, jusqu'à atteindre le bord de mer, dans le cadre d'un parc archéologique.

Le musée porte logiquement le nom de Terre de l'Encens afin de coller à la dénomination déposée à l'Unesco. Il est divisé en deux parties : l'une destinée à l'histoire de l'encens et du sultanat d'Oman, l'autre à l'histoire maritime. La première salle au fond de la cour contient surtout une maquette en relief du sultanat. Le sol est habillé de toutes les sortes de sables qu'on trouve dans le pays et les murs sont couverts de photographies. Les quatre variétés d'encens produites à Oman y sont présentées, dont le fameux Al Hojari : résine de première qualité, souvent utilisée pour les soins médicaux. De nombreux objets, datant de la Préhistoire à nos jours et découverts dans les fouilles archéologiques du parc adjacent, sont également exposés. La section maritime restitue avec minutie les différentes facettes d'une relation avec le monde marin dont les premières manifestations remontent au IVe millénaire av. J.-C. Construction navale, navigation, routes maritimes et comptoirs lointains révèlent la créativité des maîtres charpentiers et l'esprit d'entreprise de ces marins-marchands qui, bien avant notre ère, ont osé l'aventure maritime. Cette section est l'aboutissement de décennies de recherches : celles des archéologues qui sont parvenus à reconstituer les embarcations du IIIe millénaire av. J.-C ; celles des architectes navals et charpentiers de marine qui ont minutieusement relevé les plans d'épaves sur le point de disparaître à jamais ; celles encore des spécialistes de la Mésopotamie qui, à travers ces tablettes d'argile, nous dévoilent ce que furent les premiers échanges commerciaux avec la péninsule arabique ; celles, enfin, des historiens et conservateurs de Mascate, du Caire, mais aussi du Louvre, du British Museum... qui ont volontiers ouvert leurs fonds.

La section consacrée à la navigation permet de comprendre comment les éleveurs et chefs de caravanes d'Oman, ces navigateurs du désert, prirent la mer et acquirent rapidement l'art de la navigation, le musée expose également toute une gamme d'instruments parmi lesquels d'anciens globes terrestres et des astrolabes fabuleux, dont celui d'Al Naqashi daté de 1080. On fabriqua des astrolabes en laiton partout dans le monde musulman, et on les utilisait surtout pour trouver la qibla (direction de la Mecque). Le plus ancien spécimen date des années 927-928. On attribue la fabrication du premier astrolabe du monde musulman à Muhammad al-Fazari

Sur place également : un coffee shop, une boutique artisanale et une librairie.

BATEAUX DU TEMPS JADIS

INVENTAIRE DES BATEAUX DE LA RÉGION AU MUSÉE DE LA TERRE DE L'ENCENS

Embarcations de l'Antiquité, engins flottants rudimentaires, bateaux de pêche côtière et de travail, navires transocéaniques ou encore bâtiments d'escorte et de combat... : toutes les activités maritimes ont trouvé leur outil. L'inventaire des différents types de navires construits dans la région affiche une bonne vingtaine de modèles, sans compter les variantes.

Les bateaux noirs de Magan : on connaissait l'existence de bateaux de commerce arabes grâce aux tablettes d'argile mésopotamiennes, on en connaissait les formes représentées sur des bas-reliefs égyptiens et des sceaux sumériens, mais jusqu'à une date récente, l'architecture et les techniques de construction de ces premiers navires demeuraient une énigme. Il y a une dizaine d'années, le site de Ras Al-Junays, proche de Sur, a livré quantités d'informations précises qui ont permis de reconstituer deux types d'embarcations construites au IIIe millénaire avant notre ère. Plusieurs centaines de fragments de bitume ont été trouvés sur le site qui porte l'empreinte des carènes dont ils assuraient le calfatage. La reconstitution du puzzle de cette matrice a permis d'identifier les matériaux et techniques de l'époque. Ces « bateaux noirs de Magan » étaient construits d'un assemblage de roseaux recouverts de nattes, d'autres faisaient appel à des bois importés dont les pièces étaient cousues entre elles au moyen de fibres végétales. Dans les deux cas, les carènes étaient enduites d'une épaisse couche de bitume importé de Mésopotamie.

Les petites embarcations : deux engins de pêche retiendront l'attention, dont le **shashah.** Pendant des siècles et jusqu'à nos jours, les agriculteurs-pêcheurs de la Batinah ont utilisé des stipes de palmiers qui se trouvent en abondance dans cette région côtière du nord de l'Oman pour construire cet engin mi-radeau, mi-bateau. Les qualités nautiques du shashah sont des plus médiocres, mais en toutes circonstances il a pu être construit et prendre la mer sans qu'il en coûte un seul rial à ses constructeurs. Armés d'une simple machette, deux hommes pouvaient en deux jours assembler les stipes. **Le huri** est une pirogue monoxyle taillée dans une bille de manguier importée de l'Inde voisine. Les billes étaient chargées brutes à bord des boutres, les membres de l'équipage profitaient de leurs temps morts sur la route du retour pour façonner à l'herminette cette élégante pirogue. De nombreux huri sont encore en service sur les côtes omanaises où ils sont utilisés pour la petite pêche côtière et le déchargement des bateaux de pêche que leur tirant d'eau maintient à distance des plages où se tiennent les criées. Ces pirogues servaient également d'annexe aux grands boutres du commerce.

Les pur-sang : lignes fines et tendues, taille-mer en forme de cimeterre, étraves élancées, très importants ailerons sur l'arrière, les différentes versions des **bedan** et et des **battil** ont cette rare élégance qui évoque celles des chevaux arabes. Les origines du bedan sont anciennes et remontent au moins au XIIIe siècle comme en témoigne une épave retrouvée dans le détroit de Malacca, en tous points semblable aux bedan qui ont navigué jusque dans la seconde moitié du XXe siècle. Battil et bedan ont su tenir à peu près tous les rôles : navires de charge au long cours, caboteurs, pêcheurs de perles et, en raison de leurs performances, bâtiments d'escorte et de combat. Le battil a été l'engin privilégié des trafics en tous genres car il était capable de distancer les premiers « vapeurs » qui entendaient imposer les lois de la *Pax Brittanica*.

Les boutres du commerce : six navires de charge ont assuré le plus gros du commerce maritime. Ils ont pour nom **baghlah, ganjah, sambuq, sh'ui, jalibut et boom**. Ces poids lourds qui peuvent mesurer jusqu'à 43 mètres et accueillir jusqu'à 500 tonnes de charge ont le physique de l'emploi, leurs formes sont arrondies et généreuses. À l'exception du boom dont on peut retracer les origines au début de notre ère, ces navires de commerce seraient apparus au XVIe siècle. Leur architecture et certains détails de leur construction sont manifestement des emprunts à des pratiques étrangères à l'océan Indien. Rien de surprenant à cela si l'on songe que, pendant un siècle et demi, les Portugais ont occupé toutes les escales omanaises et y ont établi des chantiers de construction et d'entretien. Ainsi, au fil des ans, les différentes traditions de l'océan Indien se sont-elles mêlées à celles venues d'Europe.

Source : omantourisme.com.

LA CHAMELLE SACRÉE

A Dahqah Street

L'histoire, telle qu'elle est rapportée dans le Coran, raconte que le prophète et messager Sâlih, à la demande d'Allah lui-même, s'évertuait à enseigner la foi en un Dieu unique aux Thamoudéens, des troglodytes polythéistes : « Ô mon peuple ! Adorez Dieu ! Il n'y a de Dieu que lui. Il vous est advenu une preuve : la chamelle de Dieu, comme signe pour vous. Laissez-la paître la terre de Dieu, ne l'effleurez d'aucun mal. Sans quoi un douloureux châtiment vous saisira ». Le prophète déclara que ce chameau aurait besoin d'eau et il établit un règlement : le peuple n'aurait désormais accès à l'eau qu'un jour sur deux, l'autre étant réservé à l'animal. Après quelques semaines, des mécontents se firent entendre : « Ils tuèrent la chamelle, désobéirent au commandement de leur Seigneur et dirent : Ô Saleh, fais nous venir ce dont tu nous menaces, si tu es du nombre des Envoyés. Quand le dimanche matin s'éleva, ils se parfumèrent et s'assirent dans l'attente de la punition qui allait venir. Après le lever du soleil, un souffle puissant vint du ciel et un cri se lança au-dessous d'eux. Toutes les âmes moururent et tout mouvement s'arrêta ». Selon la tradition, la roche ici protégée et visuellement accessible aux visiteurs porterait les traces des pas de la chamelle et le sang de ses blessures ; les autres empreintes seraient celles du prophète et de sa canne. Ne s'attendre à rien de spectaculaire ; objectivement parlant, le site est assez étrange, mais les croyants y semblent attachés. Prévoir un téléobjectif pour saisir les détails !

MOSQUEE DU SULTAN QABOOS

Ouvert du samedi au jeudi de 8h à 11h. Interdit au moins de 7 ans.

Très belle, cette mosquée a été bâtie en août 2009. L'édifice est imposant. Ornée de deux minarets, elle se confond dans le paysage par ses couleurs beige et sable. A l'intérieur de la grande salle de prière, on pourra admirer l'immense tapis, fait d'une seule pièce et d'une surface de 4 200 m², ainsi que les splendides lustres en cristaux de Swarovski, dont celui au centre particulièrement spectaculaire, qui illuminent cette pièce par ailleurs assez sobre. Agréable jardin. Prévoir des vêtements couvrants pour pouvoir entrer et faire la visite.

PALAIS SULTANIEN AL-HISN

Angle de An Nahdah et As Sultan Qaboos Street

Il s'agit de la résidence d'enfance du sultan Qaboos, aujourd'hui réservée à de grandes cérémonies nationales. Chaque année, après la mousson, se déroule un nettoyage minutieux de ses pierres de Taqah, l'une des grandes fiertés de la région. Le palais est bien sûr fermé au public, et vous ne verrez pas grand-chose depuis la route, mais on raconte que, durant ses périodes de résidence à Salalah, feu le sultan Qaboos circulait certains soirs dans le quartier à bord de sa voiture et offrait à qui l'interpellait de réaliser un vœu qui lui était cher...

LE DHOFAR

Ancienne cité d'Al Baleed, Salalah.

PLAGE DE DAHARIZ ★

A 7 km à l'est du centre-ville

Sable blanc et cocotiers, voilà en deux mots à quoi ressemblent les plages de Salalah. Un ruban de sable fin serpente le long de la côte, sur au moins 30 km entre Taqah à l'est et le port industriel à l'ouest. Pour ne pas trop s'éloigner du centre, on rejoint à 7 km à l'est la plage publique de Dahariz qui est en fait la continuité ouverte à tous de la plage du Crowne Plaza, dont les installations balnéaires sont accessibles aux non-résidents, rappelons-le, pour 15 OMR. Hors hôtel, une tenue décente (maillot 1 pièce plutôt que bikini) est préférable.

LES SOURCES JARZIZ (AYN JARZIZ)

A une quinzaine de kilomètres de Salalah, au pied du djebel Al-Qara.

Pour y accéder, prendre la Atin Road (celle qui mène aussi à la tombe de Job), en direction du village de Atin pendant environ une quinzaine de kilomètres depuis le centre-ville, on arrive alors à un cul-de-sac. Une aire de pique-nique a été aménagée près de la source qui forme une superbe cascade pendant la saison des pluies. L'eau est ensuite centralisée dans des aflaj qui alimentent le village voisin. La visite est surtout intéressante pendant la mousson.

SOUK AL HUSN

As Sultan Qaboos Street

Ouvert 7j/7 de 8h à 13h et de 17h à 22h.
Possible fermeture définitive en 2021 ou 2022. Se renseigner sur place.

Même s'il est moins fréquenté que par le passé, même s'il semble parfois désaffecté, même s'il est question qu'il ferme (quand ?) pour être remplacé par un « nouveau souk de l'encens qui respecterait un esprit traditionnel en termes d'architecture et d'agencement », c'est à ce jour et à nos yeux l'un des souks les plus hypnotisants du sultanat : un endroit charriant le brassage, les routes historiques, les traditions marchandes... peut-être parce que les femmes (à l'origine seules tenancières de la place, ce qui n'est plus le cas aujourd'hui) ont ici des visages où l'Afrique lointaine se mêle à l'Arabie, des tenues de couleur, des poses qui font de chaque étal un tableau à la Brueghel version orientale. Ce n'est pas grand, on peut en faire le tour assez vite et pourtant, chaque fois, on y tourne et retourne des heures durant comme si là était la magie de l'endroit : dans sa petite taille, l'accueil des chalands, la gentillesse ambiante, l'authenticité des senteurs et de cet autrefois.

C'est ici que l'on trouve le plus grand nombre de variétés d'encens et de parfums du pays. Les échoppes, toutes semblables, sont collées les unes aux autres. L'encens de couleur blanche est appelé *hujari*. C'est le plus cher, mais aussi le plus pur comparé aux autres, plus colorés et bien moins onéreux.

Connu dans le monde entier, il entre dans la composition de nombreux grands parfums dont *Amouage*, la griffe olfactive du sultanat. A dénicher également : des brûle-parfums et quelques souvenirs (étoles, pashminas, cannes de bois, etc.).

TOMBE DE NABI IMRAN ☪

Imran et Hannah eurent une fille qu'ils baptisèrent Maryam, celle appelée à devenir Oumm Issa, la mère de Jésus. Relisons le Coran : « *Souviens-toi du jour où l'épouse d'Imran adressa cette prière à Dieu : Seigneur, je t'ai consacré ce qui est dans mon sein, il t'appartiendra entièrement ; agrée-le, car tu entends et connais tout. Lorsqu'elle eut enfanté, elle dit : Seigneur, j'ai mis au monde une fille, et je l'ai nommée Maryam ; je la mets sous ta protection, elle et sa postérité, afin que tu les préserves des ruses de Satan le lapidé.* » Dans la tradition chrétienne, la même histoire s'écrit sous d'autres noms puisque Imran devient Joachim et Hannah s'appelle Anne. Leur histoire apparaît dans l'Évangile apocryphe de Jacques. Joachim est décrit comme un homme riche et pieux qui donne régulièrement aux pauvres. Cependant, sa femme étant stérile (signe de mécontentement divin), le Grand Prêtre rejette Joachim et son sacrifice. Joachim se retire au désert où il jeûne pendant quarante jours. Des anges lui apparaissent pour lui promettre un enfant. Joachim revient à Jérusalem et retrouve Anne qu'il « serre dans ses bras ». Ainsi oh surprise ! C'est la tombe de Joachim, le grand-père maternel de Jésus-Issa et l'un des 25 prophètes cités dans le Coran que nous trouvons à deux kilomètres de l'ancien aéroport. Déchaussez-vous et entrez dans le mausolée adjacent à la mosquée pour une expérience hors limites. Là, dans un halo éthéré, c'est bien une tombe de 30 m de long, dégageant quelque chose d'intensément mystérieux et surréel.

TOMBE DE NABI AYYOUB - JOB ★

Nord ouest de la ville

Entrée libre.

Pierre Assouline, auteur de *Vies de Job*, affirme : « Le trait de caractère de Job que je retiens le plus est sa capacité de résistance. Tout se ligue contre lui, à commencer par son dieu, ce qui n'est tout de même pas rien ! Son corps est martyrisé, il est abandonné de tous, et même là, au plus profond de cette solitude absolue, il continue à résister. Il ne renonce pas. C'est une leçon extraordinaire. » Qu'Ayyoub (Job) ait existé ou pas n'est pas la question, car de l'avis général dhofarien, il est enterré là dans ce petit mausolée surmonté d'un dôme, voisin d'une petite mosquée. Personnage commun aux trois religions, christianisme, judaïsme et islam, il est le héros du Livre de Job, poème didactique en prose commun à la Bible hébraïque et à l'Ancien Testament, considéré comme un chef d'oeuvre de la littérature biblique. Job est cité dans le Coran, parmi les 25 prophètes, au même titre qu'Adam, Salomon, Moïse ou Jésus. Selon le Talmud, il fut l'un des trois conseillers consultés par le Pharaon de l'Exode avant de prendre une décision concernant les enfants d'Israël qui se multipliaient de façon alarmante, celui qui ne s'opposa pas à l'élimination des nouveau-nés mâles. C'est pour ce silence que Dieu le punira de la sorte. Rien ne permet d'expliquer sa présence dans les montagnes de Salalah, hors le récit populaire d'une trace légendaire. L'histoire de ce prophète pourrait faire un bon sujet du bac philo : « *L'infortune résulte-t-elle toujours d'une punition divine ? Pourquoi l'homme innocent est-il aussi appelé à souffrir ?* ». Satan, confiant en la faiblesse de Job, propose la forme de l'épreuve : « *Étends ta main ; touche à ses biens, et on verra s'il ne te renie pas en face.* » Dieu accepte la proposition. En quelques heures Job se voit dénué de tout, réduit à la mendicité, privé d'enfants. Néanmoins il ne renie pas Dieu. Satan ne se tient pas pour battu. « *Étends ta main ; touche ses os et sa chair, et on verra s'il ne te renie pas en face.* » Et voilà le serviteur de Dieu atteint de la lèpre. Alors Job se lève, déchire son manteau et se rase la tête ; puis, se jetant par terre, il se prosterne et dit : « « *Je suis sorti nu du sein de ma mère, et nu je retournerai dans le sein de la terre. L'Éternel a donné, et l'Éternel a ôté ; que le nom de l'Éternel soit béni !* » Immédiatement après, Dieu restaure la fortune de Job, lui donnant le double des richesses qu'il possédait, et 10 enfants. Job connaît alors une vie sainte et heureuse et meurt d'une belle mort. A Salalah ? Comment savoir ? A Oman, aucun élément d'information ou de réflexion n'est proposé sur l'œuvre intellectuelle attribuée à Ayyoub, en dépit de ses pensées fulgurantes et de l'exégèse qui en est faite par les uns et par les autres, croyants ou agitateurs d'idées. D'une sereine banalité, le lieu de son dernier repos est en par ailleurs bien modeste, carrelé, très simple et sans ornement aucun. Il pourrait décevoir si l'aura entourant l'homme n'était si grande et si la route d'accès elle-même, ouverte sur les vastes plaines alentour, ne valait le trajet par sa beauté tranquille. En continuant la route principale qui mène au djebel Al-Qara (6 km après la tombe de Job), on arrive au village de Titam. Le dépasser, puis s'arrêter quelques kilomètres plus loin pour apprécier le paysage. On se trouve ici au sommet des plateaux. En poursuivant la route jusque Uyun, on pourra voir des arbres à encens.

WADI DAWKAH

Au bord de la nationale 31 Salalah-Thumrait-Mascate, à environ 40 km au nord de Salalah

Pas de visite guidée sur place. Observation et photos à distance à partir d'un espace ombragé pourvu de bancs.

Emblématique du paysage culturel du Dhofar, inscrit au Patrimoine mondial de l'Unesco, le wadi Dawkah constitue la parfaite illustration de la biosphère de l'encens : un wadi drainant vers le nord à l'orée du désert avec des arbres à encens éparpillés sur une surface plane d'environ 5 km². Les zones les plus hautes du parc sont largement peuplées d'acacias et autres espèces similaires, capables de supporter les conditions les plus extrêmes. Le *Boswellia sacra* est ici en son royaume calcaire, petit arbre à feuilles caduques d'une hauteur de 2 à 8 mètres, dont l'écorce à texture de papier pèle facilement. Seul l'arbre mâle produit la précieuse résine, mais il faut attendre une bonne dizaine d'années pour qu'il fournisse un produit de la meilleure qualité qui puisse être. L'écorce est incisée en enlevant un lambeau étroit et long, on racle ensuite l'endroit dégagé, et on récolte les concrétions de gomme-résine en les faisant tomber dans un récipient. Les sécrétions de résine, durcies au contact de l'air, sont collectées deux à trois semaines plus tard ; ces gouttes solidifiées peuvent mesurer plus de 2 cm. Un arbre mature produit généralement 3 à 4 kg d'encens par saison. Sur place, un abri aménagé de bancs permet d'observer le paysage tout en restant à l'ombre.

Autres sites associés classés par l'Unesco sous l'intitulé « Terre de l'encens » : le port de Khor Rori (à 40 km à l'est de Salalah), celui d'Al Baleed (en bord de mer à Salalah) et la cité-oasis d'Ubar/Shisr à 170 km de la ville dans le désert du Rub Al Khali.

BEACH RESORT SALALAH €€

Sur la plage de Dahariz
✆ +968 2323 6170
www.beachresortsalalah.com
35 OMR la chambre double petit déjeuner inclus, 75 OMR la chambre famille (2 chambres communicantes)

C'est un gros building planté sur la plage entre le Crowne Plaza et les villas voisines. Aucun charme extérieur, mais il a l'avantage d'être assez récent et ses 60 chambres spacieuses sont dotées d'un bon niveau de confort avec TV, clim, frigo, thé-café, room service. Quitte à être là, on choisit une unité vue mer avec balcon pour se réveiller devant les vagues. Coffee shop sur place en intérieur uniquement, mais il est possible de dîner à la terrasse de l'établissement voisin, et également de profiter de leur piscine. Wifi gratuit.

HAFFA HOUSE SALALAH €€

✆ +968 2470 7207
www.shanfarihotels.com
A partir de 35 OMR la chambre double, taxes et petit déjeuner inclus.

Situé en plein centre-ville, à 1 km de l'ancien aéroport, cet hôtel se distingue par son imposante façade. L'ampleur du bâtiment se justifie par ses 62 chambres, 63 appartements pour 4 à 8 personnes, 2 restaurants, piscine et pataugeoire, salle de sport, court de tennis, épicerie, etc. Bref du lourd, pour séjour long à l'époque du Khareef ou pour un passage en ville à prix raisonnable sans l'exigence d'un bord de mer ou d'un carré de sable. Services et prestations de bon standing. Décoration avec touches omanaises à l'intérieur.

L'ENCENS, DE L'ARBRE AUX PARFUMS...

Il existe plusieurs variétés d'arbres à encens. Celui qui pousse au sultanat est connu sous le nom de Boswellia sacra et produit l'encens le plus rare au monde et le plus précieux : le *hujari*. Les arbres s'épanouissent surtout en montagne, près des wadis, dont le fameux wadi Dawkah classé sur la liste du Patrimoine mondial de l'Unesco. Quand ils ont atteint l'âge de quatre ans au moins, ils sont entaillés une première fois au mois de mars à l'aide d'un couteau spécial appelé minghah. Il en coule alors une résine blanche et collante qu'on laisse sécher et se solidifier sur l'arbre durant quatorze jours. Une deuxième série d'entailles est alors pratiquée. Le liquide obtenu est de nouveau laissé à sécher sur l'arbre pendant quinze jours pour être ensuite recueilli avant la mousson. Les petits cristaux blancs ainsi obtenus sont de l'encens, qui sera stocké dans des caves en montagne, puis vendu sur les souks au mois de septembre. De façon globale, un arbre peut produire entre 10 et 20 kg par saison et la production annuelle du Dhofar atteindre les 7 000 tonnes. Autrefois usité par les Grecs, Egyptiens et Romains à des fins religieuses, l'encens est encore fréquemment utilisé localement comme parfum d'ambiance ou purificateur d'air. On lui reconnaît aussi des vertus thérapeutiques contre les problèmes de digestion, de peau, voire de dépression... Il peut être mâché comme du chewing-gum ou utilisé en inhalation. Il entre enfin dans la composition de nombreux grands parfums, dont le célèbre Amouage.

Wadi Dawkah.

SALALAH BEACH VILLAS €€

Sur la plage de Dahariz
✆ +968 2323 5599
A partir de 35 OMR la chambre double, taxes et petit déjeuner inclus.

La plage immense est là, juste devant. Voisine d'Arabian Villas et de Beach Resort Salalah, cet hôtel bénéficie du même cadre naturel superbe que ses concurrentes, mais dispose en plus d'une piscine au bord de laquelle prendre son petit déjeuner. L'établissement étage ses 25 chambres sur 4 niveaux et offre même pour certaines un mini-balcon. En annexe, des villas multi-couchages. Bonus de l'étape : l'appartement de 2 chambres sur le toit doté d'une terrasse vue mer. L'hôtel dispose aussi d'un restaurant de fruits de mer et grillades à la carte.

CROWNE PLAZA SALALAH €€€

A 6 km à l'est de la ville, par Al Khandaq Street
✆ +968 2323 8000 - www.crowneplaza.com
75 à 95 OMR la double petit-déj inclus (résa directe) ; à partir de 1 308 € le package semaine et vol via Fram.

Ancêtre du balnéaire dans le Dhofar, ce Crowne Plaza de style seventies est posé sur l'une des plus belles plages de Salalah et continue à assurer avec brio son rôle d'hôtel formaté. Pour un séjour de repos, de loisirs et de bains, le site est extra, offre pléthore d'activités (neuf trous, tennis, squash, club de plongée, gymnase, centre de bien-être, etc.) et garantit l'essentiel : restauration variée (5 tables), shisha, pub, night-club. Préférence pour les chambres de l'aile B, en rez-de-jardin vue mer. Addition récente : l'Ocean Blue Beach House est un must !

SAMHARAM TOURIST VILLAGE €€

Al Imam Ahmed Bin Said Street ✆ +968 2321 1420
www.shanfarihotels.com
A partir de 30 OMR la chambre double, taxes et petit déjeuner inclus.

Ce grand complexe de style village de vacances aligne une cinquantaine de villas en bord de mer, réparties en chambres simples ou doubles, suites et appartements. A disposition : courts de tennis, piscine, salle de sport, sauna, centre de bien-être, café, restaurant et, bien sûr, une longue et belle plage. Les logements, tout blancs, sont construits dans un style arabe, et certains disposent de trois chambres, cuisine, salon, terrasse – c'est l'idéal en famille. L'intérieur est coquet et équipé du nécessaire (TV, mini bar, clim).

HILTON €€€

As Sultan Qaboos Street
✆ +968 2313 3333
www3.hilton.com
A partir de 65 OMR la chambre double, taxes et petit déjeuner inclus.

Nous voilà dans un vrai cinq-étoiles, avec des chambres et suites rénovées en 2018. Bien que toutes d'un grand confort, éviter celles de l'arrière qui donnent sur la voie rapide, « la montagne » disent-ils. Vue mer, c'est mieux, mais signifie aussi vue port industriel dès qu'on tourne un peu la tête et surtout qu'on s'engage sur la plage. Donc, restez à la piscine en ses jardins et profitez des services et installations top niveau de ce petit palace de province. Sur place : tennis, fitness, club de plongée, plusieurs bars et restaurants.

AL BALEED RESORT SALALAH BY ANANTARA €€€

Al Mansurah Street, Dahariz South
✆ +968 2322 8222
www.anantara.com
A partir de 135 OMR la Premier Sea View Room, taxes et petit déjeuner inclus.

C'est le resort le plus select du Dhofar, blanc et sobre tout à l'horizontale, et seul à offrir, en plus de suites raffinées, un hébergement en villas de luxe avec piscine privée. Le site fait l'exception : à cheval entre océan (plage sublime), lagunes sauvages et site archéologique d'Al Baleed. Prestations de haut niveau : spa exceptionnel, restaurants aux cadres somptueux (surtout Mekong), immense piscine, club enfants et ados, case nautique, palette d'expériences et activités...

LIALY HADRMOUT €

Souk Al Hisn
Ouvert 7j/7. A partir de 1 OMR. Annonce de fermeture définitive possible (sans date précise), vérifier sur place.

Voilà sans aucun doute notre meilleur rapport qualité-prix-cadre-clientèle-authenticité du Dhofar. En voisins tout proches, les Hadhramis du Yémen diasporent volontiers en Oman où ils tiennent de bonnes tables populaires. Ici, on dîne, pour deux fois rien, en bord de rue et sous les arbres, sur de grandes tablées collectives, dans la fumée des brochettes qui grésillent sous nos yeux et emportés par l'odeur salivante du pain en train de cuire, au coude-à-coude des appétits et des cultures – car l'ancien souk de l'encens est juste à côté.

LE DHOFAR

© ATANA STAY SALALAH

© ATANA STAY SALALAH

© ATANA STAY SALALAH

ATANA STAY SALALAH €

✆ +968 2332 1232

Simple/double à partir de 37 OMR, taxes et petit déjeuner inclus. 8 OMR/personne pour la demi-pension.

C'est l'option idéale pour un séjour à tarif serré dans un hôtel neuf, connecté, volontiers branchouille : base de départ idéale pour partir en excursion dans la région et partager ses expériences avec les autres voyageurs au retour. Formaté pour la convivialité et la rencontre, Atana Stay est un concept jeune, familial et décontracté, dont les espaces de vie s'articulent autour d'un lounge central et son resto. Dans les 52 chambres, on apprécie le confort d'un bon 3* et les touches de street art sur les murs des suites. Piscine.

© ATANA STAY SALALAH

© ATANA STAY SALALAH

LE FESTIVAL DU KHAREEF

Il se tient tous les étés de la mi-juillet à la fin août, à l'époque où la région de Salalah change de visage et revêt son beau manteau vert. C'est un moment privilégié pour voir les artistes omanais et étrangers à l'œuvre. Théâtre, spectacles de danse, promotion du patrimoine culturel local, jeux, etc. Les journées sont longues et les nuits très courtes durant ces mois estivaux ! Tandis que les averses tropicales rafraîchissent l'atmosphère, le festival offre un aperçu de l'héritage culturel du sud, à travers un florilège de danses et de musiques traditionnelles. Des artisans font découvrir la fabrication des encensoirs, ainsi que le processus de préparation de l'encens « Luban ». Des cuisinières concoctent des plats spécifiques, notamment le fameux « Modhbi » : un mets à base de viande marinée et épicée, cuisinée au cœur de pierres chaudes. Les visiteurs se font appliquer des motifs au henné… Les principales attractions ont lieu dans le centre d'exposition Baladiya, le long d'Atin Road, dans le Centre culturel, ainsi que dans les rues de la ville. L'utilisation du théâtre de Salalah a permis d'augmenter la capacité d'accueil de ce moment festif. A cette occasion, les locaux enfilent leurs plus beaux habits. C'est un enchantement de musique et de couleurs qui déferle sur la ville pendant un mois et demi ! A cette période, il est recommandé de réserver son logement bien à l'avance, car la région est prise d'assaut par des voyageurs de tous les pays du Golfe qui viennent chercher là un peu de fraîcheur.

SAICHON THAI RESTAURANT €

Al Montazah Street

✆ +968 9285 1179

Ouvert 7j/7 de 12h à 23h. Compter 6 OMR par personne en moyenne.

C'est une jolie maison dans des tons clairs avec un grand parking devant. On mange au choix dans une salle toute simple climatisée ou alors dans le grand jardin où de petits kiosques individuels dotés de ventilateurs abritent des tables rondes, avec en toile de fond une superbe palmeraie. Ici tout est thaï, le chef en cuisine, les plats, le service et l'accueil typiquement asiatiques. A la carte : des soupes, des salades, des poissons frits ou grillés, des nouilles, des currys, des plats épicés ou sucrés salés aux saveurs d'Asie. Grand choix de jus frais.

AL BALEED RESTAURANT €€

Sultan Qaboos Street

✆ +968 2322 7887

Ouvert 7j/7 de 9h à 1h. En moyenne 2,70 OMR un mezze, 6 OMR un plat typique, 4,20 OMR des pâtes ou une pizza, etc.

Majestueuse, l'entrée donne le ton de ce restaurant à tendance libanaise composé d'une salle principale avec un lustre typique fait de kumas colorés, et de plusieurs terrasses à ciel ouvert ou ombragées dont l'une ouverte sur la lagune. On vient pour la beauté du lieu, les espaces lounge avec vue, la qualité de la cuisine. Le chef, de nationalité jordanienne, propose un grand choix de mezze et mets arabes, et des plats internationaux, pâtes, poisson, viandes grillées ou encore sandwichs et hamburgers. Coup de cœur pour le bar à shishas en rooftop.

BAALBECK €€

23rd July Street

✆ +968 2329 8834

7j/7 de 8h à 1h du matin. Compter 5 OMR pour un repas, 2 OMR un plat, sandwich à partir de 300 bz. Parking.

A Salalah, c'est LA table de toujours, goûteuse, variée, joyeuse comme ce Liban que nous aimons tous. Fadi et son équipe font tourner l'affaire avec maestria, efficacité et bonne humeur. Feuilles de vigne, foie d'agneau à la provençale, salade fatoush, langoustes, mérou grillé, falafels… remplissent des assiettes colorées et copieuses. Ne manque que le petit verre de vin, mais comme la maison prépare de bons cocktails dry et des jus frais pressés, ça fait l'affaire. Une mini-terrasse agréable est disponible aux jours frais. Rapport qualité-prix excellent.

BIN ATEEQ €€

23rd July Street, entre As Suq et Az Zawiyah Street

✆ +968 2329 0232

Ouvert 7j/7 de 9h à 1h du matin. Compter 8 OMR.

On retrouve à Salalah l'incontournable restaurant Bin Ateeq, spécialiste de la cuisine omanaise (enseignes partout dans le pays). On mange à l'Oriental, assis par terre sur des tapis et des coussins, dans des pièces tapissées de bambou. Pas de chichi dans la déco, l'endroit est simple, convivial et très local comme en témoigne le nombre d'Omanais qui viennent ici en famille. Au menu : soupe, viande, poisson, légumes accompagnés de riz et toujours du pain arabe et du houmous. Qualité variable, mais les prix sont bas. Autre enseigne dans le quartier d'As Saadah.

DOLPHIN TERRAZA €€

Crowne Plaza Resort Salalah
✆ +968 2323 8000
www.ihg.com
Ouvert 7j/7 de 18h à minuit. En moyenne 6 OMR les antipasti, 7 OMR une pizza, 5 OMR un dessert, taxes comprises.

Coup de pelleteuse et de grand neuf pour cette chouette table italienne qui prend désormais ses aises au premier étage de l'Ocean Blue Beach House, le nouveau concept de *beach club* qui vient dépoussiérer le vieux Crown Plaza. On est sur le toit du bâtiment le plus graphique et le plus glamour du secteur, tout de bois et de blanc vêtu, avec des bassins d'eau longilignes pour la touche de fraîcheur. En soirée, aux beaux jours, la carte déroule ses classiques italiens dans une ambiance lounge méditerranéenne et follement balnéaire. A vivre !

OASIS CLUB €€

Périmètre du port industriel
✆ +968 2321 9248
Ouvert de 12h à 15h et de 18h à 23h du dimanche au vendredi, de 12h à 0h30 le samedi. A partir de 10 OMR. Wifi gratuit.

En manque d'ambiance occidentale ? Ouf, l'Oasis Club est là ! Pour accéder à ce lieu de réjouissances, convivial et très fréquenté, on aura franchi la zone portuaire. Planté sur une butte, avec une terrasse en surplomb d'une plage encastrée entre deux falaises, l'endroit est bien plus qu'un restaurant et fait figure de repère pour les expats du secteur. Pendant que les gamins jouent, les parents disputent des parties de billard ou de bowling, mangent et trinquent, entourés d'écrans sportifs. Egalement piscine, tennis, aire de jeux et quelques villas à louer.

OCEAN BLUE BEACH HOUSE €€

Crowne Plaza Hotel ✆ +968 2323 8039
www.ihg.com
Ouvert 7j/7 de midi à minuit. Cocktail 5 OMR, grignotage 1,30 à 6 OMR, plat en moyenne 7 OMR, dessert 5 OMR.

En surplomb de la plage, fait suffisamment rare à Salalah pour qu'on le surligne doublement, une vaste terrasse à ciel ouvert, graphique et contemporaine, s'ouvre sur l'immensité de la mer d'Arabie et offre l'un des plus beaux cadres festifs et gustatifs du Dhofar. On vient à toute heure du jour ou du soir pour se poser, prendre un cocktail, grignoter l'un des plats fusion de la carte – au four, au grill ou au wok – ou dîner italien à l'étage. Musique lounge, ambiance cosy, vue de carte postale à tomber, c'est récent, mais déjà bondé. Coup de cœur 2020 !

PALM GROVE €€

Hilton Hotel, As Sultan Qaboos Street
✆ +968 2321 1234
www3.hilton.com
Ouvert 7j/7 de 12h à 15h et de 19h à 22h30. Environ 6,50 OMR un plat au déjeuner et 20 OMR un dîner 3 plats à la carte.

C'est l'un des plus jolis cadres de Salalah, une manière de cabanon caribéen surélevé en semi-plein air, avec l'avantage nocturne (si l'on opte pour le dîner plutôt que pour le déjeuner) de ne pas apercevoir les grues du port industriel dans le lointain. Braquez une table près de la balustrade devant le ruban de sable, et choisissez un plat de la cuisine asiatique, méditerranéenne ou locale... bref, un peu de tout, il y a même des burgers ou des pizzas à midi. Pour l'apéro ou le digestif, direction le Whispers, le joli pub attenant, agréable et cosy.

AL MINA €€€

Al Mansurah Street
✆ +968 2322 8252
www.anantara.com
Ouvert 7j/7 de 10h à minuit. A partir de 15 OMR par personne.

Au bord de l'immense plage de Salalah, ce restaurant dispose d'un cadre de rêve. On apprécie l'ambiance décontractée pour le déjeuner, et la possibilité, au choix, de manger au bord de la belle piscine ou pieds dans le sable face à la mer. Le soir, Al Mina se pare de ses plus beaux atours et offre une atmosphère plus sophistiquée, avec sa terrasse ouverte sur l'eau, sa musique d'ambiance orchestrée par des groupes locaux, et la pause shisha en *after*. D'inspiration méditerranéenne, la carte musarde volontiers du côté de l'Italie. Belle carte de vins.

MEKONG €€€

Al Mansurah Street
✆ +968 2322 8250
www.anantara.com
Ouvert de 18h à 23h. Compter 20 OMR par personne.

On vient au Mékong tant pour le régal des yeux que pour celui des papilles. Le raffinement asiatique est partout. La carte s' inspire des pays bordant le puissant fleuve Mékong – Thaïlande, Chine, Vietnam. On retrouve donc avec plaisir les saveurs authentiques chères à ces cuisines relevées et goûteuses : de la salade de bœuf thaï au canard laqué en passant par tous les currys ! Carte de vins riche et audacieuse. Avant de partir, passage obligé par les toilettes où une curiosité décorative sublime le chic de l'endroit. La plus belle adresse culinaire de Salalah.

A L'EST DE SALALAH...

La partie est de la région de Salalah s'étend jusqu'à Ash Shuwaymiyah et se caractérise par une côte bordée de superbes plages de sable fin jusqu'à Hasik et par un intérieur montagneux découpé. Le djebel Samhan, classé en réserve, regorge de wadis et cascades qui ne sont en eau (que lors de la mousson). Deux saisons, deux paysages complètement différents, mais un intérêt partagé : pendant l'hiver (saison antinomiquement la plus chaude), on profitera de la baignade ; pendant l'été, on appréciera le paysage verdoyant. Les développements touristiques se multiplient, d'hôtels en marinas, car cette côte, vierge hier encore, forme un cadre balnéaire tropical idyllique...

WHISPERS BAR

Hilton Salalah Resort
✆ +968 2313 3333
www3.hilton.com
Ouvert 7j/7 de 18h à 2h. Autour de 2 OMR un apéro, 4 OMR un verre de vin ou un cocktail, 4 à 13 OMR un plat.

Au rez-de-chaussée de l'hôtel, ce bar accueillant décline une décoration chaleureuse et cossue, et une atmosphère de pub anglais avec happy hours et groupes de musique live les week-ends. Pour boire un cocktail ou une bière en fin de journée ou en soirée, l'endroit garantit ses basiques. Piste de danse pour les plus festifs et ambiance très animée certaines soirées, notamment pendant la saison du Khareef. Le personnel est top et les barmen expérimentés mixent et shakent avec adresse. Une terrasse extérieure permet de céder à la tentation d'une shisha.

SALALAH GARDENS MALL

Ar Rubat Street
www.beautifulsalalah.com
Ouvert 7j/7 de 10h à 22h et le vendredi de 14h à 23h. Carrefour ouvert 7j/7 de 9h à minuit.

Sur le même modèle que les grands malls de Mascate, c'est le tout premier gros complexe commercial à avoir ouvert ses portes à Salalah, en 2013, et toujours le plus important. Il comprend une zone résidentielle avec piscine et appartements à louer, un hôtel, ainsi qu'une galerie marchande avec boutiques, restaurants et cafés articulés autour d'un Carrefour, d'où la présence de produits français. Sur place également : une *Fun Station* pour les enfants, une agréable galerie façon souk, des cinéma et l'inévitable *food court*. Accès wifi.

SOUKS DE SALALAH

Ouvert tous les jours de 8h à 13h et de 16h à 21h30.

En dehors du souk de l'encens d'Al Husn, le plus typique, qui ne sera peut-être plus opérationnel lors de votre passage, Salalah compte un souk de l'or comme il en est d'autres au sultanat et où se procurer des ornements en or et argent, des bijoux de style bédouin et des accessoires traditionnels comme le khanjar. A 3 km du centre-ville se tient aussi un grand marché en plein air où acquérir surtout des denrées alimentaires, fruits, légumes, viandes, poissons, dattes, etc. et où capter de belles scènes de vie. Venir tôt le matin ou en fin de journée.

ANANTARA SPA

Al Baleed Resort Salalah by Anantara, Al Mansurah Street ✆ +968 2322 8166
www.anantara.com
Ouvert 7j/7 de 10h à 22h. A partir de 50 OMR le massage de 60 min.

C'est en Thaïlande, en 2001, que naît le premier hôtel du groupe Anantara et immédiatement la marque se distingue par la qualité de son spa et des soins proposés. Aujourd'hui, la réputation des spas Anantara dans le monde du bien-être n'est plus à faire, et est même devenue un véritable label de qualité. En Sanskrit, Anantara signifie « sans fin » et évoque la liberté, le mouvement, l'harmonie. La carte des soins s'inspire globalement de cette philosophie et propose des traitements à la fois revitalisants, rééquilibrants et intemporels. Tous conjuguent à merveille la richesse des produits locaux au savoir-faire ancestral asiatique au point qu'on pourrait presque parler de soins « fusion » : le massage à 4 mains est effectué à l'huile d'encens de Salalah, le soin à la noix de coco de 120 minutes comprend un enveloppement aux feuilles de bananiers locales, le soin *Rêve arabe* combine hospitalité asiatique et culture orientale du hammam, le rituel détox allie les effets anti-oxydants de la grenade aux qualités minérales du Rhassoul... Mais on peut également opter pour un traditionnel massage thaï ou un massage aux épices et aux herbes spécifiquement thaï aussi. Et pour parfaire ce moment de relaxation intense, ici tout est blanc. Les espaces sont clairs, épurés, lumineux, d'un blanc immaculé simplement ponctué de boiseries, de quelques notes jaunes dorées et de touches orientales ici et là. Symbole de pureté et de sacré, ce blanc omniprésent contribue largement au sentiment de renaissance que l'on éprouve en quittant les lieux.

© SULTANAT D'OMAN

Sur la plage d'Al-Mughsayl.

AL-MUGHSAYL

Pour se rendre à Mughsayl, sortir de la ville par l'ouest au niveau de la zone portuaire. La route entre dans les terres pour ensuite retrouver la côte. Compter 35 km depuis Salalah. Avant l'arrivée, une belle plage rectiligne de 5 km aménagée de coins ombragés appelle au farniente : eau claire, sable fin et, par temps venté, belles vagues ! Quasiment au bout de la plage, prendre à gauche en direction de la falaise. On se gare au petit café panoramique et on suit le sentier balisé qui passe au pied du promontoire rocheux (Al Marneef Cave) pour atteindre, de l'autre côté, le plateau rocheux, soit le fameux site de geysers qui excite tous les Omanais.

GEYSERS DE AL MUGHSAYL

A marée haute, quand la mer est formée donc principalement l'hiver durant le Khareef, l'eau s'infiltre dans des cavités et se trouve projetée en l'air sous l'effet de la pression, formant des jets que certains habitants du coin promettent à 30 m de haut ! Le site est aménagé et des grilles protègent les plus dangereuses de ces failles. En saison chaude et ensoleillée, le phénomène naturel n'est pas vraiment visible sauf les rares jours de tempête. Pas de quoi en faire un *must* quand même. En profiter pour admirer la vue plongeante sur la côte et la plage immense.

RAKYUT ★

A partir de Mughsayl, revenir sur ses pas jusqu'à l'embranchement pour Kahif al-Marnif et prendre à gauche. C'est par ce chemin que l'on rejoint la fameuse « route infernale » qui, en 8 virages en épingle, 5 km et une pente de 10-12 %, nous fait grimper à 1 000 mètres d'altitude ! Un parking a été aménagé au niveau du col pour observer l'incroyable parcours emprunté ! La route se poursuit en longeant la mer de loin. On passe un contrôle de police et on continue jusqu'à un panneau indiquant, une cinquantaine de kilomètres plus loin, sur la gauche, le village de Rakyut. Le chemin passe à travers un paysage boisé pour se terminer sur une plage magnifique.

A L'OUEST DE SALALAH...

A vol d'oiseau, 110 km séparent Salalah de la frontière yéménite, ce qui fera presque 200 avec les virages. La route longe d'abord la côte jusqu'à Mughsayl puis se faufile à travers les montagnes. Le paysage est lunaire : avant Mughsayl, d'abruptes falaises plongent dans la mer. On serpente ensuite dans les hauteurs du djebel Al-Qamar par des routes tortueuses, creusées dans la roche, et où croissent des arbres à encens. On traverse des villages, on devine des bouts de plage et des criques dont la plupart ne sont accessibles qu'à pied par des sentiers tracés sous le pas des pêcheurs. Compter une bonne journée de périple aller-retour, d'autant que la route tourne beaucoup.

TAQAH ★★

A une trentaine de kilomètres de Salalah, Taqah est une oasis noyée dans les cocotiers que des promoteurs ont transformée en Cancún local – pôle de villégiature avec marina. Le village reste authentique et possède encore de jolies maisons anciennes ornées de fenêtres en bois sculpté. Ses habitants s'adonnent à la pêche à la sardine d'octobre à février. A cette période, il est fréquent d'apercevoir des millions de poissons mis à sécher sur les plages et qui serviront à nourrir le bétail pendant la saison sèche. Taqah est bordée à l'est par des falaises au sommet desquelles on embrasse un panorama côtier d'une grande beauté. Avec un peu de chance, on pourra apercevoir des dauphins danser dans les courants à quelques centaines de mètres du sable.

Se loger

A la quasi-extrémité du ruban de 30 km de sable de la baie de Salalah, le groupe égyptien Orascom allié au groupe omanais Omran, ont construit un ambitieux complexe de logements et de loisirs qui compte actuellement 3 hôtels, 1 lodge et plusieurs résidences : un grand Rotana façon hôtel-club, un boutique-hôtel-club plus intimiste dans la marina (le Juweirah), un autre hôtel-club 5-étoiles avec plusieurs plages (le Fanar Hotel & Residences) et un lodge exclusif fait de bungalows posés sur la plage (Souly Eco Lodge). L'ensemble, immense et bétonné, est loin de l'ambiance moins surfaite de Salalah. Mais esthétiquement parlant, c'est plutôt une réussite, la présence centrale d'une marina dynamique avec restos, boutiques et pôles d'activités conférant une dimension immédiatement balnéaire à l'endroit.

WADI DARBAT ★

N17°03'32.3 E54°25'59.5

Le Wadi Darbat est un immense plateau verdoyant situé derrière Taqah. Il a pour particularité de posséder le plus grand lac naturel permanent d'Oman. Cet oued trace son chemin à travers collines et hauts plateaux pour se jeter dans la mer d'Arabie, à la hauteur de Khawr Ruri. L'eau descend ainsi des montagnes jusque dans la plaine, en formant de splendides cascades qui peuvent atteindre plusieurs dizaines de mètres de haut. Grand classique des sorties dhofariennes du week-end, glacière et chaises de camping de rigueur, le Darbat, tout le monde vous le dira, est in-con-tour-nable. C'est la pépite du Dhofar ! Ce wadi peut se visiter toute l'année, mais c'est entre fin juin et début octobre, pendant la mousson d'été, qu'il est le plus beau. On comprend alors très vite l'attrait que représente ce paysage helvéto-omanais pour les gens du désert. Entre décembre et avril, l'effet est moins chlorophyllien, mais pendant la saison sèche, les eaux forment des cavernes intéressantes à visiter. Le lieu est également très apprécié par les Jibbali (habitants des montagnes voisines) qui viennent y promener leurs troupeaux de dromadaires afin qu'ils s'alimentent. Attention donc si vous êtes en voiture ! Plusieurs spots d'observation sont présents un peu partout dans le wadi. Des excursions en bateau (4 OMR de l'heure) sont proposées. En revanche, on vous déconseille fortement de vous baigner dans les piscines du Wadi Darbat, même si la tentation est grande, car des vers porteurs de la bilharziose ont été découverts dans l'eau.

Vue sur Taqah.

FORT DE TAQAH

A l'est du village,
accès depuis Taqah Street.
Ouvert 7j/7 de 9h à 16h, le vendredi de 8h à 11h. Entrée 500 bz par adulte et 200 bz par enfant.

Edifié au XIXe siècle pour servir de résidence au cheikh Ali bin Timman Al Ma'ashani, ce petit fortin entouré d'un crénelage à merlons triangulaires et doté de trois tours carrées dore au soleil dans sa robe saumonée. En pierre de Taqah, de calcaire et de corail mêlés, voici la fortification sultanienne accessible au public la plus au sud du pays. Dans les années trente, le fort entama une carrière pacifique de siège administratif sous le sultan Taimur bin Faisal et abrita la « préfecture » locale. Ce rôle s'acheva en 1984. Une restauration fut entreprise en 1992 qui fut d'autant plus réussie que la citadelle avait bénéficié d'un excellent entretien.

Depuis le terre-plein devant l'entrée, remarquez au sommet de la colline nord, à 500 mètres de là, un autre fort plus martial et qui, lui, ne se visite pas. Conseil Futé : grimpez là-haut un peu plus tard pour le panorama sur la palmeraie. Passé le seuil de la citadelle de Taqah, nous découvrons, dans un espace très réduit par rapport à celui des autres forts aménagés du pays, une savante spatialisation autour de la cour, de son palmier et de son badamier, puis par les escaliers, les passages, les portes et les salles... Des meubles et tissus ont été replacés dans chaque pièce, comme si le wali habitait encore là, avec son enfant dans un curieux lit suspendu à moustiquaire.

Dans une des galeries, profitez-en pour prendre connaissance des exploits des paléoanthropologues français, qui, ici même, découvrirent les restes de résidents surprenants : des singes. La direction des fouilles omanaises offre à la lecture le récit que Yvonne Rebeyrol fait de ces découvertes : « Six cents dents et quelques bouts d'os de primates, plusieurs milliers de dents et aussi de petits fragments d'os d'autres mammifères, des restes de tortues, de crocodiles et de requins, des milliers de squelettes calcaires de nummulites. Telle est la « récolte » de notre quatrième mission au sultanat d'Oman qui a eu lieu du 15 janvier au 15 février 1992 ». La joie et la fierté d'Herbert Thomas, paléontologue (Collège de France), et de Jack Roger, géologue (Bureau de recherches géologiques et minières) font plaisir à voir. Mais le profane est à la fois surpris et émerveillé quand on lui montre, soigneusement rangées dans une boîte en plastique transparent de minuscules choses de 2 ou 3 millimètres de long qui sont autant de dents de primates retrouvées au milieu de kilos de sédiments fins, et qui rappellent combien le continent arabo-africain a joué un rôle capital dans la longue histoire de ce groupe.

UN CHAÎNON CAPITAL

Herbert Thomas a eu de la chance, relève le *Nouvel Observateur* : « Des découvertes comme celle-là, on en fait deux fois par siècle. » Des relations du Bureau de Recherche géologique et minière lui avaient signalé, à Taqah, des couches de terrain datant d'un peu plus de 30 millions d'années et qui semblaient contenir des ossements. Herbert Thomas a sauté sur l'occasion et a trouvé là-bas les restes des plus anciens primates anthropoïdes connus. Jusqu'à présent, la prime de l'ancienneté était détenue par le gisement du Fayoum en Egypte, où l'on avait déterré des ossements vieux de 31 à 34 millions d'années. Les primates d'Herbert Thomas ont deux ou trois millions d'années de plus et constituent une nouvelle étape dans l'incessante course au chaînon manquant à laquelle se livrent tous les paléontologues. Sous-directeur honoraire du Laboratoire de paléoanthropologie et préhistoire au Collège de France, ce chercheur a fait partie de l'expédition franco-américaine en Ethiopie qui a découvert les restes de Lucy, la plus ancienne australopithèque connue à cette époque. « Les découvertes omanaises sont exceptionnelles, commente Brigitte Senut du Muséum d'Histoire naturelle de Paris, car c'est la première fois qu'on récolte des primates simiiformes dans l'Oligocène en dehors du continent africain sensu stricto. Elles montrent que les faunes mammaliennes continentales paléogènes à primates ne sont pas restreintes à la région nord-est de l'Egypte mais appartiennent probablement à une vaste province arabo-africaine ».

KHOR RORI ET LA CITÉ DE SUMHURAN ★★

Par la nationale 49, à l'est de Taqah
Ouvert 7j/7 de 8h à 19h. Entrée 2 OMR par voiture. Très belle plage au niveau du site : prévoir une serviette.

Le port et la cité fortifiée de Sumhuram ont été fondés au IIIe siècle av. J.-C. Dans la pierre, sur le bronze, ses occupants ont laissé d'émouvantes traces écrites en sudarabique, cette langue aujourd'hui disparue. Établi pour contrôler le commerce de l'encens du Dhofar, le site est identifié au Ier siècle comme le *Moscha Limen* du *Périple de la mer Erythrée*, où les marins indiens qui apportaient la toile de coton, le maïs et l'huile en échange de l'encens passaient l'hiver, attendant les vents favorables de la mousson pour rentrer chez eux. Pendant les Ier et IIe siècles de notre ère, le port est le cœur du peuplement marchand installé sur cette côte, enrichi par ses liens étroits avec la puissante Shabwa de l'Hadramaout au Yémen. À cette époque, c'est une petite ville ceinte de murailles de deux mètres de large, couvrant 1 hectare environ sur éminence naturelle. Le déclin commence à la première moitié du IVe siècle pour s'achever à la fin du siècle.

Sur place, on découvre des fondations qui devaient autrefois soutenir un palais protégé de murailles et orné d'escaliers grandioses, et qui abritait sans doute de grands magasins de stockage d'encens. Des fouilles ont révélé des pièces de monnaie au profil d'Alexandre, des pots en faïence, des bocaux de conservation (dont certains de style romain), des objets en bronze et un grand encensoir. La précieuse gomme résineuse était acheminée par caravanes nomades de l'intérieur des terres et se trouvait embarquée à destination de la mer Rouge, de la Méditerranée et des Indes. En échange, accostaient des navires chargés de produits en provenance d'Asie.

On se déplace en liberté dans ces ruines bruissant de tous les fracas de l'histoire, sans oublier, près du parking à droite, de suivre aussi le chemin qui conduit à un petit temple proche de l'eau – une construction assez récemment identifiée sans que l'on puisse savoir avec certitude quel culte y était pratiqué.

Façonné et occupé pendant 800 ans, le site domine la superbe lagune de Rori, séparée de la mer par un banc de sable pendant la saison sèche et immergée pendant la mousson. On ne saurait parler de Khor Rori sans mentionner les dizaines de chameaux qui y viennent, attirés par sa verdure et sa fraîcheur, ainsi que les nombreux volatiles. La lagune est en effet une réserve naturelle qui sert d'habitat à plus d'une centaine d'espèces d'oiseaux dont des pélicans, cigognes, spatules, flamants roses, ibis, grèbes, cormorans, etc. Alimentée par le wadi Darbat, elle abrite aussi plusieurs variétés de poissons et de plantes.

Après le coup de chaleur de la visite et les quinze minutes que l'on consacrera au petit musée situé à 300 mètres du site, il sera temps d'aller vers la mer. Depuis le parking du musée, prenez la piste en direction de l'embouchure. Selon les capacités de son véhicule, on s'approche plus ou moins et on termine à pied pour gagner l'une des plus belles plages du sultanat : 200 mètres de sable vierge entre les mâchoires de grès qui barrent partiellement l'entrée de la lagune. A votre gauche, l'éperon rocheux se nomme Al Hamr Al Sharqiya et les archéologues y ont trouvé les restes d'un mur défensif de 700 mètres de long ponctué de tours face au large, témoignage d'une occupation tardive entre le VIIIe et le Xe siècle, à une période où la cité de l'encens était abandonnée depuis longtemps. A cœur de ce site habité de fantômes, vous prendrez un bain magistral !

Khor Rori et la cité de Sumhuran.

SOULY ECOLODGE SALALAH €€

Sultan Qaboos Street, Hawana
✆ +968 9497 2220
www.souly-ecolodge.com

A partir de 80 OMR le bungalow pour 2, taxes et petit déjeuner inclus. 30 OMR la session de buggy d'une heure.

A contre-courant de l'offre hôtelière locale, c'est le seul écolodge de la région et de loin le produit le plus cool. Posés sur une plage à la blancheur éclatante, les 21 bungalows, de bois et feuilles de palme revêtus, sont prolongés d'une grande terrasse sur pilotis vue mer. Droit devant, l'océan est d'un bleu à faire pâlir les peintres ; vers l'est, la plage se déroule à perte de vue, entrecoupée de la seule lagune de Khor Souly – spot pour les ornithologues. Magique ! Sur place : restaurant, location de buggies, balades à dos de dromadaire.

FANAR HOTEL & RESIDENCES €€€

Marina d'Hawana, par la nationale 49, à environ 10 km à l'ouest de Taqah ✆ +968 2327 6800 - www.fanarhotel.com

A partir de 80 OMR la chambre double en demi-pension. Sinon package all inclusive à partir de la France via Kappa Club.

Posé à la pointe est d'Hawana, ce grand complexe bénéficie d'un très bon balnéaire via plusieurs plages protégées plantées de cocotiers. Adapté à tout type de clientèle, il dispose de 577 chambres et suite 5-étoiles, et offre tous les ingrédients d'un club de vacances de luxe : piscines, spa, plusieurs bars et restaurants, pléthore d'activités nautiques et terrestres, clubs enfants et ados, etc. En France, Fanar est vendu par Kappa Club sous forme de séjour tout inclus dynamisé par une équipe d'animateurs francophones.

JUWEIRAH BOUTIQUE HOTEL €€€

Marina d'Hawana, par la nationale 49, à environ 10 km à l'ouest de Taqah ✆ +968 2323 9600 - www.juweirahotel.com

A partir de 60 OMR la chambre double. Sinon package tout inclus avec vol à partir de la France via Bravo Club.

Travaillé dans les mêmes codes graphiques que le Sifawy Boutique Hotel près de Mascate, ce « petit » Juweirah, le plus confidentiel des hôtels de la marina, joue sur les mêmes volumes spacieux tendus de claustras, les coloris tranchants, les bayadères. Entre chambres et appartements, l'offre d'hébergements convient aux couples comme aux familles. Confort sans faute : 2 restaurants, 2 bars, piscines, case nautique, centre de bien-être, clubs enfants, etc. Possibilité de séjours balnéaires tout inclus avec tournois sportifs et animations orchestrés par Bravo Club.

SALALAH ROTANA RESORT €€€

Marina d'Hawana, par la nationale 49, à environ 10 km à l'ouest de Taqah ✆ +968 2451 1800 - www.rotana.com/salalahrotanaresort

A partir de 80 OMR la chambre double, taxes et petit déjeuner inclus.

Ce Rotana de 400 chambres est un bel exemple d'architecture arabo-contemporaine. Du patio de l'entrée jusqu'à l'immense piscine et la longue plage, on n'est jamais bien loin de l'eau puisque les allées de l'hôtel viennent épouser les courbes des canaux de la marina. On est dans un resort 5-étoiles digne de ce nom avec son choix de bars et de restos, ses clubs enfants & ados, sa salle de sport high-tech, ses courts de tennis et loisirs nautiques & terrestres, son spa... Pour un service VIP, optez pour un package Club Rotana et sa palette de prestations exclusives.

SILK ROAD €€

Salalah Rotana Resort, marina d'Hawana
✆ +968 2327 5700
www.rotana.com

Ouvert 7j/7 de 19h à 23h. 2,5 à 7 OMR les sushis et sashimis, en moyenne 10 OMR un plat.

Au cœur de l'hôtel Rotana et en surplomb de la piscine principale, c'est LE restaurant indo-asiatique de la marina d'Hawana. L'ambiance est cossue, avec des lumières tamisées, beaucoup de boiseries et, à l'extérieur, une grande terrasse ouverte à la brise du soir avec des petites tables disséminées ici et là, des canapés, des bougies. A la carte un joli choix de sushis, sashimis, makis, etc., mais aussi différents curries et tandoori, kebabs, canard laqué de Pékin, naan (pain indien), et quelques plats méditerranéens pour les récalcitrants...

THE ISLAND BAR & RESTAURANT €€

Marina d'Hawana
✆ +968 9497 2258
www.islandsalalah.com

Ouvert 7j/7, le soir uniquement de 17h30 à 2h30. Pâtes, salades, plats autour de 5 OMR ; 2,50 OMR un dessert.

Posé sur un deck sur pilotis au milieu de la marina, partiellement au grand air et doté de chouettes espaces lounge, c'est le restaurant-bar préféré des expatriés et résidents du secteur, pris d'assaut le week-end pour les soirées avec DJ. Ambiance internationale, décontractée et festive, comme il n'en existe nulle part ailleurs dans le Dhofar en dehors des hôtels. Bons cocktails, belle carte de vins, plats simples mais bien préparés... En bref : un îlot de coolitude.

AROUND THE OCEAN

Marina d'Hawana
✆ +968 9933 4207
www.aroundtheocean.om

Ouvert de fin septembre à fin mai ; 6j/7 19h-17h, fermé vendredi. A partir de 20 OMR/sortie dauphins, 40 OMR/boutre.

Ce centre de loisirs nautiques, géré par le Dhofari Youssef, propose de nombreuses activités marines notamment des parties de pêche pour traquer barracuda, dorade ou wahoo, des sorties de 2 heures pour observer les dauphins à bosse, des croisières en boutre avec déjeuner à bord, de la plongée sous-marine, etc. Pour les baleines, il est nécessaire de partir à la journée afin d'aller plus au large. Le centre fait aussi office de case nautique pour les résidents et vacanciers de la marina – activités et location de matériel. Autre antenne à l'Al Baleed Resort.

HAWANA AQUA PARK

Au bord de la nationale 49, au niveau de la marina d'Hawana ✆ +968 2327 6872
www.hawanasalalah.com

Ouvert 7j/7 de 10h-19h. 10 OMR par adulte, 7 OMR par enfant de moins de 1,1 m, gratuit pour les moins de 3 ans.

Premier du genre en Oman, ce parc aquatique, sympa, mais relativement modeste en comparaison de ce que l'on peut trouver ailleurs dans le monde, couvre une surface de 65 000 m². Il comprend l'incontournable piscine à vagues, une grande pataugeoire ludique pour les plus jeunes et toute une palette de toboggans aquatiques plus ou moins rapides et tortueux. Des kiosques sont à louer pour la journée ou quelques heures afin de se poser soi et ses affaires pendant que les enfants s'amusent. Egalement une aire de jeux de plein air, des fast foods et une boutique.

MIRBAT

A 72 km de Salalah. Mirbat, autrefois capitale du Dhofar, tient son nom de Marbat al-Khail, qui signifie « l'endroit où l'on attache les chevaux ». Cela laisse supposer l'existence d'un important port maritime d'où l'on exportait des pur-sang d'Arabie contre des épices et de l'or provenant d'Inde et d'Afrique. L'ancien village est à l'abandon, mais compte encore de jolies portes sculptées. Aujourd'hui, la ville est connue pour sa production de brûleurs d'encens et ses sardines. Un fort restauré se laisse voir, qui pourrait conter la bataille épique de 1972, quand 9 hommes des forces spéciales britanniques tinrent en respect 300 guérilleros Dhofariens.

TOMBEAU DE BIN ALI AL ALAWI

A 2 km à l'ouest de Mirbat, par la nationale 49

Honoré pour avoir créé l'école coranique de Mirbat, Bin Ali Al Alawi, descendant d'un gendre du Prophète, repose sous un duo de cônes chaulés depuis 1161. Tout à côté, le cimetière a gardé de jolies plaques en marbre, réservées aux familles riches. D'autres tombes sont plus modestes. Surmontées de trois pierres, elles indiquent la sépulture d'une femme, de deux pierres, celle d'un homme et d'une pierre celle d'un enfant. Le défunt est enterré la tête orientée vers la Mecque.

Pêcheur de Mirbat.

© CATHYLINE DAIRIN

Le port de Mirbat.

ALILA HINU BAY €€€

✆ +968 2337 3300

www.alilahotels.com

A partir de 260 OMR la chambre double, taxes et petit déjeuner inclus.

Déjà présente dans le Djebel Al Akhdar où elle perche un hôtel sublime à flanc de canyon, la chaîne hôtelière indonésienne s'installe dans le Dhofar, bien à l'écart de Salalah et de Taqah, au plus près des vastes étendues sauvages du littoral sud. On retrouve le chic contemporain d'une décoration douce en accord avec les éléments naturels, et qui met davantage l'accent sur les matières et matériaux (bois, tissus, métal) que sur les couleurs. Prestations 5* dans les 112 chambres, suites et villas, les restaurants, bar et cave à vins, le spa d'exception.

KAIRABA MIRBAT RESORT €€€

A 7 km du village et 80 km de Salalah

✆ +968 2327 5500

www.ovoyages.com

A partir de 80 OMR la double avec le petit déjeuner. Package tout compris avec Oclub à partir de 1 179 € la semaine.

Dernier pôle de civilisation le long de la route côtière cet hôtel-club trône en solo, héliotrope et blanc, devant la plus grande piscine d'Oman, 2 000 m², de quoi réviser son papillon. 237 chambres pour l'hébergement, 2 restaurants, 3 bars, club de plongée, centre de remise en forme, spa, aires de jeux pour les enfants, rien ne manque... sauf l'atmosphère quand on ne prend pas un package avec Oclub, pourvoyeurs de moments de convivialité et découvertes en formule tout compris sous la houlette d'une équipe francophone – voir les packages sur le site.

JABAL AL SAFA COFFEE SHOP €

Al Husn Street

✆ +968 2326 8777

A partir de 1 OMR.

Comme c'est souvent le cas partout dans le pays, la devanture aux couleurs tapageuses du coffee shop de Mirbat, du moins de celui qui nous a semblé le plus correct et le mieux achalandé, contraste un peu avec les vieilles maisons décaties et ocrées du village. Si l'on est en excursion ou en balade et qu'on n'a pas prévu de s'attabler, on s'arrête rapidement pour commander jus frais et sandwichs ; sinon, on fait halte dans la salle sans charme, mais qui présente l'atout d'une clim'.

AL DANA SEAFOOD RESTAURANT €€

Kairaba Mirbat Resort

✆ +968 2327 5500

Ouvert uniquement le soir de 19h à 23h, réservation nécessaire.

Restaurant offrant une très belle vue sur le golfe arabique. Une trentaine de tables, lumière tamisée, atmosphère feutrée et musique discrète font de cet endroit un lieu assez exclusif. Les chefs se font un plaisir d'aider les gastronomes à choisir parmi les produits locaux et les pêches du jour : langouste omanaise, crevettes du golfe, filet d'Hamour, plateaux de fruits de mer... Si vous aimez le poisson et que vous êtes dans les parages, c'est la seule adresse select du secteur.

EXTRA DIVERS MIRBAT

Mirbat
✆ +968 9825 3043
extradivers-worldwide.com
Ouvert 7j/7 de 9h à 18h. Fermé de mai à octobre.
A partir de 35 OMR le baptême ou la plongée.

Avec 4 centres de plongée à Oman, Extra Divers est la compagnie la plus représentée au sultanat. Dans le Dhofar, le club se trouve à Mirbat, au niveau du Kairaba Royal Mirbat Resort d'où partent les bateaux. Plus de 25 sites de plongée avec bouteilles sont à explorer dans les environs proches (nitrox sur demande) et le club propose aussi des sessions de snorkeling et de nage avec les dauphins. Les cours suivent le cursus SSI, du débutant jusqu'à l'assistant instructeur, et peuvent être pratiquées en allemand, anglais, italien et arabe, à partir de 8 ans.

SADAH

En quittant Mirbat, on continue en direction de Sadah, à 135 km de Salalah. La route entre dans les terres et longe l'arête dorsale du djebel Samhan. Indiqué sur la droite, le village de Sadah apparaît niché dans une petite crique. La plage de sable blanc est fréquentée de pêcheurs qui profitent d'un peu de répit pour jouer aux cartes. Le village est construit tout en longueur. Les magasins se répartissent à droite et à gauche de la rue principale qui part du fond de l'anse. En s'aventurant dans les contre-allées, on pourra admirer le fort de Sadah, à l'architecture traditionnelle omanaise, ainsi que quelques vieilles bâtisses encore habitées.

ÎLES AL-HALLANIYAT

A une vingtaine de kilomètres de la côte, les Al-Hallaniyat sont un archipel de cinq îles dont une seule, la plus grande (15 km de long par 8 km de large), est habitée par quelques pêcheurs. L'endroit est réputé pour ses fonds marins et sert de territoire à des groupes de dauphins, et à des baleines et cachalots qui viennent mettre bas en ces zones protégées, abondantes en nourriture. C'est aussi un sanctuaire pour plusieurs espèces d'oiseaux de mer et d'oiseaux migrateurs (cormorans, goélands, fous masqués), de même que pour quelques variétés de tortues marines. Sur le plan topographique, les îles sont rocheuses et dominées de falaises pouvant atteindre plus de 600 mètres de haut. Malheureusement, l'accès est compliqué et ne peut se faire que sur l'obtention de plusieurs permis auprès du ministère du Tourisme et celui de l'Environnement. L'endroit est en effet classé réserve naturelle et fait l'objet d'une protection très stricte. Il n'existe aucune infrastructure en dehors de l'école, du dispensaire, du terrain d'atterrissage, de l'usine de dessalement et de l'unité de congélation. Ces bâtiments ont été développés sous la houlette de feu le Sultan Qaboos afin d'améliorer le quotidien sommaire des insulaires – quelques centaines de courageux sardiniers, locuteurs du shehri, la langue des vrais Dhofariens. Pour la petite histoire, savoir qu'entre 1854 et 1967, ce mini-archipel était britannique, administré en direct par la Couronne à laquelle il ne rapporta rien, et qui le restitua au Sultan en dépit des réclamations yéménites.

HASIK

C'est surtout la route pour aller à Hasik de Salalah qui est intéressante, plus que la destination elle-même. Depuis Sadah, arrêt impératif à prévoir en chemin sur la plage la plus secrète de ce guide, juste avant le bourg de Hadbin : quitter la route à N17°11'2412 E55°12'0254 par la piste sur 900 m en direction de l'est, une anse blanche vous attend. Ensuite, prendre la route côtière bordée de rochers pour rejoindre le hameau de pêcheurs de Hasik situé à la pointe orientale de la région du Dhofar, juste en face des îles Al-Hallaniyat. Personne ne viendra vous trouver là, chez les pêcheurs d'ormeaux. La route suit alors la côte jusqu'à Ash Shuwaymiyah.

THUMRAIT

A 80 km au nord de Salalah. Thumrait est une ville de passage située sur l'axe principal Mascate-Salalah. A la limite de la chaîne de montagnes du Dhofar, la région ne profite que partiellement de la fraîcheur de l'été. Les habitants sont principalement des Bédouins qui vivent de leurs cultures, de l'élevage et d'autres industries locales telles que le tissage. Placée autrefois sur la route des caravanes qui traversaient la péninsule arabique, Thumrait est aujourd'hui le point de départ des équipées dans le désert et vers la cité d'Ubar. C'est aussi une base aérienne de l'armée américaine pourvue d'une piste de 4 000 mètres, très active durant les guerres du Golfe et accueillant les dispositifs prépositionnés Harvest Falcon.

SHISR ★

A 9 km au nord du village de Thumrait , emprunter vers l'ouest la piste carrossable pour 4x4 qui, au bout de 76 km, atteint l'oasis de Shisr. Rien à l'horizon, d'éventuels mirages et quelques pierres. Le hameau, perdu à l'avant-poste des sables, était aussi anonyme et inconnu que ses trésors enfouis jusqu'à ce que ces derniers soient mis au grand jour à la fin du XXe siècle. Suite à des fouilles, il émergea des sables les vestiges d'une antique cité caravanière identifiée par les archéologues comme Ubar : cité mythique aux mille piliers évoquée dans le Coran sous le nom de Iram, la fameuse *Atlantis des sables* évoquée par T.E. Lawrence alias Lawrence d'Arabie.

RUB AL-KHALI

En s'échappant par le nord de Salalah en direction de la frontière avec l'Arabie Saoudite, on quitte un paysage montagneux pour s'enfoncer dans le désert, l'empty quarter ou le quart vide, nom évocateur. Rocailles et dunes de sable se succèdent dans un environnement attirant mais hostile à la frontière entre le sultanat d'Oman, le Yémen et l'Arabie Saoudite. Selon l'heure de la journée, la couleur du sable change mais l'impression d'immensité et d'infini reste la même. On imagine toujours voir se profiler au loin une caravane chargée d'encens, vision très rare puisqu'aujourd'hui la plupart des Bédouins possèdent un travail fixe et rémunéré dans des compagnies étatiques ou des entreprises pétrolières. Ils vivent dans des villages limitrophes du désert, construits expressément pour eux à l'initiative du Sultan, et ont troqué leurs dromadaires contre des 4x4. Malgré cette évolution, ils ont su garder intacts leur attachement au royaume des sables, leur légendaire sens de l'hospitalité et cet esprit de liberté que Mahomet leur reconnaît dans le Coran.

Pour ceux qui souhaitent approcher le désert de Rub al-Khali, il est possible, après Shisr, de continuer jusqu'au village d'Al-Hashman. La piste se fait de moins en moins carrossable, prudence ! Il est strictement déconseillé d'aller plus loin non accompagné, sans les services d'un un guide expérimenté ou d'un réceptif local. Comme livre de chevet, emporter *Le Désert des déserts* (Pocket), récit de Wilfred Thesiger, qui, parti de Salalah, traversa le Rub al-Khali en 1946 accompagné par de jeunes Bédouins, équipé d'un fusil, d'un Leica, d'un baromètre anéroïde et de Guerre et Paix !

Shisr.

LE DHOFAR

SITE ARCHÉOLOGIQUE D'UBAR ★

Entrée libre, petit musée sur place.

Contrairement aux vestiges des antiques cités portuaires d'Al Balid (à 5 kilomètres du centre-ville de Salalah) et de Sumhuran (à une trentaine de kilomètres), tous deux accessibles rapidement en voiture, le site de Shisr, retrouvé à environ 180 kilomètres au nord dans les sables du Rub al-Khali, est une semi-expédition à part entière qui exige un 4x4, un bon GPS… et, si possible, une certaine dose d'imagination, ou une fantasmatique suffisamment développée pour recomposer virtuellement, à partir d'une poignée de vestiges, ce que put être la cité.

Au cœur du grand vide, au fil des routes et des pistes, le chemin d'accès est, en soi, une expérience forte. On sait qu'il n'y a rien de visible ou presque sur le terrain, mais on sait qu'il y a quelque chose dessous : plus de 2 000 ans d'histoire, découverts presque par hasard au début des années 1990 alors que l'explorateur britannique Ranulph Fiennes fouille les ruines d'une fortification du XVIe siècle. Des photos prises dès 1983 par la navette Columbia montraient clairement plusieurs traces de villes détruites tout le long de la route de l'encens. Des chercheurs utilisèrent alors des données provenant des satellites équipés d'un radar à pénétration de sol et le Landsat de la NASA, ainsi que le satellite Spot, pour identifier les anciennes routes chamelières et leurs points de convergence. Approchant du but sans convaincre tout le monde, le documentariste Nicholas Clapp fit la une du *Times* et publia *The Road to Ubar : Finding the Atlantis of the Sands*. C'est ce même Nicholas Clapp qui, durant les fouilles, avança l'idée que la destruction et donc la fin de la cité auraient été provoquées par le travail répété de la nappe d'eau souterraine qui aurait fini par engendrer l'effondrement des cavités calcaires sur lesquelles la forteresse avait été édifiée.

Les vestiges archéologiques sont de fait situés près d'un grand dôme de calcaire effondré, abritant une grotte où coule une source perpétuelle. Selon le service des Antiquités omanaises, le site couvrirait une superficie totale de 0,36 hectare. Une muraille de 90 cm d'épaisseur, au plan en forme de pentagone irrégulier, encercle un complexe central, sur un affleurement rocheux. Elle est renforcée à intervalles réguliers de contreforts courts de dimensions similaires. On peut également observer les vestiges de deux tours à l'angle nord-est et à l'angle sud-ouest, qui font partie de la construction originale, ainsi que deux tours en forme de fer à cheval qui furent intégrées plus tard. La muraille a en partie disparu du fait de l'effondrement du calcaire sous-jacent. Des souches de muraille indiquent que l'enceinte se divisait en deux enceintes, dont la plus petite se trouvait dans l'angle nord-ouest. Elle était dominée par un important édifice, orienté vers les points cardinaux, selon ce qui pourrait être une tradition dans le sud de l'Arabie. Ce bâtiment a subi plusieurs altérations et modifications au Moyen Age, qui tendraient à prouver que le site fut occupé jusqu'au XIVe siècle. La plus grande enceinte n'a pas fait l'objet d'études archéologiques, mais on discerne les traces de plusieurs structures.

Les archéologues associent ces vestiges à la ville antique d'Ubar qui fait référence à la cité mentionnée dans le Coran sous le nom d'Iram, sans que l'on connaisse son identité exacte. Elle est également évoquée dans deux récits des *Mille et Une Nuits* qui la décrivent comme un endroit de toute splendeur, paré de matériaux précieux et entouré de jardins luxuriants... Selon la légende, Dieu décida de punir les habitants d'Ubar, dont la richesse était devenue telle qu'elle les incitait à un mode de vie dépravé, et fit disparaître la cité sous les sables. A l'époque de sa splendeur, au cœur du négoce de l'encens, toutes les routes caravanières y convergeaient. Déterrée du sable, la forteresse révèle peu à peu ses mystères. Elle semble avoir été construite vers 150 av. J.-C. De nombreux objets ont été trouvés près du site : outils, poteries, céramiques, un brûloir à encens, quelques bijoux, un jeu d'échecs en stéatite vieux de mille ans, etc. Tant de secrets encore... La diversité de leurs origines atteste de la vocation commerciale de la région et de ses relations avec les peuples extérieurs : Sumériens, Egyptiens, Grecs et Romains. L'étude de ces vestiges semble cependant montrer que le site était connu bien avant la construction de la cité et sans doute occupé plus de 5000 av. J.-C. Théorie qui mérite le respect quand on sait que les habitants du Dhofar commencèrent à exploiter l'encens il y a plus de 8 000 ans. Le négoce de cette gomme précieuse, transportée depuis Oman vers Sumer, Bahreïn et l'Irak en bateau, joua un rôle très important dans les relations entre les régions du monde arabe et les civilisations d'Asie et d'Afrique.

Depuis 1995, le site d'Ubar est classé sur la liste du Patrimoine mondial de l'Unesco. L'entrée est libre et la visite peut être complétée par celle du musée, où sont exposés les objets découverts près de la forteresse. Pour en savoir plus et vibrer davantage, lire le récit palpitant de Fiennes, *Atlantis of the Sands : The Search for the Lost City of Ubar*.

La question de savoir si le site mérite le voyage depuis Salalah ne se pose pas, tant ce lieu est le produit de sa propre légende, un concentré de rêves de cités perdues et l'objet de désir de tout explorateur.

PASSPORT

PÉNINSULE DE MUSANDAM

Isolée du reste du pays, Musandam est une exclave omanaise – et non une enclave – située à la pointe septentrionale des Emirats. Délimitée par le golfe Persique à l'ouest, le golfe d'Oman à l'est et le fameux détroit d'Ormuz au nord (dont le sultanat partage le contrôle avec l'Iran, son voisin d'en face), la région borde l'une des voies maritimes les plus fréquentées du monde : un emplacement hautement stratégique ! Sauvage, escarpé, rocheux, le littoral se découpe en fjords abrupts comme un trésor caché par la mer. Cette topographie particulière et ses curiosités géologiques font la réputation de la péninsule et attire chaque année un nombre croissant de voyageurs, qui abordent la région par deux côtés : mer et terre ; plongée et croisière en boutre avec les dauphins ; trekking dans un environnement minéral sculptural. Telle est la force de cette région paisible et insolite où le temps semble s'être arrêté.

2 KM
Kumzar
Golfe Arabique
Fjords d'Ash Shams (dauphins)
KHASAB
Qudu
Aéroport de Khasab
BUKAH
KHOR NAJD
Tibat
Sall Ala
Sha'm
Golfe d'Oman
PLATEAU DE SAYH
Galilah
As Sayh
Jebel Al Harim
Limah
ÉMIRATS ARABES UNIS
RAWDAH
Haffah
Zaghi
DIBBA
Dibba Al Hisn
Péninsule de Musandam

PAGES

302 ●● LE MUSANDAM

302 KHASAB ★★

Doté d'un aéroport, Khasab est la principale ville du Musandam, celle à partir de laquelle partent les croisières en boutre dans les fjords (dauphins) et les excursions en 4x4 à l'assaut d'un univers minéral chaotique et puissant. Si elle compte plusieurs restaurants et hébergements, Khasab n'en reste pas moins une bourgade tranquille, avec un port animé au retour de la pêche et un petit fort à visiter.

310 TAWI

A partir du village de Qada où l'on pourra observer des pêcheurs à l'ouvrage tôt le matin, on gagne le site de Tawi, connu pour ses peintures rupestres d'animaux, de guerriers et de bateaux datées de plus de 2 000 ans en arrière. Courte escale de curiosité.

310 BUKHA

310 KHOR NAJD ★

A une trentaine de minutes en 4x4 de Khasab, le scénique lagon de Khor Najd forme une crique naturelle encadrée de rochers où il est agréable de planter sa tente ou de venir se baigner. Dans sa partie en descente, la route en épingles dévoile de superbes panoramas sur les fjords.

311 PLATEAU DE SAYH ★

Au cœur d'un environnement minéral plutôt austère, le plateau de Sayh, planté à 1 100 mètres d'altitude, fait figure de poumon vert à la barbe des roches. En hiver particulièrement, le contraste est frappant entre l'ocre-brun des montagnes et la fraîcheur des plantations. Des moutons paissent. Pause photo et balade.

311 RAWDAH

Autre site digne de ponctuer un road trip dans les montagnes du Musandam, Rawdah est une curiosité unique dans le pays : un cirque rocheux d'un peu plus de 3 kilomètres de diamètre planté d'acacias et de jujubiers, et abritant des *bait al qufi* – sortes de bories locales.

312 DIBBA

© CATHYLINE DAIRIN

Fjords de Musandam.

KHASAB ★★

Avec environ 20 000 âmes, Khasab est la ville la plus importante du Musandam. Un aéroport, un petit centre-ville, deux forts rénovés, trois écoles, et, dispersées dans la palmeraie, quelques maisons basses couleur sable, ainsi se dessine cette paisible bourgade, coincée entre mer et montagnes. Comme dans d'autres sections du sultanat, le nombre d'habitants varie selon la saison : en hiver, quand les terres sont arrosées par les pluies, une partie de la population vit dans les montagnes, où, grâce à la richesse de la nappe phréatique, se déploient de vastes zones cultivées (blé notamment). En été, les gens viennent s'installer en ville, certains dans des logements mis à leur disposition par le gouvernement, afin de récolter les dattes et de s'adonner à la pêche. Ce mode de vie est à la source d'un type de construction spécifique à Musandam : le *Bait al Qufl*, sorte d'entrepôt aux murs très épais dans lequel, pendant la période de migration saisonnière, les familles stockaient jadis leurs biens les plus précieux – jarres emplies de denrées nécessaires à la survie par exemple. Autre particularité locale : le système de falaj n'est pas utilisé au Musandam où les populations utilisent l'eau de pluie (puits et citernes) ou l'eau de mer (usines de désalinisation).
Côté « animation », c'est au port qu'il faut se rendre, en particulier le matin au retour des pêcheurs, une affaire d'hommes. Pas très loin, un fort transformé en musée monte la garde sur la rade et mérite une visite.

Se loger

Comme dans le reste du pays, il est possible de camper un peu partout au Musandam, si le terrain le permet. Notez cependant que c'est théoriquement interdit, décision spécifique des autorités pour cette province-là ; en règle générale, sauf à s'installer près du poste de police, on ferme les yeux. En montagne, les plateaux sont nombreux, mais il n'est pas toujours facile d'enfoncer les piquets dans un sol dur comme du béton ! En bord de mer, les meilleurs endroits se tiennent au large de Khasab, dans quelques jolies criques uniquement accessibles en bateau, et sur l'île Telegraph plantée au centre d'un cirque de fjords. Le terrain est plat, mais attention : pas un brin d'ombre. Les agences de voyages locales proposent des nuits en bivouac, mais ceux qui souhaitent demeurer indépendants tâcheront de s'y faire déposer par l'un des nombreux pêcheurs du coin. De façon bien plus simple, il est aussi possible de planter sa tente à proximité immédiate de Khasab, sur la longue plage de Bassa Beach fermée d'un côté par une falaise et aménagée de paillotes et de sanitaires (eau et toilettes). Sinon, la ville offre quelques options d'hôtels simples, mais propres et tout confort, une option plus internationale à l'Atana Khasab (un peu excentré, mais en surplomb de la mer) et un hébergement de luxe et de très grand charme à l'adorable boutique hôtel d'Atana Musandam, notre préféré.

Tourisme

Toutes les agences de voyages de Khasab proposent plus ou moins le même programme, c'est-à-dire : des sorties en bateau au milieu des fjords de la péninsule pour découvrir cette topographie particulière et admirer le ballet des dauphins. C'est l'attrait premier de la région, ce pour quoi l'on vient.

PÉNINSULE DE MUSANDAM

Boutres dans le port de Khasab.

CROISIÈRE EN BOUTRE

LA MEILLEURE FAÇON DE DÉCOUVRIR LES FJORDS : VILLAGES, FAUNE, ÎLOTS

C'est l'activité phare du Musandam et l'occasion déjà de monter à bord d'un dhow, ce bateau de bois traditionnel caractéristique du sultanat et fabriqué selon des techniques ancestrales avec des outils parfois anciens – une vraie pièce de musée naval. Indissociables des paysages de la région, les dhows sillonnent les fjords tous les jours, accueillant en moyenne entre 20 et 40 plaisanciers (parfois plus parfois moins, dépendant de la taille du navire et de la fréquentation touristique). A la barre, un Cap'tain et, en guise d'équipage, un second et un guide qui font aussi le service et la cuisine. Ambiance orientale, façon majilis : tapis sur le ponton central, coussins en périphérie, une grande toile tendue pour l'ombre... et vogue le navire ! On peut s'asseoir, s'alanguir, s'endormir, circuler à son aise pour prendre des photos, laisser les enfants s'ébattre comme des poussins dans une basse-cour. Cooool ! Pas d'à-coups ni de record de vitesse, le bateau navigote en mode pépère le long des fjords, dévoilant de vastes paysages et de minuscules villages.

Les habitants des fjords

Car malgré leur topographie brute et déchiquetée, les estuaires du Musandam n'en sont pas moins habités. Nadifi, Qanaha, Maqlab, Seebi, Shams sont autant de villages coincés au pied des falaises, accessibles par voie maritime uniquement. Les habitants y vivent principalement de la pêche et effectuent a minima une fois par jour le trajet jusqu'à Khasab, en bateau à moteur. C'est d'ailleurs ce mode de transport qu'utilisent les enfants pour se rendre à l'école et en revenir au début et à la fin de chaque semaine, car en pension le reste du temps. Des embarcations gouvernementales font aussi la navette pour ravitailler les villageois en eau, stockée dans des réservoirs. Autrefois, les conditions de vie étaient bien plus sommaires et les pêcheurs devaient rejoindre l'Iran à la rame pour faire du négoce. Aujourd'hui, grâce aux bateaux à moteur, leur zone d'échange s'est élargie à l'Arabie Saoudite et même à l'Inde, d'où ils rapportent des matériaux (bois notamment). Les hameaux comptent une trentaine à une centaine d'habitants, densité surprenante vu la faible quantité de maisons apparentes ! C'est que certaines sont construites en pierres de pays et se fondent dans leur environnement naturel, un mode de défense utilisé par le passé pour ne pas se faire repérer des pillards potentiels croisant au large.

Telegraph Island

Au-delà des rives et des anses façonnées par la nature entre les falaises, les cirques abritent des îlots émergés comme des bouées sur les eaux immobiles cerclées de roches abruptes. Telegraph Island est le plus connu d'entre eux et un spot idéal pour pique-niquer, planter sa tente et dormir à la brune – à condition d'emporter une toile pour se protéger du soleil, car pas une branche dans le secteur ! Le toponyme est explicite, qui rappelle l'installation d'un répéteur du télégraphe de Sa Majesté d'Angleterre. Entre 1865 et 1868, une dizaine de malheureux fonctionnaires britanniques furent placés sur ce caillou avec quelques fusils et du matériel Siemens destiné à faire circuler les messages entre Londres et Karachi. Aujourd'hui ne subsistent de cette station que quelques ruines, entre lesquelles vaquent quelques chèvres. Déposées chaque matin par les bergers du village de Shams, celles-ci rentrent au bercail le soir pour recevoir leur pitance. Au cœur du jour, elles folâtrent sur l'îlot, un enclos naturel bien pratique qui les préserve de tout danger.

Rencontre avec les dauphins

Le clou de la balade est néanmoins ailleurs, au hasard des caprices de la faune sauvage. Car aucune croisière au Musandam n'est digne de ce nom sans les torsions dorsales des dauphins territoriaux. Abondants dans les eaux maritimes de l'estuaire, les cétacés suivent joyeusement les bateaux, attirés par les remous que provoque leur passage. L'arrivée « surprise » des mammifères est d'ailleurs le seul aléa temporel d'une balade au parcours réglé comme une horloge : halte à Telegraph Island pour se baigner et observer les poissons avec masque et tuba (eau tiède et limpide, mais se méfier des oursins – prévoir des chaussures en plastique) ; buffet de spécialités locales servi à bord ; re-plouf dans l'eau translucide sur un second spot, avant un retour romantique dans la lumière déclinante. Pour faire durer l'aventure, certains réceptifs proposent des nuitées à la belle étoile sur le ponton ou alors en tente dans l'une des criques creusées entre les falaises – sans doute la façon la plus intimiste de ressentir la force de cet écosystème particulier. Coupure totale.

Autres excursions courantes : des visites guidées de la ville (fort, port de pêche...) et des curiosités des environs immédiats; des balades en montagne en 4x4 à l'aplomb des fjords et des roches aux formes sculpturales ; du trekking dans un environnement minéral et dépouillé ; de la plongée sous-marine pour croiser prédateurs, pélagiques, tortues, raies, barracudas, voire requins-baleines en saison ; du kayak le long d'un littoral découpé avec possibilité de nuitées en bivouac dans les criques. Les principales agences de Khasab sont *Musandam Sea Adventure Travel and Tourism* et *Khasab Travel and Tours*. Mais il y en a d'autres, établies sur place, ou basées ailleurs dans le sultanat et proposant dans leurs packages des séjours dans la péninsule.

Transports

▶ **S'y rendre:** De Dubaï, via Sharjah et Ras al Kaimah, 2h45 de route environ, sans grand intérêt sur les premiers deux tiers, plus scénique quand on approche de Khassab (virages serrés entre mer et falaises rocheuses, villages, plages, fortins). Prévoir du « temps à perdre » à la frontière (parfois plus d'une heure) ou partir avec un réceptif omanais ou dubaïote pour somnoler pendant le trajet et ne pas avoir à s'occuper des paperasseries au passage des douanes. Taxes et visas (tarifs variables, se renseigner au moment de l'excursion) à acquitter pour sortir du territoire émirien et entrer sur le sol omanais.

▶ **Se déplacer.** La seule grande route asphaltée du Musandam relie Khasab à la frontière orientale des Emirats arabes unis.

LE JERZ

Fabriqué par l'homme depuis l'âge de bronze, le jerz demeure un symbole distinctif de la région de Musandam. C'est une sorte de hache, faite d'une lame tranchante fixée sur une longue poignée taillée dans un bois indigène et mesurant un peu moins d'un mètre de long. Souvent sculptée, cette dernière sert aussi parfois de bâton de marche. Historiquement, le jerz était la composante principale d'un arsenal personnel qui comptait aussi un sabre, un bouclier et une dague. Potentiellement meurtrier, le jerz était une arme légère et facile à manier. De nos jours, certains hommes ont encore un jerz sur eux qu'ils utilisent comme protections contre les animaux et les serpents.

CROISIERE EN BOUTRE ★★

Excursions en bateau

En moyenne 15 OMR/personne/demi-journée et 20 OMR/journée et déjeuner. Réservation auprès des réceptifs locaux.

Proposée par tous les réceptifs de Khasab, c'est l'activité phare du Musandam et l'occasion déjà de monter à bord d'un dhow, ce bateau de bois traditionnel caractéristique du sultanat. Les prestations diffèrent selon les compagnies, notamment pour le nombre de plaisanciers à bord (de 20 à 40 en moyenne selon la taille du bateau), et la qualité du service et du déjeuner. Mais le parcours reste globalement le même pour tous, agrémenté des incontournables pauses baignade et plongée avec masque et tuba, et surtout de la rencontre avec les dauphins des fjords. Le top !

FORT DE KHASAB

Khasab Fort

7j/7 9h-16h du samedi au jeudi, 8h-11h le vendredi. Entrée : 500 baizas. Compter environ 1h de visite.

La forteresse fut édifiée au début du XVIIe siècle par les Portugais, qui avaient des visées très sérieuses sur le détroit d'Ormuz. Ils n'étaient pas les premiers à surveiller la baie et protéger les vallées fertiles de l'arrière-pays, puisque les ruines d'une très probable citadelle antérieure furent mises au jour sur le site. En 1624, les Portugais échouèrent dans leur tentative de domination du détroit. Un quart de siècle plus tard, ils furent expulsés du sultanat et le fort fut réaménagé par les forces omanaises pour subvenir à leurs propres besoins militaires. Restauré, ce fort fait partie de ceux qui ont été les mieux réhabilités du pays. Outre l'intérêt de la structure elle-même, le bâtiment vaut pour ses espaces culturels qui savent mettre en valeur passé et traditions. Dans la cour intérieure : trois bateaux bien retapés (Battil, Zaruqah, Mashuwah) et des habitations anciennes reconstituées à l'identique. Entre les murs : les différents pièces d'habitation publiques/privées et leur mobilier d'origine. Ne manquez pas d'observer la *Bait Al Qufl*, cette cabane en pierre sèche bâtie entièrement sans mortier, modèle exemplaire de l'architecture vernaculaire. Démontée de son site original, remontée pierre par pierre, elle témoigne de l'ingéniosité locale. A l'intérieur, se trouvent des jarres plus larges que la petite porte d'entrée, ainsi protégées des pillards. La maison était en effet construite autour des récipients. Panneaux informatifs multiples, additionnés çà et là, d'anecdotes et de légendes. Boutique.

SAFARI EN 4X4 DANS LES MONTAGNES

Réservation auprès des réceptifs locaux. En moyenne 25 OMR/personne la demi-journée et 45 OMR la journée complète.

Les escarpements de Musandam, en apparence déserts et monotones, recèlent bien des trésors : des montagnes, certes, mais aucune ne ressemblant à l'autre – sculptures de roches plus ou moins découpées, plus ou moins hautes, plus ou moins rondes ; enchevêtrement de blocs massifs comme travaillés par des colosses. L'excursion guidée en 4x4 pénètre au cœur de cet environnement minéral jusqu'aux panoramas et curiosités phares : le Khor Najd et sa vallée d'acacias, le plateau de Sayh et ses cultures, le djebel Harim qui culmine à 2 097 mètres. Ce sommet est le deuxième plus haut du sultanat après le djebel Akhdar. Malheureusement, la zone est réservée aux militaires et l'on ne peut aller jusqu'en haut, se contentant de passer le col à 1 572 mètres. Dans les environs, d'où l'importance d'être accompagné d'un guide qui saura mener aux endroits dignes d'intérêt, les fossiles abondent et certaines roches recèlent même des peintures nomades datant de quelque 4 000 années en arrière – serpent, araignée, femme. Le nom de Djebel Harim désigne d'ailleurs la « montagne des femmes » en référence à l'époque où les Portugais contrôlaient le détroit et où les locaux cachaient femmes et familles en haut des montagnes. C'est aussi l'occasion de découvrir le rude cadre de vie des derniers montagnards de Khasab : humbles abris de pierre à flanc de parois parfois vertigineuses, piscines naturelles creusées dans la roche, mais asséchées, terrasses d'herbe et de figuiers croissant à même la pierre.

VILLAGE DE KUMZAR ★

Kumzar

Accès en bateau à moteur uniquement, compter 45 minutes à 1h de trajet.

Le village de Kumzar, accessible par voie maritime uniquement, occupe la pointe la plus septentrionale de la région. La rudesse du site fait écho à cet isolement naturel. Entre de gros blocs de pierre éboulés se terrent des maisons basses et rudimentaires. Le jeu des ruelles est tellement étroit qu'on s'y faufile à peine. Une poignée d'animaux domestiques vaquent au hasard, des femmes se dérobent dans un froissement de tissu, des hommes font la sieste sur la plage, des enfants courent dans leurs habits de poussière. Au fond du cirque, de hautes falaises barrent tout accès par les montagnes. Droit devant s'étend la haute mer et, là-bas au loin sur la ligne d'horizon, à 55 km à peine, se dressent les côtes iraniennes. 3 000 habitants, un hôpital, deux mosquées, une jetée, une école, tel est Kumzar. Pas si petit finalement, mais tellement spécial, comme baigné d'une aura un peu mystique. Serait-ce la présence de cette tombe quasi sacrée érigée au pied des montagnes tout au fond du village ? Celle, dit-on, d'un homme charismatique venu d'Irak et resté là pendant 5 ans pour y apporter la paix. Son corps ne repose pas à Kumzar, seul compte le symbole. L'autre particularité du lieu est son dialecte unique, le kumzari, composé au fil du passage incessant des hommes et des bateaux : un mélange de 24 langues, dont l'arabe, l'indien, le baloutchi, le portugais, l'anglais. Sur le plan économique, les habitants de Kumzar vivent essentiellement de la pêche et ne quittent leur village qu'en été pour aller passer leurs vacances à Khasab.

KHASAB TRAVEL AND TOURS

Al Shahawya Road ✆ +968 2673 0464

www.khasabtours.com

20 OMR/personne/croisière en boutre et déjeuner, 15 OMR/demi-journée ; 27 OMR/demi-journée dans les montagnes...

Première de son Etat à avoir développé le tourisme dans le détroit en 1992, c'est l'une des grandes agences du Musandam. Sa spécialité est les croisières en boutre à la demi-journée ou la journée, avec possibilité de privatiser un bateau (différentes tailles) pour un groupe. Le réceptif organise aussi des safaris en 4x4 dans les montagnes, des visites guidées culturelles de Khasab et de ses environs, des journées de plongée sous-marine. Pour un séjour complet, réserver l'un des appartements de la compagnie (Esra Apartments). Vacances à la carte à la demande.

MUSANDAM SEA ADVENTURE TRAVEL & TOURISM

✆ +968 2673 0424

www.msaoman.com

A partir de 15 OMR/personne/demi-journée en boutre, 20 OMR/journée complète et déjeuner, 35 OMR/excursion en kayak...

Ce grand spécialiste du Musandam est mené par une équipe omanaise et francophone ultra pro, c'est son premier atout, professionnalisme, réactivité et gentillesse en plus. Au-delà des classiques (visites guidées de Khasab, safari en 4X4 dans les montagnes, croisières, trek, VTT, kayak...), il possède le seul yacht de luxe de la péninsule (Rubba) pour une immersion jusqu'au fond des fjords – une expérience unique ! Organise aussi des nuitées en bivouac ou sur des boutres plus tradi'.

NATIONAL FERRIES COMPANY

© +968 8007 2000
www.nfc.com
Shinas-Khasab : à partir de 11 OMR l'aller et 24 OMR l'aller-retour en classe Eco.

Liaisons Shinas – Khasab ou Shinas – Dibba, ou l'inverse dans l'autre sens, en ferry, une à deux fois par semaine selon la destination – se renseigner sur les jours, car cela peut changer selon la saison. Trajet à bord des ferries les plus rapides du monde : des embarcations australiennes de 65 mètres filant à 56 nœuds, confortables et d'une capacité respective de 200 passagers : 172 en classe Tourist et 28 en Business. A bord, service de restauration (déjeuner, snacks, thé, café...), chaînes satellitaires, choix de films et animations pour les enfants.

DIWAN ALAMIR HOTEL €

© +968 7221 0409
30 OMR pour une chambre double avec le petit déjeuner.

Campé face au détroit à 5 minutes à pied du fort et 10 minutes du port aux boutres, c'est un hôtel comme il en existe des dizaines au sultanat : carrelé, nickel, en dominantes marron, avec des salons cossus dans le lobby, des corridors larges et des chambres spacieuses. Le confort est là sans discuter : espace, moquette, grand lit, salle de bains privée, TV, clim', fauteuils et même la vue mer pour une bonne moitié des unités. A distance pédestre des principales activités, rien à dire. Restaurant sur place et plusieurs bonnes gargotes dans les environs proches.

ESRA HOTEL APPARTMENTS €

© +968 2673 0464
www.khasabtours.com
Double avec petit déjeuner à partir de 35 OMR en basse saison (été), 45 à 50 OMR en haute saison.

Au sud de la ville, ce sont deux bâtiments à un étage noyés dans l'uniformité des constructions environnantes. Déco datée, mais confort et agencement efficaces, on y vient après tout que pour dormir. Tentative de « style » local dans le restaurant et sa terrasse, planté au bord d'une piscine toute bleue entourée d'un gazon synthétique tout vert. L'établissement compte 16 unités nickel avec cuisine, équipées pour 4 à 6 voyageurs. C'est le réceptif Khasab Travel & Tours qui tient la maison, donc programme d'excursions facilité et prestations sans fausse note.

KHASAB HOTEL €

© +968 2673 0267
www.khasabhotel.net
Simple/double à partir de 94 OMR taxes et petit déjeuner inclus. 10 OMR/personne pour la demi-pension.

Planté au milieu d'un terrain vague à proximité de l'aéroport, ce petit hôtel couleur sable ne paie pas de mine mais l'accueil y est assez chaleureux et le prix raisonnable. Une piscine sans transats trône dans le patio intérieur autour duquel sont réparties les chambres donnant sur l'extérieur. Le choix est offert entre plusieurs catégories dont des chambres Famille et appartements pour 4, tous bien équipés (TV, téléphone, clim', frigo...). Sur place : restaurant de cuisine internationale avec terrasse et BBQ, aire de jeux pour les enfants.

BIVOUAC ORGANISE €€

© +968 2673 0424
www.msaoman.com
A partir de 55 OMR/personne/ croisière et nuitée. Organisé par Musandam Sea Adventure et d'autres réceptifs locaux.

Pour une immersion véritable au cœur de l'écosystème particulier du Musandam, rien de tel que d'y passer la nuit, combiné organisé par les plus grands réceptifs locaux : journée en bateau à moteur ou en boutre suivie d'une nuitée dans les fjords. Deux options sont généralement proposées : nuit à la belle étoile sur le ponton du bateau ou nuitée en tente sur la rive. Dans les deux cas, une équipe est présente pour s'occuper de tout, un confort minimal est assuré (toilette, eau, matelas et couverture) et l'on dîne sous un ciel aussi pur et étoilé qu'au désert.

RUBBA €€€

© +968 2673 0424
www.msaoman.com
A partir de 120 OMR la nuitée en cabine double avec dîner et petit déjeuner. Packages de plusieurs jours au choix.

Unique, ce sublime yacht de luxe en forme de dhow traditionnel entièrement couvert de bois est le seul à offrir une immersion totale jusqu'au fond des fjords, dans des conditions de confort absolu puisque l'espace est là (34 mètres de long, double ponton aménagé) et que les six cabines doubles sont dotées de la clim et de leur propre salle de bain. Privatisation possible ou départ à la cabine, pour une à plusieurs nuits tout compris enrichies de visites et d'activités (kayak, pêche, plongée...). Personnel de bord aussi discret qu'adorable. Inoubliable !

ATANA KHASAB €€€

Khasab Coastal Road
✆ +968 2673 0777

Simple/double à partir de 94 OMR, taxes et petit déjeuner inclus. 10 OMR/personne pour la demi-pension.

Confort et commodités aux standards globalisés pour cet établissement de standing international. Bonus 1 : 60 balcons panoramiques vue mer (choisir les chambres à l'étage pour ne pas se retrouver nez à nez avec la pelouse synthétique). Bonus 2 : la position en surplomb des eaux du golfe, très agréable en fin de journée à partir du café ou des terrasses. Sur place : restaurant, pub avec licence d'alcool, gymnase, salle de jeux, aire et pataugeoire pour les enfants, chouette café (le Finyon) où prendre une pâtisserie ou un encas au retour d'une excursion.

© ATANA KHASAB

AL SHAMALIAH €

Près du rond-point de la mosquée
✆ +968 2673 0477
7j/7 8h30-2h du matin. A partir de 600 bz un burger, 800 bz une soupe, 2 OMR un plat local ou une pizza.

C'est l'un des tout premiers restaurants à avoir ouvert à Khasab, autant parler d'un « classique ». Longévité rimant avec régularité, la qualité des plats est assurée même pour un banal burger. En vérité, on vient surtout pour le poisson grillé, servi frais du jour selon la pêche. La langouste est donc saisonnière. Impossible de lutter contre les néons blancs à l'intérieur, alors on s'installe tranquillement à l'une des rares tables sur le trottoir, se satisfaisant d'avoir localisé une des seules terrasses dînatoires de la capitale musandamienne.

DHABI AL YEMEN €

Al Maha Filling Station Complex
✆ +968 2673 1844
Ouvert 7j/7 en continu de 7h30 à minuit, fermé de 11h30 à 13h le vendredi. A partir de 700 bz/ plat local, 1,70 OMR/Mandi

Pourquoi diable venir manger sur le parking d'une station-service, même quand ladite station est située en bord de mer, sur la route côtière menant à l'Atana Khasab, à Bassa Beach et à la frontière des Emirats ? Parce que c'est le meilleur restaurant yéménite du secteur, le seul où pouvoir déguster un Mandi : ce fameux plat à base de riz et d'épices assorti de poulet ou de viande de bœuf marinée. Pour le reste, la carte est vaste comme la salle et sert un peu de tout, dont des jus et plats à emporter. Quelques boxes avec tapis et coussins où manger à l'arabe.

AMJAD MUSANDAM RESTAURANT €

Old Souk
✆ +968 2683 0124
7j/7. A partir de 2,50 OMR les grosses crevettes ou les calamars grillés, 3 OMR le crabe, 1 OMR un briyani.

Ce restaurant au cadre tout simple est tenu par des Indiens. Surprise : la carte est super courte ! A contre-courant des coffee shops habituels, Amjad est le spécialiste local des poissons et fruits de mer. C'est ici que l'on vient pour déguster du crabe, de grosses crevettes, divers poissons du Golfe et du jour cuits et préparés à la demande – grillés, frits, à l'indienne, etc. On peut même amener sa propre prise ! C'est aussi l'occasion du goûter du riz à la poudre de requin.

WADI QADA €

✆ +968 9978 5862
Ouvert en continu 7j/7 de 11h à 23h. 1,50 OMR une entrée, 3 OMR un plat, 2 OMR un dessert.

A 300 mètres du fort, tenu par un Iranien et son épouse, voici un vrai restaurant façon bistrot de quartier : pas trop grand, avec des touches personnelles dans la déco, le patron à l'accueil et les plats qui mijotent en cuisine. Dans une cage dont on ouvre volontiers les portes aux heures creuses, des perruches apprivoisées conversent, c'est le topo. A table ou assis par terre sur des tapis, on découvre ou déguste des plats de la cuisine iranienne à base de mouton ou de poulet essentiellement. Pour ceux que ça intéresse : safran d'Iran vendu sur place.

AROOS MUSANDAM €

Dans le centre-ville, pas loin de la mosquée
✆ +968 2683 1331
www.aroosmusandam.com
Ouvert 7j/7 de 11h à 2h du matin. Plat à partir de 800 bz, spécialités arabes à 2,50 OMR en moyenne.

Une adresse mail, un site web, une salle à la décoration hyper soignée, vous ne vous y trompez pas, vous êtes dans le resto le plus moderne et le plus « occidental-style » de la ville, celui à privilégier si vous en avez marre des ambiances de coffee shop. Qu'on ne s'y trompe pas néanmoins, la carte, elle, reste celle d'un bon coffee shop à tarif hyper bas, avec la palette habituelle des jus frais pressés et des plats arabes, indiens et chinois, plus des frites, du riz et des salades. A la demande : langouste et poisson frais du jour selon la pêche.

FREESTYLE DIVERS

Hôtel Atana Musandam
✆ +968 7221 0385
www.dive-khasab.com
Ouvert 7j/7 de 8h30 à 17h30.

Ce magnifique centre flambant neuf est installé dans un grand local au bord de l'eau, juste à côté du plus bel hôtel de Khasab. On apprécie l'espace, l'accueil et surtout le professionnalisme de l'équipe menée par Darren, instructeur et directeur du club. A moins de 50 minutes de bateau (souvent plutôt 30), plusieurs sites peu fréquentés s'offrent aux débutants comme aux plongeurs confirmés et photographes sous-marins. Les eaux, très riches, permettent de belles plongées d'exploration, y compris très techniques ou avec un biologiste marin à la demande.

© ATANA MUSANDAM

© ATANA MUSANDAM

© ATANA MUSANDAM

ATANA MUSANDAM €€€

Khasab Coastal Road

✆ +968 2673 0888

Simple/double à partir de 105 OMR taxes et petit déjeuner inclus, 140 OMR/duplex. 10 OMR/ personne pour la demi-pension.

Face au détroit, à proximité du port, c'est l'établissement le plus charmant du secteur agencé à l'horizontale comme un village omanais. Taille raisonnable pour 100 unités à la déco locale sobre et chaleureuse, chacune avec balcon ou terrasse d'où contempler les montagnes et le quotidien des pêcheurs. On aime ce parti-pris immersif dans le style, l'accueil, la fraîcheur des plats servis au restaurant. Pour le reste, c'est un bon 4* qui assure ses classiques : 2 jolies piscines, club de plongée, fitness, kids club avec pataugeoire et spa aux soins très qualitatifs.

© ATANA MUSANDAM

© ATANA MUSANDAM

PLONGEE AVEC KHASAB TRAVEL & TOURS

© +968 2673 0464
www.khasabtours.com

Environ 60 OMR pour 2 plongée, équipement, boissons et snacks compris.

Créée en 1992, cette agence est la première à avoir organisé des sorties touristiques dans la province de Musandam. Elle propose des cours de plongée mais aussi surtout des excursions à la journée de 6h incluant deux plongées sur deux sites différents. A noter aussi, pour les passionnés : des croisières-plongées privées de plusieurs jours organisées sur le boutre Sindabad. Compresseurs à bord, nuitées en cabine et possibilité d'exploration de sites plus lointains.

FORT DE BUKHA

Ouvert de 9h à 14h en semaine et le samedi, de 8h à 11h le vendredi. Entrée libre.

Construit au début du XVIIe siècle par Saif bin Sultan Al Ya'rubi, un puissant dirigeant dont l'influence s'étendait jusqu'à la Perse, l'Inde et l'Afrique de l'Est, ce fort constituait la principale défense de la région côtière ouest. Refait à neuf en 1990, il possède quatre tours dont trois rectangulaires et une tour principale ronde un peu différente de celles des autres citadelles en ce qu'elle est moins large en haut qu'en bas. Cette spécificité architecturale était supposée assurer une meilleure résistance aux boulets de canon.

TAWI

Lorsqu'on passe par Qada tôt le matin, on peut apercevoir des pêcheurs à l'ouvrage. Le bourg ne présente pas d'intérêt, mais c'est de lui que l'on gagne le site de Tawi en prenant la piste sud qui s'enfonce dans le wadi et mène à un groupe de maisons quasi toutes abandonnées. Autrefois, les habitants de Tawi se retiraient là pour l'hiver puis passaient l'été à Qada. Aujourd'hui, la majorité a déserté la région pour les Emirats. En s'arrêtant juste avant les dernières habitations, au bout d'environ 2 km, on peut observer des roches sur la gauche ornées de gravures rupestres de plus de 2 000 ans représentant des animaux, des guerriers, des bateaux.

KHOR NAJD ★

Un 4x4 est nécessaire pour atteindre cette belle crique naturelle formant un spot agréable où camper. De Khasab, après avoir pris la route en direction de Dibba, tourner à gauche vers Sal A'ala. Au bout de quelques kilomètres, reprendre à gauche pour rejoindre la piste que l'on voit se faufiler le long de la falaise. Le temps de trajet prend un peu moins de 30 minutes : 10 sur bitume, puis 6 de grimpette sur piste, puis 15 pour descendre jusqu'à la crique. Khor Najd fait partie de l'estuaire de Hablin. On goûte ici aux splendeurs particulières de la région : ces falaises, aux formes parfois torturées, qui tombent dans une mer calme comme un lac.

BUKHA

Construit dans une baie à l'eau très claire, Bukha est un village actif de 3 500 âmes, dont les activités majeures sont la pêche, l'agriculture et l'artisanat. Il est pourvu d'un hôpital et d'une école ce qui lui permet une certaine indépendance par rapport à Khasab. Planté en bord de mer, son fort à fière allure se distingue des autres citadelles omanaises par sa tour ronde plus large en bas qu'en haut. A l'arrière se cache une mosquée d'apparence modeste, mais ravissante à l'intérieur. Quelque cinq kilomètres avant d'atteindre le village de Bukha quand on arrive de Khasab, le bourg de Hill face à un des plus beaux rubans de sable de la région.

Khor Najd.

LA FAUNE DE MUSANDAM

Sauvage et peu polluée, riche d'une topographie variée, la région la plus septentrionale du sultanat recèle une faune intéressante.

Mammifères : renards, chacals, chats sauvages, gazelles, mangoustes, lèvres, hérissons...

Reptiles : le plus commun est l'endémique gecko Ptyodactylus. Les terres rocailleuses abritent aussi plusieurs variétés de serpents inoffensifs (cat snake, wadi racer) ou venimeux (vipères assez dangereuses).

Oiseaux : la péninsule compte 600 km de côtes et sert donc d'habitat à de nombreuses espèces d'oiseaux de mer, dont de grands groupes de cormorans.

KHOR NAJD ET LES ACACIAS

A env. 16 km à l'est

Compter environ 25 minutes de Khasab. 4x4 nécessaire. Possibilité de faire l'excursion avec les réceptifs locaux.

La baie de Najd, modèle d'équilibre dans ses volumes et ses couleurs, s'affiche sur tous les documents promotionnels de Musandam, en bleu et ocre, avec ses épingles à cheveux chutant vers l'onde. Après le bitume, on emprunte une piste qui grimpe à 400 mètres et permet d'embrasser le paysage de ce « fjord » d'en haut avant de plonger vers la baie. Au retour, à la bifurcation des deux goudrons, on découvre une belle étendue plantée d'acacias et de jujubiers épines-du-Christ, larges parasols offerts par Dame nature – le Khalidiya Park. Pause casse-croûte.

RAWDAH

Au sud du Djebel Harim, les vallées et reliefs conservent leur intensité dramatique, mais perdent en hauteur puisqu'on reste sous les 1 000 mètres. Réputé, le Wadi Bih est l'un des plus photogéniques de la grande région. Une piste conduit en 5 km à une curiosité géologique unique : un cirque rocheux entourant une plaine de 3,5 km par 3. Vu d'avion ou sur Google Earth, c'est une tache jaune clair en plein milieu de la péninsule. En atteignant le cirque de Rawdah ou *Rawdah bowl*, les stries de couleurs différentes offrent au décor minéral un air d'abstraction ; sur la gauche, des tombes anciennes ; sur la droite, tentez de repérer les abris en pierre sèche, ces *bait al qufl* qui sont au Musandam ce que les bories sont à Gordes, des formes d'habitat de résistance. Au fond de ce site magnifique, des acacias et des sidr (jujubiers épines-du-Christ) font un tableau enchanteur, pommelé et prairial. Aux premières pluies, l'ensemble se couvre de fleurs sauvages. En soirée, quand un silence radical s'invite, que demeurent éventuellement quelques équipages 4x4 près des arbres, on débouche discrètement l'apéro au cœur de ce petit Ngorongoro omanais. Ensuite, à partir de la piste « principale », on atteint en 6,5 km plein sud la bifurcation et les contrôles de sécurité des autorités émiriennes. A droite, la piste vers Ras Al-Khaimah aux Emirats. A gauche, la petite piste qui rejoint en 1h30 Dibba, via le wadi Khabb Ash Shamsi. A priori, il ne serait toujours pas possible de passer d'un côté comme de l'autre sans autorisation spéciale émirienne.

PLATEAU DE SAYH ★

C'est ici que l'aventure montagnarde commence ! La route se fait bien plus pentue, les montagnes se resserrent et les yeux s'écarquillent. D'apparence rude, stérile et dépouillée, les paysages révèlent une architecture minérale surprenante, faite d'un chaos de blocs de pierre. Comme cisaillée à l'aplomb de la mer, la roche s'habille d'ocre-brun. Puis l'on débouche d'un coup sur un plateau verdoyant : celui de Sayh, planté à 1 100 mètres d'altitude. En saison, les moutons viennent y paître. On cultive ici principalement des céréales, notamment du blé. La couleur du gazon pourrait faire verdir d'envie plus d'un Anglais, curiosité régionale de l'hiver.

Plateau de Sayh.

DIBBA

Sur la côte est, Dibba est une ville dynamique de plus de 6 000 habitants, dont la particularité est de figurer sur trois territoires à la fois : deux émirats et Oman. Si ces scissions sont invisibles, dans la réalité, seule la section la plus septentrionale appartient au sultanat. C'est la partie la plus sauvage et la moins développée des trois avec seulement 2 hôtels – contre bien plus côté émirien, et aussi des commerces et restos.... L'endroit n'est pas très représentatif des beautés du sultanat et offre bien moins d'intérêt que Khasab, sauf à séjourner dans la baie exceptionnelle de l'un des plus beaux hôtels d'Oman : le Six Senses Zighy Bay.

SIX SENSES ZIGHY BAY €€€

Zighy Bay
✆ +968 2673 5555
www.sixsenses.com

Villa avec piscine pour 2 à partir de 500 OMR, taxes et petit déjeuner inclus en haute saison.

A hôtel d'exception, site d'exception ou l'inverse : une large baie cerclée de montagnes, si exclusive qu'on ne peut l'atteindre que par la mer, par une piste, ou par les airs en parapente ! Ecolo et conçu pour se fondre dans son environnement naturel, l'hôtel se présente comme un hameau de villas sublimes en matériaux bruts avec piscine privée. A l'intérieur, mobilier, pierre et lin jouent sur un style rustique-chic d'une élégance rare. Tout est au diapason : le spa Six Senses, les expériences, la plage, les restos dont le spectaculaire Sense of the Edge, perché.

DIBBA BEACH RESORT €€

Mina Road
✆ +968 2683 6654
www.dibbabeachresort.com

A partir de 35 OMR la chambre double, taxes et petit déjeuner inclus en haute saison.

En bord de mer, au calme, bien à l'écart du centre de Dibba sur une longue plage fermée par les montagnes sur l'un de ses côtés, c'est un établissement convivial qui accueille aussi bien les couples que les familles. 54 chambres et suites vue mer, classiques en termes de déco et d'un confort 4 étoiles. Restaurant de cuisine internationale, un bar au bord de la piscine, un autre indoor de style africain, salle de gym, salle de jeux, beach-volley, piscine, jeux d'extérieur pour les enfants, etc. Sur réservation : combiné hôtel et séjour-plongée sur un boutre.

EXTRA DIVERS ZIGHY BAY

Hôtel Six Senses Zighy Bay
www.extradivers-worldwide.com

7j/7. 45 OMR la plongée de jour, 55 OMR celle de nuit, 15 OMR la sortie masque et tuba.

Forte de dizaines de centres de plongée dans le monde dont 4 à Oman, la réputation d'Extra Divers n'est plus à faire. Le club de Musandam est situé à l'hôtel Six Senses Zighy Bay, à proche distance d'une quinzaine de sites. Exclusif (peu de plongeurs) et composé de fjords, le paysage sous-marin offre de magnifiques décors, riches d'une vie marine variée dont beaucoup de pélagiques, des tortues, raies, nudibranches, dauphins… et même des requins-baleines en saison, de janvier à avril. Au club aussi : sorties avec masque et tuba et tout le cursus SSI et PADI.

Dibba.

ORGANISER SON SÉJOUR

Le Sultanat d'Oman est un pays hospitalier, facile d'accès depuis la France avec un vol direct Paris Mascate, très peu de décalage horaire, un climat ensoleillé toute l'année, un régime politique stable, pas de vaccin requis et quasi aucun risque sanitaire sur place. Le réseau routier est neuf et Oman Air propose plusieurs vols intérieurs quotidiens pour se rendre dans les régions plus reculées du Dhofar ou du Musandam. Ne reste qu'à faire votre demande de visa en ligne, et à choisir entre partir seul (en totale autonomie ou en auto-tour) ou en voyage organisé via une agence française ou un réceptif local. Mieux vaut s'y prendre tôt, car Oman a le vent en poupe et les hébergements ne sont pas encore assez nombreux dans les secteurs courus. La destination a la réputation d'être chère, mais en organisant vous-même votre circuit et en suivant nos bons plans, il est possible de voyager à tarif raisonnable.

ORGANISER SON SÉJOUR

ARGENT

La monnaie du pays est le rial omanais, symbole : OMR. Le rial est divisé en baizas, symbole : bz. 1 OMR vaut 1 000 bz. L'euro et le dollar sont acceptés dans toutes les banques et les bureaux de change. 1 rial = environ 2,30 euros ou 2,50 francs suisses et environ 3,40 dollars canadiens (taux variables). Il existe des pièces de 5, 10, 25 et 50 bz et des billets de 100 bz, 500 bz, 1, 5, 10,20 et 50 OMR.

BUDGET / BONS PLANS

▶ **Oman a la réputation d'être une destination chère** et, effectivement, l'hôtellerie classique et les locations de voitures sont assez onéreuses. Même les petites guesthouses ne sont jamais tout à fait bon marché. Mais, depuis 2019, elles se développent de plus en plus dans les sections touristiques du sultanat, offrant de belles alternatives aux hôtels et surtout un cadre plus authentique. Autre avantage non négligeable pour le porte-monnaie : le camping est gratuit et autorisé dans tout le pays, même à l'orée des villes. Sachant que le niveau de sécurité est l'un des meilleurs du monde, c'est un atout de poids. Seul bémol, s'ils existent, les sites aménagés sont rares, et l'on parle donc davantage de camping sauvage sans toilettes ni eau.

▶ **Le prix de la nourriture**, lui, varie de un à dix selon le standing de l'endroit – de la gargote au restaurant haut de gamme dans un hôtel de luxe. Mais il est tout à fait possible de manger pour quelques euros tous les jours et absolument partout dans le pays au cœur des coffee-shops qui sont légion. Il faut savoir que les règles d'hygiène sont drastiques au sultanat et les contrôles sanitaires fréquents. On ne craint donc absolument rien à manger sur le pouce ni à siroter des tonnes de jus de fruits frais, même avec des glaçons.

▶ **Du côté des transports**, par contre, rien de bien pratique pour les baroudeurs. Ni train ni métro, très peu de bus collectifs et qui, dans tous les cas, ne desservent pas les zones montagneuses et reculées du sultanat, celles intéressantes pour les voyageurs. De ce fait, il est souvent nécessaire de louer un véhicule 4x4 à un prix journalier non négligeable (40 OMR par jour minimum). Ce tarif pourra être partiellement compensé par celui du carburant, bien moins cher qu'en France. Pour faire des économies, une berline pourra même suffire pour la tournée classique via Nizwa, les curiosités culturelles et naturelles alentour, le Jebel Al Akdhar, les tortues, les wadis les plus populaires (dans ce cas, on se gare à l'entrée et on randonne), le littoral entre Ras al Jinz et Mascate. Il faudra juste demander un transfert pour rejoindre un camp au désert, ce qui se fait souvent et facilement.

En préparant son voyage bien en avance et en optant pour le camping, il est donc possible de visiter Oman à petits prix.

PASSEPORT ET VISAS

En décembre 2020, le gouvernement omanais a instauré l'exemption de visa pour 103 pays, dont la France, la Belgique, la Suisse et le Canada. Cette mesure a pour but d'encourager le tourisme à Oman, identifié comme l'un des secteurs-clefs du futur développement national. Au moment où nous publions, cette exemption est valable pour les séjours de moins de 10 jours et à condition d'être en détention d'une réservation d'hôtel confirmée, d'un billet d'avion aller/retour, d'un passeport valide au moins 6 mois après la date de retour et d'une assurance maladie. Ceci sans évoquer les exigences liées à l'épidémie de Covid qui sont très variables…

Les autres voyageurs, notamment ceux en séjour plus long, devront télécharger un visa électronique sur le site https://evisa.rop.gov.om. Etapes à suivre :

- entrer sur le site https://evisa.rop.gov.om
- cliquer sur *Apply for Tourist Visa* puis sur *Login as a Tourist*
- suivre la procédure d'inscription et s'identifier
- cliquer sur *Apply for visa*

Une photo et une copie du passeport (scans) sont à joindre au formulaire. Ne surtout pas effectuer la demande à la toute dernière minute, car la validation peut prendre quelques jours, voire davantage en cas de souci. Parallèlement, comme les voyageurs ne disposent que d'un mois pour entrer dans le pays dès l'obtention du e-visa, ne pas s'y prendre trop tôt non plus. Se reporter au site de l'Office de tourisme du Sultanat d'Oman en France pour des explications détaillées à ce niveau – www.experienceoman.om, section Visa, rubrique *Manuel aide procédure e-visa Oman*.

Le tarif varie selon la durée et les modalités du séjour : 20 OMR pour un séjour de plus de 10 jours, 50 OMR pour un séjour à entrées multiples, etc.

L'ASSURANCE VOYAGE, LE MEILLEUR MOYEN POUR PROTÉGER SA SANTÉ À L'ÉTRANGER

avec le DR MICHEL NAHON, directeur médical d'Allianz Travel

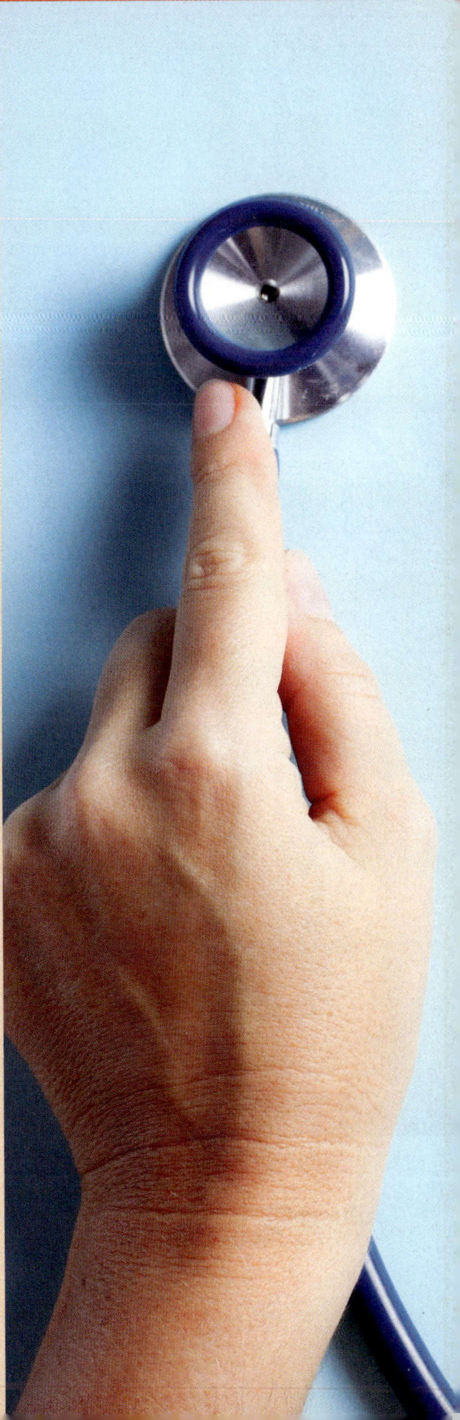

© NEIRFY

En cas de souci de santé sur place, que faut-il faire ?

Si l'on se trouve dans une situation urgente (accident grave, morsure d'animaux...), il est conseillé d'appeler les numéros d'urgence locaux. Une fois à l'hôpital, appeler son assisteur pour déclencher les procédures de prise en charge.

Est-il possible d'entrer en contact avec un professionnel de santé en cas de besoin ?

Allianz Travel dispose d'un service de téléconsultation médicale accessible en visio qui permet de s'entretenir avec un médecin français 24h/24, 7 jours sur 7. La consultation se fait en français et des conseils sont donnés sur les démarches à effectuer. Une ordonnance peut également être délivrée.

S'agissant des frais médicaux, est-on forcément couvert par son assurance maladie et sa mutuelle à l'étranger ?

La sécurité sociale et la mutuelle fonctionnent en France et dans les pays de la Communauté économique européenne, à condition d'avoir fait une demande d'extension de garantie avec la carte européenne d'assurance maladie (CEAM). Il est malgré tout conseillé de souscrire une assurance voyage, car la prise en charge des frais ne sera pas la même qu'en France.

Quel est le meilleur moyen de voir ses frais médicaux pris en charge ?

Dans les pays hors Europe, il est recommandé de souscrire à un contrat d'assistance avec un bon niveau de couverture des frais médicaux. Il est également important de choisir un acteur solide, qui dispose d'un important réseau international dans le domaine médical.

L'assurance voyage prévoit-elle le rapatriement ?

Le rapatriement n'est pas systématique. Il faut un réel intérêt médical. Si le patient peut être traité sur place, l'assisteur oriente vers un médecin ou une structure médicale adaptée localement. De même qu'en cas d'accident dans une zone désertique, le patient sera d'abord orienté vers l'hôpital le plus proche pour stabiliser la situation, avant d'envisager le rapatriement.

Veuillez noter que ce site Internet est conçu et géré directement par la police omanaise. L'ambassade du Sultanat d'Oman à Paris ne peut en aucun cas intervenir sur son contenu ni sur le formulaire en ligne. Toute sortie du territoire annule le visa et il est donc conseillé de prévoir un visa à entrées multiples si l'on souhaite se rendre dans la péninsule de Musandam par la route par exemple ; en avion par contre, aucun souci.
Un changement de législation étant toujours possible, vérifier ces informations auprès de l'ambassade d'Oman à Paris avant de partir. A l'arrivée, la pièce d'identité à fournir est un passeport valide plus de 6 mois après la date de sortie du territoire.

PERMIS DE CONDUIRE

Le permis de conduire français en cours de validité est reconnu par les autorités omanaises.

SANTÉ

Aucun vaccin n'est requis pour entrer au sultanat. Il n'y a pas de risque sanitaire ni de problème d'hygiène même si l'eau du robinet n'est pas considérée comme potable. Les normes dans la restauration sont très strictes et les contrôles très fréquents. A la moindre faute, l'établissement est fermé. Les cuisines des restaurants locaux sont donc bien tenues et l'on ne court globalement aucun risque à déjeuner sur le pouce pour une poignée de rials dans les coffee-shops ou les gargotes des stations-service.
Le niveau de qualité de la médecine est assez élevé et il existe beaucoup de cliniques et hôpitaux publics et privés bien équipés et pourvus d'ambulances. Idem pour les pharmacies, omniprésentes, la plus grande chaîne étant Muscat Pharmacy – www.muscatpharmacy.net. Néanmoins, plus l'on s'éloigne des villes, moins les services d'urgences sont fiables. Le sultanat ne possède notamment aucun service de secours performant en montagne, donc pas question de faire une mauvaise chute ni de tenter le diable : ne pas s'engager dans les wadis par temps orageux (l'eau peut monter très vite), ne jamais planter une tente dans le fond (seulement en hauteur), partir toujours à deux 4x4 dans le désert et les hautes montagnes. Par ailleurs, comme dans tout pays désertique et rocailleux, savoir que certains reptiles et insectes sont venimeux : prendre les précautions d'usage, randonner avec des chaussures fermées, toujours inspecter duvet, chaussures et vêtements quand on campe dans des zones reculées.

© SVETIKOVAV - SHUTTERSTOCK.COM

VACCINS OBLIGATOIRES

Aucun vaccin n'est requis pour se rendre au sultanat.

SÉCURITÉ

Dans le Travel and Tourism Competitiveness Report 2019, Oman a été classé à la 3e place des pays les plus sûrs et les plus sécurisés au monde parmi les 141 nations en lice. La stabilité politique est indiscutable : 50 ans de règne pour le Sultan Qaboos et une transition toute en douceur, début 2020, avec le Sultan actuel Haïtham Ben Tariq qui s'est engagé à poursuivre la politique de son prédécesseur. Les relations diplomatiques avec les pays voisins et le monde en général sont exemplaires, les frontières avec le Yémen sont étroitement surveillées. En interne, une présence policière discrète est assurée partout dans le pays, où ne sévit quasi pas de délinquance ni de faits divers crapuleux, le non-respect des lois étant sévèrement réprimé. Cette sérénité, tant au niveau international que national, est le fruit de plusieurs facteurs : une redistribution large des richesses de la rente énergétique ; un système éducatif performant, gratuit et obligatoire même dans les sections les plus reculées du sultanat; une forme d'islam tolérante et modérée, l'ibadisme ; une tradition hospitalière et un sens de l'accueil hors norme ; une bienveillance naturelle et un mode de gouvernance subtil et éclairé basé sur l'écoute et la parole plutôt que sur la monarchie par la force. Concrètement, dès votre arrivée, vous ressentirez une immédiate douceur de vivre et serez très étonné, si vous oubliez un téléphone portable ou votre porte-monnaie dans un restaurant ou même sur un banc public, de le retrouver à la même place ou en sécurité auprès de l'accueil plusieurs heures plus tard. Idem pour votre voiture de location, si vous oubliez par exemple de la fermer avec des bagages à la vue à l'intérieur, le risque de vol est quasi nul. On ne vous encourage pas à vous comporter de façon inconséquente bien sûr, mais simplement à profiter de cette sensation de bien-être et de liberté que ce haut niveau de sécurité procure indéniablement. Ce n'est pas pour rien que le pays est surnommé « la Suisse » du Moyen Orient !

DÉCALAGE HORAIRE

GTM + 4. heure française : + 2 en été ; + 3 en hiver. Quand il est 17h en novembre en France, il est donc 20h au sultanat.

LANGUES PARLÉES

La langue officielle du pays est l'arabe, suivie par l'anglais qui est largement utilisé notamment dans le monde des affaires. La grande majorité des services (retrait d'argent, informations diverses...) est proposée dans ces deux langues, de même que les panneaux indicatifs. Dans les milieux touristiques, un bon nombre de guides parlent français.

COMMUNIQUER

Pour appeler d'Oman vers la France, composez le +33 suivi du numéro de votre correspondant sans le 0.
Pour appeler de France vers Oman, composez le +968 + les 8 chiffres du numéro local.
Le réseau internet est bien développé : tous les hôtels disposent d'une bonne connexion et même la plupart des restaurants et coffee-shops.
Une option pratique consiste à emporter un portable débloqué avec soi et à acheter une carte sim locale prépayée dès que l'on arrive au sultanat – en vente à l'aéroport, aux comptoirs de téléphonie locaux comme Oreedoo et Omantel. Pour quelques rials, on dispose d'une carte omanaise qui permet de passer des appels locaux aux tarifs normaux. La carte est immédiatement activée au moment de l'achat (penser à avoir son passeport sur soi) et se recharge ensuite avec des cartes de 1, 2, 4, 5 et 10 OMR. Se renseigner auprès de Ooredoo (www.ooredoo.om) et Omantel (www.omantel.om).
Téléphoner via WhatsApp, Messenger ou Facetime est impossible à Oman pour le moment. Par contre, les Omanais utilisent très souvent IMO, une application Android qui permet de communiquer gratuitement avec les autres utilisateurs. Il peut être utile de télécharger cette application avant de partir.

ELECTRICITÉ ET MESURES

- **Électricité.** Le courant électrique est de 220-240 volts. Les prises sont conformes au standard britannique : trois fiches plates. Un adaptateur est donc indispensable pour les appareils aux normes françaises. On en trouve partout en France, dans les aéroports et dans les supermarchés sur place.
- **Poids et mesures.** Ce sont les mêmes qu'en France.

BAGAGES

Emporter des vêtements longs, mais légers, de préférence en lin ou coton. Partout dans le pays, nous recommandons fortement de respecter la culture locale en portant une tenue décente : bermuda plutôt que short pour les hommes, chemise à manches longues plutôt que tee-shirt ou débardeur, pas de décolleté ni de jupe courte ; éviter les bikinis dans les wadis fréquentés par les locaux, se baigner plutôt en tunique pour éviter de choquer. Pour les escapades en montagne ou dans le désert, penser à prendre un pull chaud de type polaire, et un coupe-vent pour les campements en altitude le soir. Et puisque le rapport au chaud et au froid est une notion très relative, ne pas s'étonner de voir des locaux avec gants et bonnets en décembre et janvier dans les djebels Shams et Akhdar ! Les frileux devront toujours avoir sur eux une veste, un petit pull ou quelque chose à mettre autour du cou pour supporter les variations de température parfois importantes entre l'extérieur et les intérieurs climatisés des magasins, musées et restaurants.

Ne pas oublier non plus des lunettes de soleil et une casquette pour éviter les insolations et, bien sûr, un maillot de bain et de la crème solaire pour se baigner en mer, mais aussi dans les rivières et les wadis. Masque et tuba peuvent aussi servir pour les séjours balnéaires. Et de bonnes chaussures quand on a l'intention de randonner, ou son matériel d'escalade ou autre. Rappelons qu'Oman est un pays idéal pour faire du camping et qu'il peut être utile de débarquer sur place avec sa tente et son sac de couchage.

LES PHRASES CLÉS

Bonjour, je voudrais réserver un billet aller/retour pour…
مرحبا، أود حجز تذكرة مفردة/عودة إلى...

J'ai raté mon avion. Je voudrais échanger mon billet s'il vous plaît.
لقد فوتت موعد طائرتي، <> أريد تغيير التذكرة من فضلك.

Mon vol est très en retard. Ma correspondance sera bien assurée ?
لقد تأخرت طائرتي للغاية. هل سأتمكن من اللحاق برحلتي الترانزيت؟

Mes bagages ont été égarés, à qui dois-je m'adresser ?
لقد فقدت حقائبي، من المسؤول الذي يجب أن أتحدث إليه؟

Louez-vous des voitures avec chauffeur ?
هل لديك تأجير سيارات مع السائق؟

Je n'ai presque plus d'essence. Où se trouve la station-service la plus proche ?
لقد أوشك وقود السيارة على النفاد. أين توجد أقرب محطة وقود؟

S'Y RENDRE

Pour se rendre à Oman depuis l'Europe, une seule solution : l'avion. Il faut compter environ 7 heures en vol direct depuis Paris, option uniquement proposée par la compagnie nationale du sultanat, par ailleurs excellente : Oman Air. Sinon, compter autour de 9h à 10h avec escale. Le tarif moyen du billet est de 550 euros, mais on peut trouver moins cher en s'y prenant bien à l'avance, même en haute saison où les vols autour de 400 euros ne sont pas rares, ce qui fait de Mascate une destination accessible pour les longs week-ends. En plus d'Oman Air, les principales compagnies à desservir le sultanat depuis l'Europe sont Air France, Etihad Airways, Emirates, Gulf Air, Qatar Airways, Swiss International Airlines. On peut aussi arriver à Oman par la route après un séjour dans les Emirats. Dans ce cas, en plus des heures de trajet, prévoir du temps pour le passage des frontières qui peut être très long, surtout le week-end.

AIR INDEMNITE

25 bis, avenue Pierre Grenier
BOULOGNE-BILLANCOURT
✆ 01 85 32 16 28
www.air-indemnite.com

Des problèmes d'avion (retard de vol, annulation ou surbooking) gâchent le séjour de millions de voyageurs chaque année. Selon la réglementation, ceux-ci ont droit jusqu'à 600 € d'indemnité par passager ! Mais devant la complexité juridique et les lourdeurs administratives, très peu parviennent en réalité à faire valoir leurs droits. Pionnier français depuis 2007, ce service en ligne simplifie les démarches en prenant en charge l'intégralité de la procédure : analyse et construction du dossier, échanges avec la compagnie, suivi jusqu'au versement des sommes dues.

AIR FRANCE

✆ 36 54

Réservations en ligne ou par téléphone, tous les jours de 6h30 à 22h.

Toute l'année, la compagnie nationale assure de nombreux vols tous les jours au départ des aéroports de Paris : plusieurs destinations en France, en Europe et à l'international dont le Moyen-Orient. Si Air France ne dessert pas la capitale omanaise directement, elle assure un vol par jour vers Dubaï. Il faut ensuite emprunter une compagnie locale comme Oman Air, Gulf Air, Emirates ou Salam Air pour se rendre jusque Mascate, sachant que le temps de transit excède rarement 2 heures qui sont faciles à occuper dans l'immense *duty free* de la clinquante ville émirienne.

EMIRATES

www.emirates.com

Récente, la compagnie nationale des Emirats arabes unis, connue pour la qualité de ses prestations et de ses avions, dessert Mascate via Dubaï tous les jours depuis Paris, Lyon et Nice. Le temps de transit dans l'aéroport de la ville émirienne excède rarement 2h qui sont faciles à occuper dans l'immense et clinquant *duty free*. En mode local, dans le cadre d'un voyage et séjour couplé Emirats-Oman, savoir que les liaisons aériennes entre les deux pays sont quotidiennes, plusieurs fois par jour, pour un temps de vol d'environ 1h15.

ETIHAD AIRWAYS

27, rue de Berri
PARIS
✆ 01 57 32 43 43
www.etihadairways.com

Créée en 2003 et basée à Abu Dhabi, Etihad Airways est le deuxième plus grand transporteur aérien des Emirats arabes unis après Emirates. A partir ou via le hub d'Abu Dhabi, elle exploite des vols internationaux sur les cinq continents. Dotée d'une flotte neuve ou récente, elle se distingue, comme toutes les compagnies du Golfe, par l'excellence de ses prestations et son haut niveau de service à bord. Au départ de Paris Charles de Gaulle, elle propose des vols quotidiens pour Mascate, avec une escale d'environ deux heures à Abu Dhabi.

GULF AIR

✆ 01 49 52 41 41

www.gulfair.com

Gulf Air est la compagnie aérienne nationale de Bahreïn, la plus ancienne du Golfe, créée en 1950. A partir de Paris, cette compagnie propose un vol par jour à destination de Mascate avec une escale à Bahreïn. C'est actuellement la seule compagnie à offrir un service de baby-sitting avec des *sky-nanny* qui prendront en charge les enfants, accompagnés ou non. Les hôtesses sont spécialement formées en puériculture et accueillent les petits depuis l'embarquement. Elles peuvent vous aider et sont disponibles pendant toute la durée du vol, et ce jusqu'à l'arrivée.

OMAN AIR

65, rue de Prony - **PARIS**

✆ 01 47 64 21 50

www.omanair.com

Fondée en 1993, la compagnie nationale du Sultanat d'Oman, connue pour la qualité de ses prestations et des services dispensés à bord de ses Airbus 330, relie Paris à Mascate en vol direct tous les jours au départ de l'aéroport Paris-CDG, avec des pré/post acheminements depuis la Province (Bordeaux, Lyon, Marseille, Montpellier, Nice et Toulouse). Elle assure également des liaisons quotidiennes depuis Mascate vers Abu Dhabi et Dubaï pour un combiné Oman et Emirats arabes unis, et relie tous les autres aéroports du Sultanat, notamment ceux de Khasab et Salalah.

QATAR AIRWAYS

64, rue la Boétie - **PARIS**

✆ 01 43 12 84 40

www.qatarairways.com

Centre d'appels joignable du lundi au samedi de 9 à 18h et le dimanche de 10h à 18h.

Excellente comme toutes les compagnies du Golfe, Qatar Airways est la compagnie aérienne nationale du Qatar. Depuis son hub à l'aéroport international de Doha, elle opère des vols internationaux sur les cinq continents vers plus de 170 destinations. Au départ de Paris, elle propose plusieurs vols par jour vers Mascate via Doha dont deux vols avec un temps de transit inférieur à 2 heures. Compagnie 5 étoiles Skytrax, Qatar Airways propose des prestations haut de gamme pour tous ses passagers et notamment des sièges larges et spacieux même en classe éco.

SWISS INTERNATIONAL AIR LINES

✆ 08 92 23 25 01

www.swiss.com

La compagnie nationale de la Suisse est basée à l'aéroport de Zurich. Elle est aujourd'hui aux mains de la compagnie allemande Lufthansa qui en est actionnaire à 100 %. Swiss International Air Lines dessert Mascate au départ de Paris CDG via Zurich. Il existe d'autres vols Paris CDG-Mascate, mais avec deux escales : Zurich et Genève, ce qui rallonge considérablement le temps du voyage. Plus de 42 chefs reconnus contribuent à établir les menus servis à bord de ses avions.

EASY VOLS

✆ 08 99 19 98 79

www.easyvols.fr

Pour voyager malin, il faut faire ses recherches en toute efficacité, sans perdre trop de temps à jongler d'un site à un autre. Pour trouver le bon vol au bon prix, l'idéal est la plateforme comparatrice de vols. Easyvols permet de comparer en temps réel les prix des billets d'avion chez plus de 700 compagnies aériennes et pas seulement des compagnies low-cost. Vous pouvez économiser jusqu'à 70 % du prix si vous êtes prêts à saisir au vol les meilleures offres. Des avis avisés de clients sont aussi consultables sur le site Internet.

OPTION WAY

Avenue Maurice Donat

✆ 04 22 46 05 23

www.optionway.com

Option Way est l'agence de voyages en ligne au service des voyageurs. L'objectif est de rendre la réservation de billets d'avion facile en vous faisant économiser. 3 bonnes raisons de choisir Option Way :

- la transparence comme mot d'ordre. Finies les mauvaises surprises, les prix sont tout compris, sans frais cachés ;
- des solutions exclusives qui vous permettent d'acheter vos vols au meilleur prix ;
- le service client, basé en France, joignable gratuitement, composé de véritables experts de l'aérien. Ils sont là pour vous, n'hésitez pas à les contacter.

SÉJOURS ET CIRCUITS

Si certains aiment organiser leur voyage de A à Z, d'autres préfèrent confier la logistique à une agence spécialiste de la destination, qu'elle soit basée en France ou à Oman qui compte plusieurs excellentes compagnies notamment francophones. On peut choisir de partir en groupe organisé ou alors seul, en couple, entre amis ou en famille, avec un forfait clé en main ou conçu sur mesure. L'offre est déjà vaste et d'autant plus modulable que le pays est facile à parcourir – bon réseau routier, gentillesse des Omanais, très haut niveau de sécurité. Si le fameux tour des principaux biotopes et curiosités en 8 jours (Mascate - Nizwa - Hajar - Sharqiyah Sands - Ras al Jinz - Tiwi ou Shab - Mascate) est le plus couru, l'aventure est partout, car la destination reste encore largement inexplorée. Les réceptifs locaux surfent sur cet atout en proposant des excursions ou circuits hors des sentiers battus. En extension : le Musandam ou le Dhofar.

AKAÏNA

4, rue Gabriel-Péri - **GRENOBLE**
✆ 04 76 86 30 26
www.akaina.fr
Ouvert du lundi au vendredi de 9h30 à 12h et de 14h à 18h30. Le samedi sur rendez-vous.

Akaïna construit des voyages sur mesure, selon vos envies, pour vous donner le temps de découvrir les choses à votre rythme. Petite agence mais grands espaces, c'est l'esprit du voyage chez Akaïna. Adepte de voyages exigeants et plutôt sportifs, Akaïna privilégie la rencontre avec les locaux. Pour découvrir Oman, l'agence propose plusieurs circuits, notamment une randonnée « Route de l'encens » pour découvrir l'essentiel du pays en 9 jours/8 nuits. Ou un circuit guidé à la découverte des richesses omanaises. Ces randonnées demandent d'être en forme physiquement.

ALMA VOYAGES

573, route de Toulouse
VILLENAVE-D'ORNON
✆ 05 56 87 58 46
www.alma-voyages.com
Ouvert du lundi au vendredi de 9h à 18h30 et le samedi de 9h30 à 17h30.

Chez Alma Voyages, les conseillers connaissent parfaitement les destinations proposées. Chaque client est suivi par un agent attitré ! Une large offre de voyages avec l'émission de devis pour les voyages sur mesure vous sera proposée. Alma Voyages pratique les meilleurs prix du marché et travaille avec Kuoni, Beachcombers, Jet Tour, Marmara, Look Voyages... Si vous trouvez moins cher ailleurs, l'agence s'alignera sur ce tarif et vous bénéficierez en plus, d'un bon d'achat de 30 euros sur le prochain voyage. Catalogue sur le site Internet.

ANAPIA VOYAGES

ZA, Larre Lorre
AIX-EN-PROVENCE
✆ 04 42 54 21 52
www.anapiavoyages.fr
Ouvert du lundi au vendredi de 10h à 20h.

Anapia voyages, basée en Provence, a été créée par Sylvia, une Péruvienne vivant depuis plus de 30 ans en France. La richesse de ses programmes s'appuie sur l'expérience de ses collaborateurs, guides ou producteurs de séjours et circuits. Le plus d'Anapia ? Panacher sur mesure des sites incontournables et des lieux inédits, mais surtout une vraie rencontre avec les populations. Deux possibilités de séjour à Oman : une « perle de l'Arabie » pour découvrir le patrimoine historique et naturel du pays et un combiné Oman-Zanzibar très alléchant.

ANN - NOSTALASIE - NOSTALATINA

19, rue Damesme
PARIS
✆ 01 43 13 29 29
www.ann.fr
Ouvert du lundi au vendredi de 10-13h/14-18h et le samedi sur rendez-vous.

C'est la référence des grands voyageurs voulant aller en Asie (Asie, Asie centrale et Russie), au Moyen-Orient et en Amérique latine (Amérique centrale et Amérique du Sud) en voyage à la carte ! L'agence propose de nombreux circuits, organisés ou sur mesure, à destination du Sultanat d'Oman : l'itinéraire est toujours la version optimale entre vos desiderata, votre style de voyageur, votre budget et la réalité du pays, aucun voyage ne ressemble à un autre.

LA BALAGUÈRE

48, route d'Azun
ARRENS-MARSOUS
✆ 05 62 97 46 46
www.labalaguere.com
Ouvert du lundi au vendredi de 9h à 17h et le samedi de 10h à 12h et de 14h à 17h30.

La Balaguère est spécialisée dans la randonnée, les voyages à pied et le trek, et propose des séjours avec ou sans guide, pour les familles ou entre amis, et surtout pour tous les niveaux, du débutant au marcheur expérimenté. A Oman, plusieurs séjours et circuits permettent de découvrir le pays en marchant : « Canyons, dunes et wadis du djebel Hajar » (9 jours), « Kayak à Musandam » (9 jours), à la découverte des djebels et des fjords de la péninsule, ou encore « Couleurs d'Orient de Muscate à Salalah » (14 jours). Vous avez l'embarras du choix !

CLIO

34, rue du Hameau
PARIS
✆ 01 53 68 82 82
www.clio.fr
Agence ouverte du lundi au vendredi de 10h à 18h, le samedi de 10h à 13h et de 14h à 16h.

Le succès des voyages Clio est basé sur trois principes. On vous propose un itinéraire pour vous faire découvrir les différentes facettes d'un pays, d'une ville ou d'une région. On vous apporte l'éclairage nécessaire pour mieux apprécier son histoire et son patrimoine. Et on vous met dans un petit groupe de personnes réunies par leur goût commun de la découverte culturelle. Un circuit de 14 jours, « Archéologie et futurisme », vous emmène en Oman, mais aussi à Dubaï et Abu Dhabi, découvrir sites archéologiques et audaces d'architecture.

EMOTIKA VOYAGES

178, Rue Jean-Jacques Rousseau
BANDOL
✆ 06 48 36 76 28
www.emotikavoyages.fr
Ouvert du lundi au samedi de 8h à 20h.

Emotika Voyages est l'option idéale pour ceux qui souhaitent vivre une expérience inoubliable, hors des sentiers battus, sans pour autant passer à côté des incontournables. La particularité de cette agence est de faire découvrir en toute sécurité des destinations hautes en couleur, en rencontrant la population ou en immersion au cœur de la nature, avec des visites originales et de qualité. Véritable spécialiste des voyages sur mesure, Emotika Voyages organise plusieurs circuits cousus main à Oman, en autotour ou en séjour avec chauffeur.

EXPLORATOR

23, rue Danielle Casanova
PARIS
✆ 01 53 45 85 85
www.explo.com
Ouvert de 9h30 à 18h30 du lundi au vendredi.

Ce tour-opérateur organise des voyages d'immersion en petits groupes de 4 à 8 participants. Passeurs de culture, les meilleurs guides partageront avec vous leur immersion dans la vie locale, favorisant les rencontres spontanées avec les habitants. Entrer en contact avec la nature, la vie quotidienne des femmes et des hommes rencontrés, leur culture : c'est cette découverte du monde que propose Explorator. A Oman, plusieurs circuits sont disponibles : « Déserts et jardin » ; « De la mer d'Oman aux montagnes du Dhofar » ; « Le Nord-Est »...

ACTIVE OMAN

37 Street
✆ +968 7178 9660
www.active-oman.com
Voyages à la carte. Circuits et tarifs personnalisés sur demande.

© ACTIVE OMAN

Puisque le camping est gratuit et autorisé partout au Sultanat, Oliver, un Allemand installé à Oman depuis 10 ans, a eu l'idée de créer cette agence spécialisée dans l'organisation de visites guidées privées et dans la location de tentes de toit, matériel de camping, véhicules 4x4. En amont du voyage, selon les désirs et budgets de chacun, un devis personnalisé est étudié pour répondre au mieux aux attentes. Sur place, en arrivant à Mascate, un debrief est organisé à Lana Villa, où siège Active-Oman, pour les derniers conseils avant la grande aventure.

HORIZONS NOMADES

4, rue des Pucelles - **STRASBOURG**
✆ 03 88 25 00 72
www.horizonsnomades.fr
Agence ouverte du lundi au vendredi de 9h30 à 12h30 et de 14h à 18h, le samedi de 10h à 12h.

Cette agence est spécialisée dans les voyages hors des sentiers battus. Horizons Nomades est une agence de voyage pas comme les autres, presque confidentielle dans cette ruelle strasbourgeoise, mais que les amateurs de beaux voyages savent trouver. Avec eux, vous randonnerez dans des paysages préservés, méharées, bivouacs et nuits à la belle étoile, c'est un autre art de voyager... Horizons Nomades propose un voyage à destination d'Oman. Montagnes et oasis (12 jours, 7 à 12 participants) permet d'aller voir au nord les falajs et au sud les montagnes du Dhofar.

NOMADE AVENTURE

40, rue de la Montagne-Sainte-Geneviève
PARIS
✆ 01 46 33 71 71
www.nomade-aventure.com
Ouvert du lundi au samedi de 9h30 à 18h30. Circuits sur mesure. Activités.

Nomade Aventure, comme son nom l'indique doublement, est une agence qui vous change de vos habitudes sédentaires. Avec ses voyages placés sous le thème de la nature, de la culture et de la rencontre, elle vous propulse vers de nouvelles aventures. Loin des meutes de touristes, vous mettrez à profit les bonnes connaissances des agents sur la région en profitant à la fois de circuits originaux et de spots incontournables. Nomade Aventure fait de votre voyage de véritables vacances en vous permettant de vous détendre, ils prévoient tout !

LES MATINS DU MONDE

156, rue Cuvier
LYON
✆ 04 37 24 90 30
www.lesmatinsdumonde.com

L'agence Les Matins du Monde vous propose des voyages pas comme les autres. Une petite équipe expérimentée est à votre écoute pour vous proposer un voyage adapté à toutes vos envies. Vous trouverez dans cette agence des conseils personnalisés, des voyages originaux et hors des sentiers battus. Les Matins du Monde propose des séjours sur mesure pour découvrir le pays à votre rythme et selon vos envies, mais aussi des circuits thématiques de 10 à 15 jours comme « Escalade dans le Sultanat d'Oman » ou « Entre mer et désert », à faire à pied ou en 4x4.

LA ROUTE DES VOYAGES

10, rue Choron - **PARIS**
✆ 01 55 31 98 80
www.laroutedesvoyages.com
Ouvert du lundi au jeudi de 9h à 19h, le vendredi jusqu'à 18h, le samedi de 10h à 17h.

La Route des voyages, c'est une équipe dynamique et enthousiaste dotée d'une très bonne connaissance du terrain. Tous les voyages sont composés sur mesure, selon votre inspiration et les conseils de votre interlocuteur spécialiste de la destination, en fonction de vos centres d'intérêt et de vos attentes. L'agence propose plusieurs circuits découverte d'Oman avec chauffeur privé, un autotour « Les essentiels d'Oman », un voyage en famille, mais aussi un séjour combiné Dubaï/Fjords de Musandam ainsi qu'un séjour « charme, plage et découvertes à Oman ».

MELTOUR

103, avenue du Bac
LA VARENNE-SAINT-HILAIRE
✆ 01 73 43 43 43
www.meltour.com
Ouvert du lundi au vendredi de 9h à 19h.

Ce tour-opérateur, véritable spécialiste du voyage sur mesure depuis 1989, concocte tous les types de voyages vers une quarantaine de pays. Tous guidés en français, les circuits privatifs sur mesure ou les circuits regroupés proposent de découvrir différentes facettes d'un pays. En voiture avec un chauffeur privé, cette agence de voyages vous propose plusieurs circuits pour découvrir le pays selon vos envies. A noter l'original « Golf à Oman », séjour personnalisable en hôtel 5 étoiles, qui vous emmène sur les meilleurs terrains aux alentours de la capitale.

TERRE ET NATURE VOYAGES

23, rue d'Ouessant - **PARIS**
✆ 01 45 67 60 60
www.terreetnature.com
Ouvert du lundi au vendredi de 9h30 à 19h. Sur rendez-vous en dehors de ces horaires.

Terre et Nature Voyages est une agence spécialisée destinée à tous les amoureux de la mer. Animée par une équipe de passionnés, l'agence met son expertise pour proposer des séjours uniques. Que ce soit le kitesurf, le windsurf, la voile ou encore la plongée, ce tour-opérateur parcourt les océans pour débusquer les meilleurs spots. Plusieurs séjours plongée sont proposés à Oman, notamment une croisière de neuf jours à la découverte des îles Hallaniyat, dans le sud du pays. Le voyage se fait à bord du bateau Oman Agressor, qui peut accueillir 22 plongeurs.

AL KOOR TOURISM

✆ +969 9255 9687
www.alkoortourism.com

Voyage exclusif et personnalisé ; devis sur demande, en français.

Passionnée et menée par des experts européens et omanais, cette agence italienne à taille humaine, en partie francophone, ne propose pas de simples séjours, mais des expériences axées sur l'émotion – le mot-clé d'Al Koor. Au-delà de la découverte des immanquables, les circuits sont axés sur les merveilles cachées du sultanat et notamment du désert dont la compagnie est spécialiste – immersion de plusieurs nuits. La tendance est d'explorer l'envers, de camper dans des endroits exclusifs sans ne rien sacrifier au confort – prestations à la carte de haut niveau.

ENJOY OMAN

Al Khuwair
MASCATE
✆ +968 2469 9165
www.enjoy-oman.com

Tarifs et devis sur demande, dans toutes les fourchettes de prix - bivouac à luxe.

Cette excellente agence francophone parcourt le sultanat depuis plus de 20 ans et sert de réceptif aux plus grands tour-opérateurs français. Son offre étendue convient aux petits groupes comme aux grands : circuits pré organisés avec guide, autotours sur mesure avec roadbook, parcours off road pour les incentives, etc. Trois typologies d'aventures sont favorisées : *Aventure Classique* en hébergement de luxe, *Aventure Nature* en mix bivouac et hébergement confort et *Aventure Sportive* en bivouac. Familles bienvenues y compris avec de jeunes enfants - circuits adaptés.

© ENJOY OMAN

© ENJOY OMAN

GULF JEWELS TRAVELS & TOURS

Way 6421, Ghala Industrial Zone
MASCATE
✆ +968 2459 6796
www.gulf-jewels-tours.com

Excursions à la journée et packages de 3 à 15 jours détaillés sur le site web dont du géotourisme ; devis sur demande.

Cet excellent réceptif est spécialisé dans la découverte immersive des patrimoines naturel et culturel du pays, et de ses traditions. Polyvalent, il offre tout type de prestations : réservation d'hôtels, d'avion, excursions et circuits classiques (exemples en ligne) ou axés sur la géologie (guides experts), le trekking, l'ornithologie etc. Les circuits thématiques sont l'une des spécialités de la compagnie qui édite aussi des films documentaires. Séjour personnalisé à la demande.

HASHTAG OMAN TOURISM

✆ +968 9932 4705
www.hashtagoman.com

Agence de Mascate ouverte 6j/7 de 9h à 18h, fermé samedi. Circuits et tarifs sur mesure.

Récente, cette compagnie au service personnalisé propose surtout des circuits sur mesure pour les passionnés de nature et culture. Le fil rouge d'Hashtag est d'amener les voyageurs à s'immerger le plus possible dans la culture locale à travers des rencontres, cours de cuisine, treks, visites dynamiques encadrées par des guides experts dans leur domaine. Même si tout est possible, le camping est l'une des options souvent proposées, dans d'excellents conditions de confort puisque les équipes d'Hashtag s'occupent de tout. Guides francophones sur demande.

MAJAN LIGHT TRAVEL & TOURISM

Al Safah Street,
North Gubra No 4280
✆ +968 2449 8964
www.majanlight.com

Cette compagnie à taille humaine a été fondée par deux frères omanais. En connaisseurs intimes du sultanat, ils répondent aux besoins des touristes individuels comme des groupes. Atout essentiel : Emilie, la très efficace représentante basée en France, est là pour conseiller et élaborer rapidement un séjour idéal. Autotour, circuit aventure, balnéaire, circuit en autocar, etc., l'agence propose surtout des vacances sur mesure via des itinéraires en liberté ou accompagné.

MARK TOURS

Ruwi
MASCATE
✆ +968 2478 2727
www.mark-oman.com

Opérationnel depuis 1999, Mark Tours est l'un des meilleurs réceptifs d'Oman. En plus d'un service de location de voitures (flotte de 400 véhicules), l'agence assure les prestations habituelles : réservation de séjours et d'hôtels, transferts, excursions à la journée et circuits de plusieurs jours. Elle propose notamment des visites et activités à partir de Mascate : tour guidé de la ville, safari dans le désert, découverte des wadis, visite de forts, etc. - voir le site web. Egalement des autotours avec roadbook. Guides multilingues et service souriant.

TWENTY3 EXTREME

MASCATE
✆ +968 9068 9823
www.twenty3extreme.com

Tarifs à la carte selon le nombre de jours et de participants et le type de circuit souhaité.

Cette compagnie éco-responsable de grande qualité, menée par une équipe de guides experts dotés de diplômes internationaux, possède plusieurs cordes à son arc : agence réceptive, elle peut organiser des voyages sur mesure. Spécialiste des activités de plein air en immersion dans la culture locale, elle concocte des combinés en mode doux ou plus actif comme des randonnées avec pause dans les villages et découverte de la cuisine locale par exemple. Leader des sports extrêmes, elle compose des aventures d'un à plusieurs jours à haut niveau d'adrénaline.

EXPEDIA FRANCE

✆ 01 57 32 49 77
www.expedia.fr

Expedia est le site français n° 1 mondial du voyage en ligne. Un large choix de 300 compagnies aériennes, 240 000 hôtels, plus de 5 000 stations de prise en charge pour la location de voitures et la possibilité de réserver parmi 5 000 activités sur votre lieu de vacances. Cette approche sur mesure du voyage est enrichie par une offre très complète comprenant prix réduits, séjours tout compris, départs à la dernière minute… Son algorithme et sa base de données permettent en effet de proposer des formules vol et hôtel à peu près n'importe quand.

ILLICOTRAVEL

www.illicotravel.com

Illicotravel permet de trouver le meilleur prix pour organiser vos voyages autour du monde. Vous y comparerez billets d'avion, hôtels, locations de voitures et séjours grâce à un méta-moteur de recherche en temps réel. Ce site offre des fonctionnalités très utiles comme le baromètre des prix pour connaître les prix les plus compétitifs sur les vols à plus ou moins 8 jours. Le site propose également des filtres permettant de trouver facilement le produit qui répond à tous vos souhaits (escales, aéroport de départ, circuit, voyagiste…).

JETCOST

www.jetcost.com

Jetcost compare les prix des billets d'avion et trouve le vol le moins cher parmi les offres et les promotions des compagnies aériennes régulières et *low cost*. Le site est également un comparateur d'hébergements, de loueurs d'automobiles et de séjours, circuits et croisières. L'interface du site Internet est très simple d'utilisation. Après avoir lancé la recherche, on peut affiner les résultats en fonction de ses choix afin de trouver le vol le plus intéressant, la durée du trajet, les éventuelles escales ou encore l'aéroport d'arrivée.

QUOTATRIP

www.quotatrip.com

QuotaTrip est une nouvelle plateforme de réservation de voyage en ligne qui met en relation des voyageurs à la recherche d'expériences authentiques et uniques et des agences de voyages locales sélectionnées pour leurs compétences et leur sérieux. Le réseau de QuotaTrip couvre près de 200 destinations du monde entier. Le but de ce rapprochement est simple : proposer un séjour entièrement personnalisé aux utilisateurs. QuotaTrip promet ainsi l'assurance d'un voyage serein, sur mesure, sans intermédiaires et sans frais supplémentaires.

SE DÉPLACER

La voiture est quasi l'unique moyen de se déplacer au sultanat, même dans les grandes villes où les transports en commun sont peu développés malgré l'omniprésence de taxis, bien sûr, et l'existence d'un réseau de bus desservant les principaux centres urbains. Pas de réseau ferroviaire ni de métro, et les deux-roues sont rares. Le pays compte aujourd'hui environ 26 000 km de routes asphaltées contre 10 km en 1970 et ce chiffre ne cesse de grimper tant le développement des infrastructures routières est une priorité. Etant donné le relief du pays, la tâche n'est pas facile, mais on pourra bientôt se rendre partout sans 4x4. Pour l'heure, le réseau routier permet d'accéder facilement à toutes les grandes villes et régions, même les plus reculées. Cependant, un 4x4 demeure nécessaire dès que l'on s'enfonce dans la nature, notamment pour les sorties dans le désert, les wadis, les montagnes et sur certaines parties du littoral.

OMAN AIR

Way 3109 - Ruwi - **MASCATE** ✆ +968 2453 1111
www.omanair.com
Agence de Ruwi : 8h-20h du dimanche au jeudi, 9h-15h samedi, fermé vendredi. Comptoir de l'aéroport 7j/7, 24h/24.

Fondée en 1993, la compagnie nationale du Sultanat d'Oman, connue pour la qualité de ses prestations et des services dispensés à bord de ses Airbus 330, relie Paris à Mascate en vol direct tous les jours au départ de l'aéroport Paris-CDG, avec des pré/post acheminements depuis la Province (Bordeaux, Lyon, Marseille, Montpellier, Nice et Toulouse). Elle assure également des liaisons quotidiennes depuis Mascate vers Abu Dhabi et Dubaï pour un combiné Oman et Emirats arabes unis, et relie tous les autres aéroports du Sultanat, notamment ceux de Khasab et Salalah.

SALAM AIR

Comptoirs aux aéroports de Mascate et Salalah et au Panorama Mall - **SALALAH**
✆ +968 2427 2222
www.salamair.com
Comptoirs aéroport ouverts 7j/7, 24h/24. Agence du Panorama Mall ouverte de 9h à 22h 7j/7.

Récente, Salam Air est au sultanat ce que Ryanair est Easy Jet sont à l'Europe : une compagnie low cost, aux services à customiser (achat ou non d'un plateau repas, addition de bagages, etc.), mais qui permet de voler à prix plus serrés jusqu'à certains pays du Moyen-Orient, de l'Asie et de l'Afrique – les Emirats, l'Inde, l'Iran, la Turquie, etc. A l'intérieur du sultanat, Salam Air relie Mascate à Salalah en soirée tous les jours dans les deux sens pour environ une trentaine de roupies omanaises par trajet, incluant un bagage de 7kg.

MWASALAT

Al Jami Street - **MASCATE**
✆ +968 2412 1500
www.mwasalat.om
Pour les itinéraires et horaires, se référer au site web.

La Compagnie Nationale de Transports omanaise offre un réseau remarquable entre les différents quartiers de Mascate et les principales villes du pays, en bus climatisés avec wifi. Elle propose également un intéressant package avec la Compagnie Nationale des Ferrys reliant Mascate à Mussandam via Shinas. Dans ce dernier cas, compter environ 3 heures de bus entre Mascate et Shinas puis 4 heures de ferry entre Shinas et Mussandam (sachant qu'en voiture il faut compter au moins le même temps). Mwasalat achemine aussi des passagers jusqu'à Dubaï aux Emirats.

AL-MASKRY RENT A CAR

Madinat Sultan Qaboos
MASCATE
✆ +968 9943 8661
www.almaskry.com

Al-Maskry rent a car est une des sociétés de location de voitures les plus anciennes et les plus importantes du sultanat d'Oman. Le catalogue des véhicules à louer est très large, de la petite voiture simple à la berline de luxe en passant par les 4x4 et même les bus d'une capacité allant de 14 à 60 personnes. Les services proposés sont également très variés et les options nombreuses : transferts aéroports, services de chauffeur, assistance 24h/24 en cas de panne ou d'accident... Fait aussi office de réceptif pour l'organisation du voyage.

ALWAN RENT A CAR

Way 3730 - Al Ghubrah - **MASCATE**
✆ +968 9983 3325
www.alwantour.com
Tarifs en ligne : à partir de 15 OMR par jour/Nissan Tiida, 23 OMR/ Volkswagen Passat, 50 OMR/Toyota Land Cruiser, etc.

Par un tour-opérateur à taille humaine, au service fiable et rapide, quelques voitures et 4x4 sont à louer à prix intéressants : Nissan Tiida, Toyota Camry, Toyota Land Cruiser, etc. Possibilité de service de chauffeur sur demande et service *Limousine* pour prestations VIP dans des véhicules haut de gamme. Egalement location de 4x4 tout equipes avec matériel de camping pour road trip en indépendant à travers le pays. L'agence, sérieuse, assure un service personnalisé et efficace, à des tarifs compétitifs dégressifs selon la durée de location.

AVIS RENT A CAR

MASCATE
✆ +968 2460 3822
www.avisoman.com
Tarifs en ligne : dès 35 € par jour pour une berline, 100 €/jour pour un 4x4, etc.

Avec plus de 5 000 agences dans le monde entier et une vaste gamme de véhicules à louer, la réputation d'Avis n'est plus à faire. A Mascate, la compagnie disposent de trois comptoirs/agences : à l'aéroport, à l'hôtel Al Bustan et à l'hôtel Intercontinental ; A Salalah, elle compte un comptoir à l'aéroport et un autre à l'Al Jabal Hotel Store. Possibilité de surclassement pour les clients habituels d'Avis qui bénéficient de primes de fidélité. Pour réserver et gérer la location de votre véhicule facilement, télécharger l'application Avis sur votre smartphone.

BUDGET

Al Tameer Street, Al Mawaleh South - **MASCATE**
✆ +968 2235 1850
www.budgetoman.com
Vaste fourchette tarifaire. Devis en ligne. 40 OMR par jour pour un chauffeur. Comptoir aéroport ouvert 24h/24,7j/7.

Budget Rent A Car est la première compagnie internationale de location de voitures à s'être implantée en Oman, en 1981. C'est aussi celle qui offre le plus grand choix de voitures européennes, américaines et japonaises, avec une flotte de pas moins de 1 600 véhicules : berlines, 4x4, véhicules de luxe (Audi, Jaguar, Land Rover...). Location à court et long termes et services de chauffeur-guide à la demande pour des tours guidés de Mascate et des circuits dans le sultanat. Comptoir à l'aéroport et plusieurs agences dans le pays. Service rapide et de qualité.

EUROPCAR

MASCATE
✆ +968 7904 5727
www.europcaroman.com
Agence de Mascate ouverte 7j/7, 24h/24. Agence de Salalah ouverte du dimanche au jeudi de 8h30 à 17h.

Leader mondial de la location de voitures et d'utilitaires, Europcar est une société française bien implantée à Oman. Sur place, elle compte plusieurs antennes, réparties dans des hôtels de Mascate et de Salalah, et dans chacun des aéroports de ces deux grandes villes. Comme toujours, Europcar offre une large gamme de véhicules de qualité et garantit le meilleur prix du marché lors de la réservation, pour une voiture compacte ou un véhicule de luxe. Les différents modèles sont présentés sur le site web et la réservation en ligne est possible.

MARK RENT-A-CAR

Al Iskan Street, Ruwi
MASCATE
✆ +968 2478 2727
www.marktoursoman.com
Vaste palette de prix. Devis rapide.

Mark Tours est avant tout un réceptif fiable et connu, actif à Oman depuis plus de 20 ans où il offre les prestations habituelles d'une bonne agence : réservation de séjour, transferts, excursions à la journée, circuits de plusieurs jours, etc. A la location, il met à disposition une flotte de plus de 400 véhicules, comprenant des 4x4 (de la marque Toyota surtout) et des voitures de luxe, en plus des modèles traditionnels. Service de chauffeur à la demande et prestations de qualité. Livraison des véhicules partout dans le pays et booking en ligne possible.

MUSCAT TAXI

MASCATE
✆ +968 9914 3222
www.muscat-taxi.com

Cette compagnie privée omanaise dispose de taxis blanc et orange facilement reconnaissables, et offre à ses clients un service fiable et de qualité. Elle propose des déplacements dans Mascate ou vers les autres villes du sultanat à des prix raisonnables. Une fois à bord du véhicule, ne pas hésiter à demander au chauffeur d'activer le compteur, car ce n'est pas un geste automatique. Sinon, négocier le tarif au préalable. Possibilité de réserver la course en amont par téléphone ou mail. Véhicules bien entretenus et entreprise sérieuse.

RESTER

Compte tenu de l'omanisation, les temps sont durs pour la main-d'œuvre étrangère. À moins d'avoir une qualification très spécifique, comme les métiers de la bouche ou l'hôtellerie, il est extrêmement difficile de trouver du travail à Oman. En tant que ressortissant européen, il est préférable de s'adresser aux multinationales pour un contrat d'expatriation, car sur place, il est impossible de travailler avec un visa touristique. À l'instar des Émirats voisins, pour pouvoir rester et travailler dans le pays en contrat local, il faut dépendre d'un sponsor, c'est-à-dire d'une autorité omanaise responsable de vous durant tout votre séjour. Ceci se fait automatiquement pour les personnes expatriées et leurs familles. Pour les jeunes diplômés, il y a la solution du volontariat international qui, via le ministère des Affaires étrangères, propose chaque année des postes à Oman dans différents domaines.

ACTION CONTRE LA FAIM

14/16, boulevard Douaumont
PARIS
✆ 01 70 84 70 84
www.actioncontrelafaim.org
Par téléphone de 9h à 13h et de 14h à 18h.

ONG internationale spécialisée dans la lutte contre la faim dans le monde, active dans les domaines de la nutrition, santé, sécurité alimentaire, de l'eau, de l'assainissement. L'association intervient dans des situations de crise. Le but étant de rendre les populations autonomes d'un point de vue de la nutrition, en apportant une aide concrète et en formant les intervenants locaux qui prendront le relais. Ses missions de volontariat durent de trois mois à un an en Afrique, Asie, Amérique, Europe centrale, dans le Caucase, au Moyen-Orient et dans les Caraïbes.

WEP FRANCE

95, avenue Ledru Rollin
PARIS
✆ 01 48 06 26 26
www.wep.fr

WEP propose plus de 50 projets éducatifs et séjours linguistiques dans une trentaine de pays pour une durée allant de une semaine à 18 mois. Quel que soit votre projet d'études aux Etats-Unis, vous trouverez sur le site de WEP une rubrique qui y sera consacrée : étudier au lycée, dans une université, partir en séjour linguistique, faire une expérience professionnelle dans le cadre d'un stage ou vivre en immersion dans une famille américaine. Possibilité également de planifier des programmes combinés (études et projet humanitaire par exemple).

BUSINESS FRANCE

77, Boulevard Saint-Jacques
PARIS
✆ 01 40 73 30 00
www.businessfrance.fr

L'Agence pour le développement international des entreprises françaises travaille en étroite collaboration avec les missions économiques. Le site Internet recense toutes les actions menées, les ouvrages publiés, les événements programmés et renvoie sur la page du Volontariat International en Entreprise (VIE). Fondée en 2015, cette structure est née de la fusion entre Ubifrance et l'Agence française pour les investissements internationaux. Elle est affiliée au Ministère de l'Europe et des Affaires étrangères et au Ministère de l'Économie et des Finances.

CLUB TELI

Les Clarets
SAINT-PIERRE-D'ENTREMONT
✆ 04 79 85 24 63
www.teli.asso.fr

Le Club Teli est une association d'aide à la mobilité internationale créée voici bientôt 30 ans, forte de 4 000 adhérents en France et dans 65 pays. Si vous souhaitez séjourner à l'étranger, quel que soit votre projet, vous trouverez par le biais de ce club des infos et des offres de stages, de jobs d'été et de travail pour francophones. Si vous avez besoin d'aide pour envoyer des candidatures, le Club peut vous aider à mettre votre CV aux normes du pays où vous souhaitez partir. Pour bénéficier de ces aides et informations, il faut adhérer.

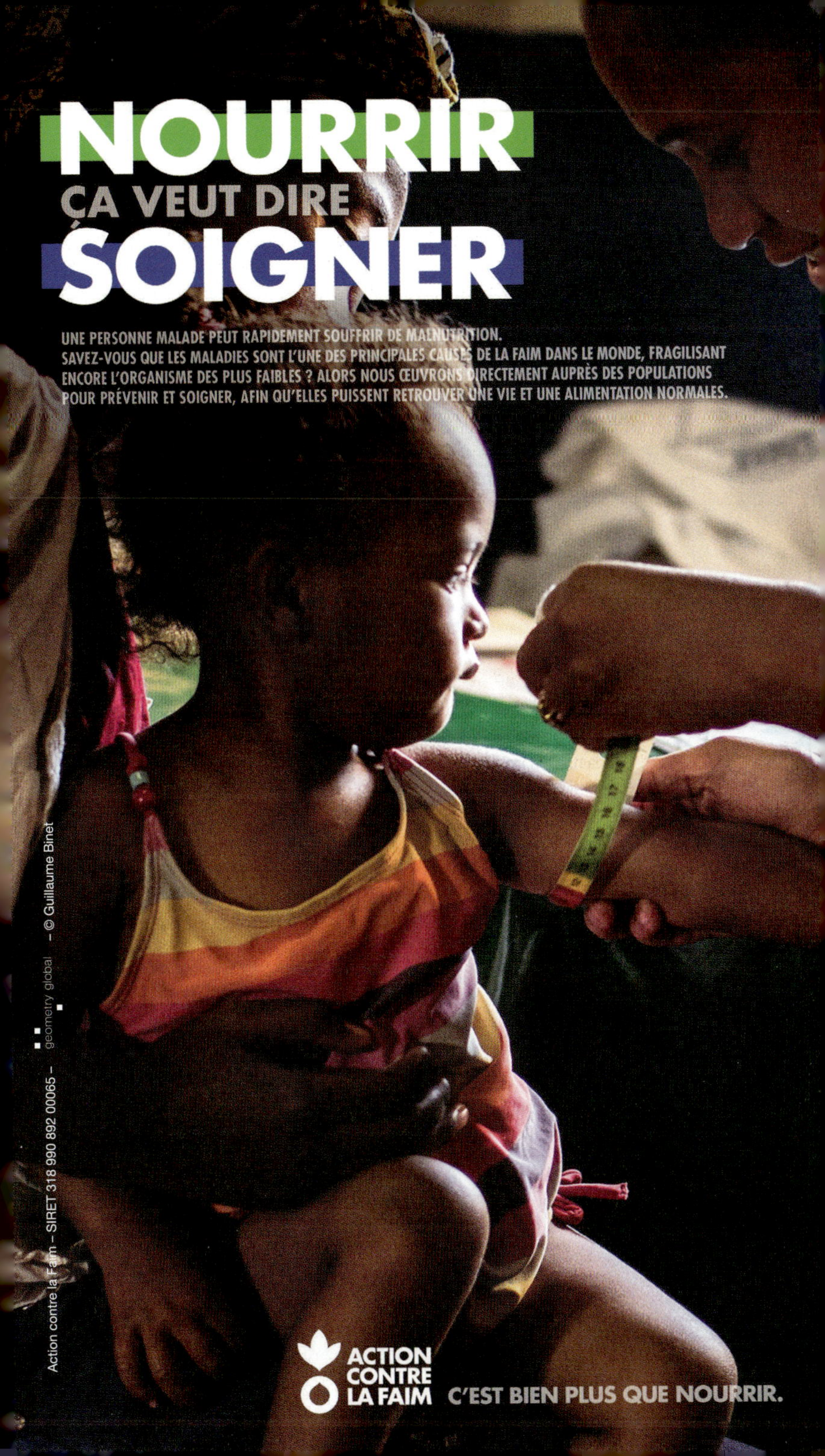
NOURRIR
ÇA VEUT DIRE
SOIGNER
UNE PERSONNE MALADE PEUT RAPIDEMENT SOUFFRIR DE MALNUTRITION.
SAVEZ-VOUS QUE LES MALADIES SONT L'UNE DES PRINCIPALES CAUSES DE LA FAIM DANS LE MONDE, FRAGILISANT ENCORE L'ORGANISME DES PLUS FAIBLES ? ALORS NOUS ŒUVRONS DIRECTEMENT AUPRÈS DES POPULATIONS POUR PRÉVENIR ET SOIGNER, AFIN QU'ELLES PUISSENT RETROUVER UNE VIE ET UNE ALIMENTATION NORMALES.
Action contre la Faim – SIRET 318 990 892 00065 – geometry global – © Guillaume Binet
ACTION CONTRE LA FAIM
C'EST BIEN PLUS QUE NOURRIR.

INDEX

© KERRICK - ISTOCKPHOTO.COM

Baie de Mascate.

C

D

E

F

EDITION

Directeurs de collection et auteurs : Dominique AUZIAS et Jean-Paul LABOURDETTE

Auteurs : Cathyline DAIRIN, Romain RISSO, Mathias DESHOURS, Sylvie DEL COTTO, Baptiste THARREAU, Mathilde LEROY, Corentin LAPALNCHE-TSUTSUI, Priscilla PARARD, Caroline LEFEVRE, Julie PERROT, Vincent GUARRIGUES, Pauline PAOLINI, Jean-Paul LABOURDETTE, Dominique AUZIAS et alter

Directeur Editorial : Stéphan SZEREMETA

Rédaction Monde : Caroline MICHELOT, Morgane VESLIN, Pierre-Yves SOUCHET, Natalia COLLIER, Laureen DUCHESNE,

Rédaction France : Elisabeth COL, Tony DE SOUSA, Mélanie COTTARD, Audrey VEDOVOTTO

FABRICATION

Responsable Studio : Sophie LECHERTIER assistée de Romain AUDREN

Maquette et Montage : Julie BORDES, Delphine PAGANO

Iconographie et Cartographie : Anne DIOT assistée de Julien DOUCET

WEB ET NUMERIQUE

Directeur Web : Louis GENEAU de LAMARLIERE

Chef de projet et développeurs : Nicolas de GUENIN, Adeline CAUX, Kiril PAVELCK

Intégrateur Web : Mickael LATTES

Webdesigner : Caroline LAFFAITEUR

Community Traffic Manager : Alice BARBIER, Mariana BURLAMAQUI et Vincent PHAM

DIRECTION COMMERCIALE

Directeur commercial : Guillaume VORBURGER assisté de Manon GUERIN

Responsable Régies locales : Michel GRANSEIGNE

Responsables Développement régie inter : Jean-Marc FARAGUET et Guillaume LABOUREU

Chefs de Publicité Régie internationale : Camille ESMIEU

Chefs de Publicité Régie nationale : Caroline AUBRY, François BRIANCON-MARJOLLET, Perrine DE CARNE MARCEIN,

Régie OMAN : Cathyline DAIRIN

DIFFUSION ET PROMOTION

Directrice des Ventes : Bénédicte MOULET assistée d'Aissatou DIOP

Responsable des ventes : Jean-Pierre GHEZ assisté de Nelly BRION

Relations Presse-Partenariats : Jean-Mary MARCHAL

ADMINISTRATION

Président : Jean-Paul LABOURDETTE

Directrice des Ressources Humaines : Dina BOURDEAU assistée de Sandra DOS REIS et Eva BAELEN

Directrice Administrative et Financière : Valérie DECOTTIGNIES

Comptabilité : Jeannine DEMIRDJIAN et Adrien PRIGENT

Recouvrement : Fabien BONNAN assisté de Sandra BRIJLALL et Vinoth SAGUERRE

Responsable informatique : Arney BADER

PETIT FUTÉ OMAN

LES NOUVELLES EDITIONS DE L'UNIVERSITE
18, rue des Volontaires - 75015 Paris.
✆ 01 53 69 70 00 - Fax 01 42 73 15 24
Internet : www.petitfute.com
SAS au capital de 1 000 000 € - RC PARIS B 309 769 966

Couverture : Le village montagneux de Balad Sayt est assis en face de champs verdoyants dans Wadi Bani Awf © Kylie Nicholson

Impression : CORLET IMPRIMEUR - 14110 Condé-en-Normandie
Achevé d'imprimer : février 2022
Dépôt légal : 16/05/2021
ISBN : 9782305045290

Pour nous contacter par email, indiquez le nom de famille en minuscule suivi de @petitfute.com
Pour le courrier des lecteurs : info@petitfute.com

IMPRIMÉ EN FRANCE

T

U

V

W

Y

Z